金融经济学若干问题研究

王雪峰　著

哈爾濱工業大學出版社

内 容 简 介

本书的内容属于金融经济学和金融数学，是对一系列新问题的探索性研究，包括短期收益率与长期收益率之间关系的一些理论研究，无风险资产与风险资产之间具有固定比例的投资组合策略中的数学问题，仿照气体分子运动论的思想研究整个市场中股票的涨跌幅分布规律，将市场风险和极端风险都考虑在内的特殊的收益率分布函数的投资学性质研究，仿照列昂惕夫投入产出模型研究国家间货币流动的规律，关于时间序列平稳化的广义差分方法研究，金融期权的多叉树模型研究和B－S微分方程的广义差分模型研究，金融市场中不同金融资产之间相关性度量的新方法研究，协方差变动和资产收益水平变动条件下的马科维茨投资组合模型研究，基于差异信息求取广义度量矩阵的方法研究等内容。

本书可作为大专院校经济管理专业师生的参考书，也可作为金融专业的研究生、博士生和喜欢金融数学的学生们的参考书。

图书在版编目(CIP)数据

金融经济学若干问题研究/王雪峰著. —哈尔滨：哈尔滨工业大学出版社，2017.4

ISBN 978－7－5603－6600－5

Ⅰ.①金…　Ⅱ.①王…　Ⅲ.①金融学－研究
Ⅳ.①F830

中国版本图书馆CIP数据核字(2017)第088281号

策划编辑　杨秀华
责任编辑　郭　然
封面设计　刘长友
出版发行　哈尔滨工业大学出版社
社　　址　哈尔滨市南岗区复华四道街10号　邮编150006
传　　真　0451-86414749
网　　址　http://hitpress.hit.edu.cn
印　　刷　哈尔滨工业大学印刷厂
开　　本　787mm×1092mm　1/16　印张19.5　字数458千字
版　　次　2017年4月第1版　2017年4月第1次印刷
书　　号　ISBN 978－7－5603－6600－5
定　　价　45.00元

前 言

本书是近10年来我和我的研究生共同在金融学领域中所做的一些研究总结，实际上本书是一本论文集，其中的部分结果已在国内外学术期刊上发表。我在讲授和学习金融学理论的过程中经常会产生一些有趣的新想法，把其中我认为有学术价值的部分进行反复的分析与考证，在确认值得研究的情况下，根据我带的研究生的数学基础、金融学基础和兴趣特点为他们确定硕士论文的题目，制订详细的研究计划并提出预期可能达到的研究目标。值得欣慰的是，我的学生们都能投入较多的精力和较大的热情参与其中，完成预期的研究任务。在把这些研究生的学位论文整理成书稿的过程中，我不断地发现一些问题，包括语言表述欠妥、资料不完善、逻辑结构不合理等，甚至还有一些数学公式推导方面的错误。我只好仔细推导这些数学公式和反复修改书稿内容，这当然需要投入巨大的精力。以下概要地说明本书各个部分的研究内容和参与者的情况。

2007年我和研究生许磊开始研究长期持有风险资产的收益率和方差（风险）的相关问题，使用蒙特卡洛随机模拟方法进行研究，得到了较多新颖的计算结果（2009年硕士论文）。张晶的硕士论文（2013年）是在许磊硕士论文的基础上进行了一些理论探讨。此后我进一步研究了无限期持有风险资产的相关问题，用数理金融学方法进行研究，得到包括无限期持有风险资产的平均收益率的数学公式等一些理论结果，特别是当短期收益率服从对数正态分布时得到临界曲线的数学表达式和持有期为n时的一批理论结果。我将这些结果仔细整理后写成几篇学术论文，已经发表在国外学术期刊上，这些内容构成了第1章的主要内容。固定比例投资策略的数理模型研究是张贺清本科论文的题目，论文中得到的一些微分方程模型是以前没有见到的，这些内容构成本书的第2章（2013年本科学位论文）。第3章对股票市场中个股收益率的经验分布进行深入探讨，主要考察一日内整个市场所有股票的涨跌幅在不同区间中的分布特征，定量分析大盘变动和成交量变动对分布特征的影响，本章内容取自刘晓东2014年的硕士论文。在第4章中，我们提出了一类关于资产收益率的既能反映市场风险还能反映极端风险的分布密度函数模型，对这类奇异分布函数的数学性质和投资学性质进行系统的分析，并探讨了新模型在风险价值、信用风险评估、解释风险资产收益率的尖峰厚尾特征等方面的应用潜力，本章主要内容取自康飘飘2014年的硕士论文。在第5章中，我们提出用列昂惕夫投入产出模型研究世界范围内国家间货币流动的内在规律的设想，研究生丁文凤做了大量和细致的研究工作，由于涉及国家的国际储备，所以要对经典的模型进行仔细的修改，本章内容取自丁文凤2013年的硕士论文。第6章的研究内容是关于时间序列平稳化方法，我们提出一类广义差分方法，这样的研究题目有较大的挑战性，因为现在公认的方法就是逐次差分法。我认为给研究生定这样的题目不太合适，所以决定自己把这些研究设想整理出来。在第7章中，我们研究金融期权定价方面的问题，主要是用离散化方法求解美式期权，包括用所提出的有限差分法求解 B－S 微分方程，还包括新型期权定价的多叉树理论模型的导出，本章内容取自刘埕伊 2016 年的硕士论文。第 8 章研究的内容比较特别，主要是考察股票间的相关性与大盘变动的关系问题，当大盘处于明显的多头行情或空头行情时股票间的相关性会系统性变大。对这个问题的详细考察及对股票间真实相关系数的寻找是核心问题，研究生袁杰在 2015 年的硕士论文中对这个问题进行了初步的研究，虽然研究结果没有达到我的预期设想，但是我还是决定把相关的内容纳入本书。在第 9 章中，我们研究资本市场中某项风险资产的收益水平或波动水平发生偏离预期的变化时整个最优投资组合发生变化的相关问题，研究工作基于马科维茨投资组合模型，其中使用了较复杂的数理金融学手段，本章内容取自张贺清 2015 年的硕士论文。第 10 章所涉及的问题是我在 20 多年前就考虑过的，是关于使用专家给出的样本间的差异信息寻找最佳度量矩阵的问题，这个问题有可以期待的应用前景，研究生姜天潇选择这个题目，得到了预期的理论推导部分（2015 年硕士论文）。

没有这些研究生的学位论文资料，我不可能完成本书的整理工作，所以我要感谢他们的辛勤劳动。我也要感谢他们对我的信任，因为我为他们选择的题目他们都毫无怨言地接受了，而且一旦选定目标就进入良好的研究状态。我带过的研究生中有几位是有很好的研究天赋的，但他们都选择到金融企业工作，不愿意当一名学者，这让我感到有些遗憾。我想当他们看到本书时一定会很高兴的。

由于作者自身水平的局限性，本书尚有许多疏漏和不妥之处，恳请专家和读者给予批评指正。

作　者

2017 年 1 月

目　录

第 1 章　长期持有风险资产的收益率的若干理论结果

本章研究长期持有风险资产的收益率的相关理论问题，在风险资产的短期收益率服从对数正态分布的假设下，得到了长期持有风险资产的收益率的分布密度函数和相应的均值与方差的理论公式，给出了所得到的理论公式的若干投资学性质的证明，详细讨论了短期收益率的均值和方差与长期收益率的均值和方差之间的关系，导出了关于短期收益率的均值和方差的临界曲线的数学公式。当风险资产的短期收益率服从一般的概率分布时，给出了当持有期 n 较大时的长期投资收益率的分布密度函数与相应的均值和方差的近似公式。

1.1　问题的相关背景

长期收益率是各期的短期收益率的几何平均，而各期的短期收益率的算术平均可以当作短期收益率的期望值。在投资分析中，人们习惯于用短期收益率的期望值来衡量收益水平，而用短期收益率的方差来衡量投资收益的不确定性(风险)。但当投资者计划进行长期投资时，基于风险资产的短期收益率的均值和方差来判断长期投资的收益水平和风险的大小是盲目的和容易出错的。比如一项风险资产 A，其第 i 期的短期收益率(比如年收益率)用 ξ_i 表示，ξ_i 是随机变量，若 ξ_i 的数学期望是 $E(\xi_i)=20\%$，ξ_i 的标准差是 $\sigma(\xi_i)=0.45$，数学期望和方差与时间 i 无关，感觉投资于这项资产是比较诱人的。因为收益水平很高，一般无风险资产收益率约为 $r_f=5\%$，风险溢价为 $E(\xi_i)-r_f=15\%$。想知道长期持有风险资产 A 是怎样的结果，单凭直觉无法估计持有 20 年或持有 50 年的收益结果的均值是多少，也不知道收益结果的方差是多少，甚至收益结果的均值是否必然为正也不得而知。若 ξ_i 的数学期望仍是 $E(\xi_i)=20\%$，而 ξ_i 的标准差是 $\sigma(\xi_i)=0.55$，则长期持有这样的风险资产的收益水平和方差如何也不得而知。已有的投资学理论中还缺少对这一问题的系统探讨。另外，即使风险资产的短期收益率的均值和方差已知，由于短期收益率服从不同的概率分布，也会导致长期持有风险资产的收益和风险不同。关于长期持有风险资产，我们关心收益水平的均值是否为正，还关心收益水平的均值是否高于无风险资产的收益率，当然也关心长期持有风险资产的风险水平。

风险资产的短期收益率是随机的，一定期限连续投资(实际上是长期持有)的收益率也必然是随机的，并且没有简单的理论公式来表示短期和长期的收益率与方差之间的关系。笔者曾经用蒙特卡洛随机模拟方法得到一些反映风险资产的短期收益率和长期持有风险资产的年平均收益率之间关系的数值结果。用蒙特卡洛随机模拟方法研究风险资产的短期收益率和长期持有风险资产的年平均收益率之间的关系，得到了关于短期收益率的均值和方差的经验的临界曲线，并得到了长期持有风险资产条件下何时可以获得正收益及何时获得负收益的一些经验结果。笔者还对于无限期持有风险资产的年平均收益率的问题进行较深入的理论分析，得到了一些有价值的理论公式。这些结果可以在笔者2011年出版的专著《金融经济学与金融数学若干问题研究》中找到，其中的大部分内容也曾在国际学术期刊上发表。笔者之前的这些研究工作有不足之处，主要是对持有期为n时的一般情况还没有得到相应的理论公式，只是得到了一些数值结果。对这个问题进行深入的理论研究的意义是不用怀疑的，只是这样的研究涉及比较复杂的数学推导。本章主要对风险资产的短期收益率服从对数正态分布这一特殊问题进行较深入的理论探讨，得到了一些预期的理论结果。

若投资者计划长期持有一项风险资产，他应该知道长期投资的年平均收益率和相应的方差，而不是仅仅知道短期收益率的分布。比如某项资产的年平均收益率是10%，收益率标准差为0.35，近似服从正态分布。若不进行认真测算，人们会认为长期持有该资产可以获得接近10%的年收益率，只是收益率的水平有较大的不确定性。用蒙特卡洛方法所做的实际计算结果表明，当连续持有该资产的期限较长时，比如连续持有30年，投资者得到的年平均收益率为2.54%，远远低于10%，但收益率的不确定性却大大降低。又比如某项资产的年收益率为5%，收益率标准差为0.35，计算结果表明，连续投资该资产20年的年平均收益率为−2.68%，这样的投资结果是灾难性的。

本章的主要目的是从理论上研究风险资产的短期收益率的均值和方差与长期持有该风险资产的收益率的关系，特别是研究短期收益率服从对数正态分布时的理论公式和相应的性质，这些问题在现有的投资学理论中还没有被深入研究过。长期持有风险资产的年平均收益率指标对于长期持有风险资产的投资者来说无疑具有重要的指导意义。

1.2 长期持有风险资产的收益率的理论公式

这里考虑某一项风险资产K，比如某一只股票。为了叙述方便，称资产K的年收益率为短期收益率。实际上短期和长期只是相对的，短期收益率可以是日收益率、周收益率或月收益率等。$\xi_1,\xi_2,\cdots,\xi_n$ 是连续n年的收益率，ξ_i 为独立地服从相同的分布密度函数$p(x)$的随机变量。这意味着短期收益率的均值和方差不随时间而改变。根据金融市场中风险资产的特点及金融学理论中的有效资本市场假设(EMH)，若金融时间序列的时间间隔不短于一日，则相邻的收益率之间的相关性很弱。假设$\xi_1,\xi_2,\cdots,\xi_n$是独立同分布的随机变量，这样的假设符合风险资产价格的随机游走特性。由于ξ_i是收益率，所以要求$\xi_i>-1,i=1,2,\cdots,n$。也就是说，当$x\leqslant -1$时分布密度函数取零值，即$p(x)=0$。连续n年持有资产K的年平均收益率η_n由下式给出：

$$\eta_n=((1+\xi_1)(1+\xi_2)\cdots(1+\xi_n))^{1/n}-1$$

或者用下式表示：

$$\eta_n+1=((1+\xi_1)(1+\xi_2)\cdots(1+\xi_n))^{1/n} \tag{1.1}$$

为了方便，在本章中也称η_n为长期收益率。我们的主要任务是从理论上研究随机变

量 η_n 的数学期望和方差及相应的分布密度函数，还研究 $n \to +\infty$ 时的情况。显然，η_n 的数学公式是关于持有期内所有 $1+\xi_i$ 的几何平均的表达式。

为了说明长期持有风险资产的收益率的特点，我们考察一种特殊情况，即风险资产的价格在经过 n 期后回到初始价格，资产价格构成的时间序列为 $P_0, P_1, P_2, \cdots, P_n$，并且有 $P_n = P_0$。相应地，假设在此期间没有分红，则得到由 n 个收益率数值构成的时间序列 ξ_1，$\xi_2, \cdots, \xi_n$，其中

$$\xi_i = \frac{P_i - P_{i-1}}{P_i}, i = 1, 2, \cdots, n$$

由于 $P_n = P_0$，所以连续 n 期投资的总收益率为零。用 A_0 表示期初的投资额，用 A_n 表示期末风险资产的价值，即 $A_n = A_0(1+\xi_1)(1+\xi_2)\cdots(1+\xi_n)$，由假设条件有 $A_n = A_0$，即

$$A_0 = A_0(1+\xi_1)(1+\xi_2)\cdots(1+\xi_n)$$

所以有 $\prod_{i=1}^{n}(1+\xi_i) = 1$。关于这种特殊情况，我们有下面的定理。

定理 1.1　设 $P_0, P_1, P_2, \cdots, P_n$ 是由风险资产价格构成的时间序列，$P_i > 0$，P_i 不恒等于某常数，且有 $P_n = P_0$。构造短期收益率时间序列为 $\xi_1, \xi_2, \cdots, \xi_n$，其中

$$\xi_i = \frac{P_i - P_{i-1}}{P_i}, i = 1, 2, \cdots, n$$

则必然有 $\frac{1}{n}\sum_{i=1}^{n}\xi_i > 0$。

证明：对于 $a_i > 0, i = 1, 2, \cdots, n$，并且 a_i 不恒等于某常数，有

$$(a_1 a_2 \cdots a_n)^{1/n} < \frac{1}{n}\sum_{i=1}^{n} a_i$$

将 $a_i = 1 + \xi_i$ 代入上式，有

$$\left(\prod_{i=1}^{n}(1+\xi_i)\right)^{1/n} < \frac{1}{n}\sum_{i=1}^{n}(1+\xi_i) = 1 + \frac{1}{n}\sum_{i=1}^{n}\xi_i$$

根据定理的条件和前面的讨论，有 $\prod_{i=1}^{n}(1+\xi_i) = 1$，代入上面的不等式，有 $\frac{1}{n}\sum_{i=1}^{n}\xi_i > 0$。定理得证。

定理 1.1 断言，如果风险资产价格的初始值和终值相等(表明投资的总收益率为零)，则无论期间资产的价格以怎样的路径演变，只要价格出现波动，则价格序列决定的短期收益率序列的算术平均值必然取正值。定理 1.1 的结论与直觉判断不一致，$\frac{1}{n}\sum_{i=1}^{n}\xi_i$ 是短期收益率期望的估计值，这个值可以是明显的正值，比如 $\frac{1}{n}\sum_{i=1}^{n}\xi_i \approx 0.2$，但长期持有该资产的收益率为零。反过来说，若知道风险资产的短期收益率的均值和方差且短期收益率的均值大于零，长期持有这项风险资产可能得到零收益，当然也有可能得到负的收益。我们曾经用蒙特卡洛法进行随机模拟，得到的结论是，对于任意有意义的正的短期收益率 $\mu > 0$ 都存在一个临界的标准差 σ_μ，只要短期收益率的标准差 σ 满足 $\sigma > \sigma_\mu$，则长期持有该风险资产的年平均收益率为负数。

下面来仔细研究数学表达式(1.1)。对式(1.1)两边取对数,有

$$\ln(\eta_n + 1) = \frac{1}{n}\sum_{i=1}^{n}\ln(1+\xi_i)$$

随机变量 $\omega_i = 1+\xi_i$ 的密度函数记为 $g(x)$,而随机变量 ξ_i 的密度函数为 $p(x)$,根据概率理论的知识,有 $g(x)=p(x-1)$。下面求随机变量的函数 $\ln\omega_i = \ln(1+\xi_i)$ 的密度函数 $\mathrm{d}(y)$,由于 $y=\ln(x)$ 是一个单调增函数,反函数为 $x=\mathrm{e}^y$,$\frac{\mathrm{d}x}{\mathrm{d}y}=\mathrm{e}^y$,因此有

$$\mathrm{d}(y) = g(\mathrm{e}^y)\frac{\mathrm{d}x}{\mathrm{d}y} = g(\mathrm{e}^y)\mathrm{e}^y \tag{1.2}$$

下面求随机变量的和 $\sum_{i=1}^{n}\ln(1+\xi_i)$ 的密度函数 $M_n(y)$。由于 $\xi_1,\xi_2,\cdots,\xi_n$ 是独立同分布的随机变量,所以 $\ln(1+\xi_1),\ln(1+\xi_2),\cdots,\ln(1+\xi_n)$ 也是独立同分布的随机变量。根据概率理论知识,随机变量的和 $\sum_{i=1}^{n}\ln(1+\xi_i)$ 的密度函数 $M_n(y)$ 是密度函数 $\mathrm{d}(y)=g(\mathrm{e}^y)\mathrm{e}^y$ 与自己的 $(n-1)$ 次卷积的结果。$\ln(1+\xi_1)+\ln(1+\xi_2)$ 的密度函数为 $\mathrm{d}(y)*\mathrm{d}(y)$,有

$$\mathrm{d}(y)*\mathrm{d}(y) = \int_{-\infty}^{+\infty}\mathrm{d}(t)\mathrm{d}(y-t)\mathrm{d}t$$

n 项和 $\sum_{i=1}^{n}\ln(1+\xi_i)$ 的密度函数为

$$M_n(y) = (\cdots((\mathrm{d}(y)*\mathrm{d}(y))*\mathrm{d}(y))*\cdots)*\mathrm{d}(y)$$

上式表示 $\mathrm{d}(y)$ 与自己进行 $(n-1)$ 次卷积的结果。

理论上可以用两种方式来求解 $M_n(y)$:第一种方式是直接求出 $\mathrm{d}(y)$ 与自己的 $(n-1)$ 次卷积的解析表达式而得到 $M_n(y)$;第二种方式是利用积分变换进行求解,比如傅里叶变换或拉普拉斯变换。由于 $\mathrm{d}(y)$ 是非负的连续可微函数,并且有 $\int_{-\infty}^{+\infty}\mathrm{d}(y)\mathrm{d}y=1$,所以 $\mathrm{d}(y)$ 的傅里叶变换一定存在。记函数 $\mathrm{d}(y)$ 的傅里叶变换为 $D(z)$,即

$$F(\mathrm{d}(y)) = \frac{1}{\sqrt{2\pi}}\int_{\infty}^{+\infty}\mathrm{d}(y)\mathrm{e}^{izy}\mathrm{d}y = D(z)$$

根据卷积运算的性质,有

$$F(\mathrm{d}(y)*\mathrm{d}(y)) = D^2(z)$$

$$F\{(\cdots((\mathrm{d}(y)*\mathrm{d}(y))*\mathrm{d}(y))*\cdots)*\mathrm{d}(y)\} = D^n(z)$$

如果能够得到函数 $D^n(z)$ 的傅里叶逆变换的解析表达式,就得到了随机变量的和 $\sum_{i=1}^{n}\ln(1+\xi_i)$ 的密度函数 $M_n(y)$,即

$$M_n(y) = F^{-1}(D^n(z)) = \frac{1}{\sqrt{2\pi}}\int_{-\infty}^{+\infty}D^n(z)\mathrm{e}^{-izy}\mathrm{d}z$$

假设已经得到了解析形式的密度函数 $M_n(y)$,根据概率理论的知识,随机变量 $\frac{1}{n}\sum_{i=1}^{n}\ln(1+\xi_i)$ 的密度函数 $m_n(y)$ 的数学表达式为

$$m_n(y)=nM_n(ny) \tag{1.3}$$

接下来求随机变量 η_n+1 的密度函数 $N_n(x)$。

$$\ln(\eta_n+1)=\frac{1}{n}\sum_{i=1}^{n}\ln(1+\xi_i),\ \eta_n+1=\mathrm{e}^{\frac{1}{n}\sum\limits_{i=1}^{n}\ln(1+\xi_i)}$$

由于 $x=\mathrm{e}^y$ 是一个单调增函数,反函数为 $y=\ln x$,$\frac{\mathrm{d}y}{\mathrm{d}x}=\frac{1}{x}$,因此有

$$N_n(x)=\frac{\mathrm{d}y}{\mathrm{d}x}m_n\ln(x)=\frac{1}{x}m_n\ln(x) \tag{1.4}$$

根据概率理论的知识,随机变量 η_n 的密度函数 $H_n(x)$ 为

$$H_n(x)=\frac{1}{x+1}m_n\ln(x+1) \tag{1.5}$$

只要求出密度函数 $M_n(y)$ 就可以得到随机变量 η_n 的密度函数 $H_n(x)$。推导出密度函数 $M_n(y)$ 的解析表达式是至关重要的。可以看出,求解 η_n 的密度函数在数学上是一个比较复杂和困难的问题,涉及多次的数学变换和反变换,又涉及卷积运算,只有当短期收益率服从极特殊的分布函数时才有可能得到 η_n 的密度函数 $H_n(x)$ 的解析解。

求解随机变量 η_n 的密度函数 $H_n(x)$ 的步骤是:先根据 $p(x)$ 确定 $g(x)=p(x-1)$;再根据 $g(x)$ 确定 $\mathrm{d}(y)=g(\mathrm{e}^y)\mathrm{e}^y$;然后根据 $\mathrm{d}(y)$ 确定 $M_n(y)$,$M_n(y)$ 是 $\mathrm{d}(y)$ 与自己进行 $(n-1)$ 次卷积的结果;再由 $M_n(y)$ 确定 $m_n(y)=nM_n(ny)$;最后确定随机变量 η_n 的密度函数 $H_n(x)=\frac{1}{x+1}m_n\ln(x+1)$。

1.3　短期收益率服从对数正态分布假设的合理性分析

在本节中我们假设资产 K 的短期收益率 ξ 服从特殊的对数正态分布形式,在此假设下推导相应的理论公式。实际上,假设短期收益率服从正态分布或者 t 分布比较符合真实的风险资产的情况,可惜在这些分布假设条件下无法得到显式表达的理论公式。对数正态分布不具有对称的性质,而一般的短期收益率大致呈对称分布形式,这显然不是一个令人非常满意的假设。我们期待在这个特殊的假设下得到完美的解析公式,更进一步期待所得到的公式在投资期限 n 较大时可以很好地逼近真实的情况。

服从对数正态分布的随机变量的取值要求为正数,而短期收益率 ξ 的取值范围为 $(-1,+\infty)$,直接使用不合理。但是注意到 $(1+\xi)$ 的取值范围为 $(0,+\infty)$,所以 $(1+\xi)$ 符合对数正态分布的值域的要求。假设短期收益率 ξ 决定的随机变量 $(1+\xi)$ 服从参数为 (μ,σ) 的对数正态分布,即随机变量 $(1+\xi)$ 的密度函数为

$$q(x)=\frac{1}{\sqrt{2\pi}\sigma x}\mathrm{e}^{-\frac{(\ln x-\mu)^2}{2\sigma^2}} \tag{1.6}$$

当 μ 比较大而 σ 比较小时,$q(x)$ 近似呈现对称形式,而在 μ 比较小同时 σ 比较大时,$q(x)$ 呈现明显的非对称形式。根据对数正态分布函数的性质,随机变量 $(1+\xi)$ 的数学期望为

$$E(1+\xi)=\mathrm{e}^{\mu+\frac{\sigma^2}{2}} \tag{1.7}$$

随机变量$(1+\xi)$的方差为

$$D(1+\xi)=e^{2\mu+\sigma^2}(e^{\sigma^2}-1) \tag{1.8}$$

根据概率理论的知识，随机变量ξ的密度函数为

$$p(x)=\frac{1}{\sqrt{2\pi}\sigma(x+1)}e^{-\frac{(\ln(x+1)-\mu)^2}{2\sigma^2}}$$

随机变量ξ的数学期望为

$$E(\xi)=e^{\mu+\frac{\sigma^2}{2}}-1 \tag{1.9}$$

随机变量ξ的方差与式(1.8)相同，即

$$D(\xi)=e^{2\mu+\sigma^2}(e^{\sigma^2}-1) \tag{1.10}$$

通过大量的统计分析知道，常见风险资产的短期收益率的密度函数大致呈现对称的单峰函数形态。与正态分布密度函数相比，实际的风险资产收益率的经验分布密度函数一般具有较明显的尖峰厚尾特征，即在密度函数的极大点处，实际的经验分布密度函数值比正态分布密度函数值大，而实际的经验分布密度函数在远离均值的地方的取值大于正态分布密度函数的值。对于对称形态的密度函数，其极大点与其数学期望的取值点一致。对于对数正态分布的密度函数，根据方程$\frac{dp(x)}{dx}=0$不难导出$x=e^{\mu-\sigma^2}-1$，这是对数正态分布的密度函数取极大值的点。考察ξ的密度函数取极大值的点与ξ的数学期望的偏离程度，用ER表示偏离的数值。ER越小则说明对数正态分布偏离对称分布形态越少；反之，ER越大则说明对数正态分布偏离对称分布形态越多。结合式(1.9)有

$$ER=(e^{\mu+\frac{\sigma^2}{2}}-1)-(e^{\mu-\sigma^2}-1)=e^{\mu}(e^{\frac{\sigma^2}{2}}-e^{-\sigma^2})$$

在σ^2较小的条件下，借助于泰勒级数展开法有

$$ER\approx\frac{3}{2}\sigma^2e^{\mu}$$

对于真实的风险资产，比如外汇、蓝筹股票、具有浮动利率的银行存款、国库券、企业债券等，其年收益率的标准差σ有较大的不同，股票和外汇约为0.35，企业债券约为0.08，银行存款和国库券约为0.04。根据式(1.10)，当$\mu=0$时，$D(\xi)=e^{\sigma^2}(e^{\sigma^2}-1)\approx\sigma^2+\sigma^4$，而当$\sigma^2$较小时$\sigma^4$更小，有$D(\xi)\approx\sigma^2$。我们近似地用$D(\xi)$代替$ER$表达式中的$\sigma^2$，并近似地取$\mu=0$，有$ER$(股票)$\approx0.18$，$ER$(债券)$\approx0.01$，$ER$(国库券)$\approx0.002$。在参数$\sigma^2$较小的情况下，对数正态分布接近于对称形态，而对于参数σ^2较大的情况，对数正态分布偏离对称形态较多。从理论上讲，对数正态分布适合于近似表达风险较小的资产收益率的分布密度函数，对于风险较大的股票和外汇，其收益率的密度函数难以用对数正态分布函数高精度地拟合。

1.4　短期收益率服从对数正态分布条件下的理论公式

本节的主要任务是在分布密度函数为式(1.6)的条件下，按照1.2节的理论公式导出关于η_n的解析形式的数学公式。推导$\ln(1+\xi)$的密度函数$d(y)$：根据式(1.2)有$d(y)=q(e^y)e^y$，其中$q(x)$由式(1.6)决定，代入整理有

$$d(y)=\frac{e^y}{\sqrt{2\pi}\sigma e^y}e^{-\frac{(\ln e^y-\mu)^2}{2\sigma^2}}=\frac{1}{\sqrt{2\pi}\sigma}e^{-\frac{(y-\mu)^2}{2\sigma^2}}$$

所以 $\ln(1+\xi)$ 服从均值为 μ，方差为 σ^2 的正态分布，即 $\ln(1+\xi)\sim N(\mu,\sigma^2)$。

下面来推导随机变量的和 $\sum_{i=1}^{n}\ln(1+\xi_i)$ 的密度函数 $M_n(y)$。根据正态分布密度函数的特点可以知道，正态分布随机变量的和仍然服从正态分布，均值和方差分别求和就可以得到和的分布中的均值和方差，有

$$M_n(y)=\frac{1}{\sqrt{2\pi(\sigma^2 n)}}e^{-\frac{(y-n\mu)^2}{2(n\sigma^2)}} \tag{1.11}$$

根据概率理论的知识，随机变量 $\frac{1}{n}\sum_{i=1}^{n}\ln(1+\xi_i)$ 的密度函数 $m_n(y)$ 为

$$m_n(y)=nM_n(ny)=\frac{n}{\sqrt{2\pi(\sigma^2 n)}}e^{-\frac{(ny-n\mu)^2}{2(n\sigma^2)}}$$

对上式进行化简处理，有

$$m_n(y)=\frac{1}{\sqrt{2\pi}(\sigma/\sqrt{n})}e^{-\frac{(y-\mu)^2}{2(\sigma/\sqrt{n})^2}} \tag{1.12}$$

密度函数 $m_n(y)$ 代表均值为 μ，方差为 $\frac{\sigma^2}{n}$ 的正态分布。

下面来推导随机变量 η_n+1 的密度函数 $N_n(x)$。$\eta_n+1=e^{\frac{1}{n}\sum_{i=1}^{n}\ln(1+\xi_i)}$，根据式(1.4)有

$$N_n(x)=\frac{1}{x}m_n\ln(x)=\frac{1}{x\sqrt{2\pi}(\sigma/\sqrt{n})}e^{-\frac{(\ln x-\mu)^2}{2(\sigma/\sqrt{n})^2}}$$

这是一个服从对数正态分布的密度函数，相应的参数为$(\mu,\sigma^2/n)$。下面来推导随机变量 η_n 的密度函数 $H_n(x)$。根据式(1.5)有

$$H_n(x)=\frac{1}{x+1}m_n\ln(x+1)=\frac{1}{(x+1)\sqrt{2\pi}(\sigma/\sqrt{n})}e^{-\frac{(\ln(x+1)-\mu)^2}{2(\sigma/\sqrt{n})^2}} \tag{1.13}$$

这是一个参数为 μ 和 $\frac{\sigma^2}{n}$ 的对数正态分布的密度函数。记随机变量 η_n 的数学期望为 r_n，方差为 D_n^2，根据式(1.9)和式(1.10)，有

$$r_n=e^{\mu+\frac{\sigma^2}{2n}}-1 \tag{1.14}$$

$$D_n^2=e^{2\mu+\frac{\sigma^2}{n}}(e^{\frac{\sigma^2}{n}}-1) \tag{1.15}$$

1.5　长期持有收益率服从对数正态分布的资产的一些理论结果

在本节中，假设风险资产 K 的短期收益率 ξ 服从对数正态分布，密度函数为 $p(x)$，即

$$p(x)=\frac{1}{\sqrt{2\pi}\sigma(x+1)}e^{-\frac{(\ln(x+1)-\mu)^2}{2\sigma^2}}$$

其中 $\sigma>0$。根据 1.4 节得到的式(1.14)和式(1.15)，我们有下面的定理。

定理 1.2　用 r_∞ 表示持有风险资产 K 并且时间 n 趋于无穷大时收益率 η_n 的数学期

望的极限值，则有

$$r_{\infty}=\mathrm{e}^{\mu}-1 \tag{1.16}$$

证明：根据式(1.14)，有

$$r_n=\mathrm{e}^{\mu+\frac{\sigma^2}{2n}}-1$$

容易得出 $r_{\infty}=\lim\limits_{n\to+\infty}r_n=\lim\limits_{n\to+\infty}(\mathrm{e}^{\mu+\frac{\sigma^2}{2n}}-1)=\mathrm{e}^{\mu}-1$。定理得证。

定理 1.3 用 D_{∞}^2 表示持有风险资产 K 并且时间 n 趋于无穷大时收益率 η_n 的方差的极限值，则有

$$D_{\infty}^2=0 \tag{1.17}$$

证明：根据式(1.15)，有

$$D_n=\mathrm{e}^{2\mu+\frac{\sigma^2}{n}}(\mathrm{e}^{\frac{\sigma^2}{n}}-1)$$

容易得出 $D_{\infty}=\lim\limits_{n\to+\infty}D_n=\lim\limits_{n\to+\infty}(\mathrm{e}^{2\mu+\frac{\sigma^2}{n}}(\mathrm{e}^{\frac{\sigma^2}{n}}-1))=0$。定理得证。

定理 1.2 和定理 1.3 的结论说明，当持有风险资产 K 的时间 n 足够长时，每期的平均收益水平 η_n 近似为 $\mathrm{e}^{\mu}-1$，并且 η_n 的不确定性逐渐消失，这是因为 D_n^2 趋于 0。长期持有风险资产的收益水平取决于参数 μ。

定理 1.4 当持有风险资产的时间 n 趋于无穷大时，短期收益率的平均值 $E(\xi)$ 一定大于无限期持有风险资产时的平均收益率 r_{∞}，两者之差为 $\mathrm{e}^{\mu}(\mathrm{e}^{\frac{\sigma^2}{2}}-1)>0$，即

$$E(\xi)-r_{\infty}=\mathrm{e}^{\mu}(\mathrm{e}^{\frac{\sigma^2}{2}}-1) \tag{1.18}$$

或者写成

$$r_{\infty}=E(\xi)-\mathrm{e}^{\mu}(\mathrm{e}^{\frac{\sigma^2}{2}}-1)$$

证明：根据式(1.16)，有 $r_{\infty}=\mathrm{e}^{\mu}-1$；根据式(1.9)，有 $E(\xi)=\mathrm{e}^{\mu+\frac{\sigma^2}{2}}-1$。容易得出

$$E(\xi)-r_{\infty}=\mathrm{e}^{\mu}(\mathrm{e}^{\frac{\sigma^2}{2}}-1)$$

由于 $\mathrm{e}^{\mu}>0$，又因为 $\frac{\sigma^2}{2}>0$，所以 $\mathrm{e}^{\frac{\sigma^2}{2}}>1$，即 $\mathrm{e}^{\frac{\sigma^2}{2}}-1>0$，所以有

$$E(\xi)-r_{\infty}=\mathrm{e}^{\mu}(\mathrm{e}^{\frac{\sigma^2}{2}}-1)>0$$

定理得证。

定理 1.4 的结论说明，无限期持有风险资产 K 的平均收益率 r_{∞} 一定小于风险资产的短期收益率的平均值 $E(\xi)$。从式(1.18) 可以看出，对于固定的 $\mu>0$，若 σ^2 越大则差 $E(\xi)-r_{\infty}$ 越大，说明长期收益率水平的下降幅度 $E(\xi)-r_{\infty}$ 与因子 σ^2 正相关。另外，从式(1.18) 可以看出，若 $\sigma^2=0$，则有 $E(\xi)-r_{\infty}=0$，这说明对于无风险资产而言，短期收益率与长期持有的平均收益率相等。

定理 1.5 记 $r=E(\xi)$，$D^2=D(\xi)$，对于任意正的短期收益率水平 $r>0$，可以找到一个相应的临界方差值 D^2 满足下面的等式：

$$D^2=(1+r)^2((1+r)^2-1) \tag{1.19}$$

相应地，对数正态分布密度函数中的参数取为 $\mu=0$，$\sigma^2=2\ln(1+r)$，这时无限期持有

该风险资产的平均收益率为 0,即有 $r_\infty=0$。

证明：根据式(1.6)有 $r_\infty=e^\mu-1$。令 $r_\infty=0$,即 $e^\mu=1$,从而有 $\mu=0$。根据式(1.9),有

$$r=E(\xi)=e^{\mu+\frac{\sigma^2}{2}}-1=e^{\frac{\sigma^2}{2}}-1>0$$

有 $e^{\frac{\sigma^2}{2}}=1+r$,从而有 $\sigma^2=2\ln(1+r)$。这是由给定的 $r>0$ 确定参数 σ 的公式。又由式(1.10)有 $D^2=e^{2\mu+\sigma^2}(e^{\sigma^2}-1)$。取 $\mu=0,\sigma^2=2\ln(1+r)$,有

$$D^2=(1+r)^2((1+r)^2-1)$$

根据上面的推导,有 $r_\infty=0$ 成立。定理得证。

定理 1.6　对于任意的正的短期收益率水平 $E(\xi)=r>0$,短期收益率的方差值为 $D(\xi)=D^2$,则如果 $D^2<(1+r)^2((1+r)^2-1)$,则有 $r_\infty>0$;如果 $D^2>(1+r)^2((1+r)^2-1)$,则有 $r_\infty<0$;如果 $D^2=(1+r)^2((1+r)^2-1)$,则有 $r_\infty=0$。

证明：短期收益率服从对数正态分布的随机变量的均值 r 和方差 D^2 的公式为

$$r=e^{\mu+\frac{\sigma^2}{2}}-1$$
$$D^2=e^{2\mu+\sigma^2}(e^{\sigma^2}-1)$$

由 $r=e^{\mu+\frac{\sigma^2}{2}}-1$ 有 $e^{\sigma^2}=e^{-2\mu}(1+r)^2$,所以有 $e^{2\mu+\sigma^2}=(1+r)^2$,代入 D^2 的表达式,有 $D^2=(1+r)^2(e^{-2\mu}(1+r)^2-1)$。根据式(1.16)有 $r_\infty=e^\mu-1$。

若 $D^2<(1+r)^2((1+r)^2-1)$,则必有 $\mu>0$,从而有 $r_\infty>0$。

若 $D^2>(1+r)^2((1+r)^2-1)$,则必有 $\mu<0$,从而有 $r_\infty<0$。

若 $D^2=(1+r)^2((1+r)^2-1)$,则必有 $\mu=0$,从而有 $r_\infty=0$。

定理得证。

从定理 1.5 中可得到一个重要的函数关系 $D^2=(1+r)^2((1+r)^2-1)$。对于给定的 $r>0$ 作为短期收益率的均值,若方差取为由式(1.19)决定的 D^2,则可以保证 $r_\infty=0$。比如取短期收益率的均值 $r=0.1$,这是一个比较高的短期收益率,由式(1.19)可以得到 $D^2=0.254$,这样的方差反映的风险并不太大。定理 1.5 的结论告诉我们,只要短期收益率的方差大于 0.254,则长期持有这样的风险资产必然取得负的收益率。结合定理 1.6 可知,曲线 $D^2=(1+r)^2((1+r)^2-1)$ 是一条关于 r_∞ 取值的临界曲线。在由 (r,D) 决定的坐标系中,曲线 $D^2=(1+r)^2((1+r)^2-1)$ 将第一象限分为两个区域,上部的区域对应于 $r_\infty<0$ 的模式,下部的区域对应于 $r_\infty>0$ 的模式。

定理 1.7　若有 $-\frac{\sigma^2}{2}<\mu<0$,则 $E(\xi)>0$,并且有 $r_\infty<0$;若有 $-\frac{\sigma^2}{2}<\mu<-\frac{\sigma^2}{2n}$,则 $E(\xi)>0$,并且有 $r_n<0$。r_n 是式(1.14)决定的持有期为 n 时的年平均收益率。

证明：由式(1.16),$r_\infty=e^\mu-1$,则 $r_\infty<0$ 意味着 $\mu<0$。由式(1.9),$E(\xi)=e^{\mu+\frac{\sigma^2}{2}}-1$,则 $E(\xi)>0$ 意味着 $\mu+\frac{\sigma^2}{2}>0$,即 $\mu>-\frac{\sigma^2}{2}$。所以当 $-\frac{\sigma^2}{2}<\mu<0$ 时有 $E(\xi)>0$,并且有 $r_\infty<0$。

由式(1.14),$r_n=e^{\mu+\frac{\sigma^2}{2n}}-1$,则 $r_n<0$ 意味着 $\mu+\frac{\sigma^2}{2n}<0$,即 $\mu<-\frac{\sigma^2}{2n}$。由式(1.9),$E(\xi)=$

$e^{\mu+\frac{\sigma^2}{2}}-1$，则 $E(\xi)>0$ 意味着 $\mu+\frac{\sigma^2}{2}>0$，即 $\mu>-\frac{\sigma^2}{2}$。所以当 $-\frac{\sigma^2}{2}<\mu<-\frac{\sigma^2}{2n}$ 时有 $E(\xi)>0$，并且有 $r_n<0$。定理得证。

定理 1.7 的结论表明，$E(\xi)>0$ 并不能保证长期持有资产 K 可以得到正的年平均收益率，较大的 σ^2 和较小的 μ 的组合可以导致 $r_\infty<0$ 或者 $r_n<0$。从式(1.14)可以知道，随着持有期限 n 的增大，r_n 不断减小。当 n 较小时，n 的增大会引起 r_n 相对较大的减小量，当 n 充分大时，$r_n\approx e^{\mu}-1$。从式(1.15)可以知道，随着持有期限 n 的增大，D_n 不断减小。当 n 充分大时 $D_n\approx 0$，r_n 的不确定性越来越小，r_n 会在概率的意义上收敛于 r_∞。

1.6 短期收益率服从一般分布的资产在持有期较长时的理论分析

在本节中，讨论短期收益率服从一般分布的风险资产的相关问题。假设 ξ 的密度函数为 $p(x)$，ξ 的数学期望为 r，ξ 的方差为 D^2，即有

$$r=\int_{-1}^{+\infty}xp(x)\mathrm{d}x$$

$$D^2=\int_{-1}^{+\infty}(x-r)^2p(x)\mathrm{d}x$$

随机变量$(1+\xi)$的密度函数为 $q(x)$，有 $q(x)=p(x-1)$。根据式(1.2)，$\ln(1+\xi)$ 的密度函数为 $\mathrm{d}(y)$，即

$$\mathrm{d}(y)=e^y q(e^y)=e^y p(e^y-1)$$

下面来求 $\ln(1+\xi)$ 的数学期望 η 的数学表达式。根据数学期望的定义有

$$\eta=\int_{-\infty}^{+\infty}ye^y p(e^y-1)\mathrm{d}y$$

做变量替换 $e^y-1=x$，得 $y=\ln(1+x)$，则有

$$\eta=\int_{-\infty}^{+\infty}ye^y p(e^y-1)\mathrm{d}y=\int_{-1}^{+\infty}p(x)\ln(1+x)\mathrm{d}x \tag{1.20}$$

若资产 K 的短期收益率 ξ 服从对数正态分布形式，密度函数 $p(x)$ 的参数为(μ,σ)，即有

$$p(x)=\frac{1}{\sqrt{2\pi}\sigma(x+1)}e^{-\frac{(\ln(x+1)-\mu)^2}{2\sigma^2}}$$

则根据 1.4 节的讨论知道，$\ln(1+\xi)$ 的数学期望就是 μ，即有

$$\mu=\int_{-1}^{+\infty}\frac{1}{\sqrt{2\pi}\sigma(x+1)}e^{-\frac{(\ln(x+1)-\mu)^2}{2\sigma^2}}\ln(1+x)\mathrm{d}x$$

$\ln(1+\xi)$ 的方差记为 H^2，根据方差的定义有

$$H^2=\int_{-\infty}^{+\infty}(y-\eta)^2e^y p(e^y-1)\mathrm{d}y=\int_{-1}^{+\infty}p(x)\,(\ln(1+x))^2\mathrm{d}x-\eta^2 \tag{1.21}$$

下面来考察当 n 比较大时随机变量 $\frac{1}{n}\sum_{i=1}^{n}\ln(1+\xi_i)$ 的均值和方差及近似的分布密度

函数。我们知道，随机变量$\frac{1}{n}\sum_{i=1}^{n}\ln(1+\xi_i)$的均值仍然是$\eta$，随机变量$\frac{1}{n}\sum_{i=1}^{n}\ln(1+\xi_i)$的方差为$\frac{1}{n}H^2$。根据中心极限定理，当$n$比较大时随机变量$\frac{1}{n}\sum_{i=1}^{n}\ln(1+\xi_i)$近似服从正态分布，相应的密度函数记为$m_n(y)$，有

$$m_n(y)\approx\frac{1}{\sqrt{2\pi}(H/\sqrt{n})}\mathrm{e}^{-\frac{(y-\eta)^2}{2(H^2/n)}}$$

根据式(1.13)，有$\eta_n=((1+\xi_1)(1+\xi_2)\cdots(1+\xi_n))^{1/n}-1$的密度函数$H_n(x)$的近似公式为

$$H_n(x)\approx\frac{1}{\sqrt{2\pi}(H/\sqrt{n})(x+1)}\mathrm{e}^{-\frac{(\ln(x+1)-\eta)^2}{2(H^2/n)}}$$

这是一个服从对数正态分布的随机变量的密度函数，根据对数正态分布函数的性质，由式(1.9)和式(1.10)有

$$E(\eta_n)\approx\mathrm{e}^{\eta+\frac{H^2}{2n}}-1\tag{1.22}$$

$$D(\eta_n)\approx\mathrm{e}^{2\eta+\frac{H^2}{n}}(\mathrm{e}^{\frac{H^2}{n}}-1)\tag{1.23}$$

其中$\eta=\int_{-1}^{+\infty}p(x)\ln(1+x)\mathrm{d}x$，$H^2=\int_{-1}^{+\infty}p(x)(\ln(1+x))^2\mathrm{d}x-\eta^2$。根据$\xi$的密度函数$p(x)$可以确定$\eta$和$H^2$，进一步由式(1.22)和式(1.23)来近似地计算持有期为n时的长期收益率$E(\eta_n)$和方差$D(\eta_n)$。让$n\to+\infty$，从式(1.22)可以得到下面的公式：

$$r_\infty=\lim_{n\to+\infty}E(\eta_n)=\mathrm{e}^{\int_{-1}^{+\infty}p(x)\ln(1+x)\mathrm{d}x}-1\tag{1.24}$$

$$D_\infty=\lim_{n\to+\infty}D(\eta_n)=0\tag{1.25}$$

近似公式(1.22)和(1.23)只有当n比较大时才成立，对于一般的密度函数$p(x)$和较小的n，长期收益率$E(\eta_n)$和方差$D(\eta_n)$的解析表达式应该通过卷积公式来推导。当然，如果是为了应用的目的来求解$E(\eta_n)$，可以通过两个途径来解决：一是用蒙特卡洛随机模拟来求解；二是用数值方法进行卷积运算求出密度函数$m_n(y)$，从而得到密度函数$H_n(x)$的近似解，由此得到长期收益率$E(\eta_n)$和方差$D(\eta_n)$的数值。对于较大的n，比如$n>30$，可以用式(1.22)和式(1.23)来近似地表示持有期为n时风险资产K的长期收益率和风险的大小。式(1.22)和式(1.23)与1.4节导出的式(1.14)和式(1.15)形式相同，可以说，对于比较大的n，由对数正态分布导出的一系列理论公式及相应的临界曲线公式都可用于一般分布情况。借助于这些公式可以对长期持有风险资产的收益水平和风险情况有一个很好的定量方面的了解，使得投资计划更为理性和科学。

1.7　结论和展望

本章从理论的角度来研究长期持有风险资产的收益率的相关问题，在短期收益率服从对数正态分布的假设下，得到了长期持有风险资产的收益率的分布密度函数与相应的均值和方差的数学公式，给出了所得到的理论公式的若干性质。当风险资产的短期收益

率服从一般的概率分布时，给出了当持有期 n 较大时的长期收益率的分布密度函数和相应的均值和方差的近似公式。本章导出的理论公式适合于风险较小的风险资产或者持有期 n 较大的情况。从理论上证明了风险资产的长期收益率一定低于短期收益率的事实，并且在短期收益率服从对数正态分布的假设下给出了短期收益率与长期收益率的差的数学公式，还给出保证 $r_{\infty}=0$ 的条件，该条件决定一条关于短期收益率的均值和方差的临界曲线。

还有一些理论问题有待研究，包括短期收益率服从某些(除了对数正态分布外) 特殊的分布时相应的长期投资收益水平的理论公式的导出；是否可以更巧妙地借助于积分变换和积分逆变换的工具导出一批理论结果；从更多的角度探讨短期收益率与长期收益率的数学关系等。

第 2 章　固定比例投资策略的数理模型研究

消极投资组合策略一般是指按照市场组合来构建投资组合的策略，消极投资组合策略不进行市场研究和证券的分析，其理论基础是马科维茨证券投资组合理论和资本资产定价理论(CAPM)。而积极的投资组合策略则是进行大量的市场研究和证券的分析，在此基础上构建投资组合。消极投资组合模式中有一种称为固定投资组合的策略，该策略在投资组合中按照固定比例配置风险资产和无风险资产，当风险资产的价格发生变化时，通过买入风险资产和卖出无风险资产，或卖出风险资产和买入无风险资产，使投资组合中两种资产的价值在整个投资期保持固定比例不变。本章研究了这种特殊的消极投资组合模式的特点及合理性，运用金融数学方法，对现实交易过程进行理想化处理，建立相应的数学模型。随着风险资产价格的变化，如果在每一个时间点上严格地保证两种资产的价值的比例固定不变，这就要求买入和卖出操作连续进行并且没有交易数量的限制。运用微积分工具，得到了固定比例投资策略下投资组合中无风险资产和风险资产价值满足的微分方程模型，并对这些微分方程的性质进行了讨论。对比例因子 λ 为 0.25，1.0 和 4.0 时分别对多头行情、空头行情、振荡行情及振荡上升行情中无风险资产价值、风险资产价值及投资组合的收益率进行计算，并与全部持有风险资产策略及固定比例的买入持有策略进行对比分析。

2.1 关于固定投资组合策略的研究背景

有国外专家对固定投资组合策略进行了探讨，并举例说明了当股票市场呈现离散波动状态时投资组合中采用固定比例策略时的风险资产和无风险资产的收益情况，并与买入持有策略进行了对比，发现买入持有策略在股市行情单边上涨和单边下行时，收益状况好于固定组合策略，但在振荡行情中，固定组合策略的收益状况优于买入持有策略。但还没有见到用数理方法推导固定组合投资策略满足的微分方程方面的研究成果。

本章研究消极投资组合模式在风险资产价格不断变化时所服从的规律。在初始时刻，在资产组合中按照固定比例配置风险资产和无风险资产，当风险资产价值上升时，卖出一定数量的风险资产，同时买入一定数量的无风险资产，要求风险资产和无风险资产价值之间保持固定比例；当风险资产价值下降时做相反操作，即卖出一定数量的无风险资产，同时买入一定数量的风险资产，当然也要求风险资产和无风险资产价值之间保持固定比例。利用金融数学的相关知识推导投资组合中在风险资产的价格连续变动时满足的微分方程，并通过求解微分方程来计算消极投资组合模式的总收益。由于国内外对股票价格连续变动条件下消极投资组合模式的理论收益模型的研究还很少，因此希望本章的研究能够为该领域的理论研究做一些基础性的工作。

2.2 消极投资组合策略及其特点

本章所研究的固定投资组合策略是消极的投资策略的一种，在本章的叙述中并不严格区分两者之间的差异，下面所说的消极投资组合策略就是固定比例投资组合策略。消极的投资策略是建立在有效资本市场假设(EMH)基础上的，认为在现有的有用信息的基础上股票价格对市场信息已经做出了完全的反映，当前的股票价格已经处在公平价格水平上，因而不对股票进行进一步的分析，不去探讨股票价格被高估还是低估的问题，只是建立充分分散化的证券投资组合。消极的投资策略不需要进行大量的证券分析，也不需要频繁地交易股票，因此能够节省大量的管理成本。

消极的投资组合模式是指在投资组合中按照固定比例配置无风险资产和风险资产，并在整个投资期实时调整风险资产的数量，当风险资产价值发生变动时，按照期初设定的固定比例调整无风险资产和风险资产的价值，使投资组合中的两种资产价值的比例始终保持不变。当风险资产的价值上升时，无风险资产的价值与风险资产的价值的比例将会变小，为了保持比例不变，需要卖出部分风险资产，买入部分无风险资产。当风险资产的价值下降时，两者之间的比例将会变大，需要卖出部分无风险资产，买入部分风险资产。假设 A_i 为 i 时刻的无风险资产的价值，V_i 为 i 时刻风险资产的价值，无风险资产和风险资产的价值的比例设定为 λ，那么固定投资组合策略(或消极的投资组合模式)用公式表示为

$$\frac{A_0}{V_0}=\frac{A_1}{V_1}=\frac{A_2}{V_2}=\cdots=\frac{A_i}{V_i}=\lambda$$

投资者在实际的股票投资操作中经常会出现两种情况：一是股价继续上涨时想卖出股票而没有股票可卖，因为在此前已经将手中的股票卖光；二是股价继续下跌时想买入这些更便宜的股票，但已经无钱可用，因为在此之前已经将可用的钱用完。若能够严格地执行固定投资组合策略，则可以保证不论股价多么高都有股票可以卖，或不论股价多么低都有钱可以买。

在资本市场中许多金融产品的市场行情是不断变化的，多头行情和空头行情交替出现，更多的时候是振荡的行情，采用消极的投资组合模式可以根据当前的行情，在期初资产配置时设置合理的 λ 值，若判断市场会进入多头行情则可以设置较小的 λ 值，增加投资组合中风险资产的比重以提高投资组合的获利能力；若判断市场会进入空头行情则可以设置较大的 λ 值，增加组合中无风险资产的比例，在保证稳定收益的情况下，持有未来行情变化时的盈利机会。

在资本市场中，不同投资者的风险厌恶程度不同。消极的投资组合策略能够满足不同投资者多样化的投资需求，可以根据不同的风险偏好设定不同的 λ，对于风险承受能力较弱的投资者，可以设定较大的无风险资产和风险资产价值的比值 λ，这样可以确保投资组合既可以获得风险资产带来的可能的高收益，又可以承受较小的风险；对于风险承受能力相对较强的投资者可以设置较小的 λ，这样可能获得相对较高的预期收益，但也会承受相对较高的风险。对于机构投资者，可以根据预期的收益目标设定 λ 值，如预期风险资产

的收益相对较高时，可以设定较小的 λ；如果投资组合追求稳定的收益，降低投资风险，则可以设置较大 λ。

若采用消极的投资组合模式，假定资产收益状况、投资者偏好及风险承受能力没有大的改变，由于风险承受能力一般与风险资产的配置比例正相关，因而满意的投资组合的配置比例不变。消极的投资组合模式适用于风险承受能力较稳定的投资者，在风险资产价格下跌时，他们的风险承受能力不像一般投资者那样下降，而是保持不变，因而其风险资产的数量反而增加，风险收益补偿也随之上升；反之，当风险资产市场价格上升时，投资者的风险承受能力仍然保持不变，其风险资产的数量将下降，风险收益补偿也随之下降。

在不同的行情中，消极的投资组合模式发挥的作用不同。在多头行情中，由于投资组合中有一定比例的无风险资产，并通过持续卖出风险资产和买入无风险资产对其价值进行调整，使其保持固定比例。这样的投资计划显然损失了一部分风险资产价格继续上升带来的收益，因此固定投资组合策略的总体收益要低于买入持有策略的投资组合的收益。在空头行情中，投资组合中的无风险资产降低了投资组合的风险，但是由于在风险资产价格下降时需要持续卖出无风险资产和买入风险资产，会损失无风险资产的部分收益。由于风险资产的价值持续降低，因而其收益状况要差于同等比例的两种资产的买入持有组合。在振荡的行情中，投资组合在风险资产价格下降时，通过卖出无风险资产买入风险资产，摊薄了风险资产的成本，当风险资产的价格上升到原价格时，获得了更多的收益，因此其收益状况要好于同等比例的两种资产的买入持有组合。当 λ 由小变大时，投资组合中的风险资产的份额逐渐降低，无风险资产的比例逐渐上升，投资组合的风险程度降低，同时无论是在多头、空头还是在振荡行情中，投资组合的收益和亏损程度都会降低。

2.3　消极投资组合模式满足的微分方程模型

2.3.1　基本假设

出于简化问题和数学公式推导的需要，引入以下若干条假设。

(1) 假设风险资产是股票，无风险资产是银行存款。

(2) 股票的收益主要来自价格的上涨和股息收入，假设将得到的股息收入立即在下一时刻买入股票，风险资产的价值受到股息收入和股票价格波动的影响。

(3) 无风险资产的收益主要来自利息收入，假设对无风险资产实行复利计算，利息收入继续存入本金连续计息。

(4) 假设股票市场具有极强的流动性，买入和卖出风险资产时都能够立刻成交，不会因交易过程的连续竞价而不能成交或因成交价格变动而影响交易成本，即能够以该时刻的股票价格立刻成交。

(5) 假设交易是在理想的无摩擦状态下进行的，不需要缴纳印花税、佣金等交易费用。

(6) 假设在买入和卖出股票时，不受股票最低交易数量的限制，可以以任意股数买入和卖出股票，股数可以是任意正的实数。

2.3.2 关于调整量 Δq 的数学表达式和相应的微分方程模型

假设初始的无风险资产价值和风险资产价值的比例为 λ，并且要保证在整个投资期该比例保持不变。无风险资产的收益率为 r_f，股票的分红水平为每股收益 r_s。初始时刻，无风险资产价值为 A_0，股票价格为 P_0，初始的股票数量为 N_0。t 时刻，无风险资产的价值为 A_t，股票价格为 P_t，股票数量为 N_t。时间变量 t 的计量单位是年，即 $t=1.0$ 表示 1.0 年，t 可以是任意的正的实数。

在初始时刻 $t=0$ 时，有

$$\frac{A_0}{N_0 \times P_0}=\lambda$$

在任意的 t 时刻，有

$$\frac{A_t}{N_t \times P_t}=\lambda$$

在连续投资模式下，在 $[t,t+\Delta t]$ 时间内获得的利息收入再投资于无风险资产，在 $[t,t+\Delta t]$ 时间获得的股息收入再买入股票。用 Δq 表示 $t+\Delta t$ 时刻较 t 时刻的无风险资产数量的改变量，即

$$A_{t+\Delta t}=A_t+\Delta q$$

在 $t+\Delta t$ 时刻，通过进行 Δq 调整，确保有下式成立：

$$\frac{A_{t+\Delta t}}{N_{t+\Delta t} \times P_{t+\Delta t}}=\lambda$$

无风险资产在 t 时刻的价值为 A_t，根据连续复利计算公式，在 $t+\Delta t$ 时刻的价值增加为 $A_t \times e^{r_f \times \Delta t}$，考虑 Δt 很小的情况，利用泰勒公式对其进行一阶近似得到

$$A_t \times e^{r_f \times \Delta t}=A_t \times [1+r_f \times \Delta t+o(\Delta t)] \tag{2.1}$$

风险资产在 t 时刻的价值为 $N_t \times P_t$，在 $t+\Delta t$ 时刻为

$$N_t \times P_{t+\Delta t}+N_t \times r_s \times \Delta t$$

其中，$N_t \times P_{t+\Delta t}$ 为股票价值，$N_t \times r_s \times \Delta t$ 为 $[t,t+\Delta t]$ 时间内的股息收入，将这些股息收入及时地换成股票。由于 $P'_t=\dfrac{P_{t+\Delta t}-P_t}{\Delta t}$，对 $N_t \times P_{t+\Delta t}$ 进行一阶近似，得到：

$$N_t \times P_{t+\Delta t}=N_t \times [P_t+P'_t \times \Delta t+o(\Delta t)] \tag{2.2}$$

在 $t+\Delta t$ 时刻，由于风险资产价值和无风险资产价值均发生变化，为保持该时刻的无风险资产价值和风险资产的价值的比例仍然为 λ，通过 Δq 对风险资产和无风险资产的价值进行调整。当 $\Delta q>0$ 时，表现为股票价格上涨，股票价值相对变大，需要卖出部分股票，买入部分无风险资产；当 $\Delta q<0$ 时，表现为股票价格下跌，股票价值相对变小，需要卖出部分无风险资产，买入部分股票。

在 $t+\Delta t$ 时刻，按照消极的投资组合策略配置风险资产和无风险资产的要求，有下式成立：

$$\frac{A_{t+\Delta t}}{N_{t+\Delta t} \times P_{t+\Delta t}}=\frac{A_t \times e^{r_f \times \Delta t}+\Delta q}{N_t \times P_{t+\Delta t}+N_t \times r_s \times \Delta t-\Delta q}=\lambda$$

对上式进行整理，有

$$(1+\lambda)\Delta q=\lambda\,(\mathrm{N}_t\times P_{t+\Delta t}+N_t\times r_s\times\Delta t)-A_t\times \mathrm{e}^{r_f\times\Delta t}$$

根据前面导出的数学表达式(2.1) 和式(2.2)，忽略掉高阶无穷小，有

$$(1+\lambda)\Delta q=\lambda\times N_t\times(P_t+P'_t\times\Delta t+r_s\times\Delta t)-A_t\times(1+r_f\times\Delta t)$$

经过整理并利用$\frac{A_t}{N_t\times P_t}=\lambda$，可以得到

$$\Delta q=A_t\,\frac{1}{1+\lambda}\left(\frac{P'_t+r_s}{P_t}-r_f\right)\times\Delta t \tag{2.3}$$

这是关于调整量 Δq 的差分方程。令式(2.3) 中的 Δt 趋于 0，则可以得到下面的微分方程模型：

$$\frac{\mathrm{d}q}{\mathrm{d}t}=\frac{A_t}{1+\lambda}\left(\frac{P'_t+r_s}{P_t}-r_f\right) \tag{2.4}$$

2.3.3　关于持有的无风险资产价值满足的微分方程模型

无风险资产经过 Δt 时间的微小变化时，无风险资产的价值会受到利息收入和调整量的影响，根据连续复利计算，有

$$A_{t+\Delta t}=A_t\times\mathrm{e}^{r_f\times\Delta t}+\Delta q$$

$$A_{t+\Delta t}-A_t=A_t\times(1+r_f\times\Delta t)+\Delta q-A_t$$

整理有

$$A_{t+\Delta t}-A_t=A_t\times r_f\times\Delta t+\Delta q \tag{2.5}$$

将式(2.3) 带入式(2.5)，有

$$A_{t+\Delta t}-A_t=A_t\times r_f\times\Delta t+\frac{A_t}{1+\lambda}\left(\frac{P'_t+r_s}{P_t}-r_f\right)\times\Delta t$$

整理得

$$A_{t+\Delta t}-A_t=A_t\times\Delta t\times\left[r_f+\frac{P'_t+r_s-r_f\times P_t}{(1+\lambda)\times P_t}\right]$$

令上式中的 Δt 趋于 0，得到无风险资产 A_t 关于时间 t 的微分方程为

$$\frac{\mathrm{d}A_t}{\mathrm{d}t}=A_t\times\left[r_f+\frac{P'_t+r_s-r_f\times P_t}{(1+\lambda)\times P_t}\right] \tag{2.6}$$

在微分方程(2.6) 中，r_f，r_s，λ 都是正的常数，只要股价关于时间的变动规律 P_t 已知，就可由微分方程(2.6) 计算出函数 A_t 在任意时刻的值。

2.3.4　关于持有的风险资产价值满足的微分方程模型

假设风险资产(股票) 在 t 时刻的价值为 V_t，持有的股票数量为 N_t，有 $V_t=P_t\times N_t$ 成立，$t+\Delta t$ 时刻与 t 时刻相比股票价值的变动受到三方面的影响：一是股票价格变动对风险资产价值的影响；二是股票的股息收入对风险资产价值的影响；三是调整量对风险资产价值的影响。根据前面的讨论有

$$V_{t+\Delta t}=N_t\times P_{t+\Delta t}+N_t\times r_s\times\Delta t-\Delta q$$

由于 $P'_t=\frac{P_{t+\Delta t}-P_t}{\Delta t}+o(\Delta t)$，则

$$V_{t+\Delta t}=V_t+N_t\times P_t'\times\Delta t+N_t\times r_s\times\Delta t-\Delta q+o(\Delta t)$$

将 $N_t=\dfrac{V_t}{P_t}$ 及式(2.3)中 Δq 的表达式带入上式，可整理得到下面的风险资产价值所满足的微分方程：

$$\frac{\mathrm{d}V_t}{\mathrm{d}t}=\frac{V_t}{P_t}\times(P_t'+r_s)-\frac{A_t}{(1+\lambda)\times P_t}\times(P_t'+r_s-P_t\times r_f)$$

注意到 $\dfrac{A_t}{V_t}=\lambda$，所以 $A_t=\lambda V_t$，带入上式整理得

$$\frac{\mathrm{d}V_t}{\mathrm{d}t}=V_t\times[r_f+\frac{P_t'+r_s-r_f\times P_t}{(1+\lambda)\times P_t}] \tag{2.7}$$

这是一个与式(2.6)形式相同的微分方程。实际上由式(2.6)和 $A_t=\lambda V_t$ 可以直接得到微分方程式(2.7)。

2.3.5　固定投资组合策略的收益率的计算公式

投资组合的总收益率受到风险资产价值和无风险资产价值的双重影响。由于在整个投资期中，风险资产和无风险资产的收益分别及时地购买了风险资产或无风险资产而进行了再投资，所以投资组合最终的收益率只与期末和期初的风险资产和无风险资产的价值有关。因为期末风险资产和无风险资产的价值为 V_T 和 A_T，期初两者的价值分别为 V_0 和 A_0，则投资组合总的收益率为

$$R=\frac{V_T+A_T-V_0-A_0}{V_0+A_0} \tag{2.8}$$

当参数 r_f，r_s，λ 确定后，总收益率 R 的取值取决于股价 P_t，或者说股价 P_t 的变化路径决定了固定比例投资组合的总收益率。

对于考察期间任意时刻 t 的收益率 r_t，有下面的计算公式：

$$r_t=\frac{V_t+A_t-V_0-A_0}{V_0+A_0}$$

2.4　关于消极投资组合策略满足的微分方程的若干性质

2.4.1　股价取某些特殊函数时的投资组合价值

我们来考察股价随时间变动的不同模式决定的无风险资产价值和风险资产价值随时间的变动规律。

假设 $P_t=C$ 为一常数，则 $P_t'=0$，根据微分方程(2.6)，有

$$\frac{\mathrm{dln}A_t}{\mathrm{d}t}=r_f+\frac{r_s-r_fC}{(1+\lambda)C}=\frac{r_s+\lambda Cr_f}{(1+\lambda)C}$$

对上式积分，有

$$\ln A_t=\frac{r_s+\lambda Cr_f}{(1+\lambda)C}t+C_0$$

结合 A_t 的初始条件，有

$$A_t = A_0 e^{\frac{r_s+\lambda Cr_f}{(1+\lambda)C}t}$$

由于$\frac{A_t}{V_t}=\lambda$,$\frac{A_0}{V_0}=\lambda$,结合 V_t 的初始条件,有

$$V_t = V_0 e^{\frac{r_s+\lambda Cr_f}{(1+\lambda)C}t}$$

这说明对于固定投资组合策略,当股价为常数时无风险资产的价值和风险资产的价值均呈指数增大规律变动,瞬时收益率 r_t 为$\frac{r_s+\lambda Cr_f}{(1+\lambda)C}$。瞬时收益率 r_t 还可以写成下面的形式:

$$r_t = \frac{r_s+\lambda Cr_f}{(1+\lambda)C} = r_f + \frac{r_s - r_f C}{(1+\lambda)C}$$

有两种情况,若 $r_s - r_f C > 0$,这时对于$\lambda \in [0,+\infty]$,$\lambda=0$(全部持有股票)时的瞬时收益率取最大值 $r_f + \frac{r_s - r_f C}{C} = \frac{r_s}{C}$;若 $r_s - r_f C < 0$,这时对于$\lambda \in [0,+\infty]$,$\lambda=+\infty$(全部持有无风险资产)时的瞬时收益率取最大值 r_f。

假设 $P_t = Kt + C > 0$,即股价在所考察的时间内呈现线性变化趋势,则 $P_t'=K$,根据微分方程(2.6),有

$$\frac{\mathrm{d}\ln A_t}{\mathrm{d}t} = r_f + \frac{K + r_s - r_f(Kt+C)}{(1+\lambda)(Kt+C)} = \frac{\lambda}{(1+\lambda)}r_f + \frac{K+r_s}{(1+\lambda)}\frac{1}{Kt+C}$$

对上面的积分表达式分两种情况讨论,当 $K>0$(股价上涨)时有

$$\ln A_t = \frac{\lambda}{(1+\lambda)}r_f t + \frac{K+r_s}{(1+\lambda)K}\ln\left(t+\frac{C}{K}\right) + C_0$$

结合 A_t 和 V_t 的初始条件,有

$$A_t = A_0\left(\frac{C}{K}\right)^{\frac{-(K+r_s)}{(1+\lambda)K}} e^{\frac{\lambda}{(1+\lambda)}r_f t}\left(t+\frac{C}{K}\right)^{\frac{K+r_s}{(1+\lambda)K}}$$

$$V_t = V_0\left(\frac{C}{K}\right)^{\frac{-(K+r_s)}{(1+\lambda)K}} e^{\frac{\lambda}{(1+\lambda)}r_f t}\left(t+\frac{C}{K}\right)^{\frac{K+r_s}{(1+\lambda)K}}$$

当 $K<0$(股价下跌)时,由于 $Kt+C>0$,所以 $t+\frac{C}{K}<0$,有

$$\frac{\mathrm{d}\ln A_t}{\mathrm{d}t} = \frac{\lambda}{(1+\lambda)}r_f - \frac{K+r_s}{(1+\lambda)K}\frac{1}{(-t-C/K)}$$

对上式积分,有

$$\ln A_t = \frac{\lambda}{(1+\lambda)}r_f t + \frac{K+r_s}{(1+\lambda)K}\ln\left(-t-\frac{C}{K}\right) + C_0$$

结合 A_t 和 V_t 的初始条件,有

$$A_t = A_0\left(\frac{C}{K}\right)^{\frac{-(K+r_s)}{(1+\lambda)K}} e^{\frac{\lambda}{(1+\lambda)}r_f t}\left(t+\frac{C}{K}\right)^{\frac{K+r_s}{(1+\lambda)K}}$$

$$V_t = V_0\left(\frac{C}{K}\right)^{\frac{-(K+r_s)}{(1+\lambda)K}} e^{\frac{\lambda}{(1+\lambda)}r_f t}\left(t+\frac{C}{K}\right)^{\frac{K+r_s}{(1+\lambda)K}}$$

假设 $P_t=P_0e^{\delta t}$，股价的资本利得收益率取常数 δ，则 $P'_t=\delta P_0e^{\delta t}$，根据微分方程(2.6)，有

$$\frac{\mathrm{dln}A_t}{\mathrm{d}t}=r_f+\frac{\delta P_0e^{\delta t}+r_s-r_fP_0e^{\delta t}}{(1+\lambda)P_0e^{\delta t}}=\frac{\delta+\lambda r_f}{(1+\lambda)}+\frac{r_s}{(1+\lambda)P_0e^{\delta t}}$$

对上式积分，有

$$\ln A_t=\frac{\delta+\lambda r_f}{(1+\lambda)}t-\frac{r_s}{(1+\lambda)P_0\delta}e^{-\delta t}+C_0$$

结合 A_t 和 V_t 的初始条件，有

$$A_t=A_0e^{\frac{-r_s}{(1+\lambda)P_0\delta}}e^{(\frac{\delta+\lambda r_f}{(1+\lambda)}t-\frac{r_s}{(1+\lambda)P_0\delta}e^{-\delta t})}$$
$$V_t=V_0e^{\frac{-r_s}{(1+\lambda)P_0\delta}}e^{(\frac{\delta+\lambda r_f}{(1+\lambda)}t-\frac{r_s}{(1+\lambda)P_0\delta}e^{-\delta t})}$$

2.4.2　投资组合调整的若干条件

下面讨论在什么条件下无须对投资组合进行调整，即 $\Delta q=0$。

定理 2.1　若股票的价格随时间的变化规律由下面的函数给出：

$$P(t)=\frac{r_s}{r_f}+(P(0)-\frac{r_s}{r_f})e^{r_ft} \tag{2.9}$$

则可以保证 $\Delta q=0$，即在任何时刻都无须对投资组合进行调整。

证明：根据式(2.4)有

$$\frac{\mathrm{d}q}{\mathrm{d}t}=\frac{A_t}{1+\lambda}(\frac{P'_t+r_s}{P_t}-r_f)$$

令 $\frac{\mathrm{d}q}{\mathrm{d}t}=0$，有

$$P'_t-P_tr_f+r_s=0 \tag{2.10}$$

这是一个关于股票价格 P_t 的一阶常微分方程。一般的一阶常微分方程形式为

$$y'+p(x)y=q(x)$$

其通解表达式为

$$y=e^{-\int p(x)\,\mathrm{d}x}\left[\int q(x)e^{\int p(x)\,\mathrm{d}x}\mathrm{d}x+c\right]$$

对于方程(2.9)，$p(x)=-r_f$，$q(x)=-r_s$，所以有

$$P(t)=e^{-\int(-r_f)\,\mathrm{d}t}\left[\int(-r_s)e^{\int(-r_f)\,\mathrm{d}t}\mathrm{d}t+c\right]$$

对上式积分并结合初始条件，有

$$P(t)=\frac{r_s}{r_f}+(P(0)-\frac{r_s}{r_f})e^{r_ft}$$

定理得证。

关于何时需要对风险资产的数量进行调整，有下面的定理。

定理 2.2　如果 $P'_t+r_s>r_fP_t$，则 $\Delta q>0$，即需要卖出部分风险资产而买入部分无风险资产；如果 $P'_t+r_s<r_fP_t$，则 $\Delta q<0$，即需要卖出部分无风险资产而买入部分风险资产。

证明：根据式(2.3) 并注意到 $\Delta t>0, A_t>0, P_t>0, (1+\lambda)>0$，所以 Δq 的符号与 $\frac{P'_t+r_s}{P_t}-r_f$ 同号，而 $\frac{P'_t+r_s}{P_t}-r_f$ 与 $P'_t+r_s-r_fP$ 同号。定理得证。

注意到关系式 $\frac{\mathrm{dln}\ P}{\mathrm{d}t}=\frac{1}{P}\frac{\mathrm{d}P}{\mathrm{d}t}$，将微分方程(2.3) 改写成下面的形式：

$$\frac{\mathrm{d}q}{\mathrm{d}t}=\frac{A_t}{1+\lambda}\left(\frac{\mathrm{dln}\ P}{\mathrm{d}t}+\frac{r_s}{P_t}-r_f\right) \tag{2.11}$$

可以看出，$\frac{r_s}{P_t}$ 是以当前股价计算的股息收益率，也就是瞬时股息收益率；$\frac{\mathrm{dln}\ P}{\mathrm{d}t}$ 是资本利得的瞬时收益率。$\frac{r_s}{P_t}+\frac{\mathrm{dln}\ P}{\mathrm{d}t}$ 就是投资于股票的瞬时收益率，有下面的定理成立。

定理 2.3　如果资本利得的瞬时收益率 $\frac{\mathrm{dln}\ P}{\mathrm{d}t}$ 加上瞬时股息收益率 $\frac{r_s}{P_t}$ 大于无风险收益率 r_f，则 $\Delta q>0$，即需要卖出部分风险资产而买入部分无风险资产；如果资本利得的瞬时收益率 $\frac{\mathrm{dln}\ P}{\mathrm{d}t}$ 加上瞬时股息收益率 $\frac{r_s}{P_t}$ 小于无风险收益率 r_f，则 $\Delta q<0$，即需要卖出部分无风险资产而买入部分风险资产。

证明：根据式(2.11) 并注意到 $\Delta t>0, A_t>0, (1+\lambda)>0$，所以 Δq 的符号与 $\frac{\mathrm{dln}\ P}{\mathrm{d}t}+\frac{r_s}{P_t}-r_f$ 同号。定理得证。

定理 2.2 和定理 2.3 给出了股息收益率 r_s、无风险收益率 r_f、股价 P 及其变化率与 Δq 的符号之间的关系。

2.5　关于消极投资组合模式总收益水平的若干算例

2.5.1　参数的选择和微分方程迭代解法的推导

无风险资产的收益率选取 3 个月银行定期存款的利率，取 $r_f=2.6\%$，风险资产股票的股息率设定为 $r_s=0.4$ 元/股，观察期为 3 个月，即 $T=0.25$ 年，迭代计算的步长 Δt 设定为 0.000 5 年。

将式(2.6) 中关于无风险资产价值的微分方程进行离散化处理，有

$$A_{t+\Delta t}=A_t+A_t\left(r_f+\frac{P'_t+r_s-r_f\times P_t}{(1+\lambda)\times P_t}\right)\times\Delta t$$

对上式整理得到无风险资产价值的迭代方程如下：

$$A_{t+\Delta t}=A_t\times\left[1+\left(r_f+\frac{P'_t+r_s-r_f\times P_t}{(1+\lambda)\times P_t}\right)\times\Delta t\right] \tag{2.12}$$

将式(2.7) 中风险资产价值的微分方程进行离散化处理，得到风险关于资产价值的迭代方程如下：

$$V_{t+\Delta t}=V_t\times\left[1+\left(r_f+\frac{P'_t+r_s-r_f\times P_t}{(1+\lambda)\times P_t}\right)\times\Delta t\right] \tag{2.13}$$

在式(2.12)中给定无风险资产价值的初值 A_0 和参数 λ 就可以进行迭代计算。在式(2.13)中给定风险资产价值的初值 V_0 和参数 λ 就可以进行迭代计算。根据迭代方程进行编程，在不同的 λ 值及不同的风险资产价格变动方式 P_t 条件下，对无风险资产价值、风险资产价值及投资组合的收益率进行计算，得到不同行情下的曲线，分析在不同的行情下采用消极的投资组合模式时投资组合总收益率的情况。

2.5.2 $\lambda=0.25$ 时消极的投资组合模式的收益状况

当 $\lambda=0.25$ 时，无风险资产与风险资产按照 1∶4 的比例配置，假设期初无风险资产的价值为 4 000 000 元，风险资产的价值为 16 000 000 元。风险资产的价格变化取为 $P_t=56.56t+20$ 时，即在整个投资期 $t\in[0,0.25]$，股票的价格由 20 元按线性规律涨到 34.14 元，这是一种单边上涨的多头行情。

利用迭代公式(2.12)，$A_0=4\ 000\ 000$ 元，$\lambda=0.25$，$r_f=2.6\%$，$r_s=0.4$，$\Delta t=0.000\ 5$，迭代总步数为 $0.25/0.000\ 5=500$，$P_t=56.56t+20$，$P_t'=56.56$。求解出 $A_1,A_2,A_3,\cdots,A_{500}$。无风险资产和风险资产价值变动如图 2.1 所示。

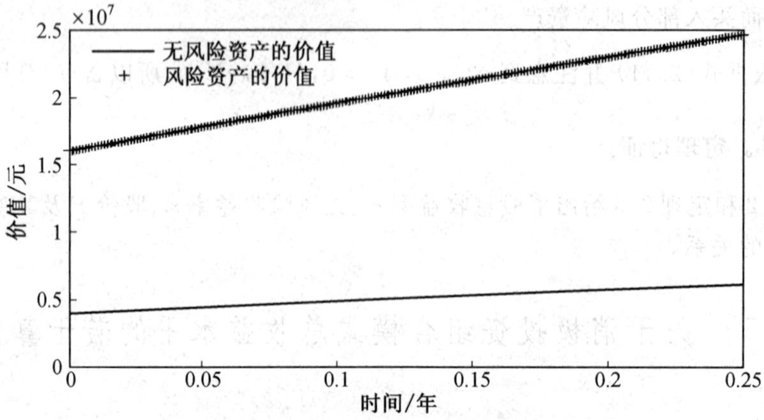

图 2.1 $P_t=56.56t+20$ 时无风险资产和风险资产价值变动

投资组合收益率变动图如图 2.2 所示。

按照消极的投资组合模式进行资产配置时，期末无风险资产的价值为 6 159 422 元，风险资产的价值为 24 637 690 元，投资组合的总收益率为 53.99%。如果按照全部买入风险资产的策略，则期末资产总值为 34 240 000 元，收益率为 71.2%。采用固定比例的买入持有策略，买入无风险资产和风险资产，在整个投资期不按固定比例进行调整，期末无风险资产的价值为 4 026 085 元，风险资产的价值为 27 392 000 元，投资组合的收益率为 57.09%。

当 $\lambda=0.25$，股票的价格变动符合 $P_t=-56.56t+34.14$ 时，其他参数与前面给出的相同。在整个投资期，股票价格按线性变化规律由 34.14 元跌到 20 元，这是一种单边下跌的空头行情。按照消极的投资组合模式投资，在整个投资期投资组合中无风险资产和风险资产价值变动如图 2.3 所示，投资组合收益率变动如图 2.4 所示。

按照消极的投资组合模式投资，期末无风险资产的价值为 2 618 006 元，风险资产的

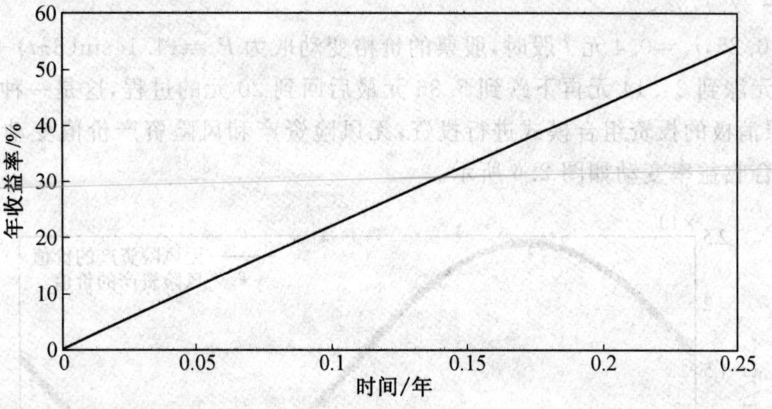

图 2.2　$P_t = -56.56t + 20$ 时投资组合收益率变动

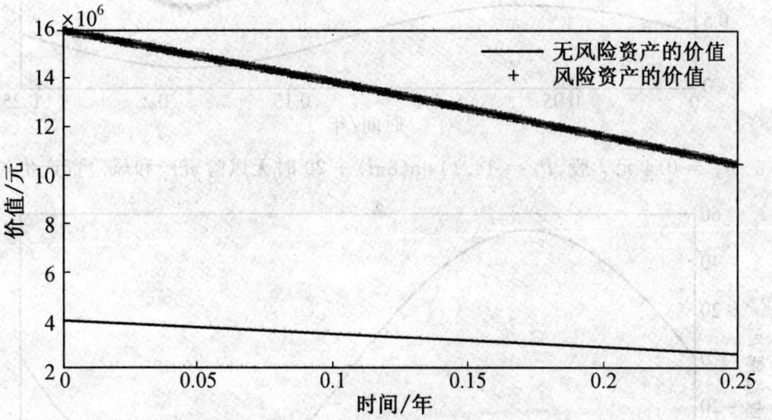

图 2.3　$P_t = -56.56t + 34.14$ 时无风险资产和风险资产价值变动

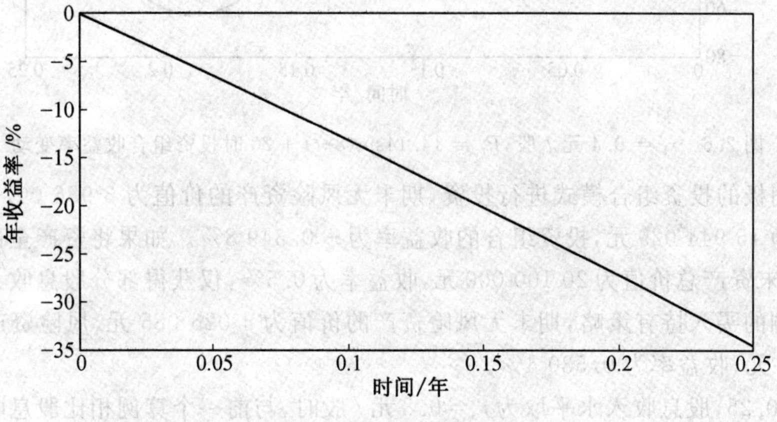

图 2.4　$P_t = -56.56t + 34.14$ 时投资组合收益率变动

价值为 10 472 026 元，投资组合的总收益率为 − 34.55%。当全部买入风险资产时，投资组合的最终价值为 11 775 044 元，收益率为−41.12%。如果按照固定比例的买入持有策略，期末无风险资产的价值为 4 026 085 元，风险资产的价值为 9 420 035 元，投资组合的收益率为-32.77%。

当$\lambda=0.25$，$r_s=0.4$元/股时，股票的价格变动取为$P_t=14.14\sin(8\pi t)+20$，即股票价格由20元涨到34.14元再下跌到5.86元最后回到20元的过程，这是一种简单的振荡行情。按照消极的投资组合模式进行投资，无风险资产和风险资产价值变动如图2.5所示，投资组合收益率变动如图2.6所示。

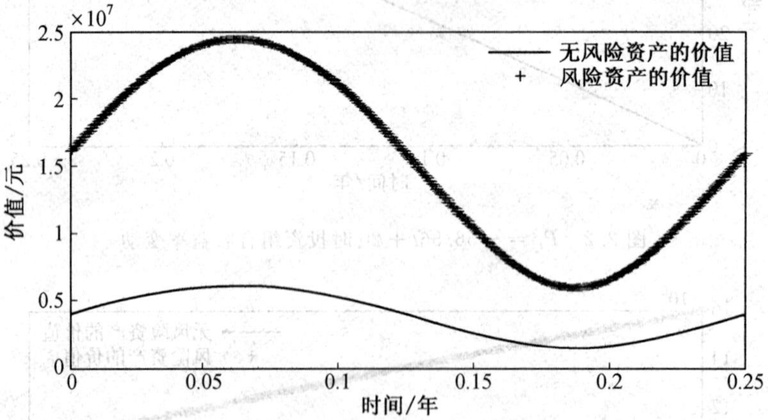

图2.5 $r_s=0.4$元/股，$P_t=14.14\sin(8\pi t)+20$时无风险资产和风险资产价值变动

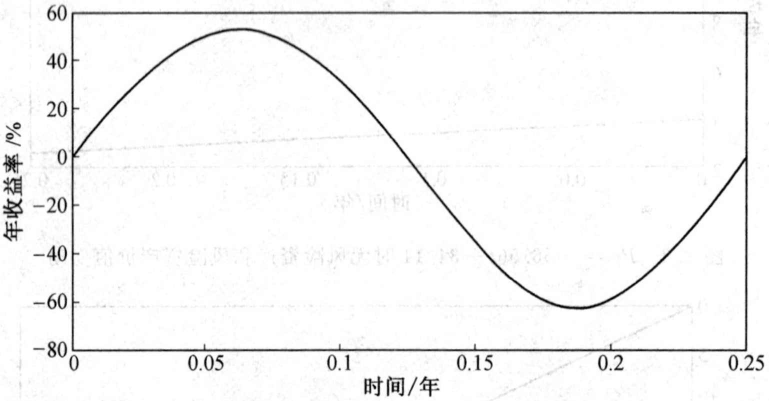

图2.6 $r_s=0.4$元/股，$P_t=14.14\sin(8\pi t)+20$时投资组合收益率变动

按照消极的投资组合模式进行投资，期末无风险资产的价值为3 986 007元，风险资产的价值为15 944 029元，投资组合的收益率为$-0.349\ 8\%$。如果将资产全部买入风险资产，则期末资产总价值为20 100 000元，收益率为0.5%，仅获得部分股息收入。如果按照固定比例的买入持有策略，期末无风险资产的价值为4 026 085元，风险资产的价值为16 080 000元，收益率为0.530 4%。

当$\lambda=0.25$，股息收入水平取为$r_s=0.8$元/股时，与前一个算例相比股息收入水平更高。股票的价格变动为$P_t=14.14\sin(8\pi t)+20$时，按照消极的投资组合模式进行投资，无风险资产和风险资产价值变动如图2.7所示，投资组合收益率变动如图2.8所示。

按照消极的投资组合模式投资期末无风险资产的价值为4 008 617元，风险资产的价值为16 034 466元，投资组合的收益率为0.215 4%。如果全部买入风险资产，期末风险

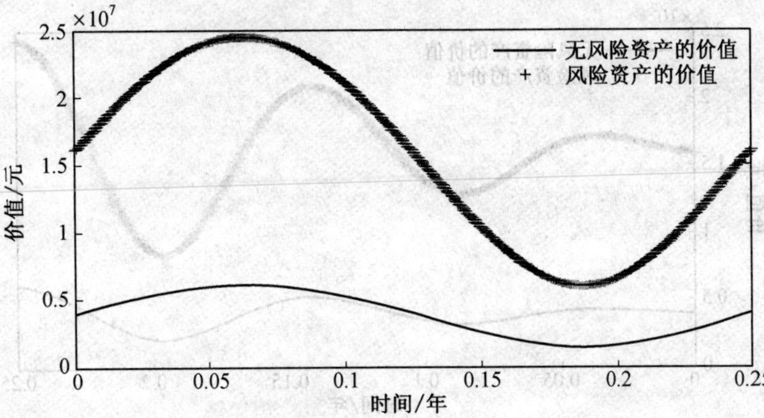

图 2.7　$r_s = 0.8$ 元 / 股，$P_t = 14.14\sin(8\pi t) + 20$ 时无风险资产和风险资产价值变动

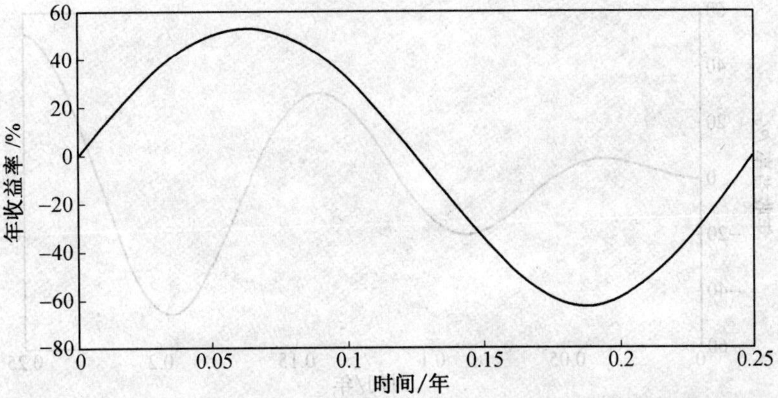

图 2.8　$r_s = 0.8$ 元 / 股，$P_t = 14.14\sin(8\pi t) + 20$ 时投资组合收益率变动

资产的总价值为 20 200 000 元，收益率为 1%。如果按照固定比例的买入持有策略，则期末无风险资产的价值为 4 026 085 元，风险资产的价值为 16 160 000 元，收益率为 0.930 4%。

当 $\lambda=0.25$，风险资产股票的价格变动为 $P_t=18\pi t\sin(18\pi t)+20$ 时，即风险资产的价格由 20 元振荡上升到 34.14 元，反映一段波动加剧的振荡上升行情。按照消极的投资组合模式进行投资，无风险资产和风险资产价值变动如图 2.9 所示，投资组合收益率变动如图 2.10 所示。

按照消极的投资组合模式，期末无风险资产的价值为 6 090 300 元，风险资产的价值为 24 361 200 元，投资组合的收益率为 52.26%。如果全部买入风险资产，风险资产最终价值为 34 240 000 元，收益率为 71.2%。如果按照固定比例的买入持有策略，期末无风险资产的价值为 4 026 085，风险资产的价值为 27 392 000 元，收益率为 57.09%。

2.5.3　$\lambda=1$ 时消极的投资组合模式的收益状况

当 $\lambda=1$，即无风险资产与风险资产按照 1∶1 的比例配置时，期初无风险资产的价值为 10 000 000 元，风险资产的价值为 10 000 000 元，其他参数与 2.5.2 中设定的一样。股

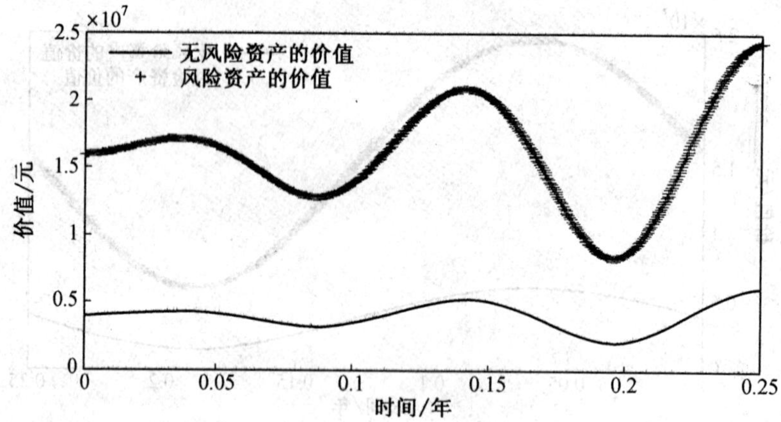

图 2.9 $P_t = 18\pi t\sin(18\pi t) + 20$ 时无风险资产和风险资产价值变动

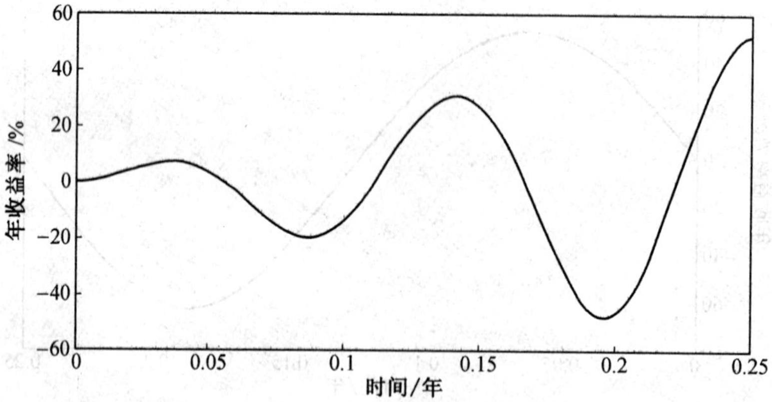

图 2.10 $P_t = 18\pi t\sin(18\pi t) + 20$ 时投资组合收益率变动

票价格的变动取为 $P_t = 56.56t + 20$，是股价线性增长的多头行情。计算得到投资组合中无风险资产价值和风险资产价值及投资组合收益率变动如图 2.11 和图 2.12 所示。

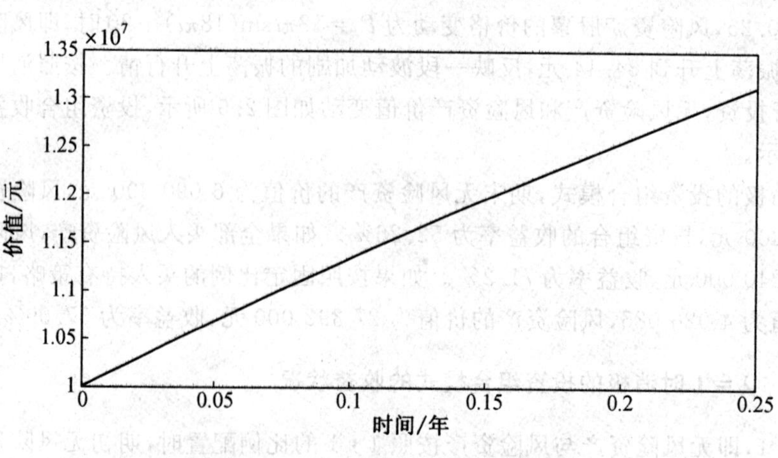

图 2.11 $P_t = 56.56t + 20$ 时无风险资产和风险资产价值变动

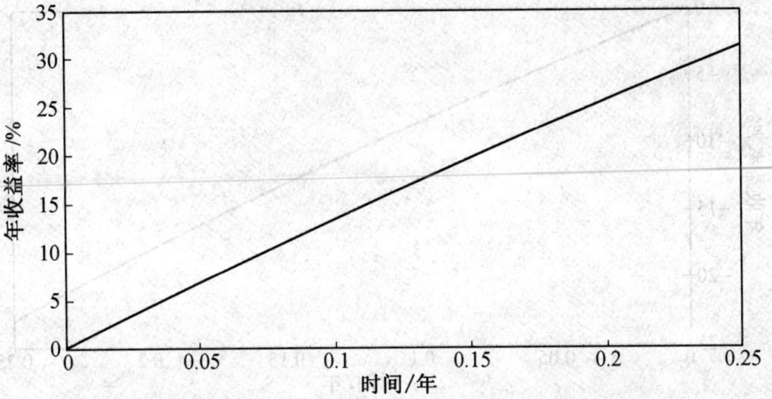

图 2.12　$P_t = 56.56t + 20$ 时投资组合收益率变动

在消极的投资组合模式下，期末风险资产和无风险资产的价值都为 13 129 629 元，投资组合的总价值为 26 259 257 元，投资组合的最终的收益率为 31.30%。如果全部买入风险资产，投资组合的最终价值为 34 240 000 元，投资组合的收益率为 71.2%。按照固定比例的买入持有策略，无风险资产的价值为 10 070 246 元，风险资产的价值为 17 120 000 元，投资组合总的收益率为 35.95%。

当 $\lambda=1$，风险资产股票的价格变动为 $P_t = -56.56t + 34.14$ 时，是股价线性下跌的空头行情。计算得到投资组合中风险资产价值和无风险资产价值及投资组合收益率变动如图 2.13 和图 2.14 所示。

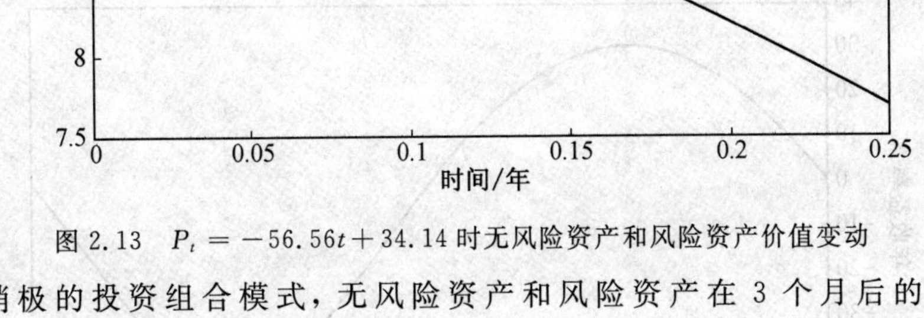

图 2.13　$P_t = -56.56t + 34.14$ 时无风险资产和风险资产价值变动

按照消极的投资组合模式，无风险资产和风险资产在 3 个月后的价值都为 7 691 696 元，则投资组合的收益率为 −23.08%。如果全部买入风险资产，投资组合最终的价值为 11 775 044 元，则投资组合的收益率为 −41.12%。如果按照固定比例买入持有策略，在整个投资期不进行调整，那么无风险资产的价值为 10 070 246 元，风险资产的价值为 5 887 522 元，整个投资组合的收益率为 −20.21%。

当 $\lambda=1$，风险资产股票的价格变动为 $P_t = 14.14\sin(8\pi t) + 20$ 时，反映简单的振荡行

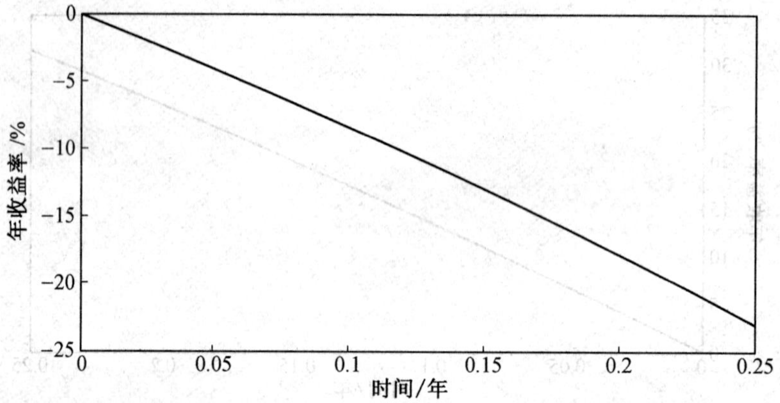

图 2.14 $P_t = -56.56t + 34.14$ 时投资组合收益率变动

情。按照消极的投资组合模式在整个投资期调整风险资产和无风险资产，那么投资组合中无风险资产和风险资产价值及投资组合收益率变动如图 2.15 和图 2.16 所示。

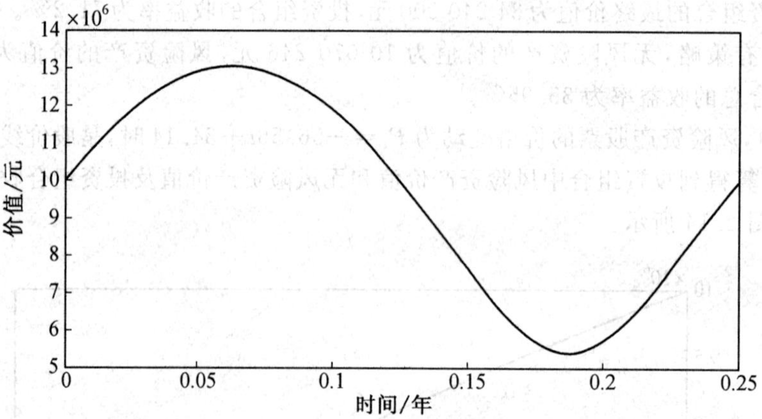

图 2.15 $P_t = 14.14\sin(8\pi t) + 20$ 时无风险资产和风险资产价值变动

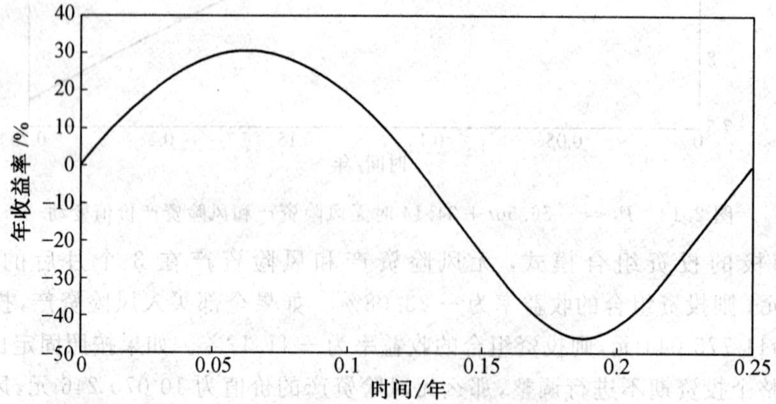

图 2.16 $P_t = 14.14\sin(8\pi t) + 20$ 时投资组合收益率变动

按照消极的投资组合模式，期末两种资产的价值都为 10 027 026 元，投资组合最终的收益率为 0.270 3%。如果全部买入风险资产，投资组合期末总价值为 20 100 000 元，收益率为 0.5%。按照固定比例的买入持有策略，期末无风险资产价值为 10 070 246 元，风险资产期末价值为 10 050 000 元，投资组合的收益率为 0.601 2%。

当 $\lambda=1$，$r_s=0.8$ 元 / 股时，与前算例相比股息收入水平更高。风险资产股票的价格变动为 $P_t=14.14\sin(8\pi t)+20$ 时，按照消极的投资组合模式，配置并调整风险资产和无风险资产，则投资组合中无风险资产和风险资产价值及投资组合收益率变动如图 2.17 和图 2.18 所示。

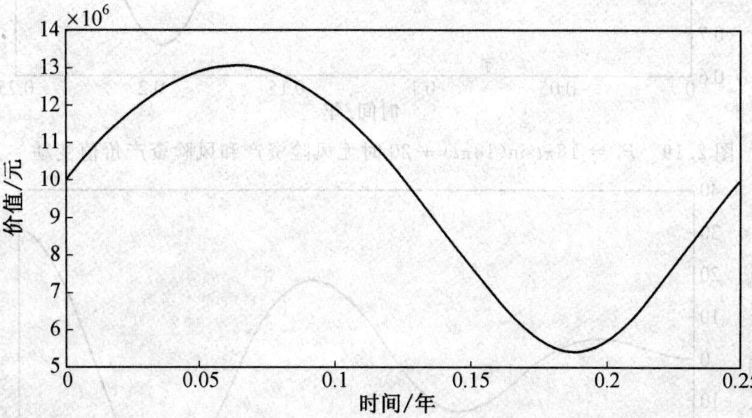

图 2.17　$P_t=14.14\sin(8\pi t)+20$ 时无风险资产和风险资产价值变动

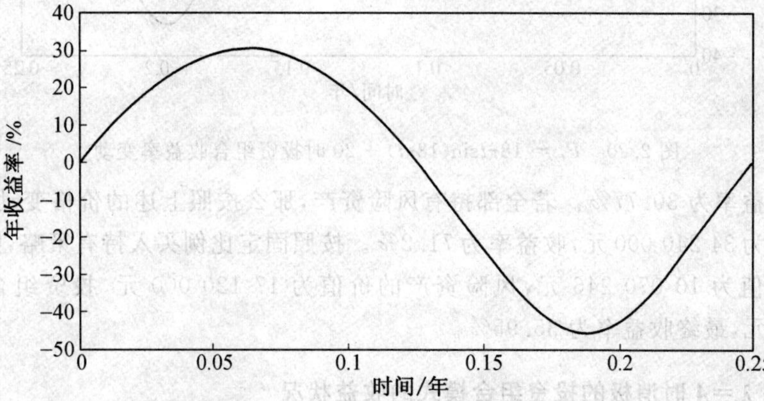

图 2.18　$P_t=14.14\sin(8\pi t)+20$ 时投资组合收益率变动

按照消极的投资组合模式，期末两种资产的价格都为 10 062 535 元，投资组合最终的收益率为 0.625 3%。如果全部买入风险资产，则投资组合期末价值为 20 200 000 元，收益率为 1%。如果按照固定比例的买入持有策略，则期末无风险资产的价值为 10 070 246 元，风险资产的价值为 10 100 000 元，最终收益率为 0.851 2%。

当 $\lambda=1$，风险资产股票的价格变动为 $P_t=18\pi t\sin(18\pi t)+20$ 时，反映一种波动加剧的振荡上升行情。按照消极的投资组合模式，投资组合中的无风险资产和风险资产价值及投资组合收益率变动如图 2.19 和图 2.20 所示。

消极的投资组合模式期末无风险资产和风险资产的价值都为 13 077 481 元，投资组

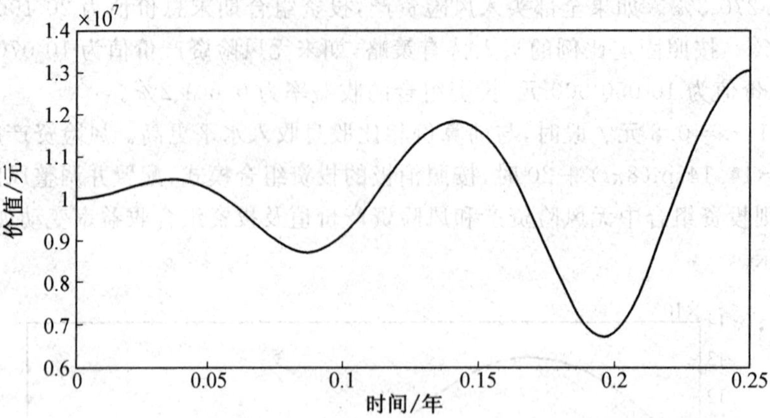

图 2.19　$P_t = 18\pi t\sin(18\pi t) + 20$ 时无风险资产和风险资产价值变动

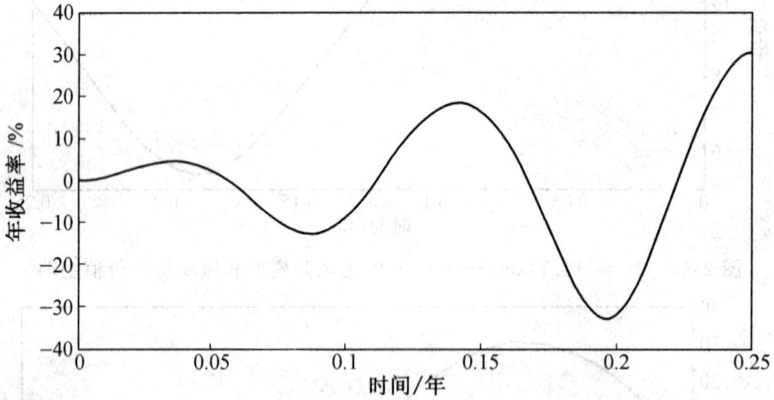

图 2.20　$P_t = 18\pi t\sin(18\pi t) + 20$ 时投资组合收益率变动

合最终的收益率为 30.77%。若全部持有风险资产，那么按照上述的价格变动，投资组合最终的价值为 34 240 000 元，收益率为 71.2%。按照固定比例买入持有策略，则最终无风险资产的价值为 10 070 246 元，风险资产的价值为 17 120 000 元，投资组合总价值为 27 190 246 元，最终收益率为 35.95%。

2.5.4　$\lambda=4$ 时消极的投资组合模式的收益状况

当 $\lambda=4$ 时，即无风险资产与风险资产按照 4∶1 的比例配置，期初无风险资产的价值为 16 000 000 元，风险资产的价值为 4 000 000 元，并在整个投资期按照上述比例进行调整，其他参数的选择与 2.5.2 中相同。股票的价格变动为 $P_t=56.56t+20$，投资组合中无风险资产和风险资产价值及投资组合收益率变动如图 2.21 和图 2.22 所示。

按照消极的投资组合模式对投资组合进行配置，在期末投资组合中无风险资产的价值为 17 911 099 元，风险资产的价值为 4 477 775 元，投资组合在整个投资期的收益率为 11.94%。如果将资金全部投入风险资产，则期末资产价值为 34 240 000 元，收益率为 71.2%。如果按照固定比例的买入持有策略，则期末无风险资产的价值为 16 104 339 元，风险资产的价值为 6 848 000 元，投资组合的收益率为 14.76%。

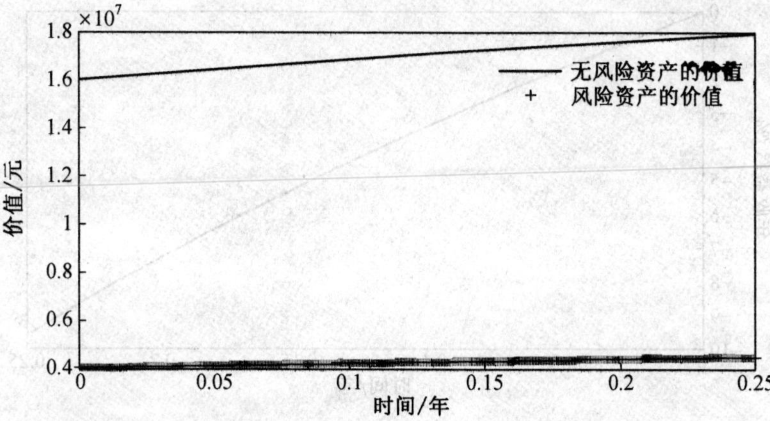

图 2.21　$P_t = 56.56t + 20$ 时无风险资产和风险资产价值变动

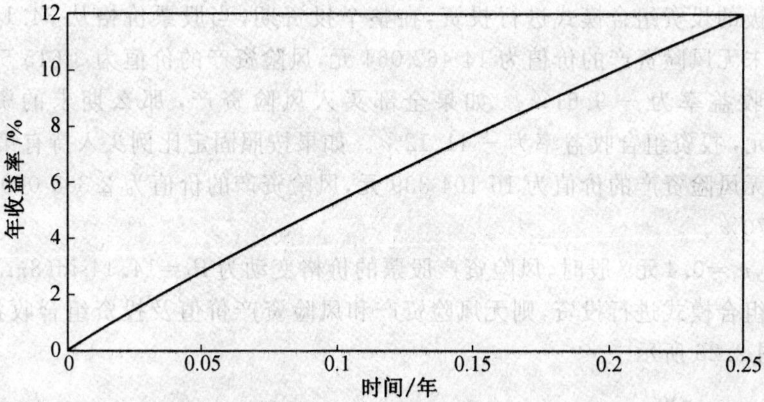

图 2.22　$P_t = 56.56t + 20$ 时投资组合收益率变动

当 $\lambda=4$，股票的价格变动符合 $P_t = -56.56t + 34.14$ 时，按照消极的投资组合模式进行投资，期末无风险资产和风险资产价值及投资组合收益率变动如图 2.23 和图 2.24 所示。

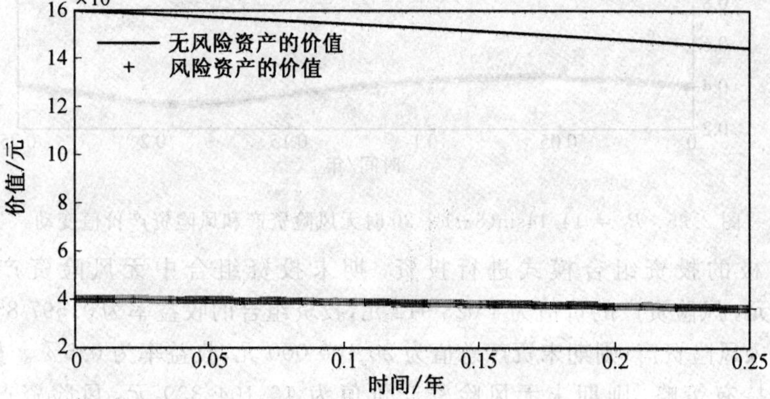

图 2.23　$P_t = -56.56t + 34.14$ 时无风险资产和风险资产价值变动

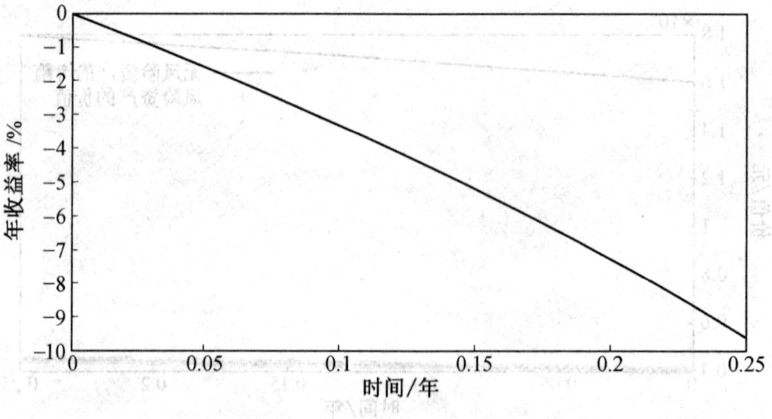

图 2.24 $P_t=-56.56t+34.14$ 时投资组合收益率变动

按照消极的投资组合模式进行投资，在整个投资期，当股票价格从 34.14 元下降到 20 元时，期末无风险资产的价值为 14 462 064 元，风险资产的价值为 3 615 516 元，投资组合最终的收益率为 − 9.61%。如果全部买入风险资产，那么期末的资产总值为 11 775 044 元，投资组合收益率为 −41.12%。如果按照固定比例买入持有策略，则期末投资组合中无风险资产的价值为 16 104 339 元，风险资产的价值为 2 355 009 元，最终收益率为−7.70%。

当 $\lambda=4$，$r_s=0.4$ 元/股时，风险资产股票的价格变动为 $P_t=14.14\sin(8\pi t)+20$，按照消极的投资组合模式进行投资，则无风险资产和风险资产价值及投资组合收益率变动如图 2.25 和图 2.26 所示。

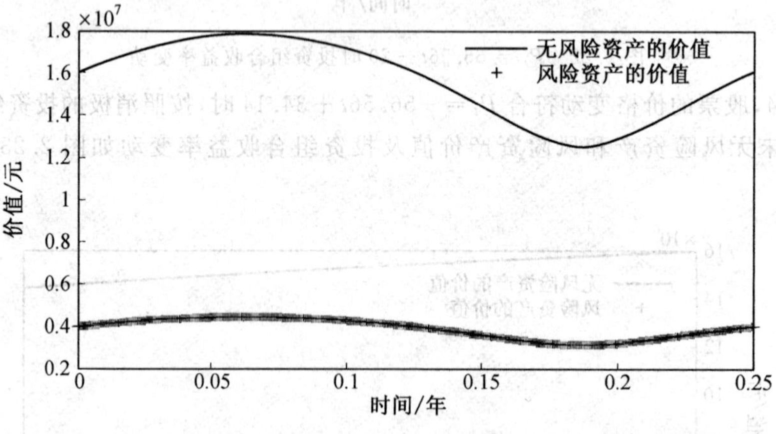

图 2.25 $P_t=14.14\sin(8\pi t)+20$ 时无风险资产和风险资产价值变动

按照消极的投资组合模式进行投资，期末投资组合中无风险资产的价值为 16 095 648 元，风险资产的价值为 4 023 912 元，投资组合的收益率为 0.597 8%。如果将资产全部投入风险资产，则期末资产总值为 20 100 000 元，收益率为 0.5%。如果采用固定比例买入持有策略，则期末无风险资产价值为 16 104 339 元，风险资产的价值为 4 020 000 元，投资组合收益率为 0.621 7%。

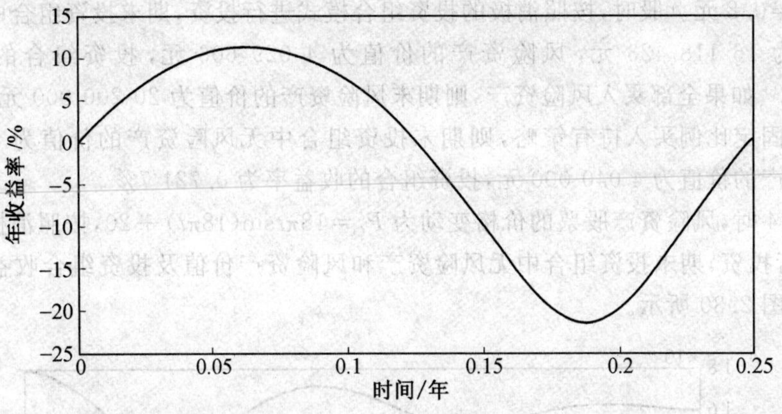

图 2.26　$P_t = 14.14\sin(8\pi t) + 20$ 时投资组合收益率变动

当 $\lambda=4$，$r_s=0.8$ 元/股时，风险资产股票的价格变动为 $P_t=14.14\sin(8\pi t)+20$，按照消极的投资组合模式进行投资，投资组合中无风险资产和风险资产价值及投资组合收益率变动如图 2.27 和图 2.28 所示。

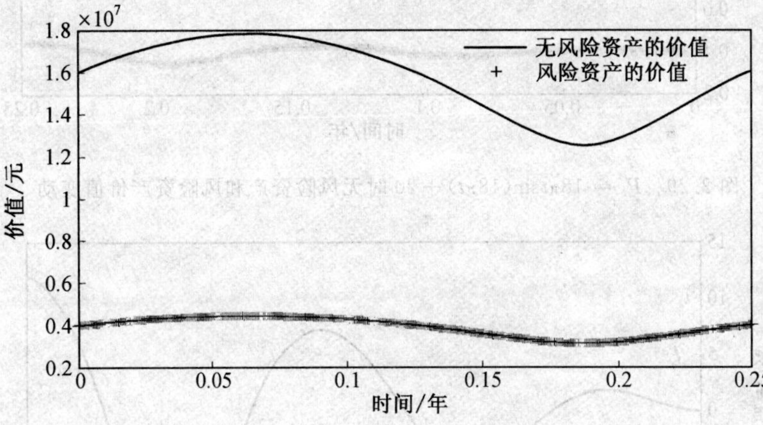

图 2.27　$P_t = 14.14\sin(8\pi t) + 20$ 时无风险资产和风险资产价值变动

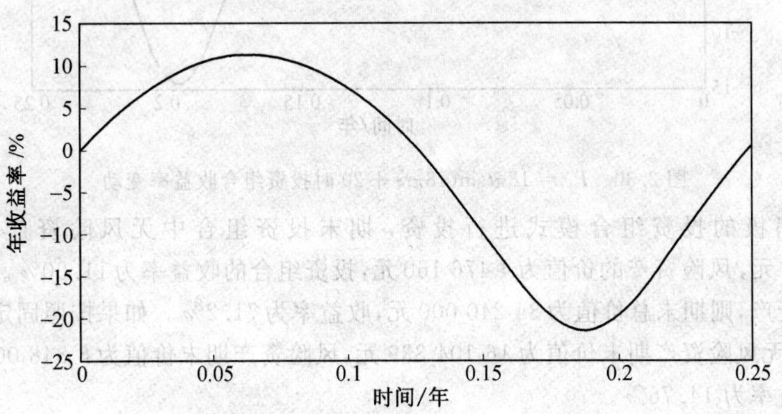

图 2.28　$P_t = 14.14\sin(8\pi t) + 20$ 时投资组合收益率变动

当 $r_s=0.8$ 元 / 股时，按照消极的投资组合模式进行投资，期末投资组合中无风险资产的价值为 16 118 423 元，风险资产的价值为 4 029 606 元，投资组合的收益率为 0.740 1%。如果全部买入风险资产，则期末风险资产的价值为 20 200 000 元，收益率为 1%。按照固定比例买入持有策略，则期末投资组合中无风险资产的价值为 16 104 339 元，风险资产的价值为 4 040 000 元，投资组合的收益率为 0.721 7%。

当 $\lambda=4$ 时，风险资产股票的价格变动为 $P_t=18\pi t\sin(18\pi t)+20$，按照消极的投资组合模式进行投资，期末投资组合中无风险资产和风险资产价值及投资组合收益率变动如图 2.29 和图 2.30 所示。

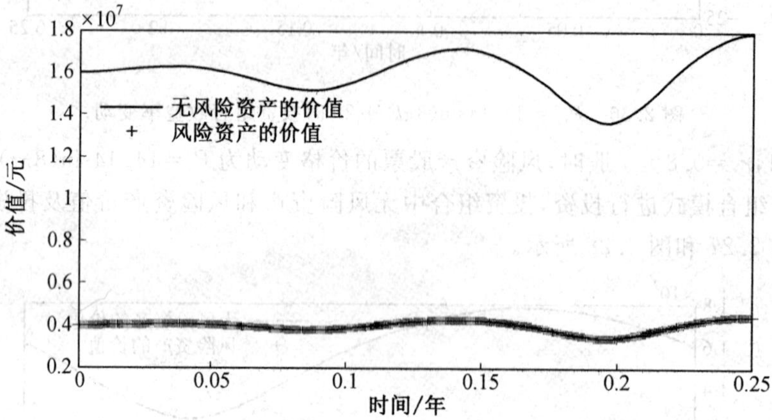

图 2.29 $P_t=18\pi t\sin(18\pi t)+20$ 时无风险资产和风险资产价值变动

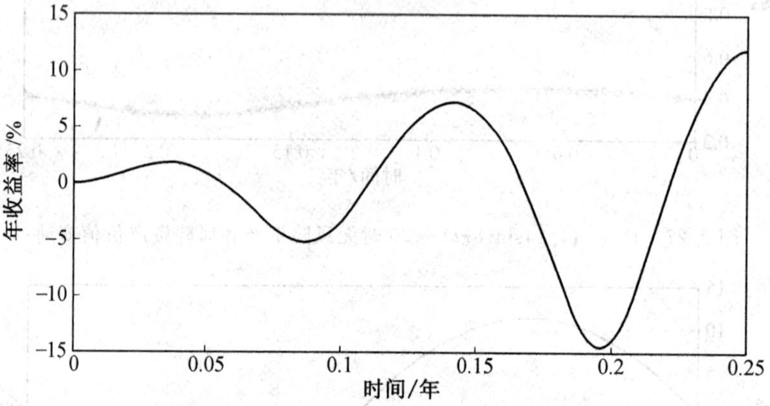

图 2.30 $P_t=18\pi t\sin(18\pi t)+20$ 时投资组合收益率变动

按照消极的投资组合模式进行投资，期末投资组合中无风险资产的价值为 17 904 640 元，风险资产的价值为 4 476 160 元，投资组合的收益率为 11.90%。如果全部买入风险资产，则期末总价值为 34 240 000 元，收益率为 71.2%。如果按照固定比例买入持有策略，无风险资产期末价值为 16 104 339 元，风险资产期末价值为 6 848 000 元，投资组合的收益率为 14.76%。

2.6　消极投资组合模式收益率的比较分析

2.6.1　投资组合收益率的影响因素分析

随着 λ 的增大，投资组合中的无风险资产总量逐渐增加，风险资产的总价值逐渐减少，投资组合的风险程度逐渐降低，多头行情和振荡行情中收益逐渐减少，空头行情损失逐渐减少。表 2.1 为消极投资组合模式的收益率。在多头行情和振荡上升行情中，λ 增大后，投资组合的风险降低，投资收益率出现了明显的降低。在空头行情中，λ 增大后无风险资产比例变大，投资组合的亏损出现了明显减少，亏损程度明显降低。但是在振荡行情中，投资组合的收益率随着 λ 的增大而逐渐上升，即投资组合中无风险资产比例上升，在振荡行情中投资收益率上升，主要原因可能是受到无风险资产利息收入的影响，由于振荡行情中投资组合的收益较低，无风险资产利息收入对投资收益率的影响超过了风险资产收益对其的影响，从而导致随着 λ 增大，无风险资产比例上升，投资组合收益率出现上升。但是从表 2.1 中可以看出，随着 λ 的增加，不同行情对投资组合的收益率造成的波动程度出现了明显的降低，说明通过 λ 的调整能够有效地降低投资组合的风险水平，满足不同投资者的风险偏好及其对收益的需求。

表 2.1　消极投资组合模式的收益率

行情	参数	股价函数	投资组合的收益率		
			$\lambda=0.25$	$\lambda=1$	$\lambda=4$
多头行情	$r_f=2.6\%, r_s=0.4$	$P_t=56.56t+20$	53.99%	31.30%	11.94%
空头行情	$r_f=2.6\%, r_s=0.4$	$P_t=-56.56t+34.14$	−34.55%	−23.08%	−9.61%
振荡行情	$r_f=2.6\%, r_s=0.4$	$P_t=14.14\sin(8\pi t)+20$	−0.35%	0.27%	0.60%
	$r_f=2.6\%, r_s=0.8$	$P_t=14.14\sin(8\pi t)+20$	0.22%	0.63%	0.74%
振荡上升行情	$r_f=2.6\%, r_s=0.4$	$P_t=18\pi t\sin(18\pi t)+20$	52.26%	30.77%	11.90%

投资组合中风险资产的股息收入 r_s 是影响投资组合收益率的重要因素，通过对振荡行情中不同股息收入下投资组合的收益率进行对比分析，由图 2.31 可以看出，股息收入为 0.8 元 / 股的投资组合的收益率高于股息收入为 0.4 元 / 股，因此，随着股息收入 r_s 上升，投资组合收益率也会逐渐上升。

在多头行情和振荡上升行情中，风险资产的价格变动分别为 $P_t=56.56t+20$ 和 $P_t=18\pi t\sin(18\pi t)+20$，在整个投资期风险资产的价格都是从 20 元上涨到 34.14 元，但是两种行情中风险资产价格的变化路径不同，两种行情中投资组合收益率如图 2.32 所示，可以看出振荡上升行情在不同 λ 下的收益率都略低于多头行情，究其原因是振荡上升行情中，随着风险资产价格振荡波动，动态调整风险资产和无风险资产比例时，损失了部分的投资收益。因此，消极投资组合模式的投资收益率受到不同行情时风险资产价格变化路径的影响。

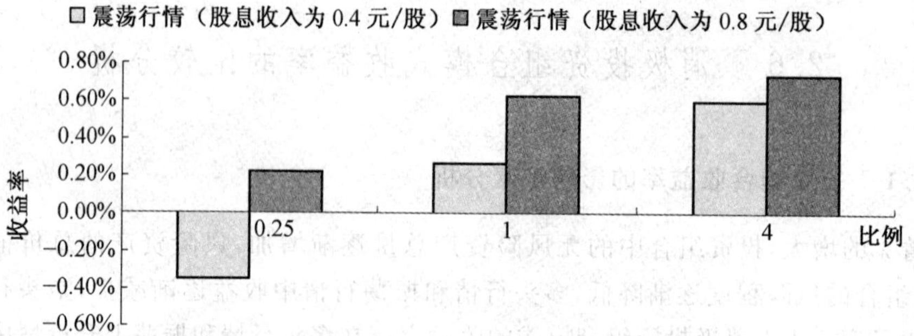

图 2.31 振荡行情中不同 r_s 下的消极投资组合收益

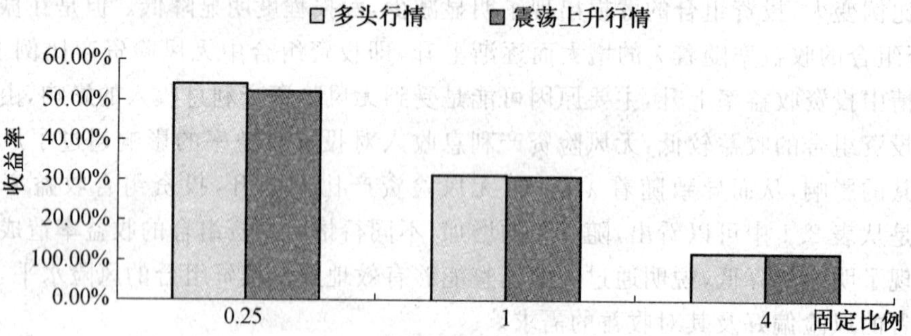

图 2.32 不同行情中投资组合收益率

2.6.2 不同交易策略的收益率对比分析

在多头行情中，由图 2.33 可以看出，消极的投资组合模式和固定比例的买入持有策略的收益率明显低于全部持有风险资产的交易策略，由于无风险资产的收益率较低，因此，在投资组合中配置无风险资产降低风险的同时，在多头行情中也降低了投资组合的收益。消极的投资组合模式在风险资产的价格上涨时，需要不断地卖出风险资产买入无风险资产来使投资组合中两种资产保持固定比例，这样就可以使未来能够带来较多收益的风险资产转变成无风险资产，而固定比例的买入持有策略则在整个投资期不对投资组合进行调整，这样就直接导致了消极投资组合模式的收益率偏低于固定比例的买入持有策略。

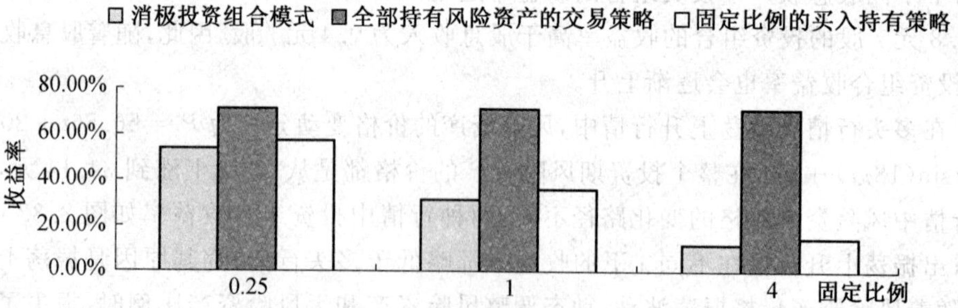

图 2.33 多头行情中各交易策略收益率

空头行情中各交易策略收益如图 2.34 所示，投资组合中含有无风险资产的消极投资组合模式和固定比例的买入持有策略的亏损程度明显低于全部持有风险资产的交易策略，并且随着组合中无风险资产所占比例的扩大，投资组合的亏损程度也在逐渐降低，可知投资组合中的无风险资产在空头行情中有效地降低了投资风险，减少了亏损。消极投资组合模式的亏损程度大于固定比例的买入持有策略，主要是由于当风险资产的价格下降时，为了维持固定比例保持不变，需要不断地卖出无风险资产买入风险资产，而新买入的风险资产由于价格下降，进一步加大了亏损，而固定比例的买入持有策略不进行任何调整，亏损的只是风险资产部分，因此消极投资组合模式整个投资组合的收益率要低于固定比例的买入持有策略。

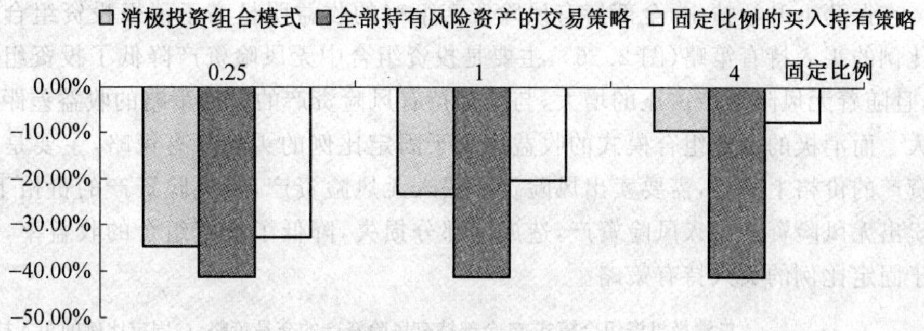

图 2.34　空头行情中各交易策略收益

如图 2.35 所示，在振荡行情中，当 r_s 为 0.4 元 / 股时，全部持有风险资产的交易策略在整个投资期仅获得部分股息收入，而固定比例的买入持有策略不仅能获得部分股息收入还能获得部分无风险资产的利息收入，由于股息收入为 0.4 元 / 股时，股息收入低于利息收入，导致在整个投资期全部持有风险资产的策略收益低于固定比例的买入持有策略，而消极的投资组合模式在 $\lambda=0.25$ 时，出现了亏损，这主要是因为投资组合中风险资产的总价值较大，当风险资产的价格下降时，需要大量卖出无风险资产买入风险资产，使其保持固定比例，但是当风险的价格回升时，买入的风险资产被不断地卖出，造成了部分损失。随着 λ 的增大，组合中无风险资产的价值逐渐增加，降低了投资组合的波动，使收益

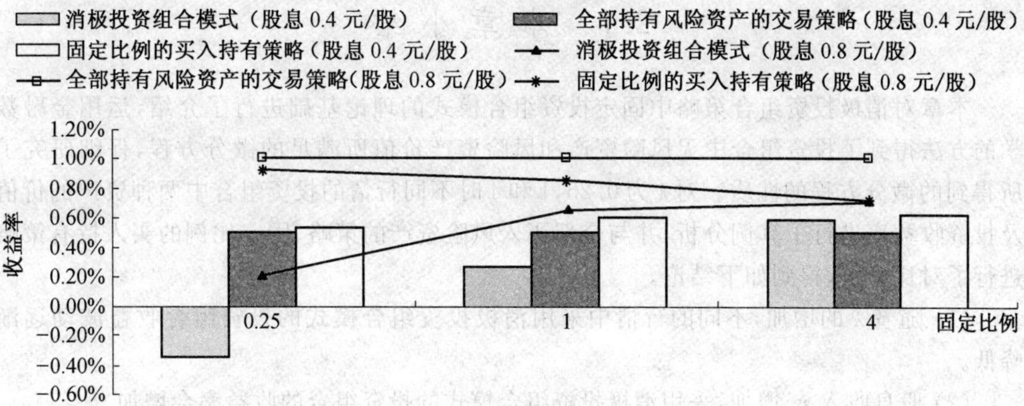

图 2.35　振荡行情各交易策略收益

逐渐增加，在 $\lambda=4$ 时超过全部持有风险资产的投资策略，与固定比例的买入持有策略收益接近。

当 $r_s=0.8$ 元/股时，由于股息收入高于无风险资产的利息收入，因此使全部持有风险资产的交易策略的投资收益高于消极投资组合模式和固定比例的买入持有策略。消极投资组合模式的收益率低于固定比例的买入持有策略主要是由于消极投资组合模式在不断地调整组合中两种资产的同时，损失了部分的利息收入和股息收入，使收益偏低，但随着 λ 的增大，组合中风险资产数量减少，需要调整的资金数量减少，使消极的投资组合模式的损失逐渐减少，两种策略的收益差距不断缩小，并在 $\lambda=4$ 时，消极投资组合模式的收益率超过固定比例的混合策略。

在振荡上升行情中，全部持有风险资产策略的收益明显高于消极投资组合模式和固定比例的买入持有策略(图 2.36)，主要是投资组合中无风险资产降低了投资组合的收益率，且随着无风险资产占比的增大，与全部持有风险资产的交易策略的收益差距也在逐渐扩大。而消极的投资组合模式的收益率低于固定比例的买入持有策略，主要是由于当风险资产的价格上升时，需要卖出风险资产买入无风险资产，当风险资产的价格下降时，需要卖出无风险资产买入风险资产，造成了部分损失，降低了投资组合的收益率，使其收益低于固定比例的买入持有策略。

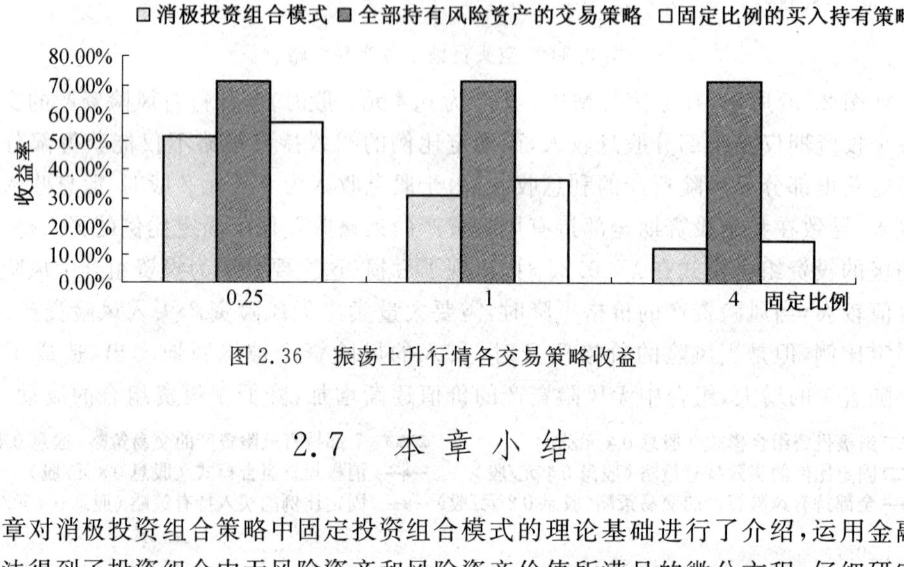

图 2.36　振荡上升行情各交易策略收益

2.7　本章小结

本章对消极投资组合策略中固定投资组合模式的理论基础进行了介绍，运用金融数学的方法得到了投资组合中无风险资产和风险资产价值所满足的微分方程，仔细研究了所得到的微分方程的性质。对 λ 为 0.25，1 和 4 时不同行情的投资组合中两种资产的价值及投资收益率进行了算例分析，并与全部买入风险资产的策略、固定比例的买入持有策略进行了对比分析，得到如下结论。

(1) 随着 λ 的增加，不同的行情中采用消极投资组合模式的投资组合收益波动逐渐降低。

(2) 股息收入 r_s 增加，采用消极投资组合模式的投资组合的收益率会增加。

(3) 消极投资组合模式的收益率受到不同行情的影响，与风险资产的价格变化路径相关。

(4) 多头行情和振荡上升行情中，消极的投资组合模式收益不及全部持有风险资产的交易策略和固定比例的买入持有策略。

(5) 空头行情中，消极投资组合模式的表现优于全部持有风险资产的交易策略，但是劣于固定比例的买入持有策略。

(6) 振荡行情中，投资组合的收益率对 r_s，r_f 和 λ 的影响较为敏感，在 $\lambda = 4, r_s = 0.4$ 元 / 股时，消极投资组合模式收益优于全部买入风险资产策略，但略低于固定比例的买入持有策略。当 r_s 为 0.8 元 / 股时，消极的投资组合模式收益高于固定比例的买入持有策略，但是低于全部持有风险资产的策略。

本章得到的若干微分方程及关于资产价值调整量的若干条件对应的几个定理还应该有进一步的投资学意义。另外，根据对行情的判断进行变比例调整的策略也可以用微积分工具进行研究，在本章研究结果的基础上展开这些研究应该是比较容易的。

第3章　股票市场个股股价日变动幅度经验分布特征研究

本章对股票市场中个股股价变动幅度的经验分布及其数字特征进行考察，主要研究工作集中在市场上某时间点处所有个股的收益率的经验分布，包括大量的日收益率数据和相应的频率分布，从中总结出正常的经验分布特征和异常的经验分布特征，并根据经验分布来计算各种情况下的数字特征，包括日收益率均值、方差、矩、偏度、峰度等，讨论这些数字特征的不同取值的投资学意义。考察个股日收益率经验分布的主要数字特征及其影响因素，通过建立计量经济学模型考察个股日涨跌幅均值与股票市场中某些因素之间的关系，考察指数变动指标和成交额变动指标与涨跌幅度较大的股票数量之间的关系，对每日内高涨幅和大跌幅的股票数量的规律性进行研究。本章还进行特殊的投资组合的设计，基于高涨幅和大跌幅的股票实施包括"追涨杀跌"在内的几种投资策略，测算这几种投资策略的长期收益水平和收益的稳定性。

3.1　股票市场的波动性及其作用

在股票市场中，各种各样的股价波动常常会使投资者无所适从，难以做出正确的投资决策，从而使得以风险厌恶者居多的投资大众对市场失去信心。统计结果显示，在长期的投资中（比如超过50年）持有股票远优于将钱存入银行，所以将大部分的财富换成股票是有利可图的，并且在长期来看也是安全的，但广大民众并不认可，而是倾向于购买无风险资产。股市异常的波动会加大整个金融体系的系统风险，使得作为资源配置重要指标的股价指数产生失真的现象，影响国民经济的正常平稳发展，甚至诱发金融危机。股价的波动是一个相当复杂的经济现象，同其他经济现象一样存在一定的内在规律性。股价的波动是市场对经济体系运行过程中循环出现的偏离均衡状态的调整过程的反映。保持国民经济持续、稳定、协调地发展一直是世界各国政府宏观调控的主要目标之一。对股市波动情况进行深入研究有利于认识和掌握股价波动的客观规律，对引导投资者理性投资具有重要的意义。

评判证券市场是否成熟的一个比较关键的标准是考察证券市场是否具有正常、良好的波动特征。波动性在金融资产的定价与金融资产的配置中处于核心地位，如在资本资产定价理论（CAPM）、套利定价理论（APT）和布莱克－斯克尔斯期权定价理论中，波动性指标都是重要的变量，不仅与市场的不确定性和风险直接相联系，而且与反映证券市场的质量和效率的其他指标，如流动性、交易成本、市场信息等密切相关。另一方面，波动性对企业财务杠杆和营运杠杆的决策、个人的消费与投资行为、经济周期等也具有重要影响。所以波动性是市场价格行为的重要决定因素，也是金融研究的核心课题。通过考察波动性的特征和变化可以深入理解股票市场的价格行为。

现代金融理论认为，股市的波动性和市场有效性有密切的关系。有效资本市场理论指出，股票的价格应该由其实体经济因素决定的基础价值确定。股价的波动性取决于其基础价值的未来波动性。如果股价的波动超过基础价值的未来波动，则表明股价存在过度波动性，这种过度的波动性意味着股价并没有真实反映基础价值中的信息，市场是相对无效的。证券价格不确定的波动性是股票市场的本质特征，是众多投资者不断博弈的结果。正是始终存在着价格波动，市场才发挥着其基本的资源配置功能。一个成熟稳定的股票市场应该具有适度的波动性。股价综合指数的变动趋势应该基本上与国民经济发展状况相吻合，能体现国民经济的整体状况。股指的适度波动将反映出国家宏观经济政策和货币政策的变动、公司价值变动、投资者投资理念的变化及宏观经济的繁荣与衰退等诸多因素。

对于中国的股票市场来讲，经过 20 多年的发展已经达到了空前的规模，但是由于中国经济、金融体制转轨阶段的特殊性及市场化过程中诸多矛盾的释放，我国股市在发展并逐渐走向成熟的过程中还存在着许多不容忽视的弊端。中国股票市场还很不成熟，其突出表现就是股票价格的异常波动现象明显，投资者的非理性程度远远高于发达国家中的投资者。股票市场波动的原因是复杂的，既包括宏观层面的经济、政治、政策等因素，也包括微观层面的上市公司自身生产经营的因素和投资者因素及信息披露因素等。

通过对国内外专家学者对于股市的波动情况的研究和考察可以知道，国外的学者对于欧美较为成熟的股票市场的股价波动规律进行了大量的探索，对影响股市波动的因素也进行了详细的研究，提出了大量的数学模型对股市的波动性进行理论描述。国内学者针对中国股市发展时间短、发展速度快、股价波动幅度大和波动频率高的特点，借鉴国外成熟的经验，对我国股市波动的情况与成因也进行了一系列探讨与研究，涉及影响股市波动的诸如宏观经济周期、经济政策、公司业绩、信息传递、交易机制等诸多因素。纵观国内外学者对股票市场波动性的研究内容可以发现，关于股市波动的研究方向主要集中在两个方面：一是借助于 ARCH 类模型的构建与实证检验来考察波动率随时间变化的特征，即局限于模拟时间序列变量的波动性变化；二是对股价波动的影响因素进行单因素或多因素的讨论及实证检验。

人们已经习惯于在时间序列模型基础上对股票市场进行各种研究，而忽略了在一个时间截面上对所有股票的价格波动情况进行深入研究。已有的关于市场波动性的研究很少有对某一时点整个股票市场中所有个股收益的分布进行分析考察的。实际上，在一个规模较大的成熟的股票市场中有大量的证券存在，比如现在中国的股票市场中有近两千只股票，这就为人们在时间横截面上考察证券价格变化的统计规律提供了可能性。本章的主要工作是以某时点的截面数据为出发点，对股票市场中的所有个股股价变动幅度的经验分布及其数字特征进行考察。

如果仔细对股票市场进行观察，不难发现即使大盘运行平稳，每天依然存在高涨幅甚至涨停的股票，同时每天依然存在大跌幅甚至跌停的股票。一年之中大盘出现异常波动的情况并不多见，如 2013 年全年 238 个交易日，上证指数波动幅度在 ±1% 以内的天数达到 166 天，约占 70%，当指数波幅限定在 ±2% 以内，满足条件的天数则高达 217 天，达到

91%。每天的报纸杂志、财经网站和炒股软件等都会列出当天的涨跌幅榜，因此在大盘正常波动情况下对那些涨跌幅度较大的股票进行研究，对于发现其内在规律和制定特殊的投资策略一定会有帮助。

3.2 我国股市波动的若干特征及证券市场对涨跌幅的限制

统计研究成果显示，成熟的证券市场中股价的波动在长时间内有以下几个主要特征。

(1) 尖峰厚尾。在对股市波动进行的研究中，常常假设收益率服从正态分布，然而实证研究表明股票收益序列往往表现出“尖峰厚尾”的特征，即均值附近与尾区的概率值比正态分布大，而其余区域的概率比正态分布小，因此会呈现出比正态分布更高的峰度，更厚的尾部。

(2) 非对称性。在股市中正面信息和负面信息对价格波动产生的影响程度是不同的，负面信息常常会伴随着条件方差向上的修正(增大)，正面信息则通常会伴随着条件方差向下的修正(减少)。大量实证结果表明，股票市场处于下跌阶段时的股票价格波动相对上涨阶段的波动水平要高，负面信息往往引起更大的波动，这在一定程度上也反映了投资者对风险的厌恶。

(3) 波动集群。波动的集群效应是指价格出现巨大波动后通常伴随着进一步的巨大波动，较小的波动后也往往跟随着较小的波动。对任意一段股价时间序列进行观察都会发现或强或弱的波动聚集现象，波动聚集现象与厚尾现象之间有着密切的关系，反映了股票市场波动的正相关和正反馈效应。在股价数据和一般的金融数据中发现的这一现象也促进了 ARCH 与 GARCH 类模型的快速发展。

这里所说的波动性是指某一只证券在很长的时间内短期收益率的波动特征，或者是大盘指数在很长的时间内波动性指标随时间变动的特征，并不是考察在某一日内不同证券的价格变化的差异性。

在我国的证券市场发展过程中，上海和深圳证券交易所建立伊始都曾实行过无涨跌幅限制的交易制度，但这种情况下股价的暴涨暴跌情况很难得到控制，历史上曾出现过延中实业(现方正科技，600601)、申华实业(现华晨集团，600653)等股票一日涨幅超过100%的情况，也曾出现过类似西南药业(600666)等一日暴跌超过50%的情况。为了避免股票的过分波动与过度投机现象，上海和深圳证券交易所现在都实行涨跌幅限制制度。

我国证券市场现行的涨跌停板制度是1996年12月13日发布，当年12月16日起开始实施的。制度规定：在一个交易日内，除首日上市的证券外，股票(含 A,B 股)、基金类证券的交易价格相对上一交易日收市价格的涨跌幅度不得超过10%，超过涨跌幅限制的委托为无效委托，交易进行自动撤单处理。自1998年4月起，中国证券监督管理委员会(以下简称证监会)对部分上市公司股票实行特别处理，即 ST 股，其涨跌幅限制为5%；另外对于 PT 类的股票涨幅限制为5%，跌幅没有限制。对于以下情况不设涨跌停限制：

(1) 新股上市首日。

(2) 股改股票(S 开头,非 ST) 完成股改,复牌首日。

(3) 增发股票上市当天。

(4) 股改后的股票,达不到预计指标,追送股票上市当天。

(5) 某些重大资产重组股票复牌当天。

(6) 退市股票恢复上市日。

该项制度最直接的作用就是抑制市场大幅波动,预防短期风险。但另一方面也具有一定程度的助涨助跌作用,同时股价容易受到大资金的控制。学者们普遍认为,股票市场现行的涨跌停板制度对于短期大盘和个股的走势有着一定的影响,但影响有限,对于中长期的市场波动则没有太大的影响。

3.3 仿照理想气体分子的速度分布律来考察日内证券价格变化的分布特征

在物理学中,人们已经通过深入的理论分析和实验研究证实了理想气体的分子运动速度服从麦克斯韦分布律,即有如下的密度函数:

$$\rho(v)=\left(\frac{m}{2\pi k_B T}\right)^{\frac{3}{2}} e^{-\frac{mv^2}{2k_B T}}$$

其中,v 是气体分子的运动速度;m 是粒子的质量;k_B 为玻耳兹曼常数;T 是气体的温度。如果以低于某速度值的分子数所占的比例为纵轴,以横轴表示速度,则可以得到一条类似于正态分布密度的曲线。

直观地来描述理想气体的速度分布律,在压力、质量和温度都确定的情况下,气体分子呈现一种稳定的有精确公式描述的速度分布。在温度较低时存在速度很快的分子(当然存在更多速度很慢的分子);在温度较高时存在速度很慢的分子(当然存在更多速度很快的分子)。分子的运动速度分布是由分子间异常频繁的碰撞所导致的,杂乱无章的碰撞可以使某些分子获得高的速度,也可以使某些分子获得低的速度。当气体的温度增加时,在相同的速度区间中的分子数会发生变化,高速度区间的分子数增多,而低速度区间的分子数减少。

用类比分析的方法来考察某一日股票市场中所有股票的价格变化。每一只股票与一个气体分子相对应,股票价格的变化与分子运动速度相对应。分子间的碰撞是力的传递过程,对一只股票实施"碰撞作用" 相当于是用现金购买股票产生的向上推动股价的冲击力量,或者是卖出股票产生的向下拉动股价的冲击力量。与分子间的碰撞略有不同,对股价的"碰撞" 一般不是其他股票价格变化的直接作用,而是大量投资者买卖股票的行为所致。可以想象,正是广大投资者频繁的交易活动使股票价格频繁受到两种冲击力量的作用,导致股价呈现频繁的跳跃式变化,这是现代金融理论中用随机游走模型来描述股价随时间变动的模式。受大的价格冲击合力作用的股票应该产生大的价格变化,而当股票受到的两种力(向上推动和向下拉动) 大致均衡时,股价倾向于不变或变动很小。就像分子的无规则运动一样,从整个股市中所有股票的表现来看,只要股票市场中股票的数量足够多,即使大盘指数只是窄幅波动,每天也都有涨幅很大的股票,每天也都有跌幅很大的股票。

在现代金融理论中，一种标准的分析模式是考察新信息与股价变动的关系，这是著名的有效市场假设。在本章中暂时不考察信息与价格的联动性，而是直接考察每日涨幅和跌幅超过某幅度的股票数量与股市当日的交易总量数据之间的内在关系，以及考察每日股价的平均涨幅和日内的价格波动特性与成交额的变动之间的关系，希望发现一些股市中隐藏的内在的定量关系。

严格按照类比推理的原理而基于气体分子运动的速度分布律来研究股票市场中股价波动在时间横截面上的特征是一个有趣的设想。气体分子有 3 个自由变化的方向，而股价只有两个自由变化的方向；对于气体分子我们只关心分子的运动速度值，而不关心分子的运动方向，而对于股票价格我们既关心价格变动的幅度又关心价格变动的方向。气体的温度大致与成交额或大盘波动幅度相对应。可见，两个系统之间既存在一些类比相似性也存在一些差异性。在本章中，抛开这种严格的类比分析模式而直接考察股票市场中在某时间截面的各种价格变化的分布特征。气体分子运动的速度分布律只是对股票市场中这个有趣问题展开研究的一个跳板。

3.4 股票市场个股股价变动幅度的经验分布及其数字特征

3.4.1 对某时间点截面上所有个股涨跌幅分布的描述

本章所采用的数据来源于 RESSET 数据库，选择从 2004—2013 年共 10 年间的日交易数据，包括每日上证指数、深证指数、指数最高点、最低点，两市单日总成交额，所有个股收盘价的日统计数据。个股的涨跌幅数据根据相邻两日收盘价计算得到。通过建立各种计量经济模型来展开研究，主要考察个股涨跌幅的数字特征及其变动规律、大盘指数及其变动、某些特定条件下涨跌股票只数和市场交易总金额之间的相关关系等，研究被考察变量之间的定量的相关关系。实际的样本数据包括上海证券交易所（以下简称上交所）和深圳证券交易所（以下简称深交所）的所有股票，一共有 2 425 个交易日，股票只数为 2004 年 1 246 只，2005 年 1 298 只，2006 年 1 361 只，2007 年 1 476 只，2008 年 1 553 只，2009 年 1 650 只，2010 年 1 994 只，2011 年 2 273 只，2012 年 2 427 只，2013 年 2 427 只，部分初始数据见表 3.1 和表 3.2。

表 3.1　2013 年 1 月份部分股票收益率数据统计表（收益率单位为 %）

证券代码	000001	000002	000003	000004	000005	000006
证券简称	平安银行	万科 A	国农科技	世纪星源	深振业 A	零七股份
1/4	−0.187 3	0.000 0	−0.733 5	−0.673 4	−0.404 0	−1.313 1
1/7	1.938 7	0.000 0	0.985 2	0.000 0	−0.202 8	−1.260 5
1/8	−1.840 5	0.000 0	1.097 6	0.339 0	3.252 0	8.014 2
1/9	−0.875 0	0.000 0	0.000 0	0.000 0	−1.378 0	−0.394 0
1/10	0.063 1	0.000 0	−0.482 5	0.337 8	0.998 0	6.526 0
1/11	−2.079 4	0.000 0	3.393 9	−3.703 7	−3.754 9	0.000 0

续表 3.1

证券代码	000001	000002	000003	000004	000005	000006
证券简称	平安银行	万科 A	国农科技	世纪星源	深振业 A	零七股份
1/14	9.974 3	0.000 0	1.993 0	2.447 6	3.285 4	－0.247 5
1/15	3.042 7	0.000 0	1.379 3	1.023 9	0.000 0	－0.744 4
1/16	1.192 5	0.000 0	－2.494 3	－1.351 4	－2.186 9	5.625 0
1/17	－0.448 9	0.000 0	－1.511 6	0.000 0	0.203 3	－2.603 6
1/18	3.325 8	0.000 0	1.652 9	3.767 1	5.071 0	1.701 1
1/21	7.474 1	9.980 2	0.116 1	1.320 1	3.861 0	－2.090 8
1/22	3.959 4	5.660 4	－2.552 2	－2.280 1	－2.044 6	－2.135 4
1/23	－2.099 6	－0.595 2	2.142 9	10.000 0	5.123 3	0.062 3
1/24	－2.992 5	2.224 1	－3.496 5	－2.424 2	－4.332 1	－5.046 7
1/25	－1.542 4	－2.092 1	－0.724 6	－2.795 0	0.188 7	1.378 0
1/28	10.026 1	3.076 9	9.975 7	1.278 0	3.201 5	8.737 9
1/29	1.471 3	1.243 8	3.429 2	0.630 9	1.459 9	0.416 7
1/30	－0.233 9	3.767 4	3.315 5	0.000 0	1.978 4	0.474 2
1/31	－1.078 3	－5.209 2	－3.519 7	－2.821 3	－2.469 1	7.905 6

证券代码	000007	000008	000009	000010	000011	000012
证券简称	宝利来	中国宝安	深物业 A	南玻 A	沙河股份	深康佳 A
1/4	－1.118 4	－0.568 2	－0.695 4	－0.606 1	－2.476 4	－0.949 4
1/7	0.659 8	1.028 6	－0.700 3	－0.365 9	0.483 7	0.639 0
1/8	1.591 8	－0.452 5	0.705 2	3.427 2	1.323 7	0.634 9
1/9	1.474 7	1.704 5	－1.120 4	－0.236 7	1.187 6	0.630 9
1/10	0.635 8	0.000 0	0.283 3	5.338 1	－1.760 6	2.194 4
1/11	－1.985 6	－3.575 4	－4.378 5	－3.378 4	－4.540 0	－3.374 2
1/14	1.749 5	2.896 9	2.954 2	2.797 2	2.878 6	2.222 2
1/15	0.000 0	3.378 4	0.860 8	4.195 0	1.094 9	0.621 1
1/16	－1.176 5	0.000 0	－1.280 2	－1.523 4	－2.045 7	0.308 6
1/17	5.036 6	－2.396 5	0.144 1	－2.762 4	0.491 4	－1.538 5
1/18	－0.261 6	3.348 2	8.345 3	1.136 4	10.024 5	6.250 0
1/21	1.398 6	－0.432 0	－0.132 8	－1.348 3	10.000 0	10.000 0
1/22	3.362 1	－2.928 4	－2.260 6	0.113 9	0.505 1	0.000 0
1/23	－0.083 4	1.899 4	8.707 5	0.113 8	10.050 3	1.871 7
1/24	－3.172 0	0.548 2	－5.381 7	－3.409 1	－0.456 6	－4.199 5
1/25	1.810 3	－1.962 9	－3.042 3	－3.176 5	－7.339 4	－2.465 8
1/28	0.084 7	3.670 7	2.728 5	3.766 7	0.792 1	2.247 2
1/29	1.099 8	2.360 5	0.132 8	1.756 4	1.080 6	－0.274 7
1/30	3.933 1	4.821 8	－0.265 3	－0.460 3	－0.874 6	0.000 0
1/31	－0.885 7	－2.900 0	－3.457 4	0.115 6	－4.705 9	－3.581 3

对某一天市场中所有个股股票的涨跌幅度数据进行统计分析。首先搜集每日市场中所有参与交易的股票的涨跌幅数据，根据当天的交易数据可以求得当天关于收益率的各种数字特征，主要包括关于收益率的均值、方差、偏度和峰度系数等。在此所进行的计算都不采用加权的方式及其他带有预测性质的计算方法，完全使用传统的统计方法。

本章中所计算的股票涨跌幅度是该日参与交易的全部股票，利用原始交易数据的当日收盘价与前一天的收盘价计算求得。对于收盘价，上海证券交易所定为当日该证券最后一笔交易前一分钟所有交易按成交量的加权平均价格。当日无成交的则以前一天收盘价为当日收盘价；深圳证券交易所的收盘价通过集合竞价的方式产生，收盘集合竞价不能产生收盘价的或未进行收盘集合竞价的，以当日该证券最后一笔交易前一分钟所有交易按成交量的加权平均计算的价格为收盘价。当日无成交的则以前一天收盘价作为当日收盘价。

把整理好的个股涨跌幅数据，将数值从 $-10\% \sim 10\%$ 按较小的等区间划分组距，以2013 年 1 月 4 日的统计数据为例，应用 SPSS V20.0 软件做得频数统计直方图如图 3.1 所示。

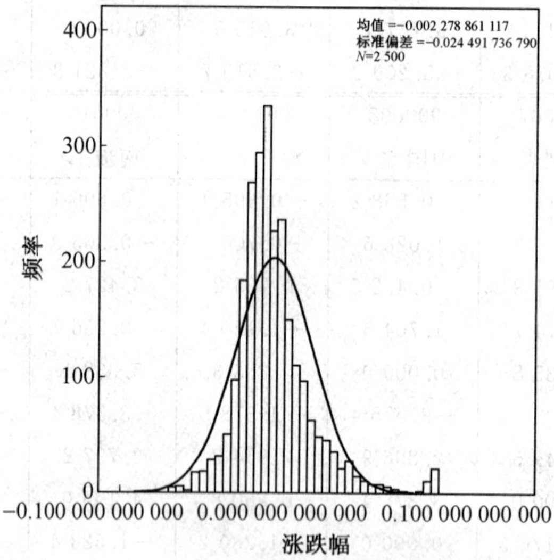

图 3.1　2013 年 1 月 4 日个股涨跌幅度频数统计直方图

经计算，个股涨跌幅数据的偏度值为 1.348，表明图形相比于正态分布呈现负偏态，峰度为 3.741，表现为尖顶峰，高峰更加陡峭，不符合正态分布。而且尽管大量数据集中在 0 值附近，左右两侧呈现逐级递减趋势，但非参数检验结果同样表明数据显著异于正态分布。因此，直接使用经验分布的数字特征对数据进行描述。

3.4.2　个股涨跌幅数据的数字特征和样本数据集的构造

1. 经验分布的数字特征计算公式

日收益率均值为

$$\mu = \frac{r_1 + r_2 + r_3 + \cdots + r_n}{n}$$

其中，μ 为所有个股日涨跌幅度的均值；r_i 为第 i 只个股当天涨幅或跌幅；n 为当天参与交易的股票数量。μ 反映该日所有股票的平均涨跌幅。

$$样本标准差\ \sigma=\sqrt{\frac{1}{n}\sum_{i=1}^{n}(r_i-\mu)^2}$$

$$样本的方差\ \sigma^2=\frac{1}{n}\sum_{i=1}^{n}(r_i-\mu)^2$$

其中，标准差 σ 和方差 σ^2 反映当日不同股票收益率水平的平均差异。

$$样本偏度\ S=\frac{\frac{1}{n}\sum_{i=1}^{n}(r_i-\mu)^3}{\sigma^3}$$

其中，偏度值 S 偏离 0 值越多则说明随机收益率偏离正态分布越多。

$$样本峰度\ K=\frac{\frac{1}{n}\sum_{i=1}^{n}(r_i-\mu)^4}{\sigma^4}$$

其中，正态分布的峰度值为 3，样本峰度值 K 离 3 越远则说明随机收益率偏离正态分布越多。

2. 大盘指数及其变动

从理论上说，股市中各只股票的涨跌情况对于大盘指数的变动有着决定性的作用，而大盘指数的变动也对股市运行的方向和幅度有着重要的影响。股价指数一方面可以反映所有股票涨跌的平均水平，反映整个股市中资金和股票的流动量；另一方面，股价指数的变动对大多数股票的变动趋势又有着一定的作用。我国股票市场的大盘指数是指沪市的"上证综合指数"和深市的"深证成分股指数"。上证综合指数是以上海证券交易所挂牌上市的全部股票（包括 A，B 股）为样本，以发行量为权数（包含流通股本和非流通股本），以 1990 年 12 月 19 日为基日，基日指数定为 100 点，以加权平均法计算得到。

$$报告期指数=\frac{报告期成分股的总市值}{基期成分股总市值}\times 基期指数$$

深证成指是按一定标准选出 40 家具有代表性的上市公司作为成分股，用成分股可流通股票数量作为权数，从 1995 年 5 月 1 日开始算起，基数为 1 000 点，采用综合法进行编制而成的股价指标。

$$报告期指数=\frac{报告期成分股的总市值}{基期成分股总市值}\times 1\,000$$

一般情况下，大盘指数的大幅上涨伴随着投资者纷纷买入股票，新资金的不断涌入推动个股股价普遍上涨，对整个市场各只股票的涨幅有着促进作用；而大盘指数的下跌伴随着大量的股票抛售和资金的大量撤出，这将对个股的股价产生打压的影响。所以分析过程中引入大盘指数及大盘指数的变动作为解释变量是合理的。

3. 样本数据集的构造

个股每天上涨和下跌的只数最直接地体现了当天市场的运行状况，同时也可以根据涨跌幅度相对较大的上市公司类别判断当前市场中受到投资者追捧的板块，对下一阶段的投资有一定的指导意义。

在正常情况下(大盘没有出现异常的大幅度上涨或下跌),市场中个股涨跌幅大部分集中在很小的范围内波动,因此考虑将每天涨幅超过一定幅度的股票只数作为参考变量,如0～5%,5%～8%,8%～10%,涨停等,研究上涨超过某个幅度的家数同大盘指数变化的关系,以寻找市场中活跃的个股与市场总体之间相互的影响程度。同样可以用上涨幅度在一定区间范围内的个股数量占当天所有交易股票的百分比作为参考,以体现当天股市中涨跌幅度不同的个股的活跃程度。同样地,将每天跌幅超过一定幅度的股票只数作为参考变量,如0～−5%,−5%～−8%,−8%～−10%,跌停等,研究下跌超过某个幅度的家数同大盘指数变化的关系,以寻找市场中活跃的个股与市场总体之间相互的影响程度。按上述指标整理成供进一步分析的样本数据,部分数据见表3.2。

表3.2　经数据处理得到的样本集(2013年1月)

日期	均值 u	方差	DPBD	DPZF	CJEBD	涨幅与上涨家数			
						10%	8%～10%	5%～8%	0%～5%
1/4	−2.97	5.74	1.96%	1.77%	19.80%	20	15	45	699
1/7	12.78	4.64	0.37%	1.16%	−12.56%	28	23	88	1 602
1/8	12.31	4.95	−0.41%	1.14%	15.17%	26	31	79	1 532
1/9	0.93	4.78	−0.03%	1.09%	−1.20%	13	19	26	976
1/10	6.26	3.72	0.37%	1.18%	−9.26%	15	20	50	1 268
1/11	−19.04	6.28	−1.78%	2.42%	7.95%	15	13	25	307
1/14	34.10	3.73	3.06%	3.68%	20.00%	38	53	275	1 965
1/15	17.80	4.54	0.60%	1.01%	14.09%	33	27	91	1 850
1/16	−1.35	5.99	−0.70%	2.03%	−8.49%	23	21	50	771
1/17	−10.58	5.58	−1.06%	1.29%	−22.91%	9	6	28	516
1/18	14.78	3.42	1.41%	1.69%	3.78%	13	23	80	1 951
1/21	8.71	4.66	0.48%	1.06%	6.53%	16	22	77	1 379
1/22	−17.56	5.55	−0.56%	1.48%	8.87%	10	7	23	339
1/23	1.30	4.60	0.25%	1.24%	−21.53%	16	12	49	927
1/24	−22.90	5.74	−0.79%	3.26%	34.56%	11	8	22	209
1/25	−0.31	4.75	−0.49%	0.87%	−39.27%	6	9	50	1 006
1/28	24.14	3.33	2.41%	2.25%	36.84%	13	28	133	2 078
1/29	8.83	3.37	0.53%	1.13%	10.68%	16	13	51	1 554
1/30	0.70	4.73	1.00%	1.52%	−1.59%	14	20	36	963
1/31	−4.99	5.64	0.12%	0.86%	−7.54%	12	13	35	761

续表 3.2

日期	跌幅与下跌家数				SZJS	CJE	上证指数
	0～5%	5%～8%	8%～10%	10%			
1/4	1 489	31	1	0	862	2.12*E*+11	2 276.99
1/7	537	2	0	0	1 854	1.86*E*+11	2 285.36
1/8	606	1	0	0	1 734	2.14*E*+11	2 276.07
1/9	1 185	13	1	3	1 058	2.11*E*+11	2 275.34
1/10	863	2	0	0	1 446	1.92*E*+11	2 283.66
1/11	1 860	96	0	0	368	2.07*E*+11	2 243.0
1/14	19	0	0	0	2 468	2.48*E*+11	2 311.74
1/15	298	1	0	0	2 102	2.83*E*+11	2 325.68
1/16	1 414	15	0	0	901	2.59*E*+11	2 309.5
1/17	1 650	54	28	8	598	2.0*E*+11	2 284.91
1/18	230	2	1	0	2 197	2.07*E*+11	2 317.07
1/21	742	8	0	0	1 612	2.21*E*+11	2 328.22
1/22	1 856	90	10	1	460	2.41*E*+11	2 315.14
1/23	1 248	13	0	0	1 108	1.89*E*+11	2 320.91
1/24	1 922	151	5	0	281	2.54*E*+11	2 302.6
1/25	1 119	30	9	0	1 118	1.54*E*+11	2 291.3
1/28	80	5	0	0	2 390	2.11*E*+11	2 346.51
1/29	590	5	0	0	1 755	2.34*E*+11	2 358.98
1/30	1 235	5	1	1	1 095	2.3*E*+11	2 382.47
1/31	1 427	46	6	2	902	2.13*E*+11	2 385.42

表 3.2 中均值 u 是收益率均值乘以 100，方差是收益率方差乘以 100，DPBD 表示股价指数变动率，DPZF 表示股价指数振幅，CJE 表示交易日总成交额，CJEBD 表示交易日成交额变动率；表 3.2 中 SZJS 表示上涨股票家数。这些指标的具体计算方法在 3.5 节中有详细介绍。

3.4.3　不同行情下的经验分布特征

正常的分布如图 3.1 所示，为 2013 年 1 月 4 日的样本，其中共 2 427 个统计数据，均值 u 为 -0.23%、标准差 σ 为 0.024 5、方差 σ^2 为 5.998×10^{-4}、偏度值 S 为 1.348、峰度值 K 为 3.741。当天上涨股票共 862 只，下跌股票其 1 571 只。

对于大盘出现异常情况的分布，分为以下几种情况讨论。

(1) 大盘单日大幅上涨。以 2012 年 12 月 14 日为例，当日沪指高开高走，收近百点的长阳线，所有板块全部飘红。截至当日收盘，沪指(000001)报2 150.63点，上涨89.15点，涨幅达到了4.32%，沪市成交金额达1 177.07亿；深成指(399001)收盘报价8 530.90点，上涨了359.55点，涨幅4.4%，成交金额905.19亿；中小板成分指数(399005)收在3 962.54点，上涨153.94点，涨幅4.04%；创业板成分指数(399006)收报656.22点，上涨24.04点，涨幅3.8%，两市当天共计52家股票涨停，无跌停股。2012年12月14日个股涨跌幅度频数统计直方图如图3.2所示。

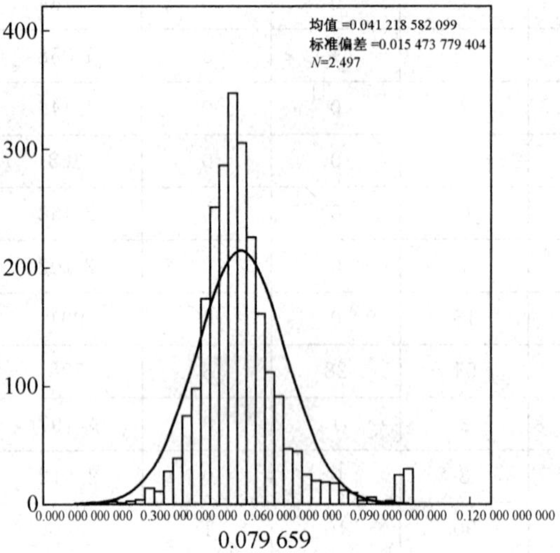

图3.2　2012年12月14日个股涨跌幅度频数统计直方图

从图3.2中可以看出，直方图明显呈现单峰负偏态，涨停板附近出现了一个小的凸起，表明当天存在多只股票涨停。数据显示当天参与交易的所有个股中仅有6只股票下跌或不变，其余全部上涨。样本中有2 497个数据，上涨率达到了99.76%，所有个股涨幅的均值为4.12%、标准差为0.0155、方差为2.394×10^{-4}、偏度为1.384，峰度为3.767。

(2) 大盘当日大幅下跌。以2013年6月24日为例，受银行间拆借利率和国债回购利率创下历史新高等因素的影响，上证指数当天一路振荡下跌，尾盘收于1 963.23点，下跌109.86点，跌幅超过5%，创下了自2009年8月17日以来的单日最大跌幅，当天沪市成交金额879.70亿元；深证成指收盘7 588.52点，下跌547.524点，跌幅更是达到了6.73%，成交金额915.91亿；中小板成分指数收在4 375.60点，下跌299.113点，跌幅6.4%；创业板成分指数971.45点报收，下跌54.04点，跌幅5.27%。当天两市近200只非ST个股跌停，422只个股跌幅超过9%，1 699只个股跌幅超过5%，仅有71只股票上涨。2013年6月24日个股涨跌幅度频数统计直方图如图3.3所示。

图3.3中频率分布呈现正偏态，大量个股跌幅在－5%附近，同时在跌停板位置有大量样本数据，表明当天较多个股跌停。样本中2 458个收益率数据的均值为－6.23%、标准差为0.028 5、方差为8.098×10^{-4}、偏度为1.342、峰度为3.871。

(3) 大盘单日小幅上扬。以2013年5月15日为例，两市当天高开高走，截至当日收盘，沪指报2 224.80点，涨7.79点，涨幅0.35%，总成交额666.58亿元；深成指报收8 869.85点，涨60.77点，涨幅0.69%，成交895.2亿元；创业板指报收1 012.66点，大涨

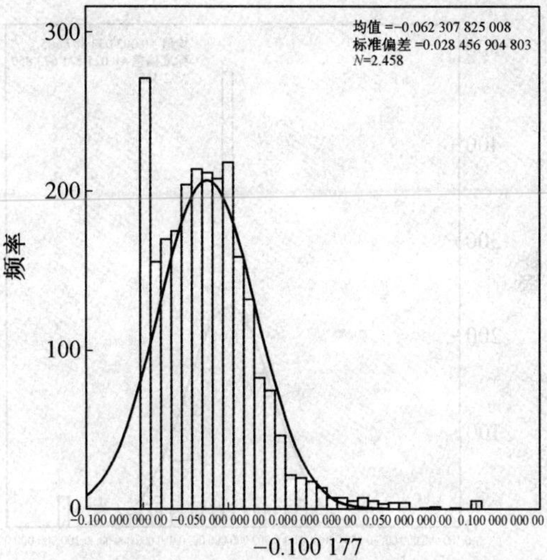

图 3.3　2013 年 6 月 24 日个股涨跌幅度频数统计直方图

3.72%。2013 年 5 月 15 日个股涨跌幅频数统计直方图如图 3.4 所示。

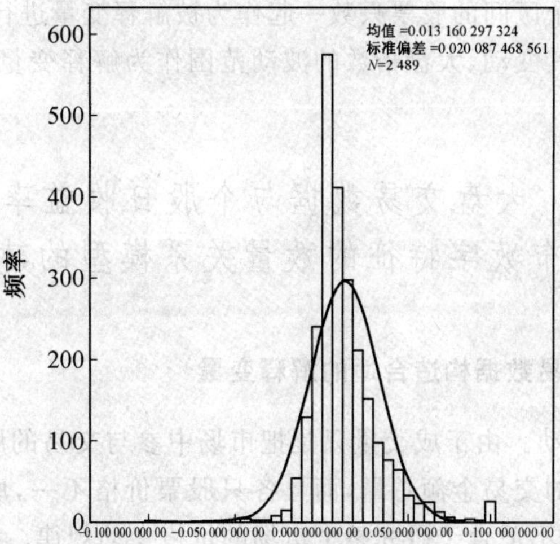

图 3.4　2013 年 5 月 15 日个股涨跌幅度频数统计直方图

样本中 2 489 个收益率数据呈现较为明显的单峰负偏态状态，数据大量集中在 0 值附近，均值为 1.32%、标准差为 0.0201、方差为 4.035×10^{-4}、偏度为 1.241、峰度为 4.520。

(4) 大盘单日小幅下挫。以 2013 年 10 月 17 日为例，截至当日收盘，上证综指报收 2 188.54 点，跌 4.53 点，跌幅 0.21%，成交 1 131 亿元；深成指报收 8 521.20 点，跌 21.67 点，跌幅 0.25%，成交1 241 亿元。2013 年10 月17 日个股涨跌幅频数统计直方图如图 3.5 所示。

样本中 2 458 个收益率数据也呈现出较为明显的单峰状态，0 值附近的数据量比较集中，当天所有个股涨跌幅的均值为 0.20%、标准差为 0.025 6、方差为 6.539×10^{-4}、偏度值为 0.518、峰度值为 3.534。

可以看出，在不同经验分布的情况下，大盘变化规律更多地体现在变动幅度的均值

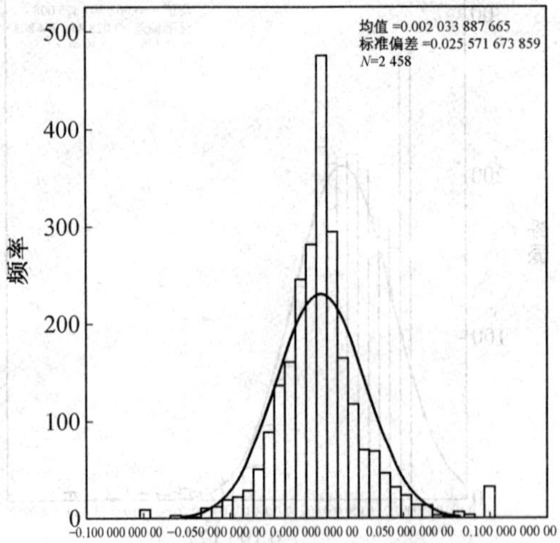

图 3.5 2013 年 10 月 17 日个股涨跌幅度频数统计直方图

上,因此选用每日平均变动幅度作为体现行情变化的变量,同时也将所有个股日变动幅度的方差、涨跌幅度在各个区间的股票只数一起作为被解释变量进行研究,而将日成交总额及其变化、大盘指数及其变动、大盘指数的波动范围作为解释变量,用计量经济模型进行定量分析。

3.5 大盘交易数据与个股日收益率经验分布数字特征的数量关系模型的建立

3.5.1 用大盘交易数据构造合适的解释变量

(1) 成交额及其变动。由于成交量只是把市场中参与交易的股票的成交数量进行加和,无法体现整个市场的交易金额总量,而且各只股票价格不一,所以成交量指标适合于研究个股的内在规律而不适合于研究整个市场的价格变动规律。我们以单日股市总成交额作为解释变量,研究其与单日个股涨跌幅分布的主要数字特征之间的数量关系。在本章中用符号 CJE 表示交易日当天沪深两市的总成交额。另外,对于每个交易日来说,成交额只能反映当天股票市场的活跃情况,对该日之前的市场交易情况并不能进行有效的说明,因此引入另一个解释变量(CJEBD),即以当日总成交额减去昨日总成交额的差值与昨日成交额的比值作为描述成交额变动的指标。

(2) 股价指数及其变动。由于各种政策因素、经济因素和投资者心理因素等的影响,各股票价格处于不断的变化当中,通过对股价指数的考察可以从众多的股票价格变化当中较为全面地把握整个市场的变动情况,反映出股票市场整体的价格波动水平。我们采用的指标是上证综指,即上海证券交易所综合股价指数,是用国内外普遍采用的市值加权法计算的。指数以 1990 年 12 月 19 日为基准日,指数定为 100 点,反映上海证券交易所上市的全部 A 股、B 股的综合价格水平。选择上证综指作为解释变量是因为上海股票交易市场开市较早、市值较高，有较好的代表性。我国的股市在20多年的发展中经历了许多重大变革，交易规则也发生了一些变化，包括对日涨跌幅变动的限制、交割时间的变动等，因此为了保证数据的可用性与实时性，本章选取的数据为2004年1月4日至2013年12月31日10年间的每日收盘价和成交量。为了描述股价指数每日的变化，引入大盘指数变动的相对指标，即指数的日变动程度。

$$\text{指数的日变动程度} = \frac{\text{当天股价收盘指数} - \text{前一交易日的股价收盘指数}}{\text{前一交易日的股价收盘指数}}$$

这里用DPBD代表股价指数的日变动程度。

(3) 股价指数日振幅。股市中某股票价格的振幅就是指开盘后个股当天最高价和最低价的差距，主要反映个股当天价格是否产生了剧烈的波动，表现股票的活跃程度。较常用的分析有日振幅分析、周振幅分析、月振幅分析等。个股日振幅是一个百分比，计算方法为

$$\text{个股振幅} = \frac{(\text{当期最高价} - \text{当期最低价})}{\text{上期收盘价}} \times 100\%$$

对股市中的股价指数振幅数据进行分析，对于考察市场当日的波动有较大的帮助。对于股价指数来说，日振幅表明交易当天市场的活跃程度，计算方法为

$$\text{大盘日振幅} = \frac{\text{当日大盘运行最高指数} - \text{当日大盘运行最低指数}}{\text{上一交易日收盘指数}}$$

这里用DPZF表示交易日当天股价指数的振幅。

(4) 个股涨(跌)幅均值和方差。以前若干日的行情会影响投资者对当前股票市场中个股波动的认知，这种认知主要通过对大盘涨幅和价格变化的差异性的考察来进行，最合适的指标是日收益率的均值和方差，分别用u和σ^2表示。当日的均值和方差分别用u,σ^2表示，前k日的均值和方差用u_{-k},σ^2_{-k}表示。u和σ^2既可以作为解释变量，也可以作为被解释变量。

3.5.2　用个股日涨跌幅度经验分布及其数字特征构造合适的被解释变量

本章的重点是考察股票市场所有个股日涨跌幅经验分布的各种数字特征与市场运行状况之间的关系，因此要重点研究的被解释变量应该是那些投资者关心的指标，是那些描述经验分布特征的指标。

(1) 个股日涨跌幅均值。对于风险中性的投资者，他们既不回避风险，也不会主动追求风险，其选择资产的唯一标准是预期收益的大小。因此，经过数据处理得到的个股日涨跌幅均值u作为被解释变量，考察市场运行情况的诸多因素对它的影响，用成交额、成交额的增量、大盘指数变动等指标来试图解释所有个股日涨跌幅均值u。

(2) 个股日涨跌幅方差。对于风险回避和风险追求型投资者，他们关注更多的是股价的波动程度，前者更偏好于在稳定的行情中获得稳定的收益，对于相同风险的资产会选择有高预期收益的资产；而后者则更愿意选择高风险带来的可能的高收益，他们更喜欢从动荡的行情当中寻找高额的获利机会。因此将经过数据处理得到的个股日涨跌幅方差σ^2选为被解释变量，考察市场运行情况的诸多因素对它的影响，用成交额、成交额的增量、大盘指数变动等来试图解释所有个股日涨跌幅的方差σ^2。

(3) 每一日上涨或下跌幅度在一定区间内的个股数量。投资的回报是每个投资者首先要考虑的因素，而衡量投资收益最直观的指标就是股票的日涨跌幅度。原始数据经过处理后，统计涨跌幅度在各个区间的个股数量，包括上涨的个股数量、涨幅为 0 ～ 5% 的个股数量、涨幅为 5% ～ 8% 的个股数量、涨幅为 8% ～ 10% 的个股数量、当天涨停的个股数量、涨幅超过 5% 的个股数量、涨幅超过 8% 的个股数量；下跌的个股数量、跌幅为 0 ～－5% 的个股数量、跌幅为－5% ～－8% 的个股数量、跌幅为－8% ～－10% 的个股数量、当天跌停的个股数量、跌幅超过－5% 的个股数量、跌幅超过－8% 的个股数量，并通过构造模型来定量考察市场运行指标对日涨(跌) 幅度在各个区间内的个股数量的影响。

3.5.3 关于个股日涨幅均值的计量模型研究

因为上海证券交易所与深圳证券交易所两个股票市场高度相关，且上交所上市的企业规模、数量相对深交所更大，对中国的股票市场更具有代表性，因此本章选择上交所每日收盘指数作为一个重要的解释变量。首先选择样本期为 2012 年 1 月 4 日至 2012 年 12 月 28 日中所有交易日的数据为例进行模型的构建和参数估计，剔除个别不参加交易的数据，对统计数据进行整理计算。全年共 242 个交易日，得到的结果是属于 2012 年的模型。统计每日两市总成交额、大盘指数、每日股价涨跌幅处在各个区间的股票数量、大盘指数的每日变动值、大盘指数的日振幅、每日沪深两市所有个股涨跌幅度的均值和方差、每日参与交易的个股总家数，运用 Eviews6.0 软件进行处理。

首先进行各时间序列数据单位根检验，即 Augmented Dickey－Fuller(ADF) 检验。在经典的计量经济学中假设随时间变动的经济变量数据都是平稳的，但许多以时间序列表示的经济变量具有一定程度的非平稳性，这种非平稳性将容易导致虚假回归，即两个毫无关系的非平稳时间序列很有可能在建立方程后得到一个显著的线性回归模型。因此需要首先考察所得时间序列的数据平稳性。

变量的 ADF 检验通过以下 3 个模型来完成。

模型 1：$\Delta y_t = \delta y_{t-1} + \sum_{i=1}^{m} \beta_i \Delta y_{t-i} + \varepsilon_i$。

模型 2：$\Delta y_t = \alpha + \delta y_{t-1} + \sum_{i=1}^{m} \beta_i \Delta y_{t-i} + \varepsilon_i$。

模型 3：$\Delta y_t = \alpha + \beta t + \delta y_{t-1} + \sum_{i=1}^{m} \beta_i \Delta y_{t-i} + \varepsilon_i$。

模型中的 α 是截距项，其中模型 3 中的 t 代表的是时间变量，解释为时间序列随时间变化的某种趋势。3 个模型的原假设都是 $H_0:\delta=0$，即变量存在单位根。进行检验时从模型 3 到模型 1，拒绝原假设后停止检验，否则将继续进行直到检验完毕。若变量不是平稳变量，则进一步检验一阶差分是否平稳，平稳则检验结束，否则对其二阶差分进行平稳性检验，直至检验结果平稳。

利用以上方法通过 Eviews 6.0 软件对变量逐一进行 ADF 单位根检验。以股价指数日变动程度变量 DPBD 为例，表 3.3 列出了 DPBD 的 ADF 检验结果。

表 3.3　DPBD 的 ADF 检验结果

		t 检验	概率
ADF 检验		－16.343 91	0.000 0
临界值	1% 水平	－2.574 593	
	5% 水平	1.942 147	
	10% 水平	－1.615 821	

ADF 检验结果表明，DPBD 的 ADF 检验值为－16.343 91，小于临界值，拒绝原假设，说明该变量是平稳变量。表 3.4 列出了各变量的 ADF 检验结果。

表 3.4　各变量的 ADF 检验结果

变量	ADF 检验值	检验形式	1% 临界值	5% 临界值	10% 临界值	结论
u_t	－14.244 4	(0, 0, 0)	－2.574 6	－1.942 1	－1.615 8	平稳
DP	0.085 1	(0, 0, 0)	－2.574 6	－1.942 1	－1.615 8	非平稳
DPBD	－16.343 9	(0, 0, 0)	－2.574 6	－1.942 1	－1.615 8	平稳
DPZF	－14.563 9	(0, 0, 0)	－3.457 4	－2.873 3	－2.573 1	平稳
CJE	－3.997 4	(c, t, 2)	－3.996 9	－3.428 7	－3.137 8	平稳
CJEBD	－13.863 2	(0, 0, 1)	－2.574 6	－1.942 2	－1.615 8	平稳

注：检验形式(c, t, n)分别表示在 ADF 检验中的截距项、时间趋势项及滞后阶数。DF 表示上证指数，其他变量的含义在 3.5.1 和 3.5.2 中有说明

应用以上方法对解释变量和被解释变量逐一进行平稳性检验，结果除了股价指数为一阶单整变量之外，其他变量均为平稳变量，因此不必进行协整检验，处理方式为引入自回归项 u_{t-1} 来抵消股价指数对模型的影响，对其他变量直接做多元回归分析。建模方式采用约化建模方案，先设定对模型有影响的全部变量，然后在模型改进的过程中剔除不显著的变量，最后得到一个形式较为简单、拟合程度较好的模型。

根据所有个股涨跌幅度的均值的投资学意义，确定 DPBD，DPZF，CJE，CJEBD 作为解释变量对交易日所有个股日涨跌幅均值 u_t 进行建模分析，模型初步设定为

$$u_t = c_0 + c_1 u_{t-1} + c_2 DPBD + c_3 DPZF + c_4 CJE + c_5 CJEBD + \varepsilon \tag{3.1}$$

其中，u_t 为经数据处理得到的当天所有个股日涨幅的均值乘以 100，为百分比值；u_{t-1} 为数据处理后得到的上一交易日所有个股日涨幅的均值乘以 100；$DPBD$ 为当天的股价指数日变动率；$DPZF$ 为交易当天的股价指数振幅；CJE 为交易日当天两市总成交额；$CJEBD$ 为交易日成交额变动率；ε 为其他随机影响因素。

选取 2012 年的日数据(2012 年 1 月 4 日 —2012 年 12 月 28 日)，其中 2012 年 1 月的部分数据见表 3.5，利用最小二乘法对模型(3.1) 进行回归分析，得到的线性回归方程为

$$u = 0.248 + 0.134u_{t-1} + 1.361DPBD - 0.250DPZF + 0.0001CJE - 0.00352CJEBD$$

$$(1.512)\quad(4.935)\quad(32.514)\quad(-2.914)\quad(0.795)\quad(-1.240)$$

$$R^2 = 0.85\quad Adj - R^2 = 0.85\quad F = 227.32\quad DW = 1.85$$

表 3.5 个股日涨跌幅均值与主要影响因素部分样本数据(2012 年 1 月部分)

日期	均值	股价指数变动率 /%	股价指数振幅 /%	交易日成交额变动率 /%	交易日总成交额 / 亿元
	u	DPBD	DPZF	CJEBD	CJE
1/4	−2.370	−1.37	2.222	−3.472	808.936
1/5	−3.922	−0.97	1.744	10.3552	892.703
1/6	0.460	0.70	1.475	−13.781	769.677
1/9	3.868	2.89	3.595	50.146	1 155.638
1/10	3.767	2.69	3.161	46.7951	1 696.420
1/11	0.245	−0.42	1.113	−16.574	1 415.256
1/12	−0.220	−0.05	1.316	−14.378	1 211.773
1/13	−3.649	−1.34	2.452	0.6036	1 219.088
1/16	−3.154	−1.71	1.569	−33.317	812.9219
1/17	5.079	4.18	4.635	70.2063	1 383.644
1/18	−2.325	−1.39	2.336	5.0268	1 453.198
1/19	0.943	1.31	2.046	−20.27	1 158.634
1/20	1.262	1.00	1.263	−1.171	1 145.071
1/30	−0.289	−1.47	1.733	−16.878	951.803
1/31	0.121	0.33	0.846	−16.718	792.679

上面的线性回归模型的拟合优度 R^2 和调整拟合优度 $Adj-R^2$ 都比较高，而且通过了置信度为 5% 的 F 检验，表明模型的拟合程度较高，但从模型系数的 t 检验结果看来，成交额及成交额变动率的检验结果不甚理想。考虑到解释变量之间可能存在多重共线性，有的解释变量可能对被解释变量的影响并不显著的情况。表 3.6 为影响个股涨(跌) 幅均值的因素之间的相关系数矩阵。

表 3.6 影响个股涨(跌) 幅均值的因素之间的相关系数矩阵

	u_{t-1}	DPBD	DPZF	CJE	CJEBD
u_{t-1}	1.000 0	−0.066 9	−0.089 7	0.287 4	0.102 5
DPBD	−0.066 9	1.000 0	0.389 0	0.201 5	0.547 7
DPZF	−0.089 7	0.389 0	1.000 0	0.276 1	0.712 2
CJE	0.287 4	0.201 5	0.276 1	1.000 0	0.333 6
CJEBD	0.102 5	0.547 7	0.712 2	0.33 36	1.000 0

由表 3.6 可以看出，股价指数振幅(DPZF) 和交易日成交额变动率(CJEBD) 之间相关系数较高，存在多重共线性。根据上述回归方程中各个变量对个股日涨(跌) 幅均值的影响作用来看，股价指数振幅的作用更为显著，所以考虑剔除成交额变动这一解释变量；

另外,交易日总成交额(CJE)因素在方程中对于均值的解释作用不是很明显,标准差也相对较大,因此剔除成交额因素,再次进行最小二乘法估计,得到回归方程:

$$u = 0.422 + 0.132u_{t-1} + 1.342DPBD - 0.308DPZF \quad (3.2)$$
$$(4.570) \quad (5.305) \quad (35.789) \quad (-4.876)$$

其中,$R^2=0.85$;$Adj-R^2=0.85$;$F=461.51$;$DW=1.85$。从改进后的模型看来,t 检验的结果有了明显改善,说明变量的选择是正确的,成交额及其变动情况对于个股涨(跌)幅均值没有显著的影响。模型的 F 检验值与拟合度 R^2 也比较理想,说明总体的拟合效果较好。

应用同样的方法,对 2004—2013 年每年的个股日涨跌幅数据进行模型的估计,得到的结果见表 3.7。表 3.7 中每个模型中参数的 t 检验和拟合优度与模型 3.2 相当。

表 3.7　用 2004—2013 年日交易数据得到的 10 个带自回归项的线性模型

年份	模型方程
2004 年	$u=0.211+0.101u_{t-1}+1.017DPBD-0.100DPZF$
2005 年	$u=0.298+0.062u_{t-1}+1.151DPBD-0.171DPZF$
2006 年	$u=0.513+0.081u_{t-1}+0.881DPBD-0.308DPZF$
2007 年	$u=1.130+0.038u_{t-1}+0.788DPBD-0.297DPZF$
2008 年	$u=0.740+0.099u_{t-1}+1.018DPBD-0.162DPZF$
2009 年	$u=0.632+0.045u_{t-1}+0.932DPBD-0.203DPZF$
2010 年	$u=0.567+0.095u_{t-1}+0.908DPBD-0.235DPZF$
2011 年	$u=0.274+0.127u_{t-1}+1.125DPBD-0.185DPZF$
2012 年	$u=0.422+0.132u_{t-1}+1.342DPBD-0.308DPZF$
2013 年	$u=0.668-0.006u_{t-1}+0.987DPBD-0.356DPZF$

根据表 3.7 对所得到的结果进行定性分析,得到以下几项结论。

(1) 股价指数变动率(DPBD)对于个股收益的均值具有正向的影响,大盘指数上涨 1%,股票收益均值大约提高 1%,表 3.7 中 10 个模型的 DPBD 的回归系数的平均值约为 1.0。从理论上来说,大盘指数的计算过程是以样本股的发行股本数为权数进行加权计算的,对于本章所采用不加权的计算方法结果来看影响程度近似,这样的结果完全符合理论的预期。

(2) 股价指数振幅(DPZF)对于个股收益均值具有负向的影响,表 3.7 中 10 个模型的 DPZF 的回归系数的平均值约为 −0.22,这意味着大盘振幅在 5% 左右的情况下,股票收益率均值大约降低 1%,说明在市场活动较剧烈的情况下,人们更倾向于保守看空的做法,在统计的意义上抛售股票的力量强于买入股票的力量。另外,由于股价指数振幅与成交额具有较强的正相关性,所以在统计的意义上成交额与个股股票收益率均值应该呈负相关关系。

(3) 前期的个股收益率均值(u_{t-1})对当期个股收益率的影响并不如想象中的那么大,仅对当期个股收益的均值产生了约 10% 的影响。尽管如此,自回归项 u_{t-1} 的系数绝大多数为正值依然表明了前期股票的平均收益在大部分情况下对当期股票的平均收益的影响是正向的，上涨的行情会倾向于继续上涨，下跌的行情会倾向于继续下跌，个股收益均值的变化存在一定程度上的惯性趋势。

(4) 对截距项 c_0 的解释。不同年份的回归方程中的 c_0 均为正值，表明当 DPBD 和 DPZF 都很小的情况下，u 倾向于变大，这表明在新信息的强度较弱并且大盘平稳运行的时候，行情倾向于向上涨的方向发展，反映投资者普遍对后市相对乐观的态度。

根据上述回归分析结果进行纵向比对可以看出，2004—2005 年股市低迷的时候，股价指数的变动对个股收益均值的影响程度相对明显，而 2006—2007 年股市为牛市期间股价指数的变动对个股收益均值的影响程度相对弱些，表明在市场整体向好的形势下，大盘指数的上涨(下跌) 对单只个股收益的影响稍减弱；同时 DPZF 的回归系数的变化表明指数振荡程度对股票收益水平的影响变得更加明显，说明在人们清楚市场总体形势好转的条件下，市场的活跃程度变化更容易引起人们对股票态度的转变。

3.5.4 用股价指数解释涨跌幅度较大的个股数量

在本节中通过对被解释变量与解释变量之间相关系数的检验，选择交易当日总成交额的变动和股价指数的变动作为解释变量，涨幅处在一定区间内的个股只数作为被解释变量进行建模。

以涨跌幅度在所要求区间内的个股数量为纵坐标，以大盘指数每日的变动 DPBD 为横坐标，DPBD 取 −0.02 表示大盘指数较上一日下跌 2%，DPBD 取 0.03 表示大盘指数较上一日上涨 3%。在不同区间内做出相应的散点图，如图 3.6 至图 3.8 所示。

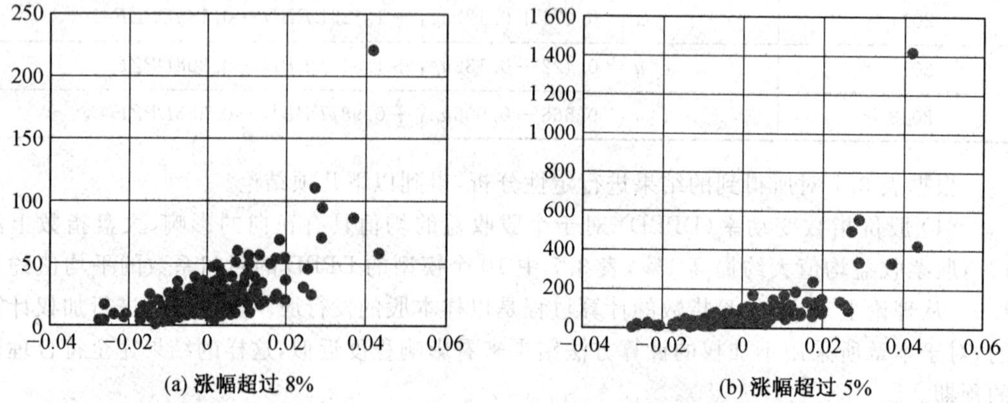

图 3.6 涨幅超过 8% 和涨幅超过 5% 的个股数量与股指变动量关系散点图

可以看出，随着上涨幅度区间的变化，满足条件的个股数量随着大盘指数的变动所呈现的趋势变得愈加明显。图 3.6 表明在涨幅超过 8% 和涨幅超过 5% 的情况下，大盘指数呈现较大幅度下跌时，涨幅较大的个股数量很少；大盘指数较平稳变动的时候，涨幅较大的个股数量呈现增多趋势；而在大盘上涨幅度较大的时候，涨幅较大的个股数量随之大幅增加。从图 3.6 中也可以看出，即使在大盘指数出现大幅下跌的时候，依然存在少量个股涨幅较大；而大多数情况下大盘运行平稳的时候，当天涨幅较大的个股数量也基本稳定地保持在某个区间内，散点图密度显著变大，随着股价指数上涨幅度的增加，大幅上涨的个股数量的前沿面类似服从于指数分布，但不难看出其分布是趋于发散的，相同的横向区间内散点的数量较少且纵向的跨度较大。股价指数变动较大的样本点个数较少，符合条件的个股数量的点也很少，代表性不是很强，因此尽管有这样的趋势，直接进行分析仍然有一定的难度。

图 3.7 表明当选取涨幅在 0～5% 和 0～8% 区间内的个股数量为纵坐标的时候，其随着大盘指数波动变化的趋势变得相对明显，无论股价指数的变化如何，总有相对稳定数量的个股的涨跌幅度处在这个区间内；选择上涨幅度为 0 至某个正值区间时的个股数量作为纵坐标时，可以看出大盘指数由大幅下跌到平稳运行阶段，符合条件的个股数量呈现较缓增长，小幅下跌到小幅上涨的阶段，符合条件的个股数量呈现较快速增长，而当大盘指数转为大幅增长的阶段，符合条件的个股数量增长速度再次放缓，散点图呈现带状分布，且分布近似服从 Sigmoid 函数形态。

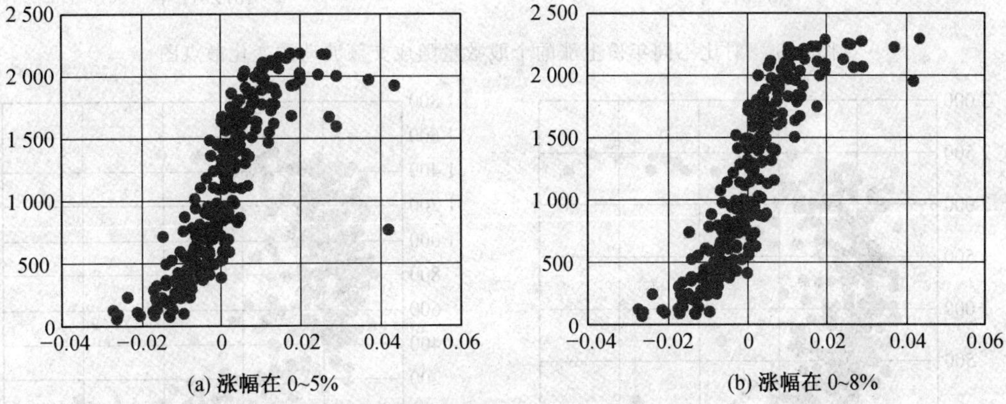

图 3.7　涨幅在 0～5% 和涨幅在 0～8% 的个股数量与股指变动量关系散点图

图 3.8 则表示全部上涨的股票（涨幅为 0～10%）和上涨幅度分别是 0～10% 和 0～5% 时随大盘指数变化的趋势，整体与图 3.7 相似，说明趋势的变化很大程度上与涨幅区间在 0～5% 和 0～8% 的股票数量变化保持一致。可以期待图 3.7 和图 3.8 所显示的函

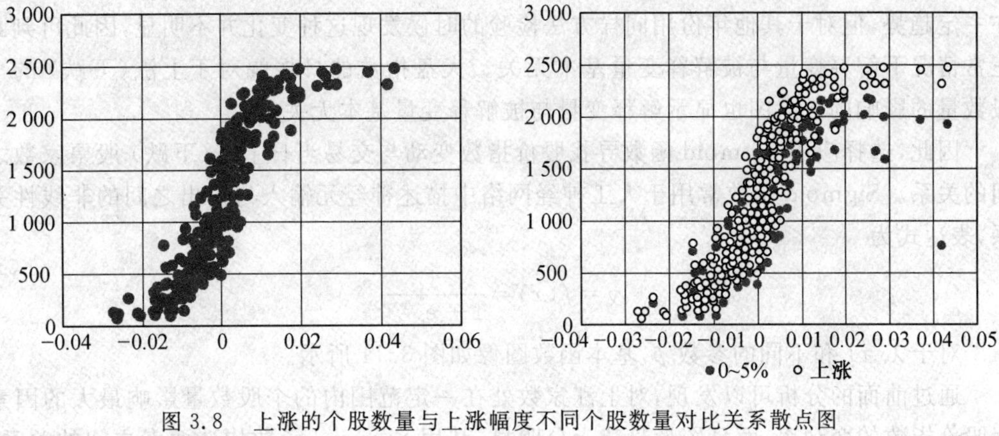

图 3.8　上涨的个股数量与上涨幅度不同个股数量对比关系散点图

数关系可以用 Sigmoid 函数来很好地表达。

对于另外选定的解释变量:成交额与大盘振幅的变动,寻找其与上涨(下跌)的个股数量之间的关系,相应的散点图如图 3.9 和图 3.10 所示。

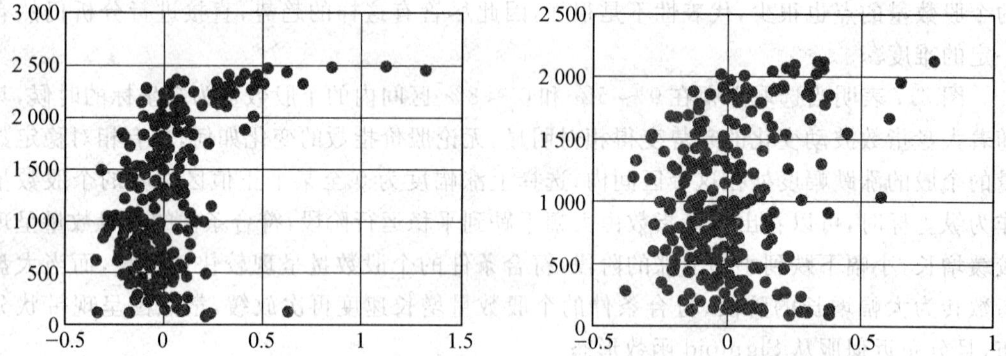

(a) 2012 年　　(b) 2011 年

图 3.9　对比不同年份上涨的个股数量随成交额波动的变化散点图

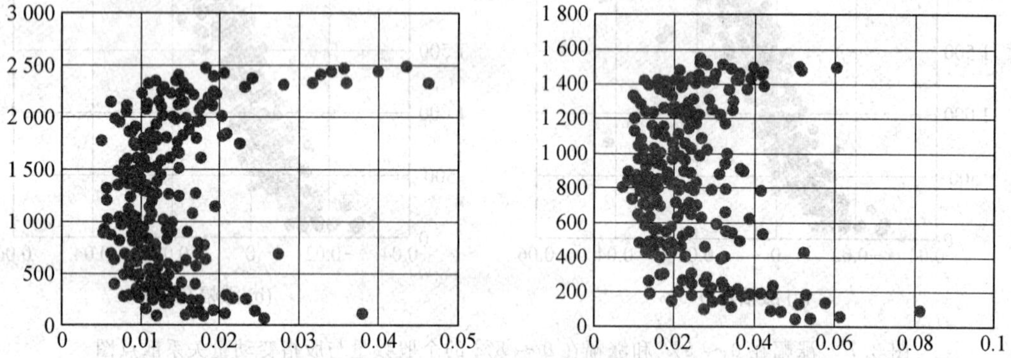

(a) 2012 年　　(b) 2009 年

图 3.10　对比不同年份上涨的个股数量随股价指数振幅的变化散点图

用 CJEBD 作为解释变量的时候,整个散点图的图像均匀分布,无特定规律可循,因此不考虑单纯用成交额变动作为解释变量的可能。尽管对于 2012 当年来讲散点图似乎存在一定趋势,但对于其他年份用同样方法检验的时候发现这种变化并不明显,因此可判断正常情况下解释变量与被解释变量基本无关。大盘指数的日振幅对于上涨(下跌)的个股数量的影响的散点图也显示解释变量与被解释变量基本无关。

因此,选择应用 Sigmoid 函数寻找股价指数变动与交易当日上涨(下跌)股票家数之间的关系。Sigmoid 函数常用于人工神经网络中描述神经元输入与输出之间的非线性关系,表达式为

$$y = f(x) = \frac{1}{1 + \mathrm{e}^{-\lambda x / p}}$$

对于 $\lambda = 1$ 和不同的参数 p,基本函数图像如图 3.11 所示。

通过前面的分析可以发现,对上涨家数处在一定范围内的个股数量影响最大的因素为股价指数的变动率,而且图形趋势十分明显,利用 Sigmoid 函数构造两者之间的关系,

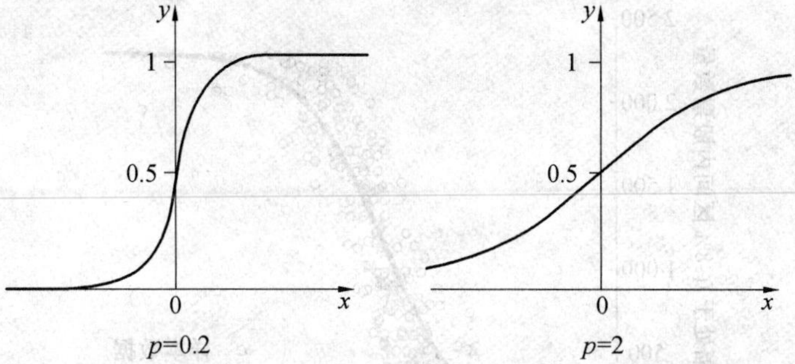

图 3.11　自变量 x 的系数不同时的 Sigmoid 函数图像

同时考虑曲线的平移效应，选择式(3.3) 所描述的函数对二者关系进行建模：

$$SZ_{\rho}(DPBD)=\frac{A}{1+\mathrm{e}^{-\lambda\cdot DPBD-C}} \tag{3.3}$$

其中，$SZ_{\rho}(DPBD)$ 为上涨幅度为 $0\sim\rho$ 的股票数量；A 为 Sigmoid 函数的上限值，表示满足涨幅为 $0\sim\rho$ 的股票数量最多可以达到的家数；λ 为股价指数变动率(DPBD) 的系数，决定曲线的弯曲程度；C 反映曲线最陡处对应的横坐标值。

对式(3.3) 进行整理可得到下式：

$$\ln\left(\frac{SZ_{\rho}(DPBD)}{A-SZ_{\rho}(DPBD)}\right)=\lambda\cdot DPBD+C \tag{3.4}$$

假设可以先确定参数 A 的值，则待估计参数就只有 λ 和 C。令

$$SZ_{\rho}^{*}(DPBD)=\ln\left(\frac{SZ_{\rho}(DPBD)}{A-SZ_{\rho}(DPBD)}\right)$$

$SZ_{\rho}^{*}(DPBD)$ 为新的被解释变量，那么公式(3.4) 可以写成下面的形式：

$$SZ_{\rho}^{*}(DPBD)=\lambda\cdot DPBD+C \tag{3.5}$$

函数关系(3.3) 转化为线性关系(3.5)，可用线性回归模型来估计参数并验证函数曲线的拟合程度。以 2012 年为例，用上涨幅度为 $0\sim8\%$ 的个股数量作为被解释变量，当年涨幅在此区间内最多的情况下的股票数量为 2 293 只，为计算方便且考虑到方程的合理性，取 $A=2\ 294$，应用 Eviews 6.0 软件得到结果为

$$SZ_{8}^{*}(DPBD)=1.393DPBD-0.030 \tag{3.6}$$

由于散点图呈现的分布为带状分布，因此经方程拟合得到的曲线是从中间穿过散点带的一条曲线，用 Matlab 软件做出曲线与原散点图的比较图(图 3.12)。

从计算结果与曲线拟合效果可以看出，不仅原方程的形式得以简化，而且在样本数据的容量为 242 的大样本情况下拟合优度也较好，R^2 达到了 0.8，图形拟合效果也很好，说明用这种方法对数据进行建模是可行的。2012 年涨幅为 $0\sim k\%(k=4,5,6,7,8,9,10)$ 的 $SZ_k(\varphi)$ 的关系式见表 3.8。

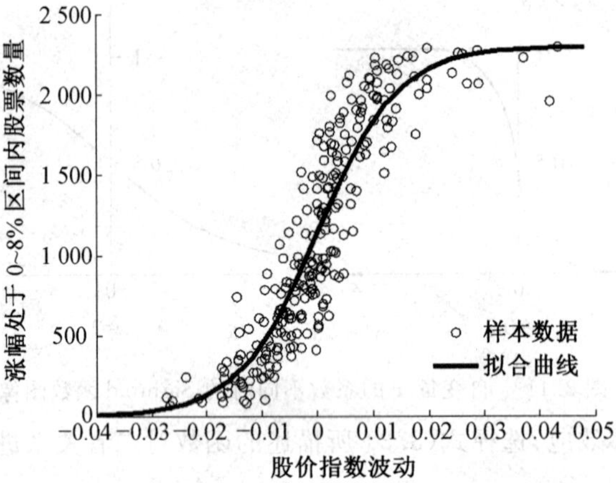

图 3.12 股价指数变动率与上涨幅度为 0 ～ 8% 股票数量关系拟合曲线图

表 3.8 2012 年涨幅为 0 ～ k% (k = 4,5,6,7,8,9,10) 的 $SZ_k(\varphi)$ 的关系式

k	$SZ_k(\varphi)$
$k=4$	$SZ_4(\varphi)=\dfrac{2\,130}{1+\exp(-1.127\varphi+0.109)}$
$k=5$	$SZ_5(\varphi)=\dfrac{2\,189}{1+\exp(-1.302\varphi+0.007)}$
$k=6$	$SZ_6(\varphi)=\dfrac{2\,252}{1+\exp(-1.306\varphi+0.037)}$
$k=7$	$SZ_7(\varphi)=\dfrac{2\,275}{1+\exp(-1.360\varphi+0.023)}$
$k=8$	$SZ_8(\varphi)=\dfrac{2\,294}{1+\exp(-1.393\varphi+0.030)}$
$k=9$	$SZ_9(\varphi)=\dfrac{2\,304}{1+\exp(-1.395\varphi+0.035)}$
$k=10$	$SZ_{10}(\varphi)=\dfrac{2353}{1+\exp(-1.391\varphi+0.044)}$

实际上我们真正关心的情况是涨幅大于某个临界水平的股票数量与大盘指数变动的关系。比如涨幅大于 8% 或涨幅大于 5% 等，而一般情况下不太关心诸如涨幅在 0 ～ 5% 的股票数量。由于涨幅处在 0 ～ k% 区间内的股票数量与大盘指数的变动率都很好地符合 Sigmoid 函数特征，可以得到拟合优度良好的经验公式，故采用两区间作差的方案对涨幅较大的个股数量进行估计是一种合理的选择。用 N_k^{SZ} 表示涨幅超过 k% 的股票数量，显然 N_k^{SZ} 是所有上涨的股票数量(涨幅 0 ～ 10%)减去涨幅为 0 ～ k% 的股票数量。对于 $k=8$，有

$$N_8^{SZ}(DPBD)=SZ_{10}(DPBD)-SZ_8(DPBD) \tag{3.7}$$

其中，$N_8^{SZ}(DPBD)$ 表示交易当天涨幅超过 8% 的股票数量。同样使用 2012 年交易的日数据，为使公式简洁，股价指数变动率 $DPBD$ 标记为 φ，结合表 3.8 中的结果得到下面的具体公式：

$$N_8^{SZ}(\varphi)=\frac{2\,353}{1+\exp(-1.391\varphi+0.044)}-\frac{2\,294}{1+\exp(-1.393\varphi+0.030)} \tag{3.8}$$

应用同样的方法，对于下跌幅度较大的股票数量，令

$$XD_\theta(\varphi)=\frac{A'}{1+e^{\lambda'\varphi+C'}} \tag{3.9}$$

式(3.9)中，$XD_\theta(\varphi)$ 表示跌幅为 $0\sim\theta\%$ 的股票数量。令

$$XD_\theta^*(\varphi)=\ln\left(\frac{A'-XD_\theta(\varphi)}{XD_\theta(\varphi)}\right)$$

式(3.9)转化为 $XD_\theta^*(\varphi)=\lambda'\varphi+C'$，使用 2012 年的数据，用最小二乘原理进行参数估计得到：

$$XD_8^*(\varphi)=1.592\varphi+0.181 \tag{3.10}$$

股价指数变动率与跌幅为 $0\sim-8\%$ 的股票数量关系拟合曲线图如图 3.13 所示。

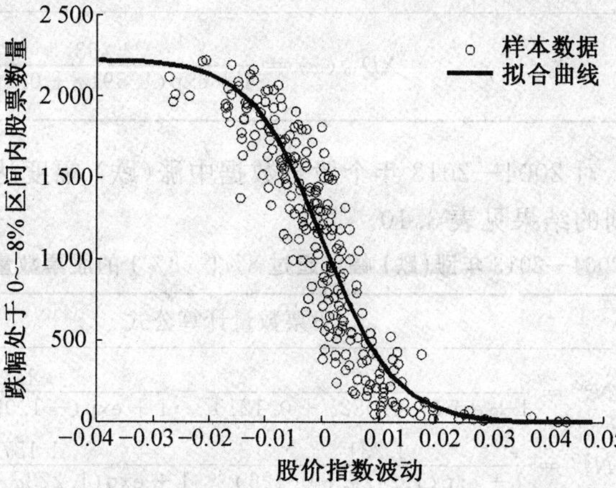

图 3.13　股价指数变动率与跌幅为 $0\sim-8\%$ 的股票数量关系拟合曲线图

对 2012 年样本数据中跌幅处在各区间的股票数量与股价指数变动率关系式的总结见表 3.9。

同样对下跌幅度较大的股票数量进行估计，用 N_8^{XD} 表示下跌幅度为 $-8\%\sim-10\%$ 的股票数量，结合表 3.11 的结果，有

$$N_8^{XD}(\varphi)=XD_{10}(\varphi)-XD_8(\varphi) \tag{3.11}$$

对 2012 年度交易的日数据进行计算，结果为

$$N_8^{XD}(\varphi)=XD_{10}(\varphi)-XD_8(\varphi)=\frac{2\,263}{1+\exp(1.591\varphi+0.196)}-\frac{2\,222}{1+\exp(1.592\varphi+0.181)} \tag{3.12}$$

表 3.9 2012 年跌幅 $0\sim-k'\%$ ($k'=4,5,6,7,8,9,10$) 的 $XD_{k'}(\varphi)$ 的关系式

k'	$XD_{k'}(\varphi)$
$k'=4$	$XD_4(\varphi)=\dfrac{1\ 917}{1+\exp(1.400\varphi+0.089)}$
$k'=5$	$XD_5(\varphi)=\dfrac{2\ 026}{1+\exp(1.533\varphi+0.057)}$
$k'=6$	$XD_6(\varphi)=\dfrac{2\ 141}{1+\exp(1.554\varphi+0.143)}$
$k'=7$	$XD_7(\varphi)=\dfrac{2\ 193}{1+\exp(1.577\varphi+0.169)}$
$k'=8$	$XD_8(\varphi)=\dfrac{2\ 222}{1+\exp(1.592\varphi+0.181)}$
$k'=9$	$XD_9(\varphi)=\dfrac{2\ 233}{1+\exp(1.601\varphi+0.181)}$
$k'=10$	$XD_{10}(\varphi)=\dfrac{2\ 263}{1+\exp(1.591\varphi+0.196)}$

应用同样的方法，对 2004—2013 年个股日数据中涨(跌)幅度达到 8%(－8%)的股票数量进行计算，得到的结果见表 3.10。

表 3.10 2004—2013 年涨(跌)幅度超过 8%(－8%)的股票数量计算公式

年份	股票数量计算公式
2004 年	$N_8^{SZ}=\dfrac{1\ 263}{1+\exp(-1.082\varphi+0.121)}-\dfrac{1\ 228}{1+\exp(-1.097\varphi+0.074)}$ $N_8^{XD}=\dfrac{1\ 231}{1+\exp(1.212\varphi+0.226)}-\dfrac{1\ 187}{1+\exp(1.223\varphi+0.137\ 1)}$
2005 年	$N_8^{SZ}=\dfrac{1\ 272}{1+\exp(-1.045\varphi+0.056)}-\dfrac{1\ 227}{1+\exp(-0.970\varphi+0.005)}$ $N_8^{XD}=\dfrac{1\ 172}{1+\exp(1.303\varphi+0.108)}-\dfrac{1\ 172}{1+\exp(1.221\varphi+0.182)}$
2006 年	$N_8^{SZ}=\dfrac{1\ 200}{1+\exp(-0.718\varphi+0.207)}-\dfrac{1\ 159}{1+\exp(-0.704\varphi+0.214)}$ $N_8^{XD}=\dfrac{1122}{1+\exp(0.824\varphi-0.019)}-\dfrac{1\ 120}{1+\exp(0.699\varphi+0.095)}$
2007 年	$N_8^{SZ}=\dfrac{1\ 313}{1+\exp(-0.539\varphi-0.251)}-\dfrac{1\ 245}{1+\exp(-0.493\varphi-0.182)}$ $N_8^{XD}=\dfrac{1\ 267}{1+\exp(0.618\varphi+0.265)}-\dfrac{1\ 149}{1+\exp(0.424\varphi+0.307)}$

续表 3.10

年份	股票数量计算公式
2008 年	$N_8^{SZ}=\frac{1\,474}{1+\exp(-0.624\varphi-0.133)}-\frac{1\,390}{1+\exp(-0.470\varphi+0.088)}$ $N_8^{XD}=\frac{1\,433}{1+\exp(0.724\varphi+0.506)}-\frac{1\,304}{1+\exp(0.550\varphi+0.603)}$
2009 年	$N_8^{SZ}=\frac{1\,553}{1+\exp(-0.691\varphi-0.107)}-\frac{1\,518}{1+\exp(-0.637\varphi-0.022)}$ $N_8^{XD}=\frac{1\,465}{1+\exp(0.874\varphi+0.279)}-\frac{1\,403}{1+\exp(0.765\varphi+0.314)}$
2010 年	$N_8^{SZ}=\frac{1\,863}{1+\exp(-0.855\varphi-0.033)}-\frac{1\,816}{1+\exp(-0.859\varphi-0.034)}$ $N_8^{XD}=\frac{1\,739}{1+\exp(1.021\varphi+0.352)}-\frac{1\,699}{1+\exp(0.917\varphi+0.348)}$
2011 年	$N_8^{SZ}=\frac{2\,131}{1+\exp(-1.239\varphi+0.006)}-\frac{2\,100}{1+\exp(-1.224\varphi+0.022)}$ $N_8^{XD}=\frac{2\,068}{1+\exp(1.368\varphi+0.200)}-\frac{2\,008}{1+\exp(1.366\varphi+0.143)}$
2012 年	$N_8^{SZ}=\frac{2\,353}{1+\exp(-1.391\varphi+0.044)}-\frac{2\,294}{1+\exp(-1.393\varphi+0.030)}$ $N_8^{XD}=\frac{2\,263}{1+\exp(1.591\varphi+0.196)}-\frac{2\,222}{1+\exp(1.592\varphi+0.181)}$
2013 年	$N_8^{SZ}=\frac{2\,332}{1+\exp(-1.020\varphi-0.114)}-\frac{2\,261}{1+\exp(-1.043\varphi-0.128)}$ $N_8^{XD}=\frac{2\,245}{1+\exp(1.141\varphi+0.144)}-\frac{2\,147}{1+\exp(1.118\varphi+0.050)}$

根据表 3.8 和表 3.9，可以得到 N_k^{SZ} 和 N_k^{XD} 的公式，$k=4,5,6,7,8,9,10$。高涨幅股票数量最高值 A 随着年份不同是逐年变化的，理论上来说，A 值应该是当年已上市且未有停盘表现的股票总数。所以为了方程的准确性，计算公式中所用的 A 值都是在真实数据的基础上确定的。

以 2012 年为例，图 3.14 和图 3.15 中的曲线是由表 3.10 中相应的经验公式计算得出的，图中的纵坐标表示满足条件的股票家数，横坐标是股价指数变动率。

$$N_8^{SZ}=\frac{2\,353}{1+\exp(-1.391\varphi+0.044)}-\frac{2\,294}{1+\exp(-1.393\varphi+0.030)}$$

$$N_8^{XD}=\frac{2\,263}{1+\exp(1.591\varphi+0.196)}-\frac{2\,222}{1+\exp(1.592\varphi+0.181)}$$

在实际计算过程中，也有一些特殊情况的出现，主要表现在以下几方面。

(1) 在某些交易日，股价指数下跌幅度较大，下跌的股票数量也较多，但跌幅在 0 ～ -8% 区间内的股票数量却很少，说明该时点多数下跌的股票跌幅也较大，当天利空消息

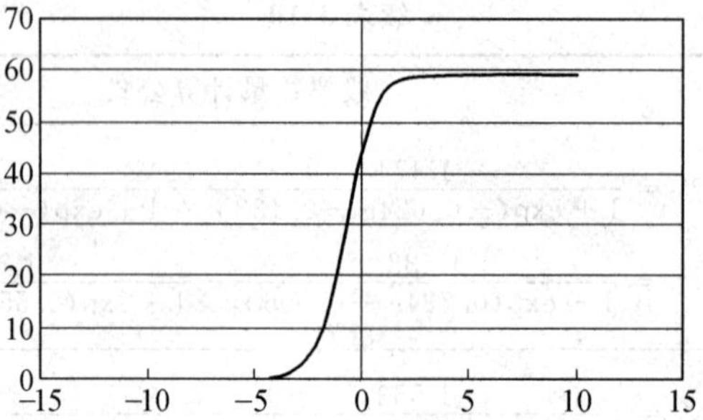

图 3.14　2012 年涨幅超过 −8% 的个股数量与股指变动量关系曲线图

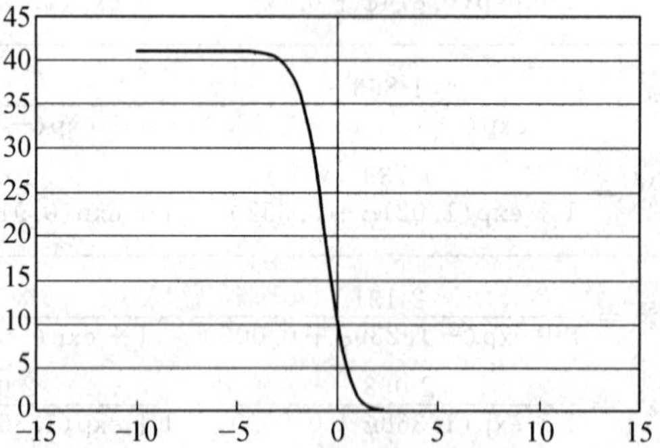

图 3.15　2012 年跌幅超过 −8% 的个股数量与股指变动量关系曲线图

占据主导，对处于某些跌幅区间的股票数量的预测会出现偏差。

(2) 在某些交易日，股价指数较大幅度上涨，而且在经济整体向好的情况下，上涨的股票数量占少数，大量股票表现为不涨不跌或极小幅度下跌，原因在于权重较大的股票上涨对股价指数的强力拉动作用，而且大量投资者对利好持观望态度，也会造成实际情况与计算结果有一定程度的出入。

本节找到了一些股价指数变化与涨跌幅度较大的股票数量之间的比较令人信服的定量关系，这些定量关系当然是股市波动内在规律的表现。如何利用这些内在规律性指导投资活动，或者利用这些内在规律性设计新的金融工具是一个有待进一步探讨的问题。

3.6　结合个股日极端涨跌幅构建投资组合的策略设计

3.6.1　消极的投资组合与积极的投资组合之间的差异说明

投资组合是投资者持有的若干项资产的集合。投资者通过出售现有证券、购入新证券来改变投资组合，或通过投入额外资金增加资产集合中某些资产的投资规模来改变投资组合，或通过出售一定数量的证券减少资产集合中某些资产的投资规模，这些操作手段都可以使原本的投资组合更新或重构。而投资者希望得到的结果就是构造最优的资产投资组合以尽可能降低风险和获取最大化收益。

积极的投资策略(Active investment strategy)是指投资人通过自己的研究与判断做

出投资决策的行为。投资者对于证券收益不具有一致预期，他们试图通过大量的证券分析与评估发现价值被低估的证券和有发展潜力的证券，并通过把握投资时机等方法来提高投资的绩效而获取超额收益。投资者们并不认为市场是完全有效的，他们认为通过对未来行情的预测分析，把握资金进出股市的时机等主动性操作可以跑赢市场，与之对应的投资组合称为积极型投资组合（Active portfolio）。对于这种投资组合，只有业绩超越大盘指数代表的市场组合的收益才能证明其存在的价值。

消极的投资策略（Passive investment strategy）是有效市场假说的支持者们所推崇的策略。有效市场假说认为股价反映了所有已知信息，认为股价水平是公平的，频繁地买入和卖出证券是无意义的，理性的投资者会买入并持有市场组合和无风险资产，因为任何风险资产配比的改变都将带来较大的边际风险。该策略不试图战胜市场，也并不指望通过找出被低估或高估的股票来建立一个可以获得超额收益的证券投资组合。这种策略通常被描述为买入 - 持有策略。典型的消极投资组合为市场指数投资组合（Passive market index portfolio），即认为股价指数的变化代表市场组合，股价指数的波动是无法分散掉的必须承受的系统风险，消极的投资组合收益率的变化与股价指数同步。

对于两者优劣的比较，主要体现在以下两个方面：一是风险的分散性，在市场组合中，大量的个股按照其在市场中所占的权重被纳入到组合当中，通过充分分散化的投资使得个股的价格波动不会对股价指数的表现造成显著的影响，从而最大限度地消除非系统风险；而积极的投资组合旨在关注特定的股票，从众多股票当中筛选出具有投资潜力的个股，以期待获得高于市场组合的利润。从效果上来看，积极的投资组合的分散性不够，不能最大限度地分散特有风险。二是策略实施成本，指数组合一般采用长线持有的策略，建仓后的交易主要体现在对仓位水平的调整（无风险资产占总资产的比例的调整）和组合中根据个股权重的变化进行的微调，交易频率较低，可以最大限度地降低策略实施的成本；而积极的投资策略成本是昂贵的，除了需要支付频繁交易所产生的可观的交易费用以外，还需要投入大量的人力成本对所关注的股票进行调研与分析。

尽管在理论界大多承认消极型投资策略的合理性，但现实中绝大多数的机构投资者仍然认为市场难以达到强有效，由于信息不对称、沟通渠道不畅等因素的现实存在，他们更偏向于相信自己经过分析与判断得出的结果，对于追求积极策略带来的超额回报乐此不疲。在本节中，我们试图利用交易日当天高涨幅与大跌幅的个股构造一个积极投资组合，将其与指数组合进行对比并计算其日均收益，测算其收益的长期表现，评估这种特殊的投资组合的收益和风险。

3.6.2　股票市场中的排行榜效应

排行榜效应是指当涨幅排行榜公布以后，排名靠前的股票会受到投资者更多的注意，这种注意力分布的差异将可能导致购买涨幅靠前的股票比购买涨幅靠后的股票容易获得更高的收益，而做空跌幅靠前的股票比做空跌幅靠后的股票容易获得更高的收益。我国的各大经济类报纸杂志、财经网站、门户网站的经济板块以及炒股软件每日发布的榜单中大多为涨幅排在前十名、前八名或前五名的股票，这就导致了被推荐的热门股票更容易进入股民们的视野。有学者通过对我国股市排行榜效应的研究，结合市场当中存在的板块效应，提出了基于排行榜的特殊设计的投资策略。研究结论认为，在有限注意力情况下，涨跌幅排行榜会吸引投资者较多的关注；基于排行榜而特殊设计的投资组合的波动率较低，收益率能够赢得市场。

当前专家学者对于我国股市排行榜效应的研究并不是很深入，研究对象也限于排在涨幅榜中前二十只股票，利用其周数据在样本区间内的收益进行统计整理与分析，对于实际交易中特殊投资方案的设计与实现还缺少深入的探讨。但上述这种研究的思路与方法在一定程度上对于我们接下来进行特殊投资方案设计提供了启发与参考。

3.6.3　结合个股日极端涨跌幅构建投资组合的动态交易策略的参数说明

我们试图建立一种特殊的动态交易策略，大致想法如下：挑选出涨跌幅度符合交易条件的个股，若涨幅较大的股票可以在未来若干日内在统计的意义上会继续上涨，则买入这样的股票会有利可图；而如果跌幅较大的股票在未来若干日内在统计的意义上会继续下跌，则卖出或做空这样的股票会有利可图。到底是买入涨幅较大的股票还是卖出涨幅较大的股票，需要基于对市场的历史交易数据的统计分析。同样，到底是买入跌幅较大的股票还是卖出或做空跌幅较大的股票也需要基于对市场的历史交易数据的统计分析。

对买卖证券条件的设定包括以下 4 个方面的内容。

(1) 股价指数波动范围。股价指数的波动代表了整个市场的稳定程度，在经济政策发生变化、产业结构调整、行业突发新闻和投资者情绪发生剧烈波动的情况下，大盘指数也会随之产生剧烈的波动。股市出现剧烈波动大都关联到当时的宏观政策、突发事件等因素。但就日常投资而言，我们更多关注的是在大盘平稳运行的情况下如何更有效地进行投资，因此我们将特殊投资方案中的股价指数波动范围限定在 ±1% 以内。当然可以考虑更灵活些的股价指数波动范围的限制条件。

(2) 涨幅临界值。基于本章前面的讨论，同时考虑到股票交易的可操作性，选取交易日当天涨幅大于 8% 的个股作为交易股票。之前的研究多以涨停股票为研究对象设计投资方案，而现实情况中对涨停股票挂买单通常需要排队等候，一般情况下，涨停位都有大单挂住且由于卖盘心理预期的提高会导致买单封死在涨停价，出现卖单极少或为零的现象。对于涨幅设定了一个低于涨停水平的临界值，根据前面所构建的模型，可以估计出股价指数在正常波动的范围内涨幅高于临界值 8% 的股票的正常数量，而且还可以保证买入计划的成功实施。8% 是人为规定的，当然可以选择 7.5% 或 8.5% 等。

(3) 跌幅临界值。同样地，限定对日跌幅超过 8% 的个股进行操作，假定交易日当天手中存在一定数量的符合该条件的股票，或者可以对符合条件的股票进行做空。之前的研究多以跌停股票为研究对象设计投资方案，而现实情况中对跌停股票挂卖单通常需要排队等候，一般情况下，跌停位都有大单挂住且由于买盘心理预期的降低会导致卖单封死在跌停价，出现买单极少或为零的现象。对于跌幅设定了一个高于跌停水平的临界值，根据前面所构建的模型，可以估计出股价指数在正常波动的范围内跌幅大于临界值 −8% 的股票的正常数量，而且还可以保证卖出计划的成功实施。−8% 是人为规定的，当然可以选择 −7.5% 或 −8.5% 等。

(4) 实施特殊交易策略的资金在组合中所占权重 ω 的设定。规定投资方案中用于股票买卖的资金为一定值，并且规定所有符合条件的股票所分配的额度是相同的，不存在某只权重较大的股票影响整个投资组合效果的情况。比如投资总额为 1 亿元，设定用于特殊投资策略的投资额为 100 万元，则 $\omega=1.0\%$。如果符合买入条件的股票有 5 只，则每只股票分配 20 万元。

① 对交易时间的规定。在收盘前半小时以内，根据当天股市的运行状况对其是否符合指数波动范围条件进行判断。如果大盘涨跌幅度处于 $\pm 1\%$ 范围内，列出股票涨跌幅度符合买卖设定的条件的股票，考察涨跌幅度超过 8% 的个股数量，除去没有卖盘（某些涨停的股票）或没有买盘（某些跌停的股票）的股票，对其余符合条件且可进行交易的股票进行资金分配和实施计划的买卖操作。

② 对持有期的规定。对于上涨的股票设定买入后的持有期为 n 日，在持有期结束的时候进行卖出操作；对于下跌的股票设定持有期 n'，在持有期到来的时候，按当时的市场价格购回等量的股票，以此来保证手中股票数量与种类的平衡。为了保证对股票大涨或大跌后价格及走势判断的合理性，同时为了维持方案的可操作性，将股票的持有时间设定在一个月内，并且让买入的持有期和卖出的持有期相等。将持有期分为 5 天，10 天，15 天，20 天四档，通过大量的计算求取统计意义上的最佳持有期。

3.6.4　投资于具有极端涨跌幅股票的平均收益率的统计分析

数据的选取基于 RESSET 数据库，为了涵盖我国股票市场运行的各种情况，选择了 2004—2013 年的数据来进行模拟，使用的数据包括沪深两市进行交易的所有个股；为了保证数据的有效性，对交易后出现停盘，且复盘后价格发生剧烈波动的股票不予考虑，同样剔除新股上市、复牌首日等无涨跌幅限制的股票，忽略交易手续费用的影响。

由于方案所考虑的是符合条件的股票的一般性影响，因此对日期的筛选需要满足当天股指波动范围符合 $\pm 1\%$ 的要求，股票的选择要满足波动幅度的要求，即涨幅超过 8% 和跌幅超过 -8%。部分符合涨幅超过 8% 要求的个股到相应持有期后的收益率及其净收益（2013 年 1 月 22 日）见表 3.11，其中 nDup 表示买入并持有涨幅达到 8% 以上的股票 n 天（$n=5,10,15,20$）的收益率，nDay 表示持有股票 n 天后的收益减去指数组合收益得到的净收益。

以表 3.11 的第 3 行数据为例，相应的股票当天涨幅超过 8%，买入后持有 5 天，收益率为 -3.0%，而减掉大盘指数收益率后的收益率为 -4.89%，这意味着在这 5 天内大盘上涨了 1.89%。显然，对这只股票的操作结果是亏损的，但我们关心的是长期操作的收益水平。同样地，下跌幅度达到临界值要求的股票也用表 3.11 所示的方式列出，我们也是考察买入下跌幅度超过 -8% 的股票的净收益率。

整个样本共选取上涨数据 1 758 个，下跌数据 1 217 个，由于最终考察的结果都以是否战胜市场组合为标准，因此接下来对数据的处理和分析都使用减去指数组合收益后得到的净收益率，即 nDay 所在列的收益率数据。

表 3.11 部分符合涨幅超过 8% 要求的个股到相应持有期后的收益率及其净收益

(2013 年 1 月 22 日)

5Dup	10Dup	15Dup	20Dup	5Day	10Day	15Day	20Day
0.253 3	0.276 8	0.250 6	0.194 7	0.234 4	0.225 8	0.221 4	0.204 1
0.039 8	−0.034 1	−0.005 6	−0.108 1	0.020 9	−0.085 1	−0.034 9	−0.098 7
−0.030 0	0.156 3	0.202 2	0.173 7	−0.048 9	0.105 4	0.172 9	0.183 1
−0.041 4	−0.038 1	0.016 1	0.028 4	−0.060 3	−0.089 1	−0.013 1	0.037 8
0.045 8	−0.013 2	0.003 0	−0.074 3	0.026 8	−0.064 2	−0.026 2	−0.064 9
0.165 0	0.077 5	0.019 7	−0.011 4	0.146 0	0.026 5	−0.009 4	−0.002 0
0.054 7	0.020 9	0.047 7	0.022 1	0.035 8	−0.030 0	0.018 4	0.031 5
−0.095 2	−0.108 2	−0.114 7	−0.127 7	−0.114 1	−0.159 1	−0.143 9	−0.118 2
0.116 9	0.064 1	0.001 9	−0.023 7	0.098 0	0.013 1	−0.027 2	−0.014 3
0.061 4	0.021 7	−0.030 3	0.014 0	0.042 5	−0.029 1	−0.059 6	0.023 4
0.314 6	0.136 7	0.167 6	0.081 4	0.295 6	0.085 7	0.138 3	0.090 8
−0.058 9	−0.042 0	−0.065 9	−0.113 6	−0.077 8	−0.093 0	−0.095 1	−0.104 1
−0.009 3	−0.051 5	−0.045 6	−0.048 0	−0.028 3	−0.102 4	−0.074 9	−0.038 5
−0.049 8	−0.093 0	−0.121 7	−0.049 8	−0.068 7	−0.143 9	−0.151 0	−0.040 4
−0.015 7	−0.022 9	0.095 4	0.016 9	−0.034 6	−0.073 9	0.066 1	0.026 3
−0.023 3	−0.078 2	0.024 8	−0.079 0	−0.042 2	−0.129 2	−0.004 4	−0.069 5
−0.012 0	−0.067 5	−0.058 3	−0.133 7	−0.031 0	−0.118 5	−0.087 5	−0.124 3
−0.121 9	−0.177 3	−0.173 0	−0.177 3	−0.140 9	−0.228 2	−0.202 3	−0.167 8
0.117 6	0.025 6	0.038 2	0.080 3	0.098 6	−0.025 3	0.008 9	0.089 7
0.016 2	0.062 5	0.092 6	0.003 7	−0.002 6	0.011 6	0.063 3	0.013 1

满足交易条件的每一只股票的投资额相等，因此可以用均值来表示经 n 天持有期后投资方案所得到的实际收益。设当天有 k 只股票的涨幅度达到要求，每只股票经过持有期后的净收益为 r_i，有

$$r_i = r_i' - \varphi_i$$

其中，r_i'为股票经过持有期后总收益率；φ_i 为股价指数变化率，代表市场组合收益，有

$$1 + R = \sum_{i=1}^{k} \omega_i (1 + r_i)$$

其中，$\omega_i = \frac{1}{k}$，则投资组合在上涨的股票部分得到的实际总收益 R 为

$$R = \omega \sum_{i=1}^{k} r_i = \frac{1}{k} \sum_{i=1}^{k} r_i$$

那么在这段持有期内，实际日均收益率 $\bar{r}$ 则为

$$\bar{r}=\sqrt[n]{1+R}-1$$

根据数据计算得到的结果，用 nD 表示持有期为 n 日的总收益随时间的累积，nD 是每次投资额为 1 元时的积累总收益，从 2004—2013 年每天都按要求操作所积累的总收益，实际上 nD 也就是总收益率。根据样本数据计算得出实际投资总收益走势及收益累计增长如图 3.16 至图 3.23 所示。

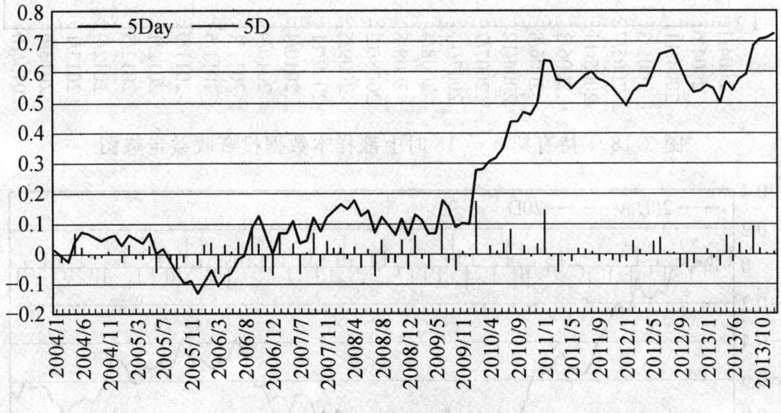

图 3.16　持有期 $n=5$ 时上涨样本数据投资收益走势图

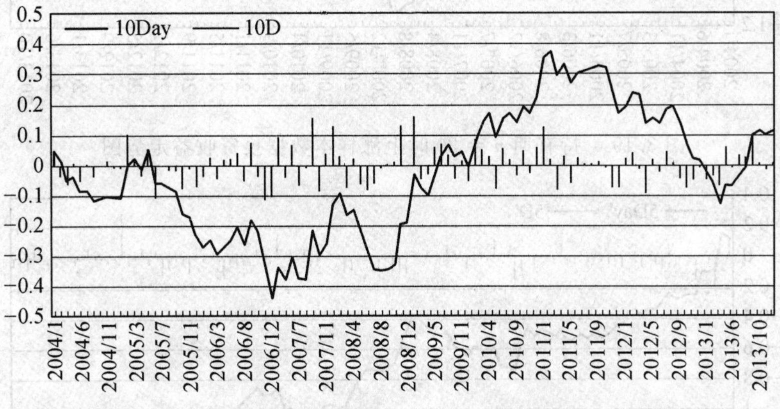

图 3.17　持有期 $n=10$ 时上涨样本数据投资收益走势图

根据上述结果可以看出，对于涨幅较大的个股使用短期内“买入 — 持有 — 卖出”的投资策略，长期操作会得到正的收益，但随着持有期的延长，投资结果出现了反转。持有期为 5 天的情况下，10 年间投资累计收益最后达到 72%；持有期为 10 天的情况下，10 年间投资累计收益最后达到 15%；持有期为 15 天的情况下，10 年间投资累计收益最后达到 −38%；当持有期延长至 20 天时，累计收益竟然变成了 −65%。

对于跌幅较大的个股如果使用“买入 — 持有 — 卖出”的投资策略，则总是得到负的收益，所以应该反向操作，即使用短期内“卖出 — 等待 — 买进”的投资策略，长期看来也会得到正的收益。持有期为 5 天的情况下，10 年间投资累计收益最后达到 130%；持有期为 10 天的情况下，10 年间投资累计收益最后达到 180%；持有期为 15 天的情况下，10 年间

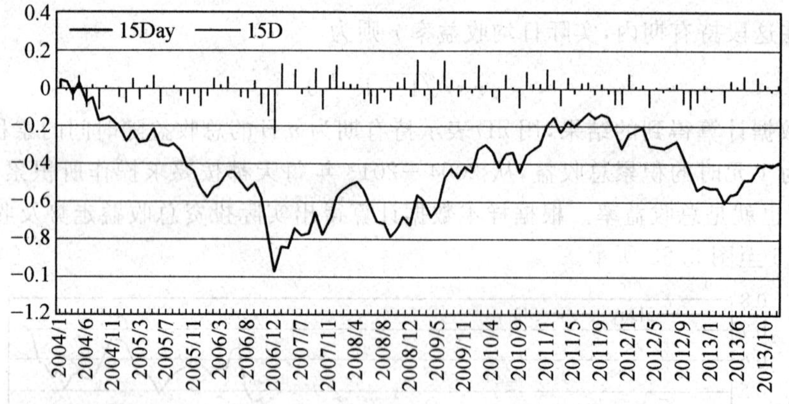

图 3.18　持有期 $n = 15$ 时上涨样本数据投资收益走势图

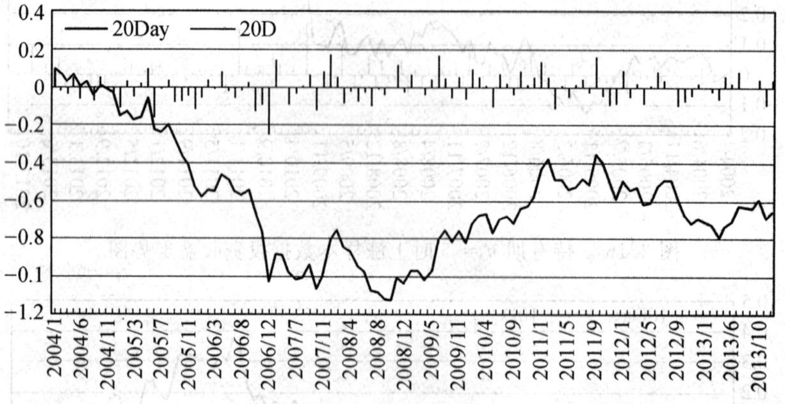

图 3.19　持有期 $n = 20$ 时上涨样本数据投资收益走势图

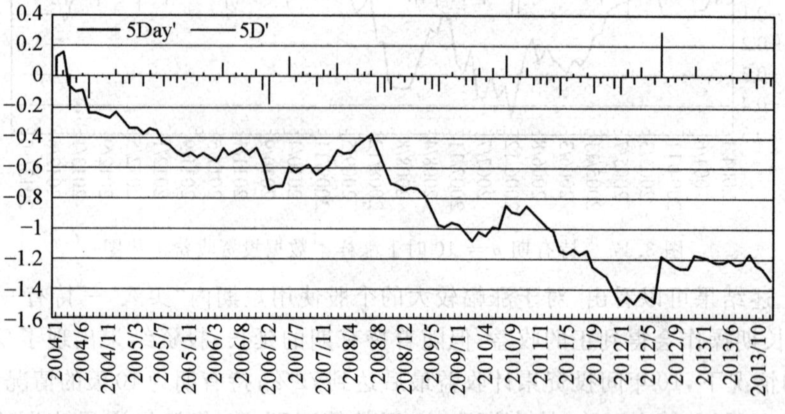

图 3.20　持有期 $n = 5$ 时下跌样本数据投资收益走势图

投资累计收益最后达到 210%；当持有期延长至 20 天时，累计收益达到 180%。计算结果显示，对于跌幅较大的股票实施卖空操作可以获得比较稳定的超额收益，而对于涨幅较大的股票实施"买入 — 持有 — 卖出"投资策略的超额收益与持有期的关系比较敏感，或者说收益的结果不稳定。

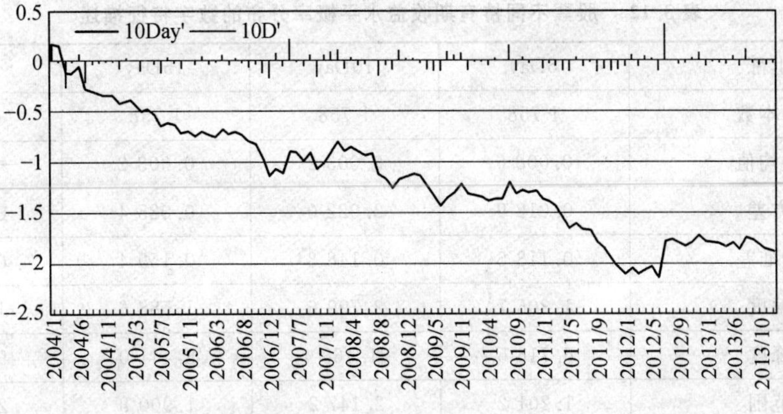

图 3.21　持有期 $n=10$ 时下跌样本数据投资收益走势图

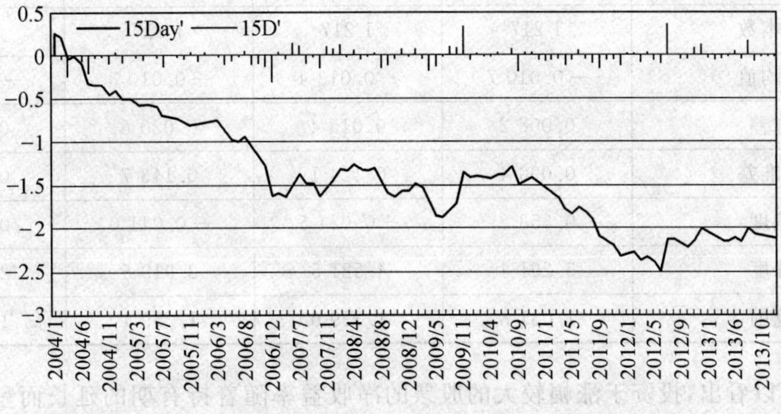

图 3.22　持有期 $n=15$ 时下跌样本数据投资收益走势图

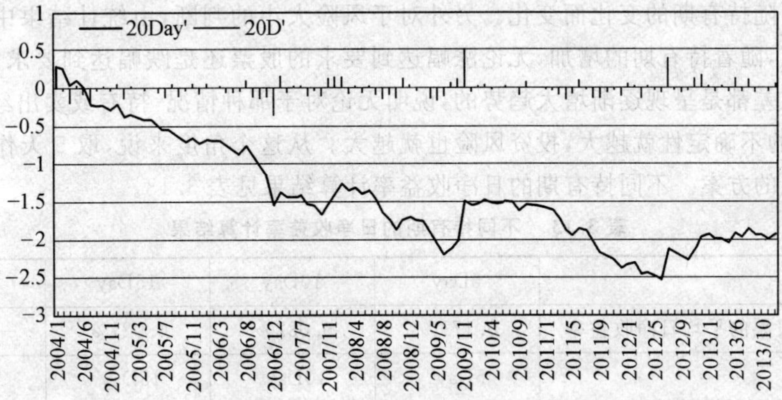

图 3.23　持有期 $n=20$ 时下跌样本数据投资收益走势图

股票不同持有期收益水平概率分布的数字特征描述见表 3.12。

表 3.12 股票不同持有期收益水平概率分布的数字特征描述

上涨	5Day	10Day	15Day	20Day
样本数	1 758	1 758	1 758	1 758
平均值	0.008 6	0.003 2	0.003 2	−0.005 7
方差	0.012 9	0.022 0	0.025 4	0.030 8
标准差	0.113 6	0.148 3	0.159 4	0.175 4
偏度	1.306 7	2.799 6	1.588 6	1.778 5
峰度	6.716 5	21.468 4	8.441 0	9.509 9
范围	1.201 2	2.147 2	1.900 8	2.090 1
下跌	5Day′	10Day′	15Day′	20Day′
样本数	1 217	1 217	1 217	1 217
平均值	−0.010 7	−0.013 4	−0.010 3	−0.013 2
方差	0.008 2	0.015 4	0.020 6	0.027 7
标准差	0.090 4	0.124 1	0.143 7	0.166 4
偏度	0.353 2	−0.024 5	−0.041 0	0.333 0
峰度	5.291 4	4.521 5	2.919 5	2.874 4
范围	1.031 8	1.329 6	1.259 1	1.650 3

由此可以看出，投资于涨幅较大的股票的净收益率随着持有期的延长而呈现下降的趋势，而投资于跌幅较大的股票收益率在规定的持有期内则始终为负，而且总收益率的均值基本上不随持有期的变化而变化。另外对于风险大小的判断，由统计结果中的方差变化可以知道，随着持有期的增加，无论涨幅达到要求的股票还是跌幅达到要求的股票，其收益率的方差都是呈现逐渐增大趋势的，说明无论对于那种情况，持有或卖出经过的时间越久，引起的不确定性就越大，投资风险也就越大。从这个角度来说，取 5 天作为持有期是比较理想的方案。不同持有期的日净收益率计算结果见表 3.13。

表 3.13 不同持有期的日净收益率计算结果

	5Day	10Day	15Day	20Day
购买上涨股票的平均日净收益率	0.171%	0.032%	0.021%	−0.029%
	5Day′	10Day′	15Day′	20Day′
购买下跌股票的平均日净收益率	−0.215%	−0.135%	−0.069%	−0.066%

计算结果表明，在第 5 天的时候将当时买入的高涨幅的股票进行卖出操作，将当时卖出的大跌幅的股票进行买回操作，可以获得统计意义上的最大的收益，且理想的日收益率 r_t 可以达到：

$$r_t = 0.171\% + 0.215\% = 0.386\%$$

3.6.5　基于股票极端涨跌幅的动态交易策略方案设计

假设所有的股票都可以卖空，或者投资者持有一定数量的每一只股票。采取的投资策略为，在交易日当天指数波动范围不超过 ±1% 的时候，对涨幅超过 8% 的可操作股票进行买入操作，同时对跌幅超过 8% 的可操作股票进行卖出操作，经过一段持有期后进行反向操作。具体的操作步骤如下。

(1) 设定每天允许的交易额度 Q，设定持有期为 n 日。

(2) 在收盘前半小时以内，根据当天市场运行情况分别决定进行买入和卖出的股票只数。符合买入条件的股票只数记为 n_b，符合卖出条件的股票只数记为 n_s。

(3) 按照投资策略对符合交易条件的股票分配相同数量的资金进行交易；每一只符合买入条件的股票（股价为 P_i）分配资金 Q/n_b，可买入 $Q/(n_b P_i)$ 股。每一只符合卖出条件的股票（股价为 P_j）分配的交易额为 Q/n_s，应卖出 $Q/(n_s P_j)$ 股。

(4) 持有期内对股票不进行操作，等待至第 n 日。

(5) 在第 n 日，对之前进行交易的股票实施反向操作，即按照当时的市场价格进行交易，n 日前买入的股票全部卖出，n 日前卖出的股票如数买回，无论当时股价处于什么水平。

上面所描述的动态交易策略实际上可以保证投资者持有风险资产的比例始终不变，买入股票使得风险资产的比例上升，而卖出股票又使得风险资产的比例下降，而我们要求买入和卖出股票的资金额相同，所以风险资产的比例保持不变。另外，当投资者使用卖空手段时，实际上投资者是用卖空获得的资金来买入股票，所以投资者在实行这一特殊的交易策略时没有投入自己的资金，所获得的收益是一种套利利润。从这个意义上看，投资者应该尽可能增加这种套利的规模。

3.6.6　用现代金融学理论解释投资组合的动态交易策略的合理性

投资者普遍认为卖出手中涨幅大的股票，买入跌幅大的股票是合理的，前者可以即刻获得利润而后者可以在股价恢复到之前水平的时候赚取买卖差价。但前面用整个市场 10 年数据所做的统计分析结果表明，购买高涨幅股票短期持有后售出、卖出大跌幅股票等待一定时间后买进平仓的投资策略对于当下我国的股票市场是非常有效的，而且持有期为 5 日时得到的收益相对较高且相对稳定。

基于行为金融学理论的解释。对比不同持有期的投资方式对符合交易要求的股票进行投资，对于涨幅较大的股票来说收益的差别比较明显。随着持有时间的延长收益性递减甚至输给大盘，其直接原因是短期内投资者追涨杀跌的跟风操作，在这种从众心理的作用下，当多数人或机构做出统一的决策时，通常人们更愿意相信这种决策是正确的。这样一来，即使决策真的出现失误，人们也可以怀着“大家都会因此而遭受损失”的心理来减轻自己的压力与悔过情绪，这就导致了股市羊群效应的出现。在股票大涨时，基于过于乐观的预期，投资者蜂拥而至大量购买股票；在股票大跌时，对走势的担忧使投资者不惜杀跌止损。

基于市场有效性理论的解释：第一，专家学者对当前我国股票市场是否有效还存在争议。从现实的情况来看，检验主要集中于是否具有弱式有效性。一些人认为目前 *A* 股市场已经呈现出弱式有效，发挥着市场“晴雨表”的功能，但就实际操作而言，基于市场走势预测宏观经济发展趋势的效果却差强人意，无论是行业还是公司，市场价格能完全反映信息的证据还并不明显。第二，有效市场假说认为市场上每个人都是理性的经济人，每只股票所代表的公司都处在严格监视之下，但现实情况却并非如此。一方面，人们在进行投资的时候处理信息的能力是非常有限的，不可能对所有的信息都分析到位，投资者还会受到很多非理性的心理因素干扰，同时还要考虑到资金的机会成本等，这就造成了投资的非理性。另一方面，我国股票市场目前制度上的问题还有很多，包括信息披露制度不够完善，上市公司在公开发布信息时还存在诸如财务报表造假、散布虚假信息误导投资者等现象。而且法律法规不够健全、监管体系不够完善、监管力度严重不足等问题也都会加剧市场的无效性。

综上所述，我国股市呈现出的特征是积极投资策略具有可行性的重要原因，但也正因为是这样，现阶段市场中存在的投机氛围依然浓重，机构投资者对股价的操纵以及中小散户的盲目跟风使得追涨杀跌的策略可以获得超额收益。

3.7　本章小结

本章的研究以沪深两市 2004 年 1 月 2 日至 2013 年 12 月 31 日的日收益率数据作为样本进行考察，主要对个股日收益率频率分布的数字特征进行分析总结，同时对影响日收益率数字特征的因素进行了讨论和建模分析，根据研究结果提出了一类特殊的投资组合策略。主要结论包括以下几点。

(1) 个股日收益率的频率分布符合“尖峰厚尾”的特征，与正态分布有显著差异，而且当大盘指数出现异常波动时，在股票日收益率均值上表现很明显，而对于方差的影响并无确定性规律。

(2) 大盘指数的变动对个股日收益率的均值具有正向的影响，而指数的振荡幅度与收益率的均值呈现负相关，个股收益均值的时间趋势并不像想象中的那么明显，成交额的变化与个股收益频率分布无确定关系。

(3) 指数变动与处在特定涨跌幅区间内的股票数量关系近似服从 Sigmoid 函数，可以用指数变动数据预测涨跌幅度较大的股票数量。

(4) 当前我国的股票市场并未达到有效，“追涨杀跌”的投资方法长期内仍然可以获得可观的收益。基于行为金融学理论，认为投资者在进行交易的时候还是受到相当程度的非理性因素影响的。

由于存在各种主客观因素，本章的研究还存在一些不足之处。

(1) 选取的股票为所有参与交易的股票，并未考虑到投资 ST、ST * 股票时不同风险偏好的投资者心理因素差异带来的影响。

(2) 选择持有期的时候，笔者只对有代表性的 4 个时段进行了讨论，更理想的情况应该是对交易后每一天的收益情况都进行考察，并利用符合条件的每一个交易日的数据进行大数据分析，以使研究覆盖面更大，说服力更强。

另外,若能考察国外成熟的股票市场,结合本章的内容进行比较研究,得到的结论将更有意义。另外,用随机前沿分析处理大盘变动与涨幅超过一定范围的股票只数之间的关系,可以期待会得到一些具有投资学意义的结果。

第4章　收益率服从奇异分布的金融资产的投资学问题研究

经济领域中的重大事件、自然界的各种不可抗力、非预期重大事故等极端风险事件的发生对某些投资机构和个人投资者而言后果经常是灾难性的：一是此类风险事件发生前投资者缺乏准确的预测；二是极端风险造成的损失比例往往很大；三是此类事件的发生概率非常小，经常被投资者忽略。对于金融市场来说，极端风险事件形成的样本数据成为金融时间序列中不属于正常变化范围的极值。在本章中我们尝试将风险资产的极端收益率与正常分布的收益率合在一起研究，构造出一类具有奇异分布特征的收益率分布密度函数并展开研究。我们以股票市场为例，从实际的股票市场中找出极端风险发生的收益率数据样本，并对这些具有超低收益率的样本做了简要的分析。针对一般风险和极端风险分别构造了两个密度函数，中心分布密度函数反映一般的市场风险，极端分布密度函数反映极端风险，用两个密度函数的凸组合来描述真实的投资风险。我们对这一类新型的收益率分布密度函数进行了全面的数理分析，并考察了与已有的关于信用风险和其他极端风险的相关理论的联系，并且探讨了可能的几种应用模式。

4.1　研究的背景和意义

在金融投资的实践中，人们除了关注投资的收益，还关注资产价格波动可能带来的损失，这就关系到金融市场的风险测量和投资的风险管理问题，而准确刻画金融资产收益率的分布函数是金融市场风险测量和风险管理的基础。对于一般的金融市场，金融风险的来源可分为三类：外生风险来源，即宏观经济波动以及突发事件所导致的风险；内生风险来源，即金融体系内金融机构风险叠加所形成的风险；金融基础设施建设不完善所导致的风险。

宏观经济波动对一个国家的整个金融市场具有强烈的冲击作用。一国的宏观经济出现动荡会导致存贷款市场动荡、利率水平和物价水平不平稳、投资结构扭曲，还可能会引发严重的社会问题。如果遭遇到世界性的经济危机或金融危机则比较容易出现股市崩盘、大批银行破产等金融市场危机。影响较大的政治动乱、严重的自然灾害、大企业破产等事件容易引发金融市场动荡，给投资者带来巨大的损失，从而对整个金融体系产生较大的冲击。随着经济全球化的发展，全球的金融市场也逐渐融合，一国的金融体系受国外的影响越来越大，国外的重大突发事件也会对本国的金融体系产生重大的冲击。

金融体系内的金融机构本身包含多种风险，比如市场风险、信用风险、外汇风险、流动性风险及操作风险等。金融机构的风险累加可能会导致一些金融机构破产，进而引起关联金融机构的连锁反应。银行在金融体系中占有重要的地位，银行的稳定发展是整个金融市场稳定发展的基础。在2008年的全球性金融危机中，由于美国金融机构对次级贷款资产的控制不善导致实体产业与金融行业的严重脱离，多家世界级的金融机构破产，最终波及全球。金融机构内在的不稳定性是金融机构风险的根本因素。

金融市场动荡主要表现在挤兑、传染、违约风险及资产价格泡沫等几个方面。市场挤兑是指由于一些金融市场的突发事件(如大型银行破产、股票价格急剧下跌)导致市场的动荡而使投资者失去信心，提现的需求变大，投资的欲望减小，整个市场流动性出现偏紧甚至枯竭状况，从而导致金融系统产生系统性风险。金融危机传染指一国出现的金融危机通过贸易渠道、价格渠道、资本市场渠道以及对投资者心理的影响等引起别国出现金融动荡甚至引发别国的金融危机。违约风险即交易对手未能履行合同义务的风险。2007年美国的次贷危机就是大面积违约事件发生而引起，危机使得整个金融体系陷入瘫痪。资产价格泡沫指由于金融资产的价格持续上升，使得金融市场上非理性投资行为增加，投资者信心过度膨胀，资产价格呈现泡沫性上涨，偏离了资产的真实价值很多。当出现市场预期逆转时，泡沫破裂，资产价格狂跌，许多投资者、公司及金融机构都被套牢而损失惨重，从而引发整个金融体系的严重危机。

金融风险的分类有多种方式，目前较为普遍的是按照驱动因素划分，即将金融风险分为市场风险、信用风险、操作风险、流动性风险等。对于金融风险的度量问题，人们当然希望确定所关心的随机变量服从的概率分布函数，进而精确预知风险事件发生的概率和可能产生的损失程度。统计理论的发展对金融风险度量领域的研究提供了重要支持。一方面，随着统计技术的不断发展，人们对随机收益率所服从分布的认识越来越深入；另一方面，统计理论研究范围的拓展也为人们打开了认识金融风险属性的大门。随着一些新方法的不断涌现，可用于金融风险度量的统计工具也逐渐丰富起来。

在金融市场活动中，正常的市场波动当然是投资者所关注的，但人们往往对极端情况更为关心，往往正是这些极端事件产生的风险导致了巨大损失。极端事件相应的概率分布问题不能很好地用中心极限定理描述，这是因为中心极限定理仅能应用于分布的中心区。近十几年，国际金融监管当局一直试图制定一些规定以限制银行暴露在这些极端风险上的头寸。简单地去掉这些极端事件的影响的做法是不妥的。

现有关于金融资产收益率分布的研究大致可以分为三类，即统计分布模型，随机过程模型和行为投资模型。统计分布模型一般直接从经验数据入手，对数据的总体情况作全面的描述。备选的分布形式包括正态分布、稳态分布、t 分布、混合分布等。研究者通过理论分析、比较分析和实证检验等手段来确认哪一类收益率分布形式是合理的。随机过程模型和行为投资模型更多的是寻找收益率波动的原因，或是从价格形成机制，或是从投资行为学角度试图对收益率的波动做出合理的解释，从而确定描述收益率的理论分布函数。大量的研究结果表明，一般风险资产的收益率具有尖峰厚尾特征，不能很好地符合正态分布。在证券收益率具体服从什么形式的分布上学者们存在不小的分歧，或是认为服从 t 分布，或是稳态分布，或是其他未阐明的分布。

本章尝试将风险资产的极端收益率与正常市场风险的收益率结合在一起研究，在此基础上用一类特殊的密度函数模型来构建中心分布部分和尾部分布部分，以此来拟合金融资产收益率的完整分布。其中，中心分布部分反映了金融资产的一般风险，主要包括我们所熟知的市场风险；尾部分布反映了极端事件造成的极端风险，比如由于自然灾害、重大事故或者信用风险导致的金融资产的极端损失。

4.2 金融资产的收益率的奇异分布特征及其普遍存在性

4.2.1 金融风险的种类

金融资产的风险与收益相伴而生,持有银行存款、企业债券、上市公司股票、外汇、黄金期货、理财产品、各种金融衍生工具等都具有不同程度的风险。银行将钱借给客户面临着利率风险和违约风险;世界银行将钱贷给某个国家也面临着多种风险,包括利率风险、汇率风险、政治风险和违约风险。早在20世纪70年代以前,由于国际金融市场上的固定汇率制以及利率的相对平稳性,使得在外汇市场和国内存贷款市场中信用风险是金融风险的主要方面。自20世纪70年代以来,全球金融体系掀起了一场翻天覆地的深层变革,以布雷顿森林体系的土崩瓦解为重要标志,外汇市场浮动汇率体系取代了固定汇率体系,增强了世界范围内金融环境的不稳定性:金融资产的交易活动越发频繁,交易规模迅速扩大,新的金融工具不断涌现,金融市场一体化趋势进一步加强。金融资产的市场价格(包括利率、汇率、股票价格指数、通货膨胀等方面)的不利变动的可能性也越来越大,由此造成市场风险的放大。

市场风险是指投资者所持有的金融资产随着影响市场的各种因素的变化带来的未来损益的不确定性。根据金融资产的不同和风险因素的不同可将市场风险分为利率风险、股票价格风险、外汇汇率风险、商品价格风险、通货膨胀风险、市场需求风险等。市场风险是一种客观的存在于经济环境中的风险,在不同程度上影响市场中的所有金融产品。对于金融衍生品而言,市场风险主要包含两部分:一是采用金融衍生工具进行套期保值操作仍不能完全规避的价格变动带来的风险;二是金融衍生工具本身具有的非常高的价格变动风险。由于金融杠杆的放大作用,金融衍生工具具有很强的收益与风险放大功能。当基础资产的市场价格发生微小变动时可能导致金融衍生产品价格发生较大的变动,从而放大了市场风险,投资者可能因此蒙受重大损失。在金融资产证券化、自由化、国际化的趋势下,市场风险的变化范围在增大。

市场风险给金融资产带来的收益率的不确定性可以很好地用单峰形态的概率密度函数来描述,峰值(或称为中心分布区)处代表收益率最可能取值的区域,单峰形态表明收益率聚集在其数学期望附近,在远离其均值时呈现概率逐渐下降的特点,这种特点与正态分布的密度函数所描述的情况非常相似。在绝大多数情况下,收益率位于单峰形态所在区域,这意味着市场风险在概率的意义上是常见的和最主要的风险。

信用风险指在履约期间内由于金融市场环境的变化或交易对手道德方面的原因导致合约内容无法履行而蒙受损失的不确定性。对信用风险的定量考察包括两方面的内容:一是违约可能性的大小;二是由违约造成损失的多寡。前者取决于交易对手的资信,后者则取决于金融产品的特点和价值的高低。典型的信用风险是客户在得到银行的贷款后无法偿还或拒绝偿还利息和本金,银行遭遇到了信用风险。银行可能损失掉全部的本金,这可能给银行带来巨大的亏损甚至会导致银行的破产。还有一种情况也属于信用风险,投资于一家上市公司的股票，曾十分认真地搜集该公司的各种信息，认为公司有很好的前景而值得投资。但某一天突然得到信息说该公司已经破产，公司经营出现巨额亏损，投资者等待破产清算，预计只能得到投资额的十分之一，遭遇到了上市公司的信用风险。若资金只投资于这一只股票，那将面临巨大的损失。

对于金融衍生品交易而言，许多交易都是跨国交易和跨时交易，如果交易双方中任何一方出现违约问题，其引起的滚雪球效应往往会给金融市场带来较大的振荡。如果在金融市场上一笔资金被套牢而发生违约，则会顺着债务链迅速地传播开来。1995 年 2 月 26 日由于交易员李森在金融衍生品上不当的投资决策而出现巨额亏损，巴林银行破产，使得其购进的 200 多亿美元日本政府债券、日本利率期货以及日经 225 股指的价值 70 亿美元的股指期货无法正常履约，从而引起了日本债券市场、新加坡证券市场指数大幅度下挫，进而波及整个亚洲金融市场。信用风险的特点是发生的概率较小，但如果发生信用风险事件则带来的损失率很高。

流动性风险指投资者所持有的金融资产能否随时变现的不确定性。流动性风险包括两方面的内容：一是市场流动性风险，即金融产品的持有者无法在可接受的市场价格条件下出售其手中的金融产品，导致平仓时发生损失的风险；二是现金流动性风险，即当交易商流动资金出现不足时，合约到期却无法履行支付义务或者无法按合约要求追加保证金的风险。历史上由于流动性不足而导致银行倒闭的事情发生过很多次。在金融资产证券化浪潮中，那些衍生金融资产看似增加了市场的流动性，实则增加了其流动性风险。一旦金融市场发生剧烈波动，人们会不约而同地想转嫁风险，抛售证券获得现金，从而导致在最需要流动性的时候出现流动性障碍。市场流动性风险会给投资者带来意外的但一般是较小的损失，而现金流动性风险则可能导致巨大损失甚至造成大企业的倒闭或大的基金公司的破产。

交割风险指从签定合同到交割的期间内可能发生无法交割的不确定性。交割风险主要是由于自然灾害、技术原因或其他诸如政治、军事等方面的原因而使本金与利息的支付、交割被推迟或无法履行，如发生火灾、地震等自然灾害；出现软硬件错误、电脑病毒侵袭、不正当使用电子清算系统、管理信息系统故障等；出现交易数据丢失、被盗用或更改等也都会形成交割风险。交割风险在各种互换、期货、期权业务中可能会遇到。

操作风险指由于人为的不当操作，导致交易系统或清算系统发生故障，从而使交易无法进行而造成损失的不确定性。操作风险实质上属于管理问题，但这种风险在无意识状态下可引发市场敞口风险和信用风险，从而损害交易机构的形象。

系统风险是指宏观经济或重大政治事件引起的具有全局影响意义的风险，还包括某金融市场中局部发生重大异常事件对整个社会经济系统造成影响。严重的经济危机，国家的政治动荡，严重的金融危机的发生等都是系统性风险。如 1998 年的亚洲金融危机，就是由于泰铢暴跌，从而影响到整个亚洲金融市场，多个亚洲国家的金融体系受到重创。系统风险发生时几乎所有的金融资产都会受到影响，很难找到不受系统风险影响的个别资产。

法律风险指由于合约内容不完备造成损失或合约不具有法律效力而进行交易造成损失的不确定性。法律风险还包括上市公司遭遇严重的诉讼而带来股价大幅下跌的风险。

道德风险指交易者恶意利用市场信息的不对称性有意隐瞒风险，并通过造假或欺瞒等手段来欺骗客户或欺骗公司，或通过蓄意扩大表外风险资产而造成的收益不确定性。道德风险在保险领域中是一个重要的风险来源。所谓表外风险，是指表外业务所带来的风险。表外业务是指金融企业所从事的不列入资产负债表并且不影响资产负债总额的经营活动，它依靠企业的信誉并通过付出一定的人力、物力和承担一定的经济责任来收取手续费或佣金，以改变当期损益和营运成本，提高企业的盈利水平。广义的表外业务既包括结算、咨询、代理等无风险的服务活动，又包括各种有风险的金融活动。狭义的表外业务则专指有风险的金融活动，如交易商为扩大市场恶意推销风险较大的金融衍生产品，在巨额利润的诱惑下未加辨识地滥用与误用复杂的金融衍生工具，为逃避监管任意扩大经营表外风险资产，为提高经营业绩有意隐瞒风险资产等。

4.2.2 收益率的奇异分布特征的普遍存在性

当然，并不是说一种金融产品只具有一种风险，也可能同时由几种风险混合而成。通常情况下，一项金融资产同时具有若干项风险，是包含了多种风险的一个综合体。那种只考虑市场风险的做法是不够全面的，把其他可能带来巨大损失的风险排除在外的做法显然不够合理。如果一个风险资产的收益率的密度函数既包含普通的市场风险又包含有极端风险，则这种分布函数必然是一种具有某种奇异特性的函数，会呈现双峰的结构，一个峰值附近代表通常的市场风险，另一个峰值附近代表极端风险。

在前面讨论的几种风险中，市场风险、信用风险和流动性风险是可以量化的，而法律风险、道德风险、操作风险一般只能做定性的分析。市场风险是由于市场因素的变化引起的金融资产损益的不确定性，在近30年来市场风险的度量已成为金融学研究的一个热点。下面将列出一些典型的金融资产所包含的风险，可以看出，既包括风险相对较小但发生的概率较大的市场风险又包括风险相对较大但发生的概率很小的极端风险是一般金融资产所具有的普遍特性。

银行发放给企业或个人的贷款，按贷款用途，包括工商业贷款、房地产贷款、股票市场融资、券商融资、房屋按揭贷款、国际贷款等。市场风险主要体现在市场利率水平的变动，这会给银行的收益带来不确定性。利率水平下降对银行有利，而利率水平上升会给银行带来额外的损失，贷款期限越长则利率风险越大。国家的宏观货币政策、银行客户提现的需求、通货膨胀等都是影响银行贷款收益率的因素。市场风险是一种常态，可以根据历史数据资料进行定量分析。对于银行发放给企业或个人的贷款，极端风险主要体现在企业或个人因自身原因或宏观经济环境原因无力偿还贷款的本金而违约，银行遭遇信用风险。贷款违约事件发生的概率很低，但只要违约事件发生就会造成高的损失率。任何银行贷款都有信用风险，国际上对企业进行信用评估以定性描述企业的信用等级，信用等级越高则发生违约风险事件的概率就越低。

对于个人在银行的存款，市场风险包括市场利率水平变动会给客户带来收益的波动，期限长的存款在利率上升时遭受损失。期限长的存款在提现时不方便或必须承担一部分损失，或者说，期限长的存款有相对低的流动性。在高通货膨胀期，银行存款的实际收益率可以是负的。极端风险体现在银行突然宣布破产，则客户的存款必然会遭受大的损失。银行可能因为流动性严重不足而破产,可能因为投资于高风险证券遭受重大损失而破产,也可能因为大面积的贷款违约而破产。银行破产是小概率事件,但客户的损失是高比例的。

持有股票的市场风险体现为股票市场的波动,这会导致投资者持有股票的价值上下波动。股票市场无休止的波动是一种常态。股票市场的大幅波动容易让投资者操作失误而损失惨重;遇上大的熊市,投资者会亏损严重,当然也有股市暴涨的时候。无论如何,股市正常波动是投资者预料之中的。极端风险包括上市公司因违法经营而被政府严厉惩罚,投资失败而亏损严重,突如其来的自然灾害事故,竞争失败,负债累累等。对于股票持有人来说,遭遇这些极端风险是一场噩梦,大比例的投资损失在所难免。

持有企业债券的市场风险主要体现为利率水平的异常升高会让债券的内在价值变低,给投资者带来损失。企业信用等级的降低也会给投资者带来意外的损失。当然,债券市场的供需力量的变化会导致债券价格的波动。极端风险表现为发债企业拒绝偿还本金或发债企业破产清算,这会给债券持有者带来高比例的损失。企业债券极端风险的影响因素既包括宏观经济环境,也包括企业战略的正确与否、企业的经营水平以及企业的管理水平。

持有外国货币的市场风险表现为汇率的波动引起持有外币的投资者的资产价值的波动。汇率的波动受各种因素的影响,包括国际贸易、汇率机制、投机交易的力量、政府管制、货币政策、宏观经济增长等。不同国家的货币有着不同的信用等级。可能会出现所持有外币的所在国的货币体系突然崩溃,外币被冻结,外币突然大幅贬值等事件,这些当然是属于极端的风险事件。

利用贷款购买房地产面临一定的市场风险。利率水平的升高会使贷款买房者的还贷成本上升,还可能同时伴随着房地产价格的下跌,投资者可能面临双重的亏损。利率水平的波动对于固定利率和浮动利率贷款的影响是不同的。如果政府对房地产业实施强有力的宏观调控政策,如果利率水平突然大幅升高,如果出现房地产市场突然跳水,政府对炒房者进行严惩等事件,则必然给贷款买房者带来大的损失。还有诸如严重的自然灾害,购买了非法房地产等,这些是房地产拥有者面临的极端风险。

通过上面的分析可以看出,几乎所有的金融资产都同时具有多种风险,其中通常的价格波动体现为市场风险,而极少发生但若发生就产生高比例损失的极端风险也普遍存在于这些金融资产之中。

4.3 已有的关于金融风险度量的主要方法

4.3.1 用方差表征风险的方法及其改进

早在 1900 年,法国数学家 Bachelier 用布朗运动模型描述股价运动并进而研究期权定价问题。Bachelier 认为随机过程中的方差参数定量反映股价的波动性,这是定量描述股票风险的早期工作。Markowitz 在 1952 年发表了博士论文《资产组合的选择》,明确提出用收益率的均值和方差衡量资产的收益水平和风险,首次提出了金融资产组合投资定量化研究的理论模型，开启了用数学方法研究金融市场风险度量问题的领域。Markowitz的资产组合理论主要是在规范分析的基础上告诉人们如何构造广泛的资产组合以最大化地避免风险并实现收益的最大化。Markowitz通过统计学中的方差（或标准差）对资产收益的不确定性进行度量，将金融市场风险的大小用确切的数量指标刻画出来。方差度量方法不仅概念明确，而且容易理解和统计性良好，在收益率服从正态分布的假设条件下组合方差能够被分解成单个的资产收益率的方差与多个资产收益率之间的协方差。方差方法的简便性和适用性使其成为目前为止金融风险度量方法中影响最大、使用范围最广的方法。

随着人们对金融风险本质研究的不断深入，方差方法也逐渐暴露出较大的弊端。方差方法的定义与风险的原始含义有一定偏差。用方差表征风险虽然能够让投资者对风险有效规避，但同时也可能使其失去更多的额外收益机会。罗伊提出了“安全第一法则”，建议利用投资价值低于某个预定的数值水平的概率来估计投资风险。罗伊提出的收益－方差比率和“安全第一法则”对投资绩效评估理论和下侧风险度量理论的发展起到了重要作用。下侧风险是指给定一个收益率 R，只有小于 R 的收益率才能被作为风险度量的计算因子。其主要计算方法有两种，即下半方差法和下偏矩法。Markowitz 在 1959 年提出了两种方法来度量下半方差：一是利用期望收益率来计算下半方差；二是利用目标收益率计算下半方差。他认为下半方差方法克服了方差方法的缺陷，反映了风险的特征，是理论上最完美的风险计量方法。

4.3.2 测量市场因子对金融资产价值影响的灵敏度方法

灵敏度方法是利用金融资产价值对其市场因子(Market factors) 的敏感性来测量金融资产市场风险的方法。标准的市场因子包括利率、汇率、股票价格指数和商品价格指数等。灵敏度表示当市场因子变化一个百分数单位时金融资产价值变化的百分数，它描述了金融资产的市场风险。灵敏度越大的金融资产，受市场因子变化的影响越大，从而风险越大。

灵敏度方法是测量金融资产市场风险的有效方法。但只有金融资产价值变化与其市场因子变化呈线性关系时才有效。在金融市场中，许多金融资产的价值具有非线性动态行为，所以只有当市场因子发生微小变化时，资产价值的变化与市场因子的变化才近似为线性关系。因此，灵敏度方法是一种对风险的局部测量。

针对不同的金融资产，不同的市场因子存在不同类型的灵敏度。实际中常用的灵敏度包括：在债券（固定收入）市场，久期（Duration）揭示了债券价值对利率变动的敏感程度，久期值越大表示债券价值对利率变动越敏感，即利率风险越大；在股票市场，贝塔系数(β) 是 CAPM 模型中的参数，反映系统风险；在衍生工具市场，德尔塔(Δ) 揭示衍生证券对标的资产价值变动的敏感度，是衍生证券价格对标的资产价格的一阶偏导数；凸性衡量利率变动时债券价值的二阶变化趋势；伽马(Γ) 衡量标的资产变动时德尔塔的变动；凸性、伽马两个指标都是度量某个金融变量二阶风险大小的。

灵敏度方法由于其简单直观而得到广泛的应用。但只有在市场因子变化很小时，这种近似关系才与现实相符，因此它只是一种局部性测量方法。灵敏度方法对产品类型有高度依赖性,某一风险指标只适应于某一类资产。针对某一类市场因子,灵敏度方法难以测量包含不同市场因子、不同金融产品的资产组合的风险,同时也无法比较不同金融资产之间的风险程度。敏感度只是测量相对的比例,并没有回答损失到底有多大。要测算损失的大小必须知道市场因子的变化量有多大,但市场的变化是随机的,难以预测未来市场因子的总变化量。

4.3.3　风险价值 VaR

风险价值 VaR(Value at risk)的概念起源于 20 世纪 80 年代末交易商(特别是银行部门设立的证券自营部门)对金融资产风险测量的需要,是一种市场风险测定和管理的新工具。VaR 指的是在一定的置信度内,由于市场波动而导致整个资产组合在未来某个时期内可能出现的最大价值损失。

由于 VaR 方法能简单清晰地表示市场风险的大小,又有严谨的概率统计理论为基础,使用 VaR 方法易于处理传统风险度量方法难以解决的一些问题,因而该方法得到了国际金融界的广泛支持和认可。它可以把金融工具、资产组合以及金融机构总体的市场风险量化为一个数字,这使得机构投资者与市场监管者能够很方便地将其与其他数字指标进行比较,如将金融机构的市场风险与其利润总额或资本总额进行比较,从而判断其面临的市场风险的大小。

VaR 本质上是对资产组合价值波动的统计测量,其核心在于构造组合价值变化的概率分布。VaR 的基本思想仍然是利用组合价值的历史波动信息来推断未来情形,只是对未来价值波动的推断不是一个确定值,而是一个概率分布。目前,包括银行在内的越来越多的金融机构,如证券机构、保险公司、信托公司和投资基金等纷纷采用 VaR 方法来测量和控制其市场风险,尤其在衍生工具投资领域,VaR 方法的应用更加广泛。

4.3.4　压力实验与极值分析

金融市场中偶尔会出现一些极端情形,如市场崩溃、金融危机、政局动荡或严重的自然灾害等。在这些情况下,金融市场中的经济变量间的一些稳定关系就会遭到破坏,如原有市场因子之间的价格关系、相关性、波动性都会发生巨大改变,市场风险和信用风险之间的因果关系也会出现较大变化,其他一些原本不该出现的意外联系在极端市场情况下也会出现。

在这些极端情况下,VaR 赖以成立的假定不再成立,这导致用 VaR 方法估计的结果会出现大的误差。为了测量极端市场状况下的金融市场风险,人们引入了压力实验和极值分析方法。压力实验是测量市场因子发生极端不利变化时,金融机构或组合证券的损失大小,包括识别那些会对金融机构产生巨大作用的情景,并评估这些情景对金融机构的影响。

极值分析是通过对收益的尾部分布进行统计分析,从另外一个角度估计极端市场条件下金融机构的损失。极值理论(Extreme value theory,EVT)起源于 20 世纪早期,当时主要用于水利分析、气象分析、材料科学、地震研究等方面。极值理论主要有两种方法:POT 模型和 BMM 模型。POT 模型是对观测数据中所有超过某一给定阈值的数据进行建模分析。POT 模型能够有效地应用极端数据的观测值，所以被认为是在实际应用中最有用的模型之一。BMM 模型适合于具有明显的分类特征的样本，对其中的极端值序列进行建模分析。极值理论适合于对金融资产回报分布的尾部进行估计。在较大的置信度下，用极值理论得到的分位数估计较其他方法有效。但当置信度并不充分大时，用极值理论得到的分位数估计的准确性则大大降低。为拟合金融资产回报分布的完整方案，可将历史模拟法和极值理论方法相结合，其中前者用来拟合中心分布部分，极值方法拟合尾部分布。

近年来行为金融学逐渐兴起，行为金融学将心理学的研究成果引入到金融风险理论的研究之中，将投资心理（过度自信心理、从众心理和自我归因偏差心理等）纳入到证券投资风险度量，提出了基于行为金融的认知风险度量方法，并讨论了认知风险与传统度量风险方法的关系。与标准的证券投资风险度量相比较，证券投资的认知风险度量显得更直观和更接近于现实。

4.3.5　一致性风险度量模型

在 1999 年，Artzner 等人基于风险的经济学意义提出了一致性风险度量的概念 。设 Ω 是资产收益变量取值集合，ρ 是该集合上的函数，有 $\rho:\Omega \to R^+$ 是 Ω 到非负实数集合的映射。函数 ρ 为一致性风险度量，要求下列条件成立。

(1) 单调性：$\rho(X) \leqslant \rho(Y), \forall X,Y \in \Omega, X \geqslant Y$。

(2) 正齐次性：$\rho(cX) = c\rho(X), \forall c \in R^+, \forall X \in \Omega$。

(3) 次可加性：$\rho(X+Y) \leqslant \rho(X) + \rho(Y), \forall X,Y \in \Omega$。

(4) 平移不变性：$\rho(X+c) \leqslant \rho(X) - c, \forall c \in R^+, \forall X \in \Omega$。

这是关于风险度量的一种公理化研究方法。次可加性保证了投资组合的风险不高于投资组合的各个资产的风险之和，与实际的投资活动中进行对冲以及分散性投资可以降低非系统性风险的现象吻合。一致性风险度量模型有 CVaR,ES，谱风险测度等。

CVaR 模型(Condition value at risk)，指的是在置信度为 C，市场正常运行时，在给定的投资期限内，超过 VaR 的损失的条件期望值。CVaR 在投资组合收益的密度函数为连续时满足次可加性，这弥补了 VaR 模型的缺点，有效地处理了收益分布的厚尾问题。ES 模型(Expected shortfall) 适合于损失密度函数是不连续时的情况，ES 模型满足一致性风险度量的 4 个条件。谱风险测度(Spectral risk measure) 解决了 ES 模型单一的风险权重的问题，满足一致性风险度量的 4 个条件。但是由于维数过高时计算困难以及谱风险测度的离散化过于复杂等问题，在实际使用过程中的计算难度较大。

4.3.6　KMV 模型

Merton 在 1974 年对 Black－Scholes 期权定价模型进行了拓展，提出将企业的股票当作是以资产为标的，执行价格为负债的一份看涨期权。当企业资产的市场价值高于其债务价值时企业有足够的能力履行支付义务，当企业资产的市场价值低于其债务价值时企业面临着破产的风险，有违约的选择权。

1993 年 KMV 公司基于 Merton 的理论，提出了包括期望违约率(Expected default

frequency, EDF) 的 KMV 模型。它将股票价值当作以公司资产价值为标的看涨期权，公司股票价值波动一定程度上反映了公司资产价值变化。在实践中，企业的信用风险是由公司资产市场价值、波动率以及负债的账面价值决定。因为在计算时需要市场交易数据以及公司的财务数据，KMV 模型能够比较全面地反映上市公司的信用状况，因而适于评估上市公司的信用风险。

根据 Black－Scholes－Merton 的期权理论，公司股票的内在价值表达式为

$$E = VN(d_1) - De^{-r\tau}N(d_2)$$

其中

$$d_1 = [\ln(V/D) + (r + \sigma_v^2)\tau]/(\sigma_v\sqrt{\tau})$$

$$d_2 = d_1 - \sigma_v\sqrt{\tau}$$

其中，E 表示公司股票的内在价值；D 表示公司债务的账面价值；V 表示公司资产的市场价值；r 表示无风险利率；τ 表示公司债务的期限；σ_v 表示资产市场价值的波动率；$N(\cdot)$ 为标准正态累计分布函数。

根据 Merton 的理论，公司资产的市场价值低于公司负债时公司将面临破产，有违约的选择权，违约率 PD 可以表示为

$$PD = Pr(V_T \leqslant D)$$

其中，V_T 是到期的公司资产的市场价值。公司违约的临界点为公司总债务，因为此时公司的资产足以清偿所有的负债。实证发现，当公司价值处于总负债与短期债务之间时公司将会违约，而非在临界点处。KMV 公司发现，违约的临界点 DPT 为

$$DPT = STD + 0.5LTD$$

其中，STD 为流动负债；LTD 为长期负债。

违约距离 DD 的计算式为

$$DD = \frac{E(V) - DPT}{E(V)\sigma_V}$$

违约距离越大则信用风险越小，反之，违约距离越小则信用风险越大。

4.4　将极端收益率与正常分布的收益率合并研究的可行性

4.4.1　正常的收益率波动的影响因素和相应的密度函数形状

在正常的市场条件下，金融资产的收益波动主要体现为市场风险。以股票市场为例，股票的价格受宏观经济、经济政策、货币政策、行业需求、企业的盈利能力、投资者的热情、行情的变动趋势等影响，表现为股票价格处于不断的变化之中，呈现出高度的不确定性。此时股票的日或周收益率在正向或负向上的变化幅度均较小，收益率的分布呈现单峰形态，与正态分布的密度函数相似。大量的统计分析结果表明，去掉较少的极端行情数据，在长时间内股票的收益率数据的分布呈现近似正态分布形式，只是具有尖峰和厚尾特征。收益率可以是日收益率、周收益率、月收益率或年收益率。图 4.1 为 2004 年到 2013 年上证指数日变动率的频率分布图，呈现明显的单峰分布形态。可以确认，持有股票的市

场风险可以用一个具有单峰形状的两端迅速接近于0的密度函数来描述。

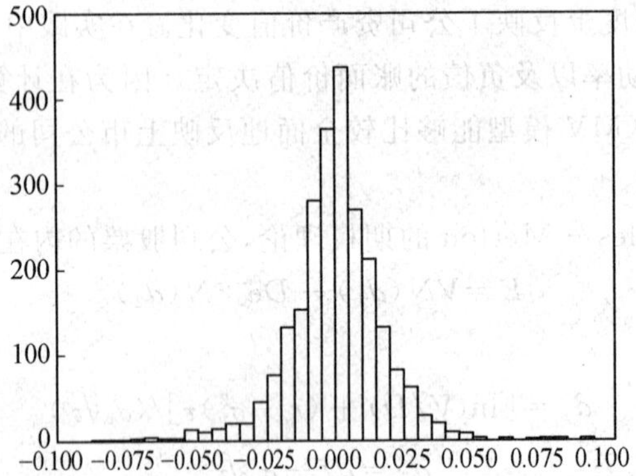

图4.1　2004年到2013年上证指数日变动率的频率分布图

4.4.2　金融资产的风险特性

我们来分析金融资产的收益可能出现的高比例损失的情形，也称之为极端风险。有两种可能导致金融资产出现大幅贬值的情形，第一种情况是市场出现严重失衡，典型案例包括：1987年美国股市的黑色星期一，1990年的日本股市危机，1995年巴林银行倒闭，1997年的亚洲金融风暴，2007年以来由美国次贷危机引发的席卷全球的金融风暴。第二种情况是由于公司的经营管理等方面出现重大问题或突发重大事故导致严重损害投资者权益情形，导致公司价值严重缩水。第二种情况又可细分为以下几个方面：① 因自然灾害、重大事故等原因导致公司主要经营设施遭受巨大损失，公司生产经营活动基本终止，在3个月以内不能恢复；② 公司涉及负有赔偿责任的诉讼或仲裁案件，依照法院的判决或仲裁机构的裁决，赔偿金额累计超过公司净资产的50%；③ 公司主要银行账号被冻结，影响公司正常经营活动；④ 法院受理公司破产案件，可能依法宣告公司破产；⑤ 公司的巨额投资计划失败；⑥ 公司的主要债务人被法院宣告进入破产程序，而公司相应债权未能计提足额坏账准备致使公司将面临重大财务风险；⑦ 公司出现其他异常情况，董事会认为需要对其股票交易实行特别处理；⑧ 其他不可抗力造成的异常状况。

为了更准确地理解极端风险的含义，考虑以下的情况，比如一大批职工在工作中遭遇意外事故而死亡，公司将付出一笔巨额的赔偿金。又比如，公司的产品由于质量问题而导致许多消费者的意外伤害，公司将付出一大笔赔偿金，可直接导致企业破产。再比如，公司的厂房发生意外火灾、企业的大量财产被盗、企业的金库被抢、企业业务人员被不法分子诈骗等意外情况，导致公司发生非预期的巨额财产损失。由于缺乏对风险的有效预判和充足的风险准备，极端事件一旦发生，企业将面临重大损失。对于大量持有该公司股票的机构和个人投资者而言后果将是灾难性的。研究极端情况下金融市场风险的度量与管理问题无疑具有较大的理论意义和现实意义。

在本章中，极端风险是指因不可抗力、非预期的重大事故等极端事件带来的风险。极端风险的特点是：一、难于预测；二、极端风险造成的损失比例很大；三、极端事件发生的概率非常小。市场交易记录中的与极端事件对应的样本数据成为金融时间序列中取值异常的极值。在一些研究中人们常常把这些极值作为异常值而剔除,这当然是不合理的。这里所说的极端风险与通常意义上的信用风险既有相同之处也有不同之处,极端风险概念的外延更大些。

股票、债券、外汇、银行存款等这些通常的金融资产在正常的市场条件下有着一般的市场风险特性,比如利率风险、股票价格风险、汇率风险、商品价格风险等。这种正常风险我们可以根据历史数据进行评估和预测。一般来说,正常的市场风险造成的损失相对较小,是金融资产风险的集中表现。

我们考虑以下的情况,如果某企业经营出口业务,其出口国新出台的法律强烈限制进口,该企业的产品在国内几乎没有市场,这会导致该企业的业务无法维持而只能宣布破产。假如此时手中持有大量该公司的债券,那么此时该金融资产发生了极端风险事件,面临巨大的损失。

可以看出,金融资产在正常的时期内有着可以预期的正常风险,而在不正常的时期内,如遭遇信用风险、自然灾害、意外赔偿、重大法律事故、金融风暴等,则不可预测的极端风险事件发生了。虽然极端风险事件发生的概率非常低,但是一旦发生则损失比例很大。以股票的周收益率为例。持有股票的期限为一周,则收益率的均值一般是一个较小的正数,比如0.35%。收益率处在区间[-15%,15%]的概率可以达到99%,而收益率处在[-50%,-15%]和[15%,50%]的概率为1%,处在[-100%,-50%]的概率可以认为是0。收益率处在区间[-15%,15%]的分布与正态分布相似,但有很小的概率会出现极端事件,比如万分之一,相应的收益率可能是-90%。这意味着在极低的收益率处有一个小的尖峰分布,收益率的整个分布密度函数呈双峰分布状态。

4.4.3　从股票市场中搜集极端收益率的样本

我国证券交易实行涨跌板限制制度,日收益率、周收益率不能很好地反映股票发生极端风险时候股票收益率骤降的情况,所以用月收益率这个指标。选择沪深两市的A股股票2004年到2013年间的交易记录作为样本数据,剔除了月收益率缺失的股票,总共选出281家股票。

直接查询股票交易信息的数据库只能得到股票在正常波动情况下的月收益率数据,那些由于极端事件形成的极端收益率需要单独地查找。表4.1是一小部分数据,是2004年深圳证交所的5只股票正常的月收益率数据。281家股票在10年间的月收益率数据总共有33 720笔。

表 4.1　2004 年深圳证交所的 5 只股票正常的月收益率数据

证券代码 证券简称	000002 万科A	000006 深振业A	000007 零七股份	000008 宝利来	000012 南玻A
1/30	0.200 3	0.091 4	0.202 1	0.059	0.246 3
2/27	0.039 5	0.294 9	0.171 6	0.184 8	0.065 5
3/31	0.082 1	0.001 3	0.201 8	0.002 3	0.107 6
4/30	-0.129 1	-0.207 3	-0.24	-0.093 8	-0.037
5/31	-0.008 5	-0.023 8	0.080 2	0.113 6	-0.077 8

续表 4.1

证券代码	000002	000006	000007	000008	000012
证券简称	万科 A	深振业 A	零七股份	宝利来	南玻 A
6/30	－0.037 6	－0.121 7	－0.080 3	－0.204 1	0.032 3
7/30	0.100 8	－0.116 8	－0.149 9	0.199 4	0.057 6
8/31	－0.061 7	－0.067 3	－0.137 6	－0.036 8	－0.087 5
9/30	0.079 7	0.019 2	－0.013 5	0.048 1	0.108 6
10/29	－0.077 5	－0.009 4	－0.150 3	－0.051 8	－0.046 1
11/30	0.024	0.092 9	0.123 3	－0.018 6	－0.073 5
12/31	0.027 3	－0.100 2	－0.193 3	0.061 9	－0.048 9

表 4.2 是 2004 年到 2013 年间 281 家股票在 10 年间的 33 720 个月收益率数据的分布情况表。

表 4.2　沪深两市的 A 股 281 家股票月收益率数据的分布情况表

月收益率取值区间	次数	百分比	积累次数	积累百分比
[－0.8，－0.7)	1	0.00	1	0.00
[－0.7，－0.6)	1	0.00	2	0.01
[－0.6，－0.5)	2	0.01	4	0.01
[－0.5，－0.4)	50	0.15	54	0.16
[－0.4，－0.3)	367	1.09	421	1.25
[－0.3，－0.2)	1 391	4.13	1 812	5.37
[－0.2，－0.1)	4 448	13.19	6 260	18.56
[－0.1，0.0)	9 540	28.29	15 800	46.86
[0.0，0.1)	9 688	28.73	25 488	75.59
[0.1，0.2)	4 952	14.69	30 440	90.27
[0.2，0.3)	1 954	5.79	32 394	96.07
[0.3，0.4)	746	2.21	33 140	98.28
[0.4，0.5)	310	0.92	33 450	99.20
[0.5，0.6)	142	0.42	33 592	99.62
[0.6，0.7)	65	0.19	33 657	99.81
[0.7，0.8)	27	0.08	33 684	99.89
[0.8，0.9)	13	0.04	33 697	99.93
[0.9，1.0)	12	0.04	33 709	99.97
[1.0，1.1)	3	0.01	33 712	99.98
[1.1，1.2)	3	0.01	33 715	99.99
[1.2，1.3)	1	0.00	33 716	99.99
[1.4，1.5)	2	0.01	33 718	99.99
[1.5，1.6)	2	0.01	33 720	100.00
总计	33 720	100.00	33 720	100.00

在对 281 家股票的股票行情进行分析的基础上，通过仔细的资料整理和对比，发现许多实际存在的极端负收益率不在公布的官方统计数据中。我们找出了低于 −50% 的极端月收益率 48 笔，结果见表 4.3。

表 4.3　沪深两市的 A 股股票在 2004 年到 2013 年出现低于 −50% 的极端月收益率

证券代码	证券简称	日期	月收益率	证券代码	证券简称	日期	月收益率
000002	万科 A	2008/6/30	−0.543 8	600166	福田汽车	2011/5/31	−0.566 8
000016	深康佳 A	2008/6/30	−0.650 5	600196	复星医药	2004/6/30	−0.534 1
000046	泛海建设	2008/4/30	−0.652 1	600201	金宇集团	2004/6/30	−0.583 1
000066	长城电脑	2010/5/31	−0.503 4	600222	太龙药业	2006/9/29	−0.518 4
000069	华侨城 A	2008/4/30	−0.602 8	600255	鑫科材料	2008/5/30	−0.588 3
000153	丰原药业	2006/6/30	−0.569 7	600268	国电南自	2011/4/29	−0.511 5
000418	小天鹅 A	2008/5/30	−0.504 8	600282	南钢股份	2008/5/30	−0.505 8
000419	通程控股	2008/8/29	−0.701 7	600321	国栋建设	2012/6/29	−0.589 7
000425	徐工机械	2011/3/31	−0.512 3	600326	西藏天路	2008/6/30	−0.589 3
000516	开元投资	2010/5/30	−0.555 6	600327	大东方	2004/5/31	−0.557 3
000559	万向钱潮	2004/10/29	−0.539 2	600348	阳泉煤业	2010/6/30	−0.691 8
000598	兴蓉投资	2011/8/31	−0.579 5	600382	广东明珠	2007/10/31	−0.565 3
000616	亿城股份	2008/5/30	−0.503 4	600490	鹏欣资源	2012/9/28	−0.632 5
000627	天茂集团	2010/4/29	−0.507	600490	鹏欣资源	2013/6/28	−0.516 2
000676	*ST 思达	2005/6/30	−0.781 9	600499	科达机电	2008/8/29	−0.679 5
000720	新能泰山	2004/12/31	−0.502 9	600545	新疆城建	2008/5/30	−0.503 5
000829	天音控股	2007/4/30	−0.516 3	600582	天地科技	2008/4/30	−0.513
000983	西山煤电	2008/9/26	−0.593 6	600582	天地科技	2008/4/30	−0.513
001696	宗申动力	2010/4/30	−0.509 8	600601	方正科技	2004/7/30	−0.523 9
600031	三一重工	2005/6/30	−0.598 4	600693	东百集团	2008/3/31	−0.557
600082	海泰发展	2004/6/30	−0.505 4	600737	中粮屯河	2004/4/30	−0.636 3
600082	海泰发展	2009/5/27	−0.537 6	600747	大连控股	2007/6/29	−0.509 9
600085	同仁堂	2011/7/29	−0.521 3	600765	中航重机	2008/9/26	−0.551 1
600118	中国卫星	2010/4/30	−0.589 6	600801	华新水泥	2011/5/31	−0.545 6

图 4.2 是表 4.3 中 48 个负极端收益率的频率分布图。

表 4.2 反映的大致是正常的市场风险下股价波动形成的月收益率的分布，从表 4.2 中可以得到月收益率小于 −50% 的概率为 0.000 1，即万分之一，仅有 4 个数据。而在对 281 家股票的历史交易行情进行仔细分析的基础上，搜索出的极端收益率出现了 48 次，概

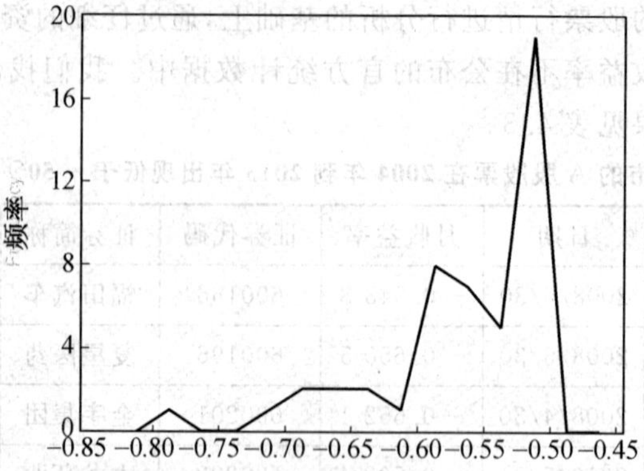

图 4.2 48 个负极端收益率的频率分布图

率为 0.001 4，大于千分之一，这说明真正的股票月收益率经验分布曲线在收益率低于 −50% 之后并没有急速衰减为 0。

可以通过简单的计算来说明投资于股票市场遭遇极端风险的概率。如果在 2004 年至 2013 年间任何时刻进入股市购买股票，而且任意挑选 281 家股票中的一只，持有期为一个月，那么遭遇极端风险的概率约为 48/33 720，该值大于千分之一。即使对于信用风险的管理，这也是一个较大的概率。

4.4.4 把金融资产的极端收益率与正常收益率合在一起建立模型的设想

我们选择金融资产时既要关注其市场风险还要关注极端风险。以往的关于收益率分布的许多研究主要是基于市场风险，没有用特别设计的数学模型来描述极端收益率的分布。而已有的关于信用风险管理的研究内容包括信用风险评估等只是针对信用风险事件，与极端风险事件略有不同。本节希望把极端收益率和正常的收益率结合起来研究，探讨合并在一起之后的收益率分布密度曲线的数理特征。

本节尝试将风险资产的极端收益率与正常分布的收益率合在一起研究，用特殊设计的密度函数模型来分别构建中心分布部分以及尾部分布来拟合金融资产回报的完整分布。中心分布部分反映金融资产的一般风险，比如我们所熟知的市场风险；尾部分布部分反映极端事件造成的极端风险，比如由于信用风险和重大事件等导致的金融资产的极端损失。我们将仔细推导所建立模型的各种数理特征，推演出一些由于极端风险的存在而具有的特殊性质，分析模型中的参数对密度函数曲线的形态的影响。我们还试图做一点新理论模型的应用研究，用 VaR 方法分析新的密度函数模型，并比较极端风险引起的 VaR 值的变化。我们还探讨了新模型与信用风险评估的联系。

本节以股票市场的数据为例来分析极端收益率的特性。以往关于收益率分布的研究数据一般来自股票市场的大盘指数，但由于本节主要关注极端风险与市场风险合并的处理方法，涉及股票的异常波动，因此样本数据选择深沪股票市场中的个股股票。

前面我们已经分析过，绝大多数金融资产所具有的风险既包括一般的市场风险，也包括由极端事件引发的极端风险。所以我们提出的关于收益率的理论模型当然适合于分析这些金融资产，而不是只适合于股票。当然，深入分析不同金融资产所面临的极端风险的差异是必要的。

4.5　包括极端风险的收益率分布模型的建立及数理分析

4.5.1　包括极端风险的密度函数模型的建立

为了拟合金融资产回报的完整分布，本节针对一般市场风险和极端风险分别构造了两个密度函数，其中的中心分布密度函数反映了一般的市场风险，而极端分布密度函数反映极端风险。然后结合收益率的投资学意义研究该收益率分布的一些数理特征。

假设包含一般市场风险的金融资产收益率 ξ 的分布密度函数为 $P(x)$，$P(x)$ 中不存在极端风险，风险来源于市场风险。$P(x)\geqslant 0$，$\int P(x)\mathrm{d}x=1$，ξ 的数学期望记为 μ，ξ 的方差记为 σ_ξ^2。有

$$\mu=\int xP(x)\mathrm{d}x$$

$$\sigma_\xi^2=\int (x-\mu)^2P(x)\mathrm{d}x$$

有风险的金融资产的收益率均值应该大于 0，因为金融资产的收益率均值应该大于无风险收益率，所以有 $\mu>0$。具有一般市场风险的收益率取极低收益率的概率应该几乎为零，比如对于收益率 -90%，概率 $P(\xi<-0.9)=\int_{-\infty}^{-0.9}P(x)\mathrm{d}x$ 可以认为是零。对于近似于正态分布的具有正的均值的随机收益率，只要 $\sigma_\xi<0.25$ 就可以保证概率 $P(\xi<-0.9)$ 的值非常小。

假设只包含极端风险的金融资产的收益率 η 的分布密度函数记为 $Q(x)$。在这里只关注极端风险造成的损失。假定不存在融资，初始投资是自有资产，那么收益率应该属于区间$[-1,0)$。有 $Q(x)\geqslant 0$，$\int Q(x)\mathrm{d}x=1$，η 的数学期望记为 ρ，η 的方差记为 σ_η^2。有

$$\rho=\int xQ(x)\mathrm{d}x$$

$$\sigma_\eta^2=\int (x-\rho)^2Q(x)\mathrm{d}x$$

由于 η 反映极端风险，所以 ρ 是一个接近于 -1 的实数，即 $-1\leqslant\rho<0$。

用 λ 表示一般风险事件出现的概率，用 $1-\lambda$ 来表示极端风险事件发生的概率，$0<\lambda<1$。我们构造ξ和η的概率密度函数的凸组合，既包括一般市场风险也包括极端风险，风险资产的收益率用 θ 来表示，可以得到风险资产的一个新的密度函数模型：

$$\omega(x)=\lambda P(x)+(1-\lambda)Q(x) \tag{4.1}$$

有

$$\int(\lambda P(\theta)+(1-\lambda)Q(\theta))\mathrm{d}\theta=\lambda+(1-\lambda)=1$$

有 $\omega(x)\geqslant 0$，$\int\omega(x)\mathrm{d}x=1$。所以 $\omega(x)$ 可以作为一个密度函数。下面来推导收益率

服从该分布的风险资产的若干特征。当然，λ是一个非常接近于1的数，而$1-\lambda$是一个非常接近于0的数，比如$\lambda=0.9999$，$1-\lambda=0.0001$。

4.5.2 密度函数 $\omega(x)$ 的数字特征

若一项风险资产的收益率的密度函数为$\omega(x)$，随机收益率用θ来表示。根据Markowitz的理论，对风险资产的收益与风险的评估分别用θ的数学期望与标准差表示。根据数学期望的定义，有以下关于θ的数学期望公式：

$$\begin{aligned}E(\theta)&=\int x\omega(x)\mathrm{d}x\\&=\int x(\lambda P(x)+(1-\lambda)Q(x))\mathrm{d}x\\&=\lambda\int xP(x)\mathrm{d}x+(1-\lambda)\int xQ(x)\mathrm{d}x\\&=\lambda\mu+(1-\lambda)\rho\end{aligned}$$

即

$$E(\theta)=\lambda\mu+(1-\lambda)\rho \tag{4.2}$$

可以看出θ的数学期望由ξ,η的数学期望和参数λ决定。由于$\lambda>0$，$1-\lambda>0$，$\rho<0$，所以有$E(\theta)<\mu$，又由于$1-\lambda\approx 0$，这意味着真实收益率的数学期望值略低于只考虑市场风险时收益率的期望值。

以下来推导θ的方差的数学表达式：

$$\begin{aligned}V(\theta)&=E(\theta^2)-(E(\theta))^2\\&=\int x^2\omega(x)\mathrm{d}x-(\lambda\mu+(1-\lambda)\rho)^2\\&=\lambda\int x^2P(x)\mathrm{d}x+(1-\lambda)\int x^2Q(x)\mathrm{d}x-(\lambda\mu+(1-\lambda)\rho)^2\\&=\lambda((\int xP(x)\mathrm{d}x)^2+\int(x-\mu)^2P(x)\mathrm{d}x)+(1-\lambda)((\int xQ(x)\mathrm{d}x)^2+\\&\quad\int(x-\rho)^2Q(x)\mathrm{d}x)-(\lambda\mu+(1-\lambda)\rho)^2\\&=\lambda(\sigma_\xi^2+\mu^2)+(1-\lambda)(\sigma_\eta^2+\rho^2)-(\lambda\mu+(1-\lambda)\rho)^2\end{aligned}$$

即

$$V(\theta)=\lambda(\sigma_\xi^2+\mu^2)+(1-\lambda)(\sigma_\eta^2+\rho^2)-(\lambda\mu+(1-\lambda)\rho)^2 \tag{4.3}$$

可以看出θ的方差由ξ,η的数学期望及方差和参数λ决定。

由式(4.2)和式(4.3)得到风险资产的收益率和标准差的参数方程：

$$\begin{cases}E(\theta)=\lambda\mu+(1-\lambda)\rho\\\sigma(\theta)=\sqrt{\lambda(\sigma_\xi^2+\mu^2)+(1-\lambda)(\sigma_\eta^2+\rho^2)-(\lambda\mu+(1-\lambda)\rho)^2}\end{cases}$$

在(E,σ)坐标系中，若只让其中一个参数变化，则上面的参数方程决定一条曲线，接下来分析参数μ,ρ以及λ对这条曲线的影响。

图4.3中横轴表示$\sigma(\theta)$，纵轴表示$E(\theta)$。曲线的左上角点对应于$\lambda=0.9999$，曲线的右下角点对应于$\lambda=0.99$。随着λ增大，收益率的均值增加，而收益率的标准差减小。

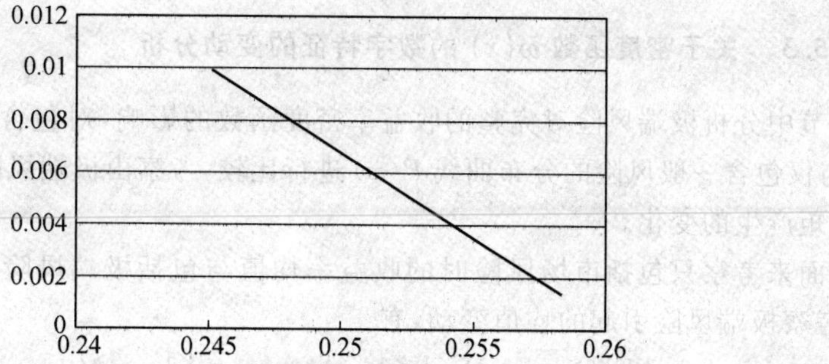

图 4.3　$\sigma_\xi^2=0.06, \sigma_\eta^2=10^{-5}, \mu=0.01, \rho=-0.85$ 时不同 λ 对应的 $E(\theta)$ 和 $\sigma(\theta)$

图 4.4 中横轴表示 $\sigma(\theta)$，纵轴表示 $E(\theta)$。曲线的左下角点对应于 $\mu=0.01$，曲线的右上角点对应于 $\mu=0.99$。随着 μ 增大，收益率的均值增加，同时收益率的标准差也增大。当 μ 增大时，正常风险的收益率均值与极端风险的收益率均值的差距增大，这导致整体的方差变大，体现为风险变大。

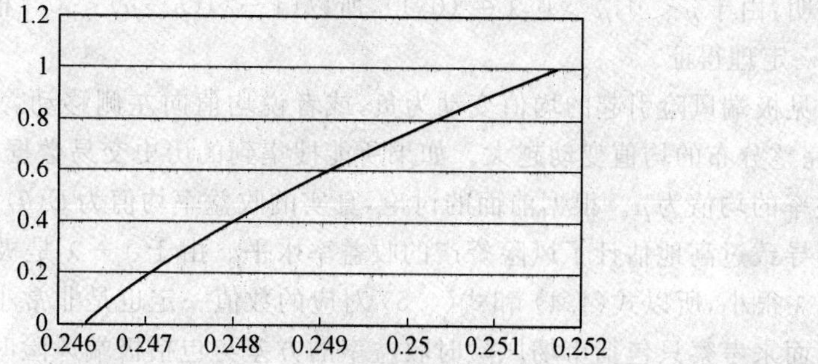

图 4.4　$\sigma_\xi^2=0.06, \sigma_\eta^2=10^{-5}, \lambda=0.999, \rho=-0.85$ 时不同 μ 对应的 $E(\theta)$ 和 $\sigma(\theta)$

图 4.5 中横轴表示 $\sigma(\theta)$，纵轴表示 $E(\theta)$。曲线的右下角点对应于 $\rho=-1.0$，曲线的左上角点对应于 $\rho=-0.5$。随着 ρ 的绝对值由大变小，收益率的均值增加，收益率的标准差减小。当 ρ 的绝对值由大变小时，正常风险的收益率均值与极端风险的收益率均值的差距减小，这导致整体的方差变小，体现为风险变小和平均收益水平提高。

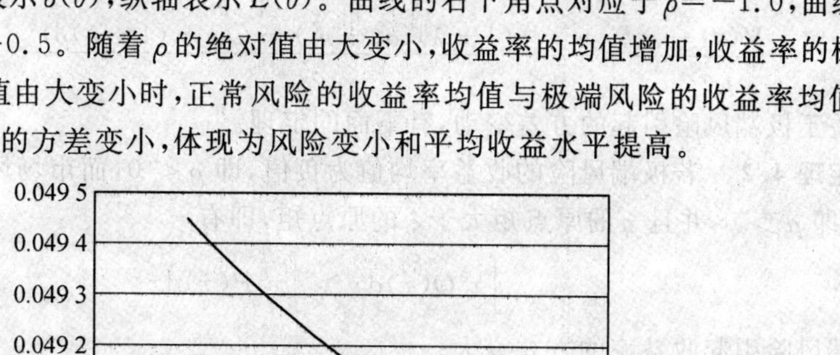

图 4.5　$\sigma_\xi^2=0.06, \sigma_\eta^2=10^{-5}, \mu=0.05, \lambda=0.999$ 时不同 ρ 对应的 $E(\theta)$ 和 $\sigma(\theta)$

4.5.3 关于密度函数 $\omega(x)$ 的数字特征的变动分析

本节中分析极端风险对完整的收益率密度函数的影响，对包含极端风险的分布曲线 $\omega(x)$ 与仅包含一般风险的分布曲线 $P(x)$ 进行比较，考察由极端风险引起的均值、方差以及高阶矩产生的变化。

下面来考察只包括市场风险时的收益率均值与包括极端风险时的收益率均值的差异，即考察极端风险引起的均值变动，有

$$E(\theta)-\mu=\lambda\mu+(1-\lambda)\rho-\mu=(1-\lambda)(\rho-\mu) \tag{4.4}$$

$$\frac{E(\theta)-\mu}{\mu}=\frac{\lambda\mu+(1-\lambda)\rho-\mu}{\mu}=(1-\lambda)\left(\frac{\rho}{\mu}-1\right) \tag{4.5}$$

关于极端风险引起的均值变动，有下面的定理。

定理 4.1 若极端风险的收益率均值为负值，即 $\rho<0$，而市场风险的收益率均值为正值，即 $\mu>0$，则有 $E(\theta)-\mu<0$，即极端风险引起收益率均值变小。

证明：由于 $\rho<0,\mu>0,\lambda\in(0,1)$，所以 $(1-\lambda)(\rho-\mu)<0$。根据式(4.4)有 $E(\theta)-\mu<0$。定理得证。

可见极端风险引起的均值变动为负，或者说均值向左侧移动。极端风险发生的概率越高，完整分布的均值变动越大。如果所能搜集到的历史交易数据只涉及市场风险，估计的收益率的均值为 μ。根据前面的讨论，真实的收益率均值为 $E(\theta)=\mu+(1-\lambda)(\rho-\mu)<\mu$，这会导致过高地估计了风险资产的收益率水平。由于 $1-\lambda$ 是极端风险事件发生的概率，$1-\lambda$ 很小，所以式(4.4)和式(4.5)对应的数值一定也是非常小的。

下面来考察只包括市场风险时收益率的方差与包括极端风险时收益率的方差之间的差异，即考察极端风险引起的方差变动，根据式(4.3)有

$$V(\theta)-\sigma_\xi^2=\lambda\mu^2-(1-\lambda)\sigma_\xi^2+(1-\lambda)(\sigma_\eta^2+\rho^2)-(\lambda\mu+(1-\lambda)\rho)^2 \tag{4.6}$$

$$\frac{V(\theta)-\sigma_\xi^2}{\sigma_\xi^2}=\frac{\lambda\mu^2+(1-\lambda)(\sigma_\eta^2+\rho^2)-(\lambda\mu+(1-\lambda)\rho)^2}{\sigma_\xi^2}-(1-\lambda) \tag{4.7}$$

关于极端风险引起的方差变动，有下面的定理。

定理 4.2 若极端风险的收益率均值为负值，即 $\rho<0$，而市场风险的收益率均值为正值，即 $\mu>0$，并且 η 的原点矩大于 ξ 的原点矩，即有

$$\int x^2Q(x)\mathrm{d}x>\int x^2P(x)\mathrm{d}x$$

则极端风险引起收益率的方差变大。

证明：根据式(4.3)有

$$V(\theta)=\lambda(\sigma_\xi^2+\mu^2)+(1-\lambda)(\sigma_\eta^2+\rho^2)-(\lambda\mu+(1-\lambda)\rho)^2$$

当 $\lambda=1$ 时有 $V(\theta)=\sigma_\xi^2$。上式对 λ 求导数，有

$$\frac{\mathrm{d}V(\theta)}{\mathrm{d}\lambda}=(\sigma_\xi^2+\mu^2)-(\sigma_\eta^2+\rho^2)-2\mu(\mu-\rho)$$

我们知道，$\int x^2P(x)\mathrm{d}x=\sigma_\xi^2+\mu^2$，$\int x^2Q(x)\mathrm{d}x=\sigma_\eta^2+\rho^2$，根据定理条件，有

$$(\sigma_\xi^2+\mu^2)-(\sigma_\eta^2+\rho^2)<0$$

由于 $\rho<0,\mu>0$，所以 $-2\mu(\mu-\rho)<0$。所以有 $\dfrac{\mathrm{d}V(\theta)}{\mathrm{d}\lambda}<0$。由于 $\lambda=1$ 时有 $V(\theta)=\sigma_\xi^2$，所以当 $\lambda<1$ 时有 $V(\theta)>\sigma_\xi^2$。定理得证。

可见极端风险引起收益率的方差变大；极端风险的收益率均值距离市场风险的收益率均值越远，完整分布的方差变动越大。如果所能搜集到的历史交易数据只涉及市场风险，那么估计的收益率的方差为 σ_ξ^2，而真实的收益率的方差为 $V(\theta)>\sigma_\xi^2$，这会导致过低地估计了收益率的方差水平，也就是过低地估计了所面临的投资风险。

由于极端风险的收益率均值 ρ 是接近 -1 的实数，而市场风险的收益率均值 μ 一般是一个较小的正数，极端风险的收益率的方差相对较小，而市场风险的收益率的方差相对较大。定理 4.2 中的条件 $\int x^2Q(x)\mathrm{d}x>\int x^2P(x)\mathrm{d}x$ 对于真正的市场风险和极端风险应该是成立的，所以定理 4.2 的结论具有一般性。

我们来考察极端风险引起的中心矩变动。在统计理论中，偶阶中心矩的大小反映了统计分布的峰度。最常见的二阶中心矩（即数据的方差）在一定程度上反映了分布的峰度，缺点是方差相同的分布但有着不同峰度的情况无法判别。统计上是用四阶中心矩来测量分布的峰度，反映分布的尖峭程度。由于计量单位和变量值水平不同，实际运用时的峰度系数是由四阶中心矩与 σ^2 的比值表示的。

为了推导公式的方便，我们记：

$$\mu_{\xi^4}=\int x^4P(x)\mathrm{d}x,\mu_{\eta^4}=\int x^4Q(x)\mathrm{d}x$$

$$\mu_{\xi^3}=\int x^3P(x)\mathrm{d}x,\mu_{\eta^3}=\int x^3Q(x)\mathrm{d}x$$

我们来推导 $P(x)$ 的峰度系数：

$$\begin{aligned}K_1&=\int(x-\mu)^4P(x)\mathrm{d}(x)/\sigma_\xi^4\\&=\frac{\int(x^4-4x^3\mu+6x^2\mu^2-4x\mu^3+\mu^4)P(x)\mathrm{d}x}{\sigma_\xi^4}\\&=\frac{\int x^4P(x)\,\mathrm{d}x-4\mu\int x^3P(x)\,\mathrm{d}x+6\mu^2\int x^2P(x)\,\mathrm{d}x-4\mu^3\int xP(x)\,\mathrm{d}x+\mu^4\int^P(x)\,\mathrm{d}x}{\sigma_\xi^4}\\&=\frac{\mu_{\xi^4}-4\mu\mu_{\xi^3}+6\mu^2(\sigma_\xi^2+\mu^2)-3\mu^4}{\sigma_\xi^4}\end{aligned}$$

得到

$$K_1=\frac{\mu_{\xi^4}-4\mu\mu_{\xi^3}+6\mu^2(\sigma_\xi^2+\mu^2)-3\mu^4}{\sigma_\xi^4}\tag{4.8}$$

我们来推导 $\omega(x)$ 峰度系数：

$$\begin{aligned}K_2&=\frac{\int(x-E(\theta))^4\omega(x)\mathrm{d}x}{\sigma_\theta^4}\\&=\frac{\int(x-E(\theta))^4(\lambda P(x)+(1-\lambda)Q(x))\mathrm{d}x}{\sigma_\theta^4}\end{aligned}$$

$$=\frac{\int (x^4-4x^3E(\theta)+6x^2E(\theta)^2-4xE(\theta)^3+E(\theta)^4)(\lambda P(x)+(1-\lambda)Q(x))\mathrm{d}x}{\sigma_\theta^4}$$

$$=\frac{\lambda\int x^4P(x)\mathrm{d}x-4\lambda E(\theta)\int x^3P(x)\mathrm{d}x+6\lambda E(\theta)^2\int x^2P(x)\mathrm{d}x-4\lambda E(\theta)^3\int xP(x)\mathrm{d}x}{\sigma_\theta^4}+$$

$$\frac{\lambda E(\theta)^4\int P(x)\mathrm{d}x+(1-\lambda)\int x^4Q(x)\mathrm{d}x-4(1-\lambda)E(\theta)\int x^3Q(x)\mathrm{d}x}{\sigma_\theta^4}+$$

$$\frac{6(1-\lambda)E(\theta)^2\int x^2Q(x)\mathrm{d}x-4(1-\lambda)E(\theta)^3\int xQ(x)\mathrm{d}x+(1-\lambda)E(\theta)^4\int Q(x)\mathrm{d}x}{\sigma_\theta^4}$$

上式经过化简得到

$$K_2=\frac{\lambda\mu_{\xi^4}-4\lambda E(\theta)\mu_{\xi^3}+6\lambda E(\theta)^2(\sigma_\xi^2+\mu^2)-4\lambda E(\theta)^3\mu}{\sigma_\theta^4}+$$

$$\frac{\lambda E(\theta)^4+(1-\lambda)\mu_{\eta^4}-4(1-\lambda)E(\theta)\mu_{\eta^3}}{\sigma_\theta^4}+$$

$$\frac{6(1-\lambda)E(\theta)^2(\sigma_\eta^2+\rho^2)-4(1-\lambda)E(\theta)^3\rho+(1-\lambda)E(\theta)^4}{\sigma_\theta^4} \quad (4.9)$$

上式中

$$E(\theta)=\lambda\mu+(1-\lambda)\rho$$

$$\sigma_\theta^4=V(\theta)^2=(\lambda(\sigma_\xi^2+\mu^2)+(1-\lambda)(\sigma_\eta^2+\rho^2)-(\lambda\mu+(1-\lambda)\rho)^2)^2$$

极端风险引起的峰度系数变动用值$\frac{K_2-K_1}{K_1}$来衡量。

偏度系数SK取值通常在$-3\sim+3$之间，绝对值越大，表明偏斜程度越大。当统计分布是右偏态时，$SK>0$，故也称正偏态；当统计分布是左偏态时，$SK<0$，故也称负偏态。偏度系数一般是用三阶中心矩除以标准差的三次方来表示。

下面来推导$P(x)$偏度系数：

$$SK_1=\frac{\int (x-\mu)^3P(x)\mathrm{d}x}{\sigma_\xi^3}$$

$$=\frac{\int (x^3-3x^2\mu+3x\mu^2-\mu^3)P(x)\mathrm{d}x}{\sigma_\xi^3}$$

$$=\frac{\int x^3P(x)\mathrm{d}x-3\mu\int x^2P(x)\mathrm{d}x+3\mu^2\int xP(x)\mathrm{d}x-\mu^3\int P(x)\mathrm{d}x}{\sigma_\xi^3}$$

$$=\frac{\mu_{\xi^3}-3\mu(\sigma_\xi^2+\mu^2)+2\mu^3}{\sigma_\xi^3}$$

得到

$$SK_1=\frac{\mu_{\xi^3}-3\mu(\sigma_\xi^2+\mu^2)+2\mu^3}{\sigma_\xi^3} \quad (4.10)$$

下面来推导$\omega(x)$的偏度系数：

$$SK_2=\frac{\int(x-E(\theta))^3\omega(x)\mathrm{d}x}{\sigma_\theta^3}$$

$$=\frac{\int(x^3-3x^2E(\theta)+3xE(\theta)^2-E(\theta)^3)(\lambda P(x)+(1-\lambda)Q(x))\mathrm{d}x}{\sigma_\theta^3}$$

$$=\frac{\lambda\int x^3P(x)\mathrm{d}x-3\lambda E(\theta)\int x^2P(x)\mathrm{d}x+3\lambda E(\theta)^2\int xP(x)\mathrm{d}x-\lambda E(\theta)^3\int P(x)\mathrm{d}x}{\sigma_\theta^3}+$$

$$\frac{(1-\lambda)\int x^3Q(x)\mathrm{d}x-3(1-\lambda)E(\theta)\int x^2Q(x)\mathrm{d}x+3(1-\lambda)E(\theta)^2\int xQ(x)\mathrm{d}x}{\sigma_\theta^3}-$$

$$\frac{(1-\lambda)E(\theta)^3\int Q(x)\mathrm{d}x}{\sigma_\theta^3}$$

化简得到

$$SK_2=\frac{\lambda\mu_{\xi^3}-3\lambda E(\theta)(\sigma_\xi^2+\mu^2)+3\lambda E(\theta)^2\mu-\lambda E(\theta)^3+(1-\lambda)\mu_{\eta^3}}{\sigma_\theta^3}-$$

$$\frac{3(1-\lambda)E(\theta)(\sigma_\eta^2+\rho^2)+3(1-\lambda)E(\theta)^2\rho-(1-\lambda)E(\theta)^3}{\sigma_\theta^3}\qquad(4.11)$$

上式中

$$E(\theta)=\lambda\mu+(1-\lambda)\rho$$

$$\sigma_\theta^3=V(\theta)^{\frac{3}{2}}=(\lambda(\sigma_\xi^2+\mu^2)+(1-\lambda)(\sigma_\eta^2+\rho^2)-(\lambda\mu+(1-\lambda)\rho)^2)^{\frac{3}{2}}$$

极端风险引起的偏度系数变动用值$\frac{SK_2-SK_1}{SK_1}$来衡量。

4.6　奇异分布的算例分析

用 281 家上市公司 10 年间的月收益率数据可以反映一般风险下的收益率密度函数，我们得到：$\mu=0.019\ 034$，$\sigma_\xi=0.150\ 365$。281 家上市公司的描述性统计分析如图 4.6 所示。

用 48 个极端收益率的描述性统计分析可以反映极端风险下的收益率密度函数，得到：$\rho=-0.563\ 865$，$\sigma_\eta=0.062\ 942$。48 个极端收益率的描述性统计分析如图 4.7 所示。

市场风险下收益率的分布呈现均值为小的正数而方差较大的特点，极端风险下收益率的分布呈现均值为较大的负数而方差很小的特点。根据样本数据有

$$1-\lambda=48/33\ 270=0.001\ 442$$

$$\lambda=0.998\ 558$$

由式(4.2) 和式(4.3) 得到

$$E(\theta)=\lambda\mu+(1-\lambda)\rho=0.018\ 193$$

$$\sigma(\theta)=\sqrt{\lambda(\sigma_\xi^2+\mu^2)+(1-\lambda)(\sigma_\eta^2+\rho^2)-(\lambda\mu+(1-\lambda)\rho)^2}=0.151\ 895$$

由式(4.5) 得到极端风险引起的均值变动为

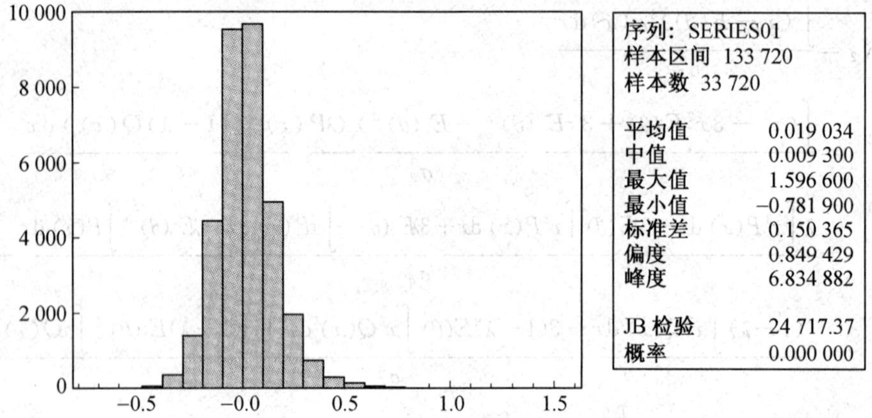

图 4.6 281 家上市公司的描述性统计分析

$$\frac{E(\theta)-\mu}{\mu}=-4.416\%$$

由式(4.7)得到极端风险引起的方差变动为

$$\frac{V(\theta)-\sigma_{\xi}^{2}}{\sigma_{\xi}^{2}}=2.045\%$$

结果表明,极端风险引起的均值变动为负,也就是均值变小了,这说明金融资产的实际收益并没有那么大,投资者实际获得的平均收益更少了。极端风险引起的方差变动为正,方差变大,表明金融资产真实的收益波动是更大的,也就意味着投资者会有更大的风险。考虑了极端收益率之后,投资者得到的真实收益率变小,承受的真实风险变大了。

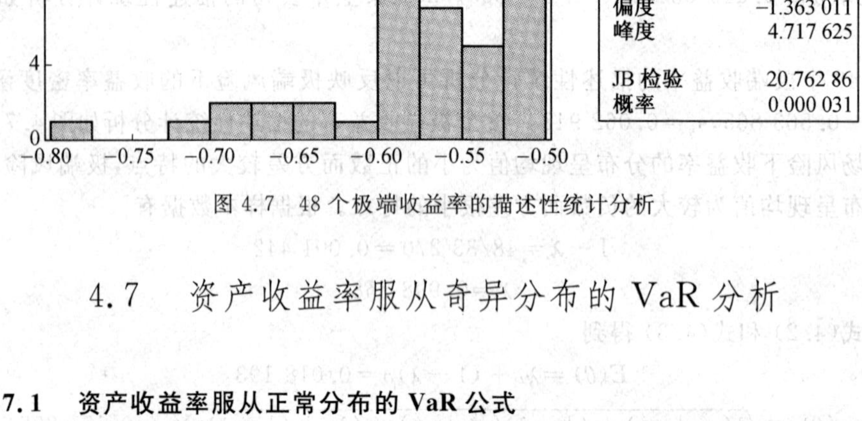

图 4.7 48 个极端收益率的描述性统计分析

4.7 资产收益率服从奇异分布的 VaR 分析

4.7.1 资产收益率服从正常分布的 VaR 公式

VaR 是指在一定的置信度水平下,由于市场因素的作用导致在未来某个时期内金融

资产组合将会出现的最大损失。数学表达式为

$$\mathrm{Prob}(\Delta P > VaR) = c$$

其中，ΔP 是资产组合在持有期 Δt 时期内的可能损失；VaR 是当置信水平为 c 时暴露在风险中的价值。

记 $P(x)$ 为包含一般风险的金融资产收益率的分布密度函数，随机收益率记为 ξ。$P(x)$ 满足 $P(x) \geqslant 0, \int xP(x)\mathrm{d}(x) = 1, \int xP(x)\mathrm{d}(x) = \mu > 0$，$\xi$ 的方差是 σ_ξ^2。设金融资产的初始价值为 W_0，持有期末的收益率为 ξ，假定持有期仅含有一般风险，ξ 对应的密度函数为 $P(x)$，ξ 的数学期望和标准差分别为 μ 和 σ_ξ^2，在给定的置信水平 c_1 下，期末资产组合的最低值为 W_1^*，其中 R^* 为相应的最低收益率，则

$$VaR = E(W) - W_1^* = W_0(\mu - R^*) \tag{4.12}$$

$$c_1 = \int_{R^*}^{+\infty} P(x)\mathrm{d}x, \quad 1 - c_1 = \int_{-\infty}^{R^*} P(x)\mathrm{d}x$$

假设 $P(x)$ 服从正态分布，α 为标准正态分布与置信水平 c_1 相应的分位数，$\varphi(\varepsilon)$ 为标准正态分布密度函数，则

$$1 - c_1 = \int_{-\infty}^{R^*} P(x)\mathrm{d}x = \int_{-\infty}^{\alpha} \varphi(x)\mathrm{d}x$$

又由

$$P(R < R^*) = P\left(\frac{R-\mu}{\sigma_\xi} < \frac{R^*-\mu}{\sigma_\xi}\right) = 1 - c_1$$

可知 $\frac{R^*-\mu}{\sigma_\xi}$，则

$$R^* = \mu + \alpha\sigma_\xi$$

$$VaR = E(W) - W_1^* = -\alpha\sigma_\xi W_0 \tag{4.13}$$

4.7.2　资产收益率服从奇异分布的 VaR 公式推导

包含一般风险与极端风险的金融资产收益率分布的密度函数为

$$\omega(x) = \lambda P(x) + (1-\lambda)Q(x)$$

若一项金融资产的收益率 θ 服从 $\omega(x)$ 分布，根据前面的推导，θ 的均值和方差的公式为

$$\begin{cases} E(\theta) = \lambda\mu + (1-\lambda)\rho \\ \sigma(\theta) = \sqrt{\lambda(\sigma_\xi^2 + \mu^2) + (1-\lambda)(\sigma_\eta^2 + \rho^2) - (\lambda\mu + (1-\lambda)\rho)^2} \end{cases}$$

设金融资产的初始价值为 W_0，持有期末的收益率为 ξ，ξ 的密度函数为 $\omega(x)$，给定一个置信水平 c_1，期末组合资产可能的最低值为 W_2^*，其中 R_2^* 为相应的最低收益率，则

$$c_1 = \int_{R_2^*}^{+\infty} \omega(x)\mathrm{d}x$$

$$1-c_1=\int_{-\infty}^{R_2^*}\omega(x)\mathrm{d}x=\lambda\int_{-\infty}^{R_2^*}P(x)\mathrm{d}x+(1-\lambda)\int_{-\infty}^{R_2^*}Q(x)\mathrm{d}x \tag{4.14}$$

假设 $P(x)$,$Q(x)$ 分别服从正态分布,即有

$$P(x)=\frac{1}{\sqrt{2\pi}\sigma_\xi}\mathrm{e}^{-\frac{(x-\mu)^2}{2\sigma_\xi^2}},\quad Q(x)=\frac{1}{\sqrt{2\pi}\sigma_\eta}\mathrm{e}^{-\frac{(x-\rho)^2}{2\sigma_\eta^2}}$$

$$\omega(x)=\lambda\frac{1}{\sqrt{2\pi}\sigma_\xi}\mathrm{e}^{-\frac{(x-\mu)^2}{2\sigma_\xi^2}}+(1-\lambda)\frac{1}{\sqrt{2\pi}\sigma_\eta}\mathrm{e}^{-\frac{(x-\rho)^2}{2\sigma_\eta^2}}$$

记 $N(x)=\int_{-\infty}^{x}\varphi(x)\mathrm{d}x$,则有

$$\int_{-\infty}^{R_2^*}P(x)\mathrm{d}x=\int_{-\infty}^{\frac{R_2^*-\mu}{\sigma_\xi}}\varphi(x)\mathrm{d}x=N(\frac{R_2^*-\mu}{\sigma_\xi})$$

同样有

$$\int_{-\infty}^{R_2^*}Q(x)\mathrm{d}x=\int_{-\infty}^{\frac{R_2^*-\rho}{\sigma_\eta}}\varphi(x)\mathrm{d}x=N(\frac{R_2^*-\rho}{\sigma_\eta})$$

有

$$1-c_1=\lambda N(\frac{R_2^*-\mu}{\sigma_\xi})+(1-\lambda)N(\frac{R_2^*-\rho}{\sigma_\eta}) \tag{4.15}$$

对于给定的置信概率 c_1 和参数 λ,求解方程(4.15)可以得到临界收益率 $R_2^*(c_1,\lambda)$。将得到的临界收益率 $R_2^*(c_1,\lambda)$ 代入式(4.12)中,有

$$VaR_2=E(W)-W_2^*=W_0(E(\theta)-R_2^*(c_1,\lambda))$$

我们得到服从奇异分布的随机收益率对应的 VaR 值为

$$VaR_2=E(W)-W_2^*=W_0((\lambda\mu+(1-\lambda)\rho)-R_2^*(c_1,\lambda)) \tag{4.16}$$

接下来推导极端风险对完整的收益率密度函数的影响,比较包含了极端风险的分布曲线 $\omega(x)$ 与仅包含一般风险的分布曲线 $P(x)$。在这里,采用变动百分比来反映这些指标。

极端风险引起的 VaR 变动为

$$\frac{VaR_2-VaR_1}{VaR_1}=\frac{W_0((\lambda\mu+(1-\lambda)\rho)-R_2^*(c_1,\lambda))+\alpha\sigma_\xi W_0}{-\alpha\sigma_\xi W_0}$$

化简上式,有

$$\frac{VaR_2-VaR_1}{VaR_1}=\frac{((\lambda\mu+(1-\lambda)\rho)-R_2^*(c_1,\lambda))+\alpha\sigma_\xi}{-\alpha\sigma_\xi} \tag{4.17}$$

4.7.3 奇异分布密度曲线特征

假设反映极端风险的 $Q(x)$ 分布服从正态分布,反映一般风险的 $P(x)$ 分布也服从正态分布。当然它们也许服从其他分布,比如说,$Q(x)$ 服从均匀分布,但在这里不做进一步讨论。

对于正态分布,有下列公式:

$$P(x)=\frac{1}{\sqrt{2\pi}\sigma_\xi}\mathrm{e}^{-\frac{(x-\mu)^2}{2\sigma_\xi^2}},\quad Q(x)=\frac{1}{\sqrt{2\pi}\sigma_\eta}\mathrm{e}^{-\frac{(x-\rho)^2}{2\sigma_\eta^2}}$$

$$\omega(x)=\lambda\frac{1}{\sqrt{2\pi}\sigma_\xi}\mathrm{e}^{-\frac{(x-\mu)^2}{2\sigma_\xi^2}}+(1-\lambda)\frac{1}{\sqrt{2\pi}\sigma_\eta}\mathrm{e}^{-\frac{(x-\rho)^2}{2\sigma_\eta^2}}$$

本节以下的分析基于 $Q(x)$ 和 $P(x)$ 分布均服从正态分布。假设 $\mu>0,\rho<-0.5,\sigma_\xi>\sigma_\eta$。假设金融资产的初始价值为 $W_0=1$ 元,持有期末的收益率为 R,假定持有期含有一般风险与极端风险,R 的密度函数为 $\omega(x)$,则 R 的数学期望和标准差分别为 $E(\theta)$ 和 $\sigma(\theta)$。考察当其他参数不变时极端风险发生的概率对曲线的影响,其他参数的设置基本参考样本数据的数字特征。

假设 $\mu=0.02,\rho=-0.55,\sigma_\xi=0.15,\sigma_\eta=0.07$。取 $\lambda=0.99,1-\lambda=0.01$。如图 4.8 所示,这条曲线左侧的尾部(负收益率部分)不再是一直往下,而是保持大致不变。在(−0.6,−0.4)区间中表现出了大致均匀分布的特征。

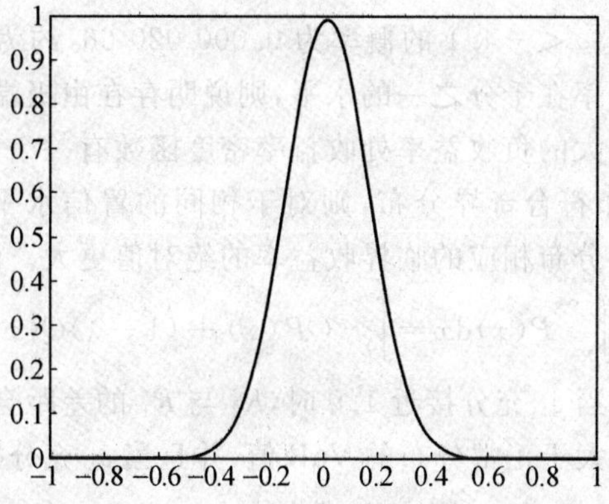

图 4.8　$1-\lambda=0.01$ 时 $\omega(x)$ 曲线

假设 $\mu=0.02,\rho=-0.55,\sigma_\xi=0.15,\sigma_\eta=0.07$。取 $\lambda=0.9,1-\lambda=0.1$。密度函数曲线如图 4.9 所示。

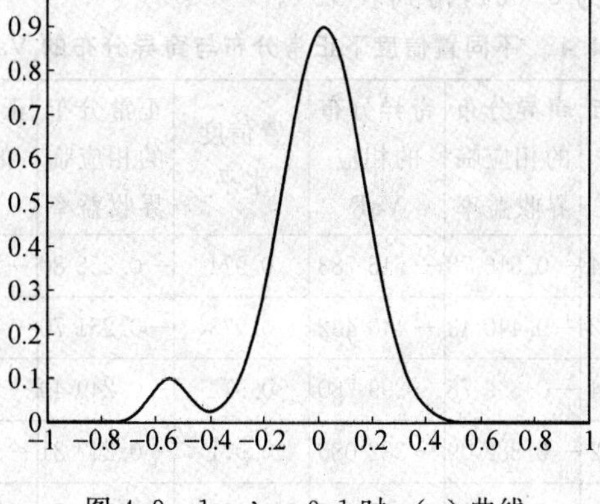

图 4.9　$1-\lambda=0.1$ 时 $\omega(x)$ 曲线

很明显,图 4.9 中收益率分布曲线为不对称双峰形状。$1-\lambda$ 为极端风险发生的概率。当然，正常市场条件下 $1-\lambda$ 很小，这时收益率分布曲线表现出一般的尖峰厚尾特征，曲线左侧负收益率部分有一个小的尖峰，但当 $1-\lambda$ 很小时尖峰表现为一个厚尾形态。

在双峰分布的情况下，随着置信度 c 的变化，由于密度函数曲线的不对称双峰特征，VaR 值随 c 改变的变化速度与一般的单峰曲线有着明显不同。式(4.17)决定的数值随着置信水平 c_1 的变化而变化的情况是我们所关心的。

4.7.4　奇异分布收益率在 VaR 方面的应用

假设对于股票而言正常的市场风险相应的月收益率 ξ 服从正态分布，密度函数为 $P(x)$，均值为 $\mu=2.0\%$，标准差为 $\sigma=0.2$。将 ξ 变换为标准正态分布的随机变量 ξ_S，有

$$\xi_S=\frac{\xi-\mu}{\sigma}=\frac{\xi-0.02}{0.2}$$

我们来看 $\xi<-0.8$ 的概率。由 $\xi=-0.8$，有

$$\xi_S=\frac{-0.8-0.02}{0.2}=-4.1$$

查标准正态分布表，$\xi_S<-4.1$ 的概率为 0.000 020 66，约为十万分之二。如果统计数据表明 $\xi<-0.8$ 的概率在千分之一的水平，则说明存在由极端风险合并而成的奇异分布成立，或者说在绝对值大的负收益率处收益率密度函数有一个小的尖峰。

如果收益率 ξ 的分布符合奇异分布，则对于相同的置信水平，与一般的市场风险相比，包括极端风险的奇异分布相应的临界收益率的绝对值更大。即若要求有

$$c_1=\int_{R_1}^{+\infty}P(x)\mathrm{d}x=\int_{R_2}^{+\infty}(\lambda P(x)+(1-\lambda)Q(x))\mathrm{d}x$$

则必然有 $R_2<R_1$，而且当 c_1 充分接近 1.0 时，R_2 与 R_1 的差距会增大。所以奇异分布对应的 VaR 值的绝对值会大于正常分布的 VaR 值，并且当 c_1 充分接近 1.0 时，两者的 VaR 值的差距会增大。

假设金融资产的初始价值为 $W_0=100$ 万元，投资周期为一个月，以 281 家股票 33 720 个月收益率数据及 48 次极端收益率为历史经验数据，以低于 -0.5 的收益率为极端收益率，采用历史模拟法计算正常分布与奇异分布在不同置信度下的 VaR。在这里为了得到平滑的曲线，将计算步长设为 0.001，得到表 4.4。

表 4.4　不同置信度下正常分布与奇异分布的 VaR

置信度水平	正常分布的相应临界收益率	正常分布的相应 VaR	奇异分布的相应临界收益率	奇异分布的相应 VaR	置信度水平	正常分布的相应临界收益率	正常分布的相应 VaR	奇异分布的相应临界收益率	奇异分布的相应 VaR
0.999	−0.420 88	−420 884	−0.516 78	−516 783	0.974	−0.256 80	−256 800	−0.257 40	−257 403
0.998	−0.391 67	−391 672	−0.440 43	−440 432	0.973	−0.251 70	−251 700	−0.254 70	−254 700
0.997	−0.374 40	−374 404	−0.399 78	−399 780	0.972	−0.249 40	−249 400	−0.252 50	−252 500
0.996	−0.364 11	−364 112	−0.382 09	−382 086	0.971	−0.247 31	−247 312	−0.250 00	−250 000
0.995	−0.353 54	−353 540	−0.365 91	−365 912	0.970	−0.244 74	−244 740	−0.248 00	−248 000

续表 4.4

置信度水平	正常分布的相应临界收益率	正常分布的相应 VaR	奇异分布的相应临界收益率	奇异分布的相应 VaR	置信度水平	正常分布的相应临界收益率	正常分布的相应 VaR	奇异分布的相应临界收益率	奇异分布的相应 VaR
0.994	－0.340 70	－340 700	－0.357 30	－357 300	0.969	－0.242 20	－242 204	－0.245 42	－245 419
0.993	－0.332 40	－332 396	－0.345 87	－345 872	0.968	－0.240 00	－240 000	－0.243 00	－243 000
0.992	－0.322 52	－322 524	－0.335 00	－335 000	0.966	－0.235 25	－235 252	－0.238 69	－238 689
0.991	－0.316 46	－316 460	－0.326 42	－326 418	0.965	－0.233 28	－233 280	－0.236 21	－236 212
0.990	－0.310 60	－310 600	－0.318 50	－318 500	0.964	－0.231 60	－231 600	－0.234 04	－234 035
0.989	－0.305 80	－305 800	－0.312 20	－312 200	0.963	－0.229 80	－229 800	－0.232 16	－232 158
0.988	－0.301 57	－301 572	－0.308 08	－308 078	0.962	－0.227 26	－227 264	－0.230 28	－230 282
0.987	－0.297 83	－297 828	－0.303 20	－303 202	0.961	－0.225 50	－225 500	－0.228 11	－228 105
0.986	－0.294 08	－294 084	－0.299 53	－299 525	0.960	－0.224 00	－224 000	－0.226 00	－226 000
0.985	－0.289 30	－289 300	－0.295 50	－295 500	0.959	－0.221 89	－221 892	－0.224 65	－224 651
0.984	－0.285 60	－285 596	－0.291 90	－291 900	0.958	－0.220 28	－220 276	－0.222 77	－222 774
0.983	－0.282 00	－282 000	－0.286 89	－286 894	0.957	－0.218 50	－218 504	－0.220 80	－220 798
0.982	－0.278 30	－278 300	－0.283 42	－283 418	0.956	－0.215 60	－215 600	－0.219 00	－219 000
0.981	－0.27 460	－274 596	－0.280 24	－280 241	0.955	－0.214 50	－214 500	－0.216 80	－216 800
0.980	－0.271 28	－271 280	－0.276 20	－276 200	0.954	－0.212 70	－212 700	－0.215 10	－215 100
0.979	－0.266 79	－266 788	－0.272 86	－272 861	0.953	－0.210 72	－210 716	－0.213 40	－213 400
0.978	－0.264 42	－264 416	－0.269 01	－269 010	0.952	－0.209 34	－209 344	－0.211 41	－211 414
0.977	－0.261 50	－261 500	－0.265 43	－265 434	0.951	－0.207 90	－207 900	－0.209 84	－209 837
0.976	－0.258 94	－258 944	－0.262 60	－262 600	0.950	－0.206 20	－206 200	－0.208 20	－208 200
0.975	－0.256 30	－256 300	－0.259 90	－259 900					

由于奇异分布包含了极端的收益率，这使得它与正常分布的重要区别在于收益的尾部风险。为了能够详细地说明问题，将置信度水平提高到 0.999 9，这样能够更加充分地利用样本数据中的极端收益率，计算得到表 4.5。

表 4.5　99.91%～99.99% 置信度下正常分布与奇异分布的 VaR

置信度水平	正常分布的相应临界收益率	正常分布的相应 VaR	奇异分布的相应临界收益率	奇异分布的相应 VaR
0.999 1	－0.426 27	－426 265	－0.530 122	－530 122
0.999 2	－0.428 08	－428 080	－0.543 754	－543 754
0.999 3	－0.435 00	－435 000	－0.556 104	－556 104
0.999 4	－0.438 09	－438 086	－0.566 410	－566 410
0.999 5	－0.448 22	－448 218	－0.583 724	－583 724
0.999 6	－0.455 43	－455 430	－0.589 649	－589 649
0.999 7	－0.458 84	－458 840	－0.602 228	－602 228
0.999 8	－0.476 82	－476 822	－0.639 850	－639 850
0.999 9	－0.501 20	－501 198	－0.687 126	－687 126

由表 4.4 和表 4.5 中的数据绘制出不同置信度下正常分布与奇异分布的 VaR 的曲线，如图 4.10 所示。

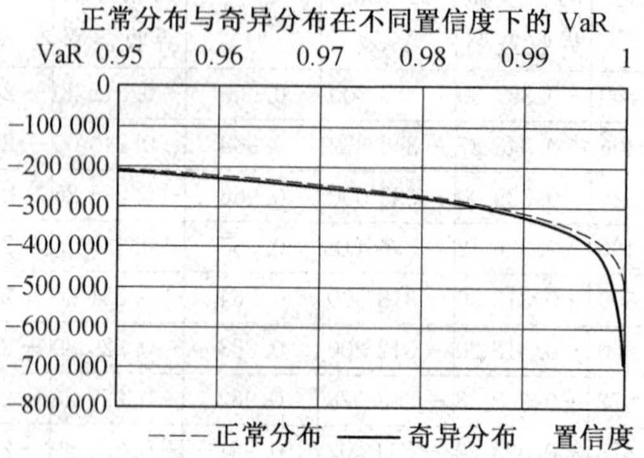

图 4.10　不同置信度下正常分布与奇异分布的 VaR

结果显示，在(0.95，0.98) 这个区间，奇异分布的 VaR 几乎等于正常分布的 VaR，两者的曲线近似地重合为一条曲线。在(0.98，0.99) 这个区间，开始出现奇异分布的 VaR 低于正常分布的 VaR 的趋势，两条曲线已经开始分离。在(0.99，1) 这个区间，奇异分布的 VaR 明显要低于正常分布的 VaR。

对于在 99% 以上置信度水平上，两者的 VaR 差异情况，绘制出图 4.11。

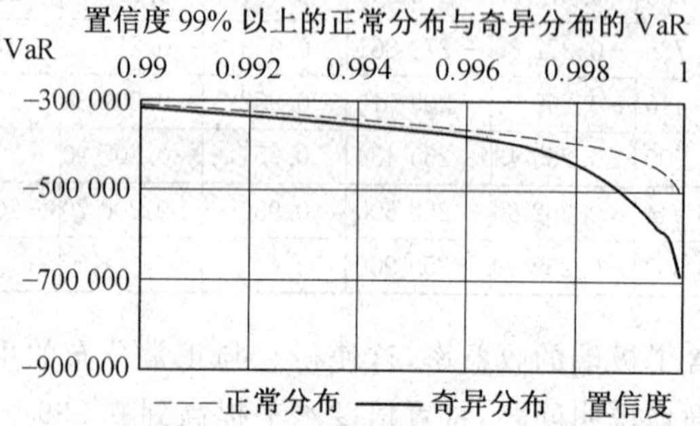

图 4.11　置信度 99% 以上的正常分布与奇异分布的 VaR

在(0.99，1) 这个区间，奇异分布的 VaR 明显要低于正常分布的 VaR，尤其是在(0.998，1) 这个区间，奇异分布的 VaR 远低于正常分布的 VaR，奇异分布曲线几乎急折而下，正常分布还是呈现较平稳的下降趋势。整体上，在置信度水平越高时奇异分布的 VaR 低于正常分布的 VaR 越多。奇异分布的 VaR 明显要低于正常分布的 VaR，意味着投资者实际面临着更大的风险，而在统计或者是测量时容易忽略它。

4.8　奇异分布尾部的不同形态和完整密度函数的构造

4.8.1　奇异分布的尾部的不同形态分类

极端风险造成异常低的收益率出现，在分布密度函数方面体现为在绝对值较大的负值处有一个尖峰出现。而如果只有正常的市场风险，则在该负值处的密度函数值已经充分接近于 0。由于极端风险事件性质的不同而导致密度函数形态在尖峰处的不同。有一种模式是在损失率为 -100% 处有一个尖峰。比如民航客机在飞行中失事而坠落，无论对于飞机的拥有者还是保险公司，几乎都是面临全部的损失。另一种情况，比如建筑物出现火灾，既可以出现损失率为 -100% 的情况(全部烧毁)，也可以出现只有部分损失的情况(发现及时，消防队全力灭火)。从概率的角度来说，火灾事故造成的损失率在 $0\sim-100\%$ 范围均有可能。

我们大致把奇异分布密度函数的形态分为三类，第一类是极端损失分布集中于 -100% 的情况；第二类是极端损失分布比较集中的情况；第三类是极端损失分布近似于均匀分布的情况。具体如图 4.12 至图 4.14 所示。

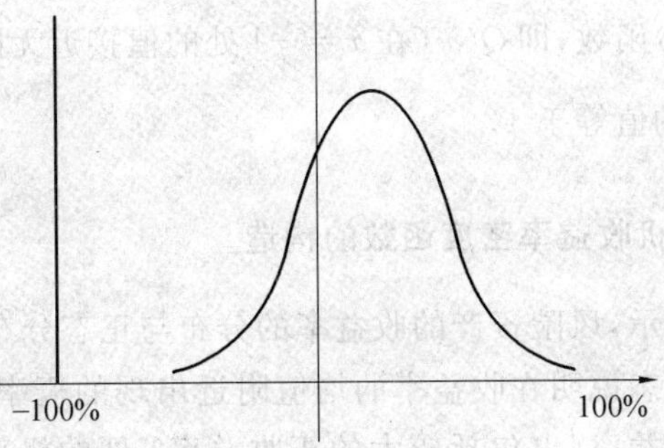

图 4.12　极端损失分布集中于 -100% 时的密度函数曲线

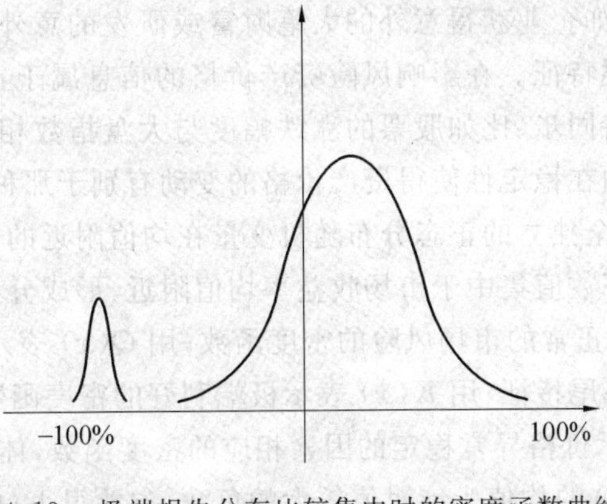

图 4.13　极端损失分布比较集中时的密度函数曲线

我们仍用 $P(x)$ 表示正常的市场风险对应的密度函数，用 $Q(x)$ 表示极端风险对应的密度函数，总体的密度函数为 $\omega(x)=\lambda P(x)+(1-\lambda)Q(x)$。正常的市场风险相应的收益率的均值一般大于 0，而方差较大，比如 $\sigma\in[0.1,0.4]$。对于第三类情况，极端风险相应的收益率的均值 ρ 为绝对值较大的负数，比如 $\rho\in[-0.8,-0.45]$，而方差较大，总体的密度函数 $\omega(x)$ 在 $[-1,0]$ 区域呈现一种典型的厚尾形态，左边出现不太明显的小峰值。对于第二类情况，极端风险相应的收益率的均值 ρ 为绝对值较大的负数，比如 $\rho\in[-0.95,-0.45]$，而方差较小，总体的密度函数 $\omega(x)$ 在 $[-1,-0.4]$ 区域呈现一种典型的小尖峰

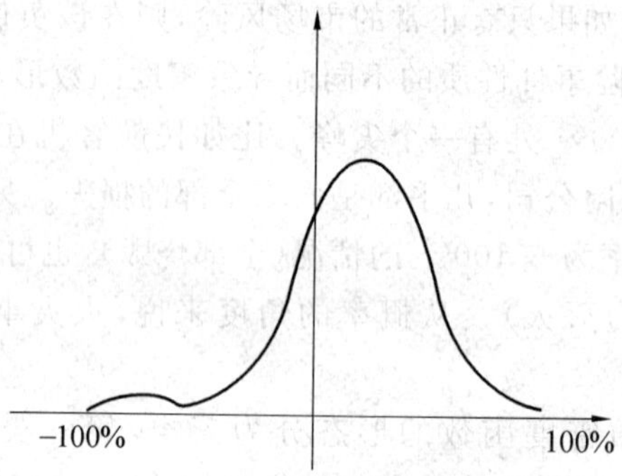

图 4.14 极端损失分布近似于均匀分布时的密度函数曲线

形态。对于第一类情况，极端风险相应的收益率的均值 ρ 几乎为 -100%，方差几乎等于 0，总体的密度函数 $\omega(x)$ 在 $[-1,0]$ 区域的形态是在 -100% 点处的一根长的竖线。$Q(x)$ 在 $x=-1$ 处的形状是 δ 函数，即 $Q(x)$ 在 $x=-1$ 处的值接近无限大，当 $x\neq-1$ 时 $Q(x)=0$，而积分 $\int_{-\infty}^{+\infty}Q(x)\mathrm{d}x$ 的值等于 1。

4.8.2 完整的随机收益率密度函数的构造

大量的统计分析显示，风险资产的收益率的分布与正态分布有一定的差异，差异体现为尖峰和厚尾。尖峰形态说明在收益率的均值附近出现的概率要大于正态分布，厚尾的形态说明在较大的负收益率（也包括较大的正收益率）处的概率要大于正态分布。在本章中我们认为较大的负收益率是由于极端风险事件造成的，而较大的正收益率是由于极端的利好事件造成的（如企业获得意外的大笔财富或研发的意外成功等），也就是说极端事件形成收益率的厚尾特征。在影响风险资产价格的信息属于正常状态时，许多资产的价格趋于与总趋势保持同步（比如股票的涨跌幅度与大盘指数相一致），体现为一种价格的内在稳定性。这种内在稳定性使得资产价格的变动有别于那种由布朗运动模型描述的随机游走，也有别于完全独立的正态分布随机变量在均值附近的分布规律，有更大比例的风险资产的价格变化率数值集中于市场收益率均值附近，形成分布中心处的尖峰形态。

我们用 $P(x)$ 表示正常的市场风险的密度函数；用 $Q(x)$ 表示极端风险的密度函数，体现为负收益率处的厚尾特征；用 $K(x)$ 表示极端利好的密度函数，体现为正收益率处的厚尾特征；用 $C(x)$ 表示价格异常稳定的因素相应的密度函数，体现在密度函数最大值处的尖峰形态特征。$Q(x)$ 的均值为绝对值较大的负数，方差很小；$K(x)$ 的均值为较大的正数，方差很小；$C(x)$ 的均值与 $P(x)$ 的均值相一致，方差较小。$P(x)$，$Q(x)$，$K(x)$，$C(x)$ 都与正态分布密度函数相似，函数 $Q(x)$，$K(x)$，$C(x)$ 函数形状示意图如图 4.15 所示。

我们构造的完整的风险资产收益率的密度函数为

$$\omega(x)=\lambda P(x)+\theta Q(x)+\tau K(x)+\eta C(x) \tag{4.18}$$

其中 $\lambda>0,\theta>0,\tau>0,\eta>0,\lambda+\theta+\tau+\eta=1$。一种可能的取值模式为 $\lambda\approx0.9,\theta<0.001,\tau<0.001,\eta\approx0.1$。与 $P(x)$ 对应的均值为 0.02，标准差为 0.15；与 $Q(x)$ 对应的均值为 -0.9，标准差为 0.01；与 $K(x)$ 对应的均值为 0.9，标准差为 0.01；与 $C(x)$ 对应的

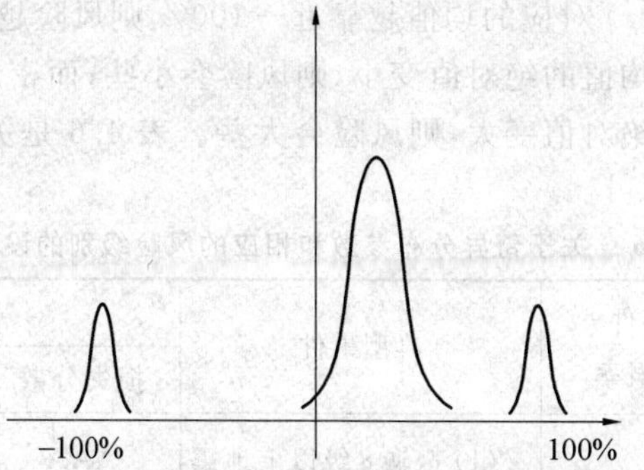

图 4.15　$Q(x)$,$C(x)$,$K(x)$ 函数形态示意图

均值为 0.02,标准差为 0.05。式(4.18) 确定的密度函数与 $P(x)$ 相比必然呈现尖峰和厚尾的特征。

关于 $C(x)$ 的分布函数的形态可以进行更深入的探讨,还可以就 $C(x)$ 的经济意义以及 $C(x)$ 所反映的投资者的投资行为进行深入分析。如何利用样本数据准确估计奇异分布模型(4.1) 中的参数,包括 $P(x)$ 和 $Q(x)$ 的均值和方差以及 λ;更进一步地,如何利用样本数据准确估计奇异分布模型(4.18) 中的参数,包括 $P(x)$,$Q(x)$,$K(x)$,$C(x)$ 的均值和方差以及参数 λ,θ,τ,η,这些内容是值得研究的。这些参数估计的工作需要最小二乘法的使用,也需要通过对经验分布的仔细观察来设定合理的初值。我们就不再对这个问题做进一步探讨了。

4.9　奇异分布与信用风险评估方法的联系

在本节中尝试用本章提出的奇异分布模型来考察与信用评估相关的问题。从定性分析的角度,信用等级越高则相应的风险资产的安全性越高,而信用等级越低则相应的风险资产的安全性越低。银行为企业贷款,银行持有一项风险资产。若该企业在贷款期限内不出现信用风险事件,那么银行将得到预期的收益。对于固定利率贷款来说,银行的这种预期收益基本没有变化,收益不像持有股票资产那样随大盘波动。若出现信用风险事件,则银行会遭受利息甚至本金的损失。个人持有某企业的债券与银行为企业贷款很相似,在发债企业不发生信用风险时,债券持有者将得到预期的利息收入并到期得到本金的返还。若出现信用风险事件,则个人会遭受利息甚至本金的损失。这里所描述的两种情况与本章仔细研究的奇异分布情况略有差异,差异体现在这两种情况的市场风险很小,无信用风险时收益率基本不波动。

我们讨论更广意义上的信用风险问题。在股票市场上进行投资,市场正常的波动就是我们预期到的市场风险,而极端负收益率则体现为一种信用风险事件的发生。用不对称双峰形态的密度函数来描述这种同时具有市场风险和信用风险的资产的收益率,具体的数学模型如下:

$$\omega(x)=\lambda P(x)+(1-\lambda)Q(x)$$

参数 $1-\lambda$ 越小则说明极端风险发生的概率越小,资产的信用等级就越高。对于相同

的 $1-\lambda$ 值，密度函数 $Q(x)$ 对应的均值越靠近 -100% 则风险越大。密度函数 $Q(x)$ 对应的方差越大一般意味着均值的绝对值变小，则风险会小些；而密度函数 $Q(x)$ 对应的方差越小一般意味着均值的绝对值变大，则风险会大些。表 4.6 是关于奇异分布参数和相应的风险级别的设计方案。

表 4.6　关于奇异分布参数和相应的风险级别的设计方案

信用等级	极端事件发生的概率	典型事件	损失特点		
			损失分散	损失较集中	全部损失
A类 极小风险	$1-\lambda<0.00001$	(1) 遭遇8级以上地震 (2) 乘坐商业民航飞机失事	AAA $\rho\approx-0.7$ $\sigma_\eta\approx0.1$	AA $\rho\approx-0.8$ $\sigma_\eta\approx0.01$	A $\rho\approx-1.0$ $\sigma_\eta\approx0.0$
B类 微小风险	$1-\lambda>0.00001$ $1-\lambda<0.0001$	(1) 国有银行破产，存款损失	BBB $\rho\approx-0.7$ $\sigma_\eta\approx0.1$	BB $\rho\approx-0.8$ $\sigma_\eta\approx0.01$	B $\rho\approx-1.0$ $\sigma_\eta\approx0.0$
C类 小风险	$1-\lambda>0.0001$ $1-\lambda<0.001$	(1) 企业倒闭 (2) 一直表现良好的企业陷入财务困境	CCC $\rho\approx-0.7$ $\sigma_\eta\approx0.1$	CC $\rho\approx-0.8$ $\sigma_\eta\approx0.01$	C $\rho\approx-1.0$ $\sigma_\eta\approx0.0$
D类 适当风险	$1-\lambda>0.001$ $1-\lambda<0.01$	(1) 企业经营遭遇极大困难，销售不力，资金周转缓慢	DDD $\rho\approx-0.7$ $\sigma_\eta\approx0.1$	DD $\rho\approx-0.8$ $\sigma_\eta\approx0.01$	D $\rho\approx-1.0$ $\sigma_\eta\approx0.0$
E类 大风险	$1-\lambda>0.01$ $1-\lambda<0.1$	(1) 机动车肇事 (2) 粮食严重减产	EEE $\rho\approx-0.7$ $\sigma_\eta\approx0.1$	EE $\rho\approx-0.8$ $\sigma_\eta\approx0.01$	E $\rho\approx-1.0$ $\sigma_\eta\approx0.0$

以 B 类为例，B 类中 BBB 的风险相对小些，因为损失的均值较小，且分布分散；B 类中的 B 的风险相对大些，因为损失的均值较大，且分布集中。表 4.6 中所列出的极端风险事件出现的概率从 0.1 到 0.000 01，这样的风险评估模式与已有的对企业的信用评估模式很不同。希望这样的模式可以为定量研究各种金融产品的投资风险提供一点帮助。

4.10　本章小结

本书尝试将金融资产的极端收益率与正常分布的收益率合在一起研究，针对一般风险和极端风险分别构造了两个密度函数，分别描述正常分布与尾部分布，用两个密度函数的凸组合构造了一个新的分布密度函数，称之为奇异分布。本章推导了一系列理论公式，并做了一些应用分析，包括极端风险发生概率对奇异分布曲线的影响；在不同置信度下正常分布与奇异分布的 VaR 的差异等。对样本数据进行仔细的应用分析，结果表明，极端风险引起奇异分布的收益率均值变小，方差变大。即在考虑了极端收益率之后，真实收益率变低了，而真实的风险变大了。本章用 VaR 方法评估了奇异分布的风险水平，在正态分布的假设前提下，推导了正常分布与奇异分布的 VaR 公式。计算了正常分布与奇异分布在不同置信度下的 VaR，结果显示，在分布的尾部，奇异分布的 VaR 明显要低于正常分布的 VaR，也就是投资者面临着更大的真实风险。我们还就收益率的经验分布的尖峰厚尾形态进行了特别的分析，提出了一个新的由 4 个密度函数的凸组合构建的密度函数模型，还对收益率的奇异分布与信用风险评估的关系问题做了一点探讨。

第5章　基于列昂惕夫投入产出模型研究国家间的货币流动规律

本章首先简单回顾了列昂惕夫投入产出模型在各领域的应用和发展，从3个方面分析了投入产出模型应用于货币流动领域的可行性。对国家间货币流动的构成和国家与国际金融机构的往来做了细致的考察与分析，界定了一国货币流入和货币流出的确切含义。在此基础上将世界上所有的国家划分为10个部门，建立了国家间货币流动的投入产出表。为了使模型更具有实际意义，对投入产出表进行了转换，分离出了存款和贷款，分别建立了横向投入产出模型和纵向投入产出模型，并定义了直接流入系数和直接流出系数。基于所建立的模型分析货币流与国际储备之间的关系，将国际储备的因素体现在模型中。推导出相应的公式并定义了完全流入系数和完全流出系数等概念，同时建立了混合型的投入产出模型，并在模型推导过程中分析其实际的金融学意义。最后，通过真实的国家间货币流入和流出的数据对模型进行验证，得到国家间或国家与国际金融机构间的货币流变动量之间的定量关系，并说明这些定量关系的金融学意义和经济学意义。

5.1　问题的背景及研究意义

经济全球化的发展使国家间的货币联系越来越突出，国家间货币流动之间到底存在着怎样的规律，一个国家货币流量的变化对其他国家有着怎样的影响，这些问题值得深入研究。可以很好地定量描述经济系统内部联系的投入产出模型已经在很多经济领域中得到了广泛的应用，除了与银行的货币往来之外，货币流动与经济系统内的商品流动之间存在着很好的相似性。在大多数情况下，商品流动与货币流动严格相对应，而且流动方向相反。所以，可以期待用列昂惕夫投入产出模型能够较好地描述经济系统内货币流动的数量规律。但是投入产出模型用于货币流动规律的研究成果却很少，本章中我们尝试用列昂惕夫投入产出模型来研究国家间的货币流动规律。

在市场经济条件下，实物产品的运动和货币资金的运动是对立统一的。在实物运动和价值运动中，国民经济各个部门之间、生产的各环节之间存在着比较复杂的生产技术联系和经济联系，国民经济系统的联系尽管复杂，但可以概括为消耗与被消耗的关系，即投入与产出之间的关系。列昂惕夫投入产出模型是对国民经济系统的复杂联系进行定量研究的有力数学工具，能够很好地从数量上揭示国民经济各个部门、各种产品之间的关系。我们希望使用这种模型来分析世界范围内国家间货币流动的相互依存关系。

贸易项目和资本项目共同构成了国际收支的内容。而国际收支的不平衡则是现在很多国家面临的一个问题。在进行货币流动规律研究时，一个国家在一定时期内的货币流入和货币流出的差额与该国的国际储备的变化密切相关，将每个国家的国际储备纳入到有关货币流的投入产出模型中是非常必要的。每一个国家都会保持一定量的国际储备，国际储备可以弥补国际收支逆差、保持汇率稳定、维护一国的国际信誉、提高一国的国际竞争力。一国向别国或国际金融机构借款和国家间资本的流动会产生国家间债权债务问题。由于国际货币基金组织以及世界性银行的存在，这些国际金融机构起到了外汇资金融通、提供贷款、促进国际的金融合作等方面的作用。

列昂惕夫投入产出模型的发展已较为成熟，有各种类型的投入产出模型。利用投入产出模型可以进行各种研究，包括研究经济结构，为制定经济政策和行动规划提供依据；进行经济前景预测和编制计划；计算国民生产总值、国民收入和社会资本的流通等。本书作者曾经将列昂惕夫投入产出模型应用于一国范围内部门间货币流动的研究，本章在此基础上进一步将该模型应用于国家间货币流动规律的研究方面。国家间货币流动尽管存在一定的复杂性，但是与一国内各部门间的货币流动也存在一定的共性。不同之处体现在国家间货币的流入流出基本不平衡，差额在一定程度上体现为国际储备的改变量。除此之外，每一个国家可以实施有力的货币政策来调节国内的货币流量，而国际范围内却没有这样的政策。

逐个研究每个国家的货币收支特征，并据此来研究货币流动的整体规律有些过于复杂。将世界上所有的国家按照一定的规则划分为若干个不同的部门，然后系统研究各部门间的货币流入流出规律是一种合理的选择，这与传统的投入产出模型的处理方法是相同的。本章仿照列昂惕夫的投入产出模型研究国家间货币流动的相关问题，通过编制货币流入流出表建立相应的数量平衡关系，构建国家间货币流的投入产出模型。本章用列昂惕夫投入产出模型研究国家间货币流动规律是一种新的尝试，对于列昂惕夫投入产出模型和国家间货币流动规律两个方面的研究都有着促进作用。

5.2　列昂惕夫投入产出模型在货币流领域应用的可行性分析

5.2.1　列昂惕夫投入产出模型概述

按照不同的分类原则，投入产出模型有很多种类，但是最基本的模型是静态价值型投入产出模型，它是其他各种投入产出模型导出和应用的基础。

由表 5.1 可知，在水平方向上将投入产出表分为中间需求和最终需求两部分，在垂直方向上分为中间投入和最初投入两部分。将表 5.1 所示的投入产出表分为反映部门间不同投入产出关系的 4 个部分，一般称为 4 个象限，即 Ⅰ，Ⅱ，Ⅲ 和 Ⅳ 象限。

Ⅰ 象限由中间需求和中间投入的交叉部分组成。垂直方向上看，它表示某部门对各个部门产品的中间消耗；水平方向上看，它表示某部门的产品在各个部门的分配，即某部门的产品用于满足各个部门的中间需求。表 5.1 中 A_{ij} 表示第 j 个部门对第 i 个部门的产品的直接消耗量。

Ⅱ 象限由最终需求和中间投入两部分交叉组成，即最终需求类型组成的列和由国民经济 n 个部门组成的行构成。垂直方向上看，它表示最终需求（消费、资本形成和净出口）的部门构成。水平方向上看，它表示各部门用作不同最终需求的数量；表 5.1 中 F_i 表示第

i 部门的产品作为最终需求的数量。

表 5.1　静态价值型投入产出表结构

		中间需求				最终需求			总产出
		1	2	…	n	消费	资本形成	净出口	
中间投入	1	A_{ij} Ⅰ				F_i Ⅱ			X_i
	2								
	…								
	n								
最初投入	固定资产折旧	V_j Ⅲ				Ⅳ			
	从业人员报酬								
	生产税净额								
	营业盈余								
总投入		Y_j							

Ⅲ 象限由中间需求和最初投入两部分交叉组成，是第一象限在垂直方向的延伸，由国民经济 n 个部门组成的列和增加值的构成部分组成的行构成。垂直方向上看，它表示了各部门增加值的数额和构成，水平方向上看，它表示增加值各构成部分的数量及部门构成；表 5.1 中 V_j 表示第 j 个部门的增加值数额。

Ⅳ 象限由最终需求和最初投入两部分交叉组成，称为再分配象限，表示各部门在第三象限提供的最初投入通过资金运动转变为第二象限最终需求的变化过程，以反映国民经济再分配的情况。但由于资金运动和再分配的运动过程及机理较为复杂，难以在一个简单的象限中准确完整地表述出来，所以目前编制的投入产出表一般不包括该象限。为了更加形象地说明表 5.1，我们以 5 个部门为例对投入产出表及相应的参数做一些介绍。

表 5.2　具有 5 个部门的投入产出平衡表

	中间产品					最终产品	总产出
	部门 1	部门 2	部门 3	部门 4	部门 5		
部门 1	A_{11}	A_{12}	A_{13}	A_{14}	A_{15}	F_1	X_1
部门 2	A_{21}	A_{22}	A_{23}	A_{24}	A_{25}	F_2	X_2
部门 3	A_{31}	A_{32}	A_{33}	A_{34}	A_{35}	F_3	X_3
部门 4	A_{41}	A_{42}	A_{43}	A_{44}	A_{45}	F_4	X_4
部门 5	A_{51}	A_{52}	A_{53}	A_{54}	A_{55}	F_5	X_5
劳动 L	L_1	L_2	L_3	L_4	L_5		
资本 K	K_1	K_2	K_3	K_4	K_5		
总投入	X_1	X_2	X_3	X_4	X_5		

表 5.2 中符号的含义与表 5.1 类似，A_{ij} 表示第 i 部门向第 j 部门投入的商品的价值，比如 A_{43} 表示第 4 部门向第 3 部门投入的商品的价值。F_i 表示第 i 部门的产出中作为最终消费品的价值，L_i 是第 i 部门的总投入中劳动投入的部分，K_i 是第 i 部门的总投入中资本投入的部分，X_i 是第 i 部门的总投入，也是第 i 部门的总产出。表 5.2 中存在着以下数量关系。

横向平衡关系：

$$\sum_{j=1}^{5} A_{ij} + F_i = X_i \quad i = 1,2,3,4,5$$

纵向平衡关系：

$$\sum_{i=1}^{5} A_{ij} + L_j + K_j = X_j \quad j = 1,2,3,4,5$$

列昂惕夫假设任何一个部门的单位产出中，需要从其他部门（包括本部门）投入的部分占有固定的比例，这是由该部门的产出品的特性决定的。也就是说，对于任意的 i 和 j，$\dfrac{A_{ij}}{X_j}$ 为常数值，称 $\alpha_{ij} = \dfrac{A_{ij}}{X_j}$ 为直接消耗系数或称为技术系数。由直接消耗系数的表达式可得到 $A_{ij} = \alpha_{ij} \times X_j$，带入到上面横向平衡关系的表达式中，得到下面的方程组：

$$\begin{cases} \alpha_{11}X_1 + \alpha_{12}X_2 + \alpha_{13}X_3 + \alpha_{14}X_4 + \alpha_{15}X_5 + F_1 = X_1 \\ \alpha_{21}X_1 + \alpha_{22}X_2 + \alpha_{23}X_3 + \alpha_{24}X_4 + \alpha_{25}X_5 + F_2 = X_2 \\ \alpha_{31}X_1 + \alpha_{32}X_2 + \alpha_{33}X_3 + \alpha_{34}X_4 + \alpha_{35}X_5 + F_3 = X_3 \\ \alpha_{41}X_1 + \alpha_{42}X_2 + \alpha_{43}X_3 + \alpha_{44}X_4 + \alpha_{45}X_5 + F_4 = X_4 \\ \alpha_{51}X_1 + \alpha_{52}X_2 + \alpha_{53}X_3 + \alpha_{54}X_4 + \alpha_{55}X_5 + F_5 = X_5 \end{cases}$$

用 $\boldsymbol{A}$ 表示由所有的直接消耗系数构成的系数矩阵，即

$$\boldsymbol{A} = \begin{bmatrix} \alpha_{11} & \alpha_{12} & \alpha_{13} & \alpha_{14} & \alpha_{15} \\ \alpha_{21} & \alpha_{22} & \alpha_{23} & \alpha_{24} & \alpha_{25} \\ \alpha_{31} & \alpha_{32} & \alpha_{33} & \alpha_{34} & \alpha_{35} \\ \alpha_{41} & \alpha_{42} & \alpha_{43} & \alpha_{44} & \alpha_{45} \\ \alpha_{51} & \alpha_{52} & \alpha_{53} & \alpha_{54} & \alpha_{55} \end{bmatrix}$$

用 $\boldsymbol{X}$ 表示由所有部门的总产出构成的列向量，用 $\boldsymbol{F}$ 表示由所有部门的最终消费品价值构成的列向量，用 $\boldsymbol{I}$ 表示单位矩阵，则有用矩阵向量形式表示的投入产出方程：

$$(\boldsymbol{I} - \boldsymbol{A})\boldsymbol{X} = \boldsymbol{F} \tag{5.1}$$

矩阵 $\boldsymbol{A}$ 中的元素满足下面的关系式：

$$\sum_{j=1}^{5} \alpha_{ij} \leqslant 1,\ j = 1,2,3,4,5$$

$$\sum_{i=1}^{5} \alpha_{ij} < 1,\ j = 1,2,3,4,5$$

若把由所有部门的最终消费品价值构成的列向量 $\boldsymbol{F}$ 当成是外生的变量，给定 $\boldsymbol{F}$，通过求解方程组(5.1) 就可以解出每个部门的总产出水平 $\boldsymbol{X}$。

若假设矩阵$(\boldsymbol{I} - \boldsymbol{A})$ 可逆（实际上对于绝大多数实际问题，矩阵$(\boldsymbol{I} - \boldsymbol{A})$ 的确是可逆

的),则方程(5.1)可以写成下面的形式:

$$\boldsymbol{X}=(\boldsymbol{I}-\boldsymbol{A})^{-1}\boldsymbol{F} \tag{5.2}$$

其中,矩阵$(\boldsymbol{I}-\boldsymbol{A})^{-1}$被称为完全消耗系数矩阵,矩阵$(\boldsymbol{I}-\boldsymbol{A})^{-1}$中的第$i$行第$j$列元素$\gamma_{ij}$恰好是第$j$部门增加一个单位的产出时需要第$i$部门的直接的和间接的投入的总和。完全消耗系数矩阵是列昂惕夫投入产出模型中最具经济意义的部分之一。

如果要考察$\boldsymbol{F}$的变化与$\boldsymbol{X}$的变化的关系,则由式(5.2)并通过微分运算得到下面的表达式:

$$\Delta\boldsymbol{X}=(\boldsymbol{I}-\boldsymbol{A})^{-1}\Delta\boldsymbol{F}$$

列昂惕夫投入产出模型的使用有一些苛刻的条件,一是要求得到准确的直接消耗系数矩阵,二是直接消耗系数矩阵的元素保持不变,三是每一个部门的生产中所使用的生产要素不能相互替代,四是规模收益不变,五是机器设备的增加没有包括在基本的模型之中。

前面主要分析和研究某一时期的生产过程,但是社会各个时期的生产过程之间并不是孤立的,各部门要扩大生产规模就必须在前一时期或前几个时期进行固定资产投资,形成新的生产能力。为了更真实地定量描述国民经济各个部门之间的依存关系,就必须用动态投入产出模型方法,这里不再列出。

5.2.2 投入产出模型在各领域的应用

投入产出模型的应用领域已经非常广泛,但是总结起来,主要包括以下3个方面。

(1) 对经济结构进行分析。依据经济数据编制的各种投入产出表将经济数据分门别类,通过仔细研究投入产出表可以从中分析出经济的很多特征,如每个部门的生产技术特征、这些部门的资本设备特征,就业人员的工资情况,各部门对国外出口市场的依赖程度及进口情况等。特定的投入产出表所反映的产业结构是在一定的市场条件下根据各自的目标而采用最优生产方式并确定其生产数量的结果,它随市场条件的变化而变化。研究不同时期的投入产出表可以解释产业结构随着时间的变化发生了那些改变,甚至可以发现这些改变的原因。

(2) 对经济发展进行预测。各个部门之间的联系可以在投入产出分析中表现为传导效应和乘数效应,从可以预测和可以控制的那些经济变量出发,通过乘数关系来预测其他变量必然发生的变化。较早的应用是在第二次世界大战结束前期,当时战争快要结束的前景已经明朗,经济学家们开始思考战后经济重建问题。当时很多人认为由于战争的结束,军品生产必然要大幅度下降,因此钢的需求量将会大幅减少。但列昂惕夫应用投入产出分析得出钢的需求量将会大幅增加的结论,而且给出了具体的需求总量的预测数值。后来的事实证明列昂惕夫的预测是准确的。

(3) 模拟政策效应。不管是资本主义国家还是社会主义国家,都用这种方法来分析各种政策效应,并收到很好的效果。如果国家要制订一个计划,首先需要了解该计划是否可行以及实行了该计划以后会发生什么样的效果,这就需要用合适的数学模型来预测该政策的效应。公用设施的提价、间接税率的提高以及工资水平提高等对商品价格的上升所产生的影响需要准确地测算。投入产出模型是合适的数学工具。如果政府要实施一项政策来限制或者扶持某一个部门或者产业，显然不能仅仅只看到限制或扶持该部门或产业的结果，还应该看到这个部门的变动对所有其他部门的影响，这就需要我们用投入产出模型来分析。

列昂惕夫创立的投入产出模型方法最初主要用于分析一国的国民经济。半个多世纪中，投入产出分析不仅在理论研究的深度方面有发展，而且在应用方面也扩展很快。投入产出分析可以用于研究地区经济的发展，此外，投入产出分析也可以广泛地适用于广义的有投入和产出的经济的和非经济的活动分析，如在环境保护和水资源利用、对外贸易、人口与教育、分配等领域。资金流量的投入产出分析对于了解一个国家的货币运行规律有很大的帮助。资金流量表与投入产出表有很大的差别：部门分类的内涵不同，记录的对象不同，分析的工具也有差异，但可以确信，投入产出分析方法应该可以用于各部门间现金流的定量研究方面。

5.2.3　列昂惕夫投入产出模型与货币流动特点的关系的考察

研究多部门投入产出关系的投入产出模型最早是由列昂惕夫提出来的，最初是用于研究产业经济领域中各产业之间的关联程度。由于该方法在各方面表现出的优良特性而陆续被很多学者广泛应用于其他研究领域，如环境保护和水资源、人口教育、商业银行竞争力等。具体而言，投入产出分析方法的特点如下。

第一，各个经济变量之间虽然存在着错综复杂的关系，但是在投入产出表中都将其转化为一次函数关系，在若干假定下建立确定的线性模型，然后利用模型来分析各部门之间的内部联系。用简单分析的方法打开了深入分析的路子，虽然线性方程组是简单的，而所反映的各个部门无穷次的直接和间接的联系却是复杂的。

第二，投入产出分析方法是一种系统分析方法。整个国民经济是一个由多个相互作用、相互依存的子系统结合而成的有机整体。横向维度上，国民经济由商品生产部门子系统和服务生产部门子系统组成，单个子系统还可以进一步分为更小一点的子系统，在这个维度的子系统是平行关系，没有时间上的先后顺序，各个子系统之间相互影响。纵向维度上，可以将经济分为生产、流通、分配、使用 4 个子系统，这些子系统之间存在时间先后联系，因此更多地在时间维度上存在各种复杂联系，任何一个子系统的变化都会引起其他子系统的变化。

第三，在经济研究中，投入产出分析法主要是研究经济各部门之间的相互联系，而这些联系主要是因为在生产过程中各种资源在各部门之间的不断流动，中间部门需要其他部门的产出品来生产中间产品或最终消费品，然后传递给下一部门继续进行生产，直至用于消费、投资、出口等。某一部门 A 从上一部门 B 获得的直接产品有可能是上一部门 B 从另一部门 C 获得的，这对于该部门 A 来说是从部门 C 获得的间接产品，因此这个方法的目的是确定各部门需要如何改变生产才能满足最终需求的变化。任何一个部门的产品在这个产品链上的变化都会影响其他部门，进而影响整个系统。因此，该方法实际上是将相互依存、相互依赖的各个部门之间的复杂联系最突出地表现在产出和消耗的关系上，把产出和进口作为总资源的流入，把中间消耗、最终使用、资本形成总额、出口作为总资源的耗用，从数量上解释国民经济各个部门之间的相互依存、相互制约的数量关系。

通过上面对投入产出分析方法特点的分析，我们认为利用投入产出分析方法研究各部门间的货币流动问题是具有可行性的，具体原因如下：

第一，部门间的货币流动存在大致的线性关系。投入产出模型是一种线性模型，因此所研究的问题符合线性模型时才能更好地来进行描述和表达。在多部门间的货币流动问题中，各个部门间的货币流量大致是线性相关的，可以假定在一定时期内各部门与其他部门的货币流量在总货币流量中的比例是稳定的。因此，使用投入产出模型分析研究存在线性关系的多部门间货币流动问题可行的。我们考虑国家之间的货币流入和流出，可以将每个国家流入到另一个国家的货币流量与货币流入国所有的货币流入量假设为稳定的比例关系；还可以将每个国家流出到另一个国家的货币流量与该国所有的货币流出量假设为稳定的比例关系。

第二，投入产出方法适用于系统研究。显而易见，部门间的货币流动是一个高度相关的有机整体，因为货币几乎存在于经济活动的所有环节，在众多主体之间不停地流动，货币的流动将各个主体连接在一起，形成了一个庞大的系统。例如：中央银行通过货币政策影响商业银行系统的货币存量，通过商业银行贷款行为，系统中其他主体的货币使用量发生了变化，而这些主体又会通过生产、消费、投资等渠道使他们的货币流向包括商业银行和央行在内的其他主体，那么商业银行和央行货币的增加又会继续这样影响下去，周而复始。国家之间的货币流动也是相似的，一个国家投入到另一个国家中的货币，通过各种形式流向其他国家，而世界性商业银行、国际货币基金组织等国际金融机构的存在也起到了类似于中央银行的作用。可以说，任何主体的货币收支都会引起其他主体货币收支的变化，这就说明了货币流动的系统复杂性，而投入产出模型正是擅长于此类问题的研究。所以，用投入产出分析方法研究多部门间货币流动问题是值得尝试的。

第三，投入产出分析方法研究的是变量之间的直接联系和间接联系。与商品生产中各部门之间的无穷次间接联系类似，货币流动系统内部各主体的货币收支同样存在这样的联系：每个国家流向另一个国家的货币，再被这个国家兑换流向其他国家。我们也可以假设各部门在一定时期内与其他部门之间的货币流入流出占其总货币流入流出的比例为一个相对固定的系数，然后展开模型的理论研究和应用研究；为了研究商业银行存贷行为对各部门货币收支以及系统总货币收支的影响，可以将各部门对应的商业银行存款和商业银行贷款分列出来，认为他们只受系统外因素的影响，目的就是定量考察各部门存贷款分别变化时对整个系统货币量的影响。另外，各部门的货币流入是通过提供生产要素或产品、融资、贷款等方式而来自其他部门的，而货币流出则是通过购买要素或产品、投资、存款等方式而流向其他部门的。这些特点与投入产出方法应用于国民经济生产研究中所面临的情况类似。所以，有理由认为多部门间货币流动问题可以用投入产出方法来进行研究。

5.2.4 资金流量模型与货币流模型的相似性

我国经济学家在资金流量分析方面有一些基本的研究。按照投入产出的方法，在编制表格的横向上由机构部门、金融投资、总支出构成，表示资金的总流出；纵向上为机构部门、金融负债和总收入，表示资金的总流入；机构部门分为：住户、企业、政府、金融、国外；

金融投资和负债包括通货、存款、贷款、证券、储备和遗漏；总支出包括消费、实物投资、净出口；总收入包括增加值、储蓄。各个部门通过各种金融工具形成资金流量表，以此来研究各部门之间的经济联系。与传统投入产出模型一样，资金流量投入产出表中存在一系列平衡关系：首先是所有的资金流入等于所有的资金流出，所有的金融资产之和等于所有的金融负债之和，各个部门对某一个金融工具的投资相加，即是该金融工具的投资数量，将每个部门在某一种金融工具上的负债相加，即得到该金融工具引起的负债数量。

同投入产出模型中的直接消耗系数一样，资金流量投入产出模型中也存在一些比例系数。收入分配系数表明每个部门从其他部门获取资金流入的比重，自己对自身的内部比例系数比较大表明收入分配主要在自身机构进行，以此能反映各个部门之间的相互依存关系；金融投资结构系数能够看出每个部门对于某一种金融工具的偏爱，金融负债结构系数表明其主要的资金来源等。可以看出，投入产出法在资金流动领域的应用还是有实用价值的。

投入产出式资金流量表见表 5.3。

表 5.3　投入产出式资金流量表

		部门间金融资金往来			实物交易资金流出			总资金使用
		1	…	n	1	…	k	
部门间金融资金往来	1	a_{11}	…	a_{1n}	y_{11}	…	y_{1k}	w_1
	⋮	⋮	⋱	⋮	⋮	⋱	⋮	⋮
	n	a_{n1}	…	a_{nn}	y_{n1}	…	y_{nk}	w_n
实物交易资金流入	1	v_{11}	…	v_{1n}				
	⋮	⋮	⋱	⋮				
	g	v_{g1}	…	v_{gn}				
总资金流入		w_1	…	w_n				

表中 $1-n$ 即为各个不同的部门，a_{ij} 表示从 i 部门到 j 部门与金融有关的货币流，同时也是 j 部门收到的来自 i 部门的货币流，y_{ij} 表示从部门 i 流出的与第 j 种实物交易有关的货币流，v_{ij} 表示流入到部门 j 的与第 i 种实物交易有关的货币流。

依据该表可建立如下的数学关系式：

$$\boldsymbol{W}=\boldsymbol{A}\boldsymbol{W}+\boldsymbol{Y}_1+\cdots+\boldsymbol{Y}_k$$

$$\boldsymbol{W}=\boldsymbol{B}^{\mathrm{T}}\boldsymbol{W}+\boldsymbol{V}_1^{\mathrm{T}}+\cdots+\boldsymbol{V}_g^{\mathrm{T}}$$

可以导出下面的模型：

$$\boldsymbol{W}=(\boldsymbol{I}-\boldsymbol{A})^{-1}(\boldsymbol{Y}_1+\cdots+\boldsymbol{Y}_k) \tag{5.3}$$

$$\boldsymbol{W}=(\boldsymbol{I}-\boldsymbol{B}^{\mathrm{T}})^{-1}(\boldsymbol{V}_1^{\mathrm{T}}+\cdots+\boldsymbol{V}_g^{\mathrm{T}}) \tag{5.4}$$

式(5.3)中，$\boldsymbol{A}=\{a_{ij}/w_j\}$ 为投入系数矩阵；$\boldsymbol{W}$ 为所有的资金合计列向量；$\boldsymbol{Y}_k$ 为各项实物资金支出列向量。式(5.4)中，$\boldsymbol{B}=\{a_{ij}/w_i\}$ 为分配系数矩阵；$\boldsymbol{V}_k$ 为各项实物资金流入行向量。其中，逆矩阵 $(\boldsymbol{I}-\boldsymbol{A})^{-1}$ 中的要素含义是：当第 j 部门实物资金变化一个单位最终导致第 i 部门多少单位的资金供应。同样，对于 $(\boldsymbol{I}-\boldsymbol{B}^{\mathrm{T}})^{-1}$ 表示当第 i 部门实物资金流入

变化一个单位，对于 j 部门总的资金变化的数量。

该模型与我们将要建立的国家间货币流的投入产出模型具有较好的相似性。该模型研究的是资金流，将部门间的金融资金往来和实物资金往来单独列出，按照总资金使用等于总资金来源的关系列在投入产出表中。这与本书作者之前建立的部门间货币流的投入产出模型是基本相同的，不同之处即是出发点不同，资金流量模型主要体现各部门通过金融交易和实物交易获得资金和支出资金的情况，我们主要是分离存贷款，分析总货币流的变化情况。

5.3 关于国家间以及各国与国际金融机构间的货币流动的考察

5.3.1 信用货币制度下国家间的货币流动

国际间的货币流通一般可以概括为如下两种形式：即资本流动和国际贸易活动。国际间的公司合作开设企业而产生的国际直接投资（FDI）是资本流动的例子；使用货币支付相应的货款或者产生的收益而引发的货币流动是国际贸易活动的例子。另一种就是金融性资本流动，这种流动与生产和交换等只有一些间接的联系。举例来说，如国际贸易中使用同业拆借进行业务的结算和货物的交接，国际市场上以获取收益为目的的买卖证券，外汇市场上为获取收益而进行的外汇买卖，国际金融衍生品市场上所进行的不以商品贸易为目的的交易等。

关于在现阶段国家间的货币流动情况，我们从国际收支平衡表的角度出发进行分析。按照不同的账户，可以将资金流动情况进行比较完整的分析，每一个项目就是一项货币流动。

经常账户用于记录一些商品流动产生的货币交易活动，这些流动发生于国家与国家之间，包括商品、服务等所产生的收入，具体包括以下 4 个方面。

（1）货物。货物的范围比较广泛，既包括单纯的一般商品，也包括处于加工中的半成品、运输类交通工具、不具有货币性质的黄金等。一般来说，货物按边境的离岸价计价。货物的流出伴随着货币的流入，货物的流入伴随着货币的流出，馈赠的方式除外。一般货物的流动与货币的流动在时间上有一定的不一致性。

（2）服务。服务的范围也比较广泛，一些基本项目如交通运输、旅游观光等，也包括金融、电子技术、专利技术和一些特定的商业化运作类型的服务。同货物一样，服务的流出伴随着货币流入，服务流入伴随着货币流出。

（3）发生在居民和非居民两者身上的经济往来，主要包括经济主体获得的劳动报酬、从投资中取得的收益、债务债权的利息等，但是资本损益除外。

（4）国际范围内政府之间的合作产生的税收收入、个人汇款等。

资本账户主要包括资本转移和金融资产以外的资产的买卖。金融账户主要指的是一些所有权变动的交易，对象为经济体之间，一般包括资产和负债等的变动。金融账户的种类繁多，包括以下 4 大类：直接投资，证券投资，与贸易信贷、贷款、货币和存款有关的资产和负债，储备资产。

5.3.2　国际金融机构与其会员之间的货币流动

国际金融机构又称国际金融组织，是指世界多数国家的政府之间通过签署国际条约或协定而建立的、从事国际金融业务、协调国际金融关系、维系国际货币和信用体系正常运作的超国家金融机构。按范围可分为全球性国际金融机构和区域性的国际金融机构。全球性国际金融机构有国际货币基金组织（IMF）、世界银行、国际开发协会、国际金融公司、多边投资保证机构；区域性国际金融机构有国际清算银行、欧洲投资银行、亚洲开发银行、非洲开发银行、泛美开发银行。因为这些机构只会与其会员国产生往来，所以这里不研究这些机构与非会员国之间的联系。

由于国际开发协会、国际金融公司和多边投资保证机构都隶属于 IMF 或世界银行，因此只分析各国与 IMF、世界银行之间的往来。会员国与 IMF 之间的往来主要包括：认缴一定的基金份额，这个份额是可变化的；IMF 向会员国借款和出售黄金，作为组织的资金来源；会员国向 IMF 取得各类贷款。国际货币基金组织的贷款主要包括以下几项。

普通贷款是国际货币基金组织最基本的贷款形式，用以解决成员国一般国际收支逆差的短期资金需要，期限是 3 ～ 5 年。成员国借用普通贷款时，一年内的借款额不得超过其认缴份额的 25%，5 年内的借款累计额不得超过其认缴份额的 125%。出口波动补偿贷款是国际货币基金组织 1963 年 2 月设立的特殊信贷项目，用于帮助初级产品出口国因解决国际市场行情下跌、出口收入下降而发生的国际收支困难，贷款期限是3 ～ 5 年。要求初级产品出口国的出口收入一旦恢复，要尽快向国际货币基金组织归还贷款。缓冲库存贷款是国际货币基金组织应初级产品出口国的要求创立的一种特殊贷款项目。创立的目的在于向初级产品出口国提供资金支持，帮助建立初级产品的国际缓冲库存，以便视初级产品国际市场行情的走势，适时进行抛售或购进，从而稳定国际市场上初级产品的价格，抵御初级产品国际市场供需状况变动对初级产品出口国收入的冲击，贷款期限也是 3 ～ 5 年。石油资金贷款是国际货币基金组织设立的一项临时性专门贷款，目的是为了帮助成员国解决石油危机后油价暴涨带来的国际收支困难。中期贷款是国际货币基金组织为了解决成员国较长时期的国际收支结构性困难。中期贷款额比普通贷款大，最高借款额度可以达到借款国在国际货币基金中认缴份额的 140%。

世界银行与会员国之间的往来主要包括：会员国认购世界银行的股份，认购数量可变化；给世界银行的附属机构提供补充资金；世界银行向会员国提供贷款、技术援助、出让债权等。

国际清算银行被称为“各国中央银行的中央银行”。很多国家的中央银行将国际清算银行当作它们的储备资产进行保值增值的理想投资场所和投资途径，这些国家将它们的储备甚至黄金存放在国际清算银行，利用国际清算银行来为其理财。主要业务有：接受各国中央银行的存款，包括接受部分国家的中央银行存入的黄金；在必要的时候，向有关国家的中央银行发放贷款；代各国中央银行买卖黄金与外汇；代各国中央银行发行债券；与有关的中央银行签订特别协议，代办国际结算业务；为各国政府间贷款充当执行人或受托人。

其他区域性国际金融机构只是与该区域内的会员国产生业务往来，主要形式有会员国向金融机构认缴份额，金融机构向会员国发放贷款等。区域性国际金融机构的会员国数量和影响范围有限,其与会员国之间的货币往来对全球的货币往来影响较小。

国际金融机构与世界上不同区域经济体之间的业务往来如下。

南亚:世行是南亚地区的一个重要发展伙伴,目前共有 210 个在建项目,承诺资金达到 381 亿美元。2011 财年,世行共批准了该地区 46 个项目,世界银行(IBRD) 承诺贷款 37 亿美元,国际开发协会(IDA) 承诺 64 亿美元,其中包括 3.973 亿美元的捐赠。

中东和北非地区:由于一些较大借款国近期局势的动荡,导致 2011 财年下半年许多项目出现拖延。在埃及、突尼斯和其他国家开始准备新的项目。世界银行和国际开发协会的贷款从 2009 财年的 17 亿美元增加到 2010 财年的 37 亿美元,但在 2011 年下降到 21 亿美元。收费性知识服务从 2010 财年的 1 220 万美元增加到 2011 财年的 1 400 万美元。

拉丁美洲和加勒比海地区:2011 财政年度,世行的支持达到了 96 亿美元,其中包括来自世界银行的 92 亿美元和来自国际开发协会的 4.6 亿美元。世行对该地区的投入超过世行全部新承诺额的 20%。墨西哥(28 亿美元) 和巴西(25 亿美元) 是最大的借款国。

欧洲和中亚:2011 财政年度,世行的支持达到了 61 亿美元,其中包括来自世界银行的 55 亿美元和来自国际开发协会的 6.55 亿美元。最大的借款国是土耳其(14 亿美元)、波兰(11 亿美元) 和罗马尼亚(11 亿美元)。

东亚和太平洋地区:2011 财政年度,世行批准了 80 亿美元以支持东亚和太平洋地区的 58 个项目。世行的援助包括世界银行贷款和 16 亿美元的国际开发协会资金承诺。

撒哈拉以南的非洲:2011 财年,世界银行为非洲提供了 71 亿美元的援助,其中包括来自国际开发协会的 70 亿美元和来自世界银行的 5 600 万美元。

5.4　国家间货币流动的投入产出模型的建立

5.4.1　部门分类和部门间的货币流入和货币流出

投入产出分析要做的第一个工作是进行部门分类,部门分类要体现每个部门内各国经济结构的相似性特点,特别是能够通过国际贸易的联系,体现不同部门间的差异性,分析部门之间的经济依存关系。我们按照地区内国家间经济的相似性将所有国家分为 7 个部门:东亚和太平洋地区、南亚、欧洲和中亚、拉丁美洲和加勒比海地区、中东和北非、北美、撒哈拉以南的非洲,同时将比较有代表性的中国、美国、日本单独列出来。用 0 ~ 9 分别代表每一个部门,用 g 表示国际金融机构。关于每个部门的详细说明见本章后面的相关内容。

需要说明的是,若按照国家来划分部门,每一行和每一列都有 200 多个数据,合起来是一个包含 40 000 多个数据的大矩阵,这显得过于复杂。因此我们将所有国家进行适当归类而划分为较少的部门,以减少复杂程度。但是划分为较少的部门会对我们的研究带来了一些负面效应。比如我们将部门里面每个国家的关于贸易、投资、外债等项目全部加总起来而变为一个总的货币流时,我们就将贸易、投资、外债的比重分别平均化了,在计算完全流入系数和完全流出系数时,我们能够发现这一缺憾。比如一个非常依赖于外债的国家,我们将其归并到一个部门内,这个外债额就变得微不足道了。如果有条件则最好还是分国家单独进行研究，即将每一个国家看成一个独立的部门。本章主要研究投入产出模型应用于国家间的货币流研究的可行性，将国家分为若干个部门来进行研究可以方便地进行一些算例的考察。

在一般的对外经济核算中，国家间采用的是权责发生制原则，即应在经济价值被创造、转移、交换或消灭时记录，而不是在有关款项实际收付时记录。而我们研究货币流动时则恰好相反，在有关货币发生变动时进行记录。对外交易核算的原始数据是用各种不同的货币单位表示的，我们在进行投入产出表的编制时，要将这些不同的货币单位转换为统一的货币单位。在这里，我们采用美元作为统一的货币进行计量。同时在转换时采用市场汇率，就是即期市场汇率的中间价。交易时，采用交易日的通行市场汇率进行转换。

为了与国际收支平衡表对应，以及在以后统计数据时方便，我们按照国际收支平衡表的统计原则来界定每两个国家或每两个部门间的货币流入和流出（表 5.4）。

表 5.4　国家间货币流入流出的描述

经济活动	经济活动项目	货币流状态	商品流和货币流	备注和说明
对外贸易活动	货物贸易	货币流入	货物出口	货物包括：1. 一般商品；2. 用于加工的货物；3. 货物修理；4. 各种运输工具在港口购买的货物；5. 非货币黄金
		货币流出	货物进口	
	服务贸易	货币流入	服务出口	服务包括：1. 运输；2. 旅游；3. 通信服务；4. 建筑服务；5. 保险服务；6. 金融服务；7. 计算机和信息服务；8. 专有权利使用费和特许费；9. 咨询；10. 广告和宣传；11. 其他商业服务和政府服务
		货币流出	服务进口	
对外收入分配活动	投资收益	货币流入	收益获得	1. 直接投资收益（股本收益和债务利息） 2. 证券投资收益（股本收益和债务利息） 职工报酬
		货币流出	收益支付	
	劳动收入	货币流入	获得报酬	
		货币流出	支付报酬	
对外投资活动	直接投资	货币流入	外商投资	股本
		货币流出	对外投资	投资收益
	证券投资	货币流入	外商投资	股本证券
		货币流出	对外投资	中长期债券、货币市场工具、衍生工具
	其他投资	货币流入	外商投资	贸易信贷
				贷款
		货币流出	对外投资	货币和存款
对外转移活动	转移支付	货币流入	转移收入	经常转移（不包括实物转移）
		货币流出	转移支付	资本转移（主要是债务减免）

5.4.2 国家间货币流动的投入产出表

为了叙述的方便，在后面的表述中部门和国家有相同的含义。根据 5.3.2 节对国际金融机构往来的描述和 5.4.1 节对国家间货币流入和流出之间的描述，我们将国家间的货币流用一张棋盘表的方式表现出来。

表 5.5 国家间的货币流的投入产出表

i \ j	0	1	2	3	4	5	6	7	8	9	g	C
0	X_{00}	X_{01}	X_{02}	X_{03}	X_{04}	X_{05}	X_{06}	X_{07}	X_{08}	X_{09}	X_{0g}	C_0
1	X_{10}	X_{11}	X_{12}	X_{13}	X_{14}	X_{15}	X_{16}	X_{17}	X_{18}	X_{19}	X_{1g}	C_1
2	X_{20}	X_{21}	X_{22}	X_{23}	X_{24}	X_{25}	X_{26}	X_{27}	X_{28}	X_{29}	X_{2g}	C_2
3	X_{30}	X_{31}	X_{32}	X_{33}	X_{34}	X_{35}	X_{36}	X_{37}	X_{38}	X_{39}	X_{3g}	C_3
4	X_{40}	X_{41}	X_{42}	X_{43}	X_{44}	X_{45}	X_{46}	X_{47}	X_{48}	X_{49}	X_{4g}	C_4
5	X_{50}	X_{51}	X_{52}	X_{53}	X_{54}	X_{55}	X_{56}	X_{57}	X_{58}	X_{59}	X_{5g}	C_5
6	X_{60}	A_{61}	X_{62}	X_{63}	X_{64}	X_{65}	X_{66}	X_{67}	X_{68}	X_{69}	X_{6g}	C_6
7	X_{70}	X_{71}	X_{72}	X_{73}	X_{74}	X_{75}	X_{76}	X_{77}	X_{78}	X_{79}	X_{7g}	C_7
8	X_{80}	X_{81}	X_{82}	X_{83}	X_{84}	X_{85}	X_{86}	X_{87}	X_{88}	X_{89}	X_{8g}	C_8
9	X_{90}	X_{91}	X_{92}	X_{93}	X_{94}	X_{85}	X_{86}	X_{87}	X_{88}	X_{99}	X_{9g}	C_9
g	X_{g0}	X_{g1}	X_{g2}	X_{g3}	X_{g4}	X_{g5}	X_{g6}	X_{g7}	X_{g8}	X_{g9}		
R	R_0	R_1	R_2	R_3	R_4	R_5	R_6	R_7	R_8	R_9		

表 5.5 中每一交叉处的符号表示横向所在部门向纵向所在部门的货币流量，表中的每一个值都是某个固定时间内(比如一年内) 发生的货币流量值，也就是说，本章提出的货币流动的投入产出模型是一个流量模型，不能用存量进行替代。

表 5.5 中变量是依据各个部门的主要货币收支项目设置的，本节将对相关变量的经济含义做细致地解释。X_{ij} 表示 i 国家流向 j 国家的货币流，是 i 国家向 j 国家的货币流出，也是 j 国家从 i 国家获得的货币流入。其代表的货币流入流出在 5.4.1 节中已经大致进行了分析。用 X_{ij} 表示所有的 i 国家流向 j 国家的货币流，不再将所有的细节都列出。

C_i 表示一定时期内 i 国家向其他国家(包括本国) 的总货币流出量，R_j 是一定时期内 j 国家从其他国家(包括本国) 流入的总的货币数量。

然后详细分析一下 X_{ig}，X_{gi} 代表的含义，具体描述见表 5.6。在 5.3.2 节中，我们已经讨论了一个国家与国际金融机构之间的往来。

在此基础上，可以建立下面的平衡关系。

基于每一个国家的货币流出，有下面的方程组成立：

$$\sum_{j=0}^{9} X_{ij} + X_{ig} = C_i, i=0,1,2,\cdots,9 \tag{5.5}$$

基于每一个国家的货币流入，有下面的方程组成立：

$$\sum_{i=0}^{9} X_{ij} + X_{gj} = R_j, j = 0,1,2,\cdots,9 \tag{5.6}$$

表 5.6　国家与国际金融机构的货币往来

项目	代表	包括内容
		i 国家偿还国际金融机构的债务
X_{ig}	所有从 i 国家流向国际金融机构 g 的货币流	i 国家向国际金融机构的存款
		缴纳份额
		向国际金融机构捐款
X_{gi}	从国际金融机构流向 j 国家的所有货币流	j 国家从国际金融机构获得的贷款
		j 国家从国际金融机构账户中提取的款项

仿照列昂惕夫的做法，对表 5.5 进行了转换处理，具体见表 5.7。

表 5.7　国家间的货币流量的横向投入产出表

i \ j	0	1	2	3	4	5	6	7	8	9	存款	C_i
0	A_{00}	A_{01}	A_{02}	A_{03}	A_{04}	A_{05}	A_{06}	A_{07}	A_{08}	A_{09}	D_0	C_0
1	A_{10}	A_{11}	A_{12}	A_{13}	A_{14}	A_{15}	A_{16}	A_{17}	A_{18}	A_{19}	D_1	C_1
2	A_{20}	A_{21}	A_{22}	A_{23}	A_{24}	A_{25}	A_{26}	A_{27}	A_{28}	A_{29}	D_2	C_2
3	A_{30}	A_{31}	A_{32}	A_{33}	A_{34}	A_{35}	A_{36}	A_{37}	A_{38}	A_{39}	D_3	C_3
4	A_{40}	A_{41}	A_{42}	A_{43}	A_{44}	A_{45}	A_{46}	A_{47}	A_{48}	A_{49}	D_4	C_4
5	A_{50}	A_{51}	A_{52}	A_{53}	A_{54}	A_{55}	A_{56}	A_{57}	A_{58}	A_{59}	D_5	C_5
6	A_{60}	A_{61}	A_{62}	A_{63}	A_{64}	A_{65}	A_{66}	A_{67}	A_{68}	A_{69}	D_6	C_6
7	A_{70}	A_{71}	A_{72}	A_{73}	A_{74}	A_{75}	A_{76}	A_{77}	A_{78}	A_{79}	D_7	C_7
8	A_{80}	A_{81}	A_{82}	A_{83}	A_{84}	A_{85}	A_{86}	A_{87}	A_{88}	A_{89}	D_8	C_8
9	A_{90}	A_{91}	A_{92}	A_{93}	A_{94}	A_{85}	A_{86}	A_{87}	A_{88}	A_{99}	D_9	C_9
R_j	R_0	R_1	R_2	R_3	R_4	R_5	R_6	R_7	R_8	R_9		

对于所有的 X_{ig}，X_{gi} 所包含的内容，由于国家与国际金融机构之间的业务往来在国际储备中的比例极少，所以将 X_{ig}，X_{gi} 分别简化为 $\bar{D}_i$（i 部门在国际金融机构增加的存款）、$\bar{L}_j$（j 部门从国际金融机构的贷款），其他的往来忽略不计入。

对于 X_{ij} 所代表的所有的货币流入和流出中，存在着国家间存贷款的货币流动。将国家 i 所有的货币流出中由国家 i 向国家 j 发放的贷款 $\tilde{D}_{ij}$ 分离出来，剩余的货币流动用 A_{ij} 来表示，这时对于表 5.7 与公式(5.5) 的关系可以表述如下：

$$X_{ij} = A_{ij} + \tilde{D}_{ij} \quad D_i = \bar{D}_i + \sum_{j=0}^{9} \tilde{D}_{ij}, i = 0,1,2,\cdots,9$$

即 D_i 包含了国家 i 在其他国家增加的存款(实际是发放的贷款)和在国际金融机构增加的存款。之后的所有关于横向投入产出模型的研究都是在表 5.7 的基础上完成的。式(5.5) 可以写为

$$\sum_{j=0}^{9} A_{ij} + \sum_{j=0}^{9} \tilde{D}_{ij} + \bar{D}_i = C_i, i = 0, 2, \cdots, 9$$

基于货币流出的横向投入产出表为

$$\sum_{j=0}^{9} A_{ij} + D_i = C_i \tag{5.7}$$

对表 5.5 的另一种转换见表 5.8。

表 5.8　国家间的货币流量的纵向投入产出表

i \ j	0	1	2	3	4	5	6	7	8	9	Y_i
0	A_{00}	A_{01}	A_{02}	A_{03}	A_{04}	A_{05}	A_{06}	A_{07}	A_{08}	A_{09}	C_0
1	A_{10}	A_{11}	A_{12}	A_{13}	A_{14}	A_{15}	A_{16}	A_{17}	A_{18}	A_{19}	C_1
2	A_{20}	A_{21}	A_{22}	A_{23}	A_{24}	A_{25}	A_{26}	A_{27}	A_{28}	A_{29}	C_2
3	A_{30}	A_{31}	A_{32}	A_{33}	A_{34}	A_{35}	A_{36}	A_{37}	A_{38}	A_{39}	C_3
4	A_{40}	A_{41}	A_{42}	A_{43}	A_{44}	A_{45}	A_{46}	A_{47}	A_{48}	A_{49}	C_4
5	A_{50}	A_{51}	A_{52}	A_{53}	A_{54}	A_{55}	A_{56}	A_{57}	A_{58}	A_{59}	C_5
6	A_{60}	A_{61}	A_{62}	A_{63}	A_{64}	A_{65}	A_{66}	A_{67}	A_{68}	A_{69}	C_6
7	A_{70}	A_{71}	A_{72}	A_{73}	A_{74}	A_{75}	A_{76}	A_{77}	A_{78}	A_{79}	C_7
8	A_{80}	A_{81}	A_{82}	A_{83}	A_{84}	A_{85}	A_{86}	A_{87}	A_{88}	A_{89}	C_8
9	A_{90}	A_{91}	A_{92}	A_{93}	A_{94}	A_{85}	A_{86}	A_{87}	A_{88}	A_{99}	C_9
贷款	L_0	L_1	L_2	L_3	L_4	L_5	L_6	L_7	L_8	L_9	
Y_j	R_0	R_1	R_2	R_3	R_4	R_5	R_6	R_7	R_8	R_9	

在国家 j 所有的货币流入 X_{ij} 中,将 j 部门从 i 部门获得的贷款 $\tilde{L}_{ij}$ 提取出来,剩余的货币流数量用 A_{ij} 来表示,这时对于表 5.8 与公式(5.6) 的关系可以表述如下:

$$X_{ij} = A_{ij} + \tilde{L}_{ij}$$

$$L_j = \bar{L}_j + \sum_{j=0}^{9} \tilde{L}_{ij}, j = 0, 1, 2, \cdots, 9$$

即 L_j 是国家 j 从他国家取得的贷款和从国际金融机构取得的贷款之和。之后的所有关于纵向投入产出模型的研究都是在表 5.8 的基础上完成的。式(5.6) 可以写为

$$\sum_{j=0}^{9} A_{ij} + \sum_{j=0}^{9} \tilde{L}_{ij} + \bar{L}_j = R_j, i = 0, 1, 2, \cdots, 9$$

基于货币流入的纵向投入产出表为

$$\sum_{j=0}^{9} A_{ij} + L_j = R_j \quad j = 0, 1, 2, \cdots, 9 \tag{5.8}$$

值得注意的是，表 5.7 和表 5.8 中对应的 A_{ij} 从理论上看是不同的含义，所以有着不同的数值。

5.4.3　货币流动与国际储备之间的关系

在上一节的讨论中，我们忽略了各个国家中拥有国际储备这一因素。一国的货币总流入与货币总流出不一定相等，其差额可体现在国际储备的变化之中。国际储备中外汇储备是国际储备中最庞大的一部分，由于其使用比较方便，在国际往来中作为最先支付的手段，而黄金储备则是在国际收支出现逆差并且外汇储备仍不能平衡账户的时候才作为国际清算最后的支付手段。只有成员国才拥有特别提款权这种权利，而且特别提款权的数量受到严格的控制，所以所起到的作用也不是很大。除此之外，国际储备中还包括一些借入储备资产包括备用信贷、互惠信贷和支付协议、本国商业银行的对外短期可兑换货币资产等。

外汇储备主要是由国家在国际上与其他国家发生各种经济往来而产生的一种结果，一般的来源主要是国际贸易顺差。一个国家出口货物会收到大量的外汇，进口时也需要支付大量的外汇，外汇流入流出的差额即形成了外汇储备；除此之外，还有与经常项目有关的货币流入；随着国际资金流动规模的增长，一些国家会在其他国家建厂投资或者进行其他投资，这也是外资输入国外汇储备的比较重要的一部分；借入外债也会使得外汇储备增加。总体来说，货币的流入使得外汇储备增加，货币的流出使得外汇储备减少。

每个国家为了应对外汇储备的变动所造成的影响，会通过不同的管理体系来防范风险。我国的外汇储备是这样形成的：客户通过对外的经济活动收到外汇，然后必须将外汇卖给商业银行，商业银行留存部分外汇作为储备（以备卖给需要外汇的客户），其他剩余的卖给了中央银行，中央银行用本币买入的这些外汇便构成了外汇储备。我国的外汇储备管理是由中央银行授权国家外汇管理局经营管理。美国的储备管理体系主要有两部分。一是负责美国国际金融政策制定的财政部，二是负责国内货币政策的决策与执行的美联储。两者各拥有美国一半的外汇储备，分别通过外汇平准基金和联邦公开市场委员会来管理外汇储备。新加坡的外汇储备是由新加坡政府投资公司、淡马锡控股、新加坡金融管理局共同来管理。新加坡的中央银行是金融管理局，利用外汇储备中的货币资产来干预外汇市场。政府投资公司和淡马锡控股负责新加坡外汇储备中积极管理的部分和新加坡历年累积的财政储备。韩国的外汇储备分别由韩国银行和财政部外汇平准基金持有，财政部负责总体的外汇储备管理政策的制定并委托韩国银行进行管理。

经过前面关于货币流量和国际储备的描述，我们可以用以下公式表示其中的关系：

$$\text{贵金属增量} + (\text{货币流入} - \text{货币流出}) \times \text{调整系数} = \text{国际储备的变化量} \tag{5.9}$$

我们之所以加入调整系数是因为每个国家对于外汇储备的管理方法是不一样的，我国要求将所有的外汇储备都兑换给中央银行保管，相应的调整系数等于 1。其他国家有的则是留存在国内一部分，一部分由中央银行保管，留在国内的部分体现在企业或个人的存款账户之中。因此这个系数一般小于 1，并且是变化的。

贵金属的增量（有可能为正，有可能为负）用 ΔS 来表示，国际储备的变化量用 ΔW 来表示，则式(5.9)可表示为

$$\Delta S_i + \eta_i (R_i - C_i) = \Delta W_i, i = j = 0,1,2,\cdots,9 \tag{5.10}$$

其中,R_i 表示 i 部门的货币流入;C_i 表示 i 部门的货币流出;η_i 表示 i 部门的调整系数。

让

$$\boldsymbol{S} = [S_0 \quad S_2 \quad \cdots\cdots \quad S_9]^{\mathrm{T}}$$

$$\boldsymbol{\eta} = \begin{bmatrix} \eta_0 & 0 & \cdots & 0 \\ 0 & \eta_1 & \cdots & 0 \\ \cdots & \cdots & \eta_i & \cdots \\ 0 & 0 & \cdots & \eta_9 \end{bmatrix}$$

$$\boldsymbol{W} = [W_0 \quad W_1 \quad \cdots \quad W_9]^{\mathrm{T}}$$

则式(5.10)用矩阵向量表示为

$$\Delta \boldsymbol{S} + \eta(\boldsymbol{R} - \boldsymbol{C}) = \Delta \boldsymbol{W} \tag{5.11}$$

式(5.11)是联系一国的贵金属增量、货币流出和货币流入差、一国国际储备变化之间的关系式。

5.4.4 国家间货币流动的横向投入产出模型

在列昂惕夫投入产出模型中,直接消耗系数 α_{ij} 是第 j 个部门每生产 1 元的产品需要第 i 个部门投入的产品的价值数量。直接消耗系数是由产品的设计和生产技术决定的,所以在较短的时间内直接消耗系数是比较稳定的,这保证了列昂惕夫投入产出模型的合理性。假设在每个部门的总货币流入中,来自其他任一部门的货币流入占本部门的总货币流入的比例是不变的,此假设是仿照列昂惕夫投入产出模型中的有关假设而设立的。虽然在实际情况下货币流的某些数量或比例与商品流比起来更容易变化,但是我们认为这样的假设也是合理的,因为每个国家从其他国家流入的货币数量与该国家经济发展状况和国际贸易有关,而在短时间内,该数量占总货币流入量的比例不会发生太大的变动,此假设反映了国家之间经济联系的相对稳定性。

本章建立的是一定期限内的比较静态货币流量模型,不考虑货币的时间价值和时滞问题。根据上面的假设,$\dfrac{A_{ij}}{R_j}$ 为常数值,称 $\alpha_{ij} = \dfrac{A_{ij}}{R_j}$ 为直接流入系数,其经济意义为:j 部门每一单位的货币流入中来自 i 部门的货币数量。α_{ij} 满足条件 $0 \leqslant \alpha_{ij} < 1$,$\sum\limits_{i=0}^{9} \alpha_{ij} \leqslant 1$,其中 i, $j = 0,1,2,\cdots, 9$。结合表 5.7 和公式(5.7),第 i 行的平衡关系就可以写为

$$\sum_{j=0}^{9} \alpha_{ij} R_j + D_i = C_i, i = 0,1,2,\cdots,9 \tag{5.12}$$

记

$$\boldsymbol{A} = \begin{bmatrix} \alpha_{00} & \alpha_{01} & \cdots & \alpha_{09} \\ \alpha_{10} & \alpha_{11} & \cdots & \alpha_{19} \\ \cdots & \cdots & \cdots & \cdots \\ \alpha_{90} & \alpha_{91} & \cdots & \alpha_{99} \end{bmatrix}$$

$$\boldsymbol{R} = [R_0 \quad R_1 \quad \cdots \quad R_9]^{\mathrm{T}}$$
$$\boldsymbol{D} = [D_0 \quad D_1 \quad \cdots \quad D_9]^{\mathrm{T}}$$
$$\boldsymbol{C} = [C_0 \quad C_1 \quad \cdots \quad C_9]^{\mathrm{T}}$$

则上面的方程组(5.12) 可以写为

$$\boldsymbol{AR} + \boldsymbol{D} = \boldsymbol{C} \tag{5.13}$$

称矩阵 $\boldsymbol{A} = (\alpha_{ij})_{10\times 10}$ 为直接流入系数矩阵。我们称公式(5.13) 是基于横向平衡关系的国家间货币流动的投入产出方程组。

对于直接流入系数 α_{ij}，从它的经济含义上来看，此系数可以用来研究国际范围内货币循环系统中国家间的直接货币流动关系，而且可以分析每个国家的货币流入结构特征。当我们研究一个封闭的经济系统中的货币流问题时，假设部门中有银行部门和政府部门，若一国的贵金属的增量恰好等于总国际储备的增量，则有 $\Delta\boldsymbol{W} = \Delta\boldsymbol{S}$，则每一个部门的总货币流入和总货币流出应该相等，即有 $\boldsymbol{R} = \boldsymbol{C}$，这时的投入产出方程组可以被更有效地化简，有

$$\boldsymbol{AR} + \boldsymbol{D} = \boldsymbol{R}$$

整理，有

$$(\boldsymbol{I} - \boldsymbol{A})\boldsymbol{R} = \boldsymbol{D}$$

或写成下面的形式：

$$\boldsymbol{R} = (\boldsymbol{I} - \boldsymbol{A})^{-1}\boldsymbol{D}$$

这是经典的列昂惕夫投入产出模型的形式。

而在研究世界范围内的国家间的货币流问题时，由于每个国家可以增加或减少本国的国际储备，当某国的国际储备增量不是选择银行存款的方式而是选择增加黄金储备的方式时，一国的总货币流入与货币总流出可以不相等。如果方程(5.13) 中的 R 和 C 不相等，我们就不能导出简单的方程。

将公式 $\Delta\boldsymbol{S} + \boldsymbol{\eta}(\boldsymbol{R} - \boldsymbol{C}) = \Delta\boldsymbol{W}$ 带入 $\boldsymbol{AR} + \boldsymbol{D} = \boldsymbol{C}$，我们可以得到下面的表达式：

$$\boldsymbol{R} = \boldsymbol{C} + \boldsymbol{\eta}^{-1}(\Delta\boldsymbol{W} - \Delta\boldsymbol{S})$$

我们有

$$(\boldsymbol{R} - \boldsymbol{AR} - \boldsymbol{D}) = \boldsymbol{\eta}^{-1}(\Delta\boldsymbol{W} - \Delta\boldsymbol{S})$$
$$\boldsymbol{R} = (\boldsymbol{I} - \boldsymbol{A})^{-1}[\boldsymbol{\eta}^{-1}(\Delta\boldsymbol{W} - \Delta\boldsymbol{S}) + \boldsymbol{D}]$$

在 $\Delta\boldsymbol{W} \neq \Delta\boldsymbol{S}$ 时，上面的方程与经典的列昂惕夫投入产出模型有不同。实际上我们可以把 $\boldsymbol{\eta}^{-1}(\Delta\boldsymbol{W} - \Delta\boldsymbol{S}) + \boldsymbol{D}$ 理解为一种广义的存款。

记矩阵$(\boldsymbol{I} - \boldsymbol{A})^{-1}$ 中的元素为 δ_{ij}，即

$$(\boldsymbol{I} - \boldsymbol{A})^{-1} = \begin{bmatrix} \delta_{00} & \delta_{01} & \cdots & \delta_{09} \\ \delta_{10} & \delta_{11} & \cdots & \delta_{19} \\ \cdots & \cdots & \cdots & \cdots \\ \delta_{90} & \delta_{91} & \cdots & \delta_{99} \end{bmatrix}$$

考察 δ_{ij} 的经济含义为：在 $\Delta\boldsymbol{W} = \Delta\boldsymbol{S}$ 的条件下，j 部门在国际金融部门的存款增加一个单位的同时，从 i 部门直接和间接流入 j 部门的所有的货币流量为 δ_{ij}，称 δ_{ij} 为完全流入系数，称矩阵$(\boldsymbol{I} - \boldsymbol{A})^{-1}$ 为完全流入系数矩阵。当 j 部门在国际金融机构或其他国家的存款

增加一个单位，在 j 部门的总货币流出增加一个单位的同时，还需要来自 i 部门的直接货币流入以及除 i 以外其他部门的直接货币流入，而这些除 i 以外其他部门的直接流入又都包含了从 i 部门获得的直接货币流入，对于 j 部门来说，这是 i 部门对 j 部门的间接的货币流入。δ_{ij} 表示的就是 i 部门到 j 部门的直接货币流入和所有间接货币流入的总和。通过分析关系式 $\boldsymbol{R}=(\boldsymbol{I}-\boldsymbol{A})^{-1}[\boldsymbol{\eta}^{-1}(\Delta\boldsymbol{W}-\Delta\boldsymbol{S})+\boldsymbol{D}]$ 可知，ΔD_j 所引起的 i 部门总货币流量的增加为：$\delta_{ij}\cdot\Delta D_j$，即 j 部门的存款单独变化 ΔD_j 时，只需要分析 $(\boldsymbol{I}-\boldsymbol{A})^{-1}$ 中的第 j 列。由此，通过 $(\boldsymbol{I}-\boldsymbol{A})^{-1}$，我们可以分析 j 部门的存款单独发生变化时，其他部门相应的货币总流量的变动情况，进而反映出不同部门对 j 部门存款变动的敏感程度。

为了使上面的表述更为清晰，我们再进行一番仔细地分析：让第 j 个部门的存款 D_j 单独变化 ΔD_j，并让 $\Delta\boldsymbol{W}=\Delta\boldsymbol{S}$，考察所有部门的总货币流量的变化，即有 $\Delta\boldsymbol{R}=(\boldsymbol{I}-\boldsymbol{A})^{-1}\Delta\boldsymbol{D}$，写成下面的形式：

$$\begin{bmatrix}\Delta R_0\\ \Delta R_1\\ \cdots\\ \Delta R_9\end{bmatrix}=\begin{bmatrix}\delta_{00} & \delta_{01} & \cdots & \delta_{09}\\ \delta_{10} & \delta_{11} & \cdots & \delta_{19}\\ \cdots & \cdots & \cdots & \cdots\\ \delta_{90} & \delta_{91} & \cdots & \delta_{99}\end{bmatrix}\begin{bmatrix}0\\ 0\\ \cdots\\ \Delta D_j\\ \cdots\\ 0\end{bmatrix}=\begin{bmatrix}\delta_{0j}\cdot\Delta D_j\\ \delta_{1j}\cdot\Delta D_j\\ \cdots\\ \delta_{9j}\cdot\Delta D_j\end{bmatrix}$$

所以第 i 个部门的总货币流量的增量为 $\delta_{ij}\cdot\Delta D_j$，有 $\dfrac{\Delta R_i}{\Delta D_j}=\delta_{ij}$，$i=0,1,2,\cdots,9$，这说明 j 部门在国际金融机构或其他国家的存款数量改变 ΔD_j 同时可引起所有部门的总货币流量的改变。全面地考察存款变化引起的货币流变化需要使用关系式 $\Delta\boldsymbol{R}=(\boldsymbol{I}-\boldsymbol{A})^{-1}[\boldsymbol{\eta}^{-1}(\Delta\boldsymbol{W}-\Delta\boldsymbol{S})+\Delta\boldsymbol{D}]$，这里包括贵金属的变化及流入流出货币数量差额的因素。

5.4.5　国家间货币流动的纵向投入产出模型

假设每个国家的总货币流出中，流向其他任一国家的货币占本国家的总货币流出的比例是不变的，此假设是仿照列昂惕夫投入产出模型中的有关假设而设立的，以此来建立国家间货币流的纵向投入产出模型。在传统的列昂惕夫投入产出模型中没有纵向模型，但由于我们研究问题的特殊性以及国家货币流出的稳定性，可以建立纵向投入产出模型。每个国家总货币流出在支出过程中按大致不变的比例在其他国家之间分配符合经济系统相对稳定的特性。

根据上面的假设，$\dfrac{A_{ij}}{C_i}$ 为常数值，称 $\beta_{ij}=\dfrac{A_{ij}}{C_i}$ 为直接流出系数。其经济意义为：i 国家每一单位货币流出中流向 j 国家的货币。β_{ij} 满足条件 $0\leqslant\beta_{ij}<1$，$\sum\limits_{j=0}^{9}\beta_{ij}\leqslant 1$，$i,j=0,1,2,\cdots,9$。那么结合表 5.8 和式(5.8)，第 j 列的平衡关系就可以写成以下形式：

$$\sum_{i=0}^{9}\beta_{ij}C_i+L_j=R_j,\ j=0,1,2,\cdots,9$$

记

$$\boldsymbol{B}=\begin{bmatrix}\beta_{00} & \beta_{01} & \cdots & \beta_{09}\\ \beta_{10} & \beta_{11} & \cdots & \beta_{19}\\ \cdots & \cdots & \cdots & \cdots\\ \beta_{90} & \beta_{91} & \cdots & \beta_{99}\end{bmatrix}$$

$$\boldsymbol{C}=[C_0 \quad C_1 \quad \cdots \quad C_9]^{\mathrm{T}}$$

$$\boldsymbol{L}=[L_0 \quad L_1 \quad \cdots \quad L_9]^{\mathrm{T}}$$

$$\boldsymbol{R}=[R_0 \quad R_1 \quad \cdots \quad R_9]^{\mathrm{T}}$$

则上面的方程组可以写成如下形式：

$$\boldsymbol{B}^{\mathrm{T}}\boldsymbol{C}+\boldsymbol{L}=\boldsymbol{R} \tag{5.14}$$

称矩阵 $\boldsymbol{B}=(\beta_{ij})_{10\times10}$ 为直接流出系数矩阵。称式(5.14)是基于纵向平衡关系的国家间货币流动的投入产出方程组。

对于直接流出系数 β_{ij}，从它的经济含义上来看，此系数可以用来研究国际范围内货币循环系统中国家间的直接货币流动关系，而且可以分析每个国家的货币流出结构特征。当我们研究一个封闭的经济系统中的货币流问题时，假设部门中有银行部门和政府部门，若一国的贵金属的增量恰好等于总国际储备的增量，则有 $\Delta\boldsymbol{W}=\Delta\boldsymbol{S}$，则每一个部门的总货币流入和总货币流出应该相等，即有 $\boldsymbol{R}=\boldsymbol{C}$，这时的投入产出方程组可以被更有效地化简，有

$$\boldsymbol{B}^{\mathrm{T}}\boldsymbol{C}+\boldsymbol{L}=\boldsymbol{C}$$

整理，有

$$(\boldsymbol{I}-\boldsymbol{B}^{\mathrm{T}})\boldsymbol{C}=\boldsymbol{L}$$

或写成下面的形式

$$\boldsymbol{C}=(\boldsymbol{I}-\boldsymbol{B}^{\mathrm{T}})^{-1}\boldsymbol{L}$$

而在研究世界范围内的国家间的货币流问题时，由于每个国家可以增加或减少本国的国际储备，当某国的国际储备增量不是选择银行存款的方式而是选择增加黄金储备的方式时，一国的总货币流入与货币总流出可以不相等。

从式 $\boldsymbol{B}^{\mathrm{T}}\boldsymbol{C}+\boldsymbol{L}=\boldsymbol{R}$ 以及 $\Delta\boldsymbol{S}+\boldsymbol{\eta}(\boldsymbol{R}-\boldsymbol{C})=\Delta\boldsymbol{W}$，同样可以进行下面的推导：

$$\boldsymbol{R}=\boldsymbol{C}+\boldsymbol{\eta}^{-1}(\Delta\boldsymbol{W}-\Delta\boldsymbol{S})$$

有

$$(\boldsymbol{C}-\boldsymbol{B}^{\mathrm{T}}\boldsymbol{C}-\boldsymbol{L})=\boldsymbol{\eta}^{-1}(\Delta\boldsymbol{S}-\Delta\boldsymbol{W})$$

$$\boldsymbol{C}=(\boldsymbol{I}-\boldsymbol{B}^{\mathrm{T}})^{-1}[\boldsymbol{\eta}^{-1}(\Delta\boldsymbol{S}-\Delta\boldsymbol{W})+\boldsymbol{L}]$$

实际上可以把 $\boldsymbol{\eta}^{-1}(\Delta\boldsymbol{S}-\Delta\boldsymbol{W})+\boldsymbol{L}$ 理解为一种广义的贷款。

记矩阵 $(\boldsymbol{I}-\boldsymbol{B}^{\mathrm{T}})^{-1}$ 中的元素为 γ_{ji}，有

$$(\boldsymbol{I}-\boldsymbol{B}^{\mathrm{T}})^{-1}=\begin{bmatrix}\gamma_{00} & \gamma_{10} & \cdots & \gamma_{90}\\ \gamma_{01} & \gamma_{11} & \cdots & \gamma_{91}\\ \cdots & \cdots & \cdots & \cdots\\ \gamma_{09} & \gamma_{19} & \cdots & \gamma_{99}\end{bmatrix}$$

考察 γ_{ji} 的经济含义为：在 $\Delta\boldsymbol{W}=\Delta\boldsymbol{S}$ 的条件下，国际金融部门提供给 j 部门的贷款增加

一个单位所导致的从 j 部门直接和间接流入到 i 部门的货币增加量，称 γ_{ji} 为完全流出系数，称矩阵 $(\boldsymbol{I}-\boldsymbol{B}^{\mathrm{T}})^{-1}$ 为完全流出系数矩阵。这里需要特别注意 γ_{ji}，j 和 i 分别代表列序号和行序号，即 γ_{ji} 表示的是矩阵 $(\boldsymbol{I}-\boldsymbol{B}^{\mathrm{T}})^{-1}$ 中第 i 行、第 j 列的元素，如 γ_{35} 表示部门 3 到部门 5 的完全流出系数。

当 j 部门从国际金融机构或其他国家取得的贷款增加一个单位时，不仅引起 j 部门的总货币流入增加一个单位，还引起 j 部门向 i 部门的直接货币流出以及 j 部门向除 i 以外其他部门的直接货币流出，而 j 部门向除 i 以外其他部门的货币流出中又有一部分货币流向 i 部门，对于 i 部门来说，这就是 j 部门向 i 部门的间接货币流出。γ_{ji} 就表示 j 部门到 i 部门的直接货币流出和所有间接货币流出的总和。通过分析关系式 $\Delta\boldsymbol{C}=(\boldsymbol{I}-\boldsymbol{B}^{\mathrm{T}})^{-1}\Delta\boldsymbol{L}$ 可知，ΔL_j 所引起的 i 部门总货币流入量的增加为：$\gamma_{ji}\cdot\Delta L_j$，即 j 部门的贷款单独变化 ΔL_j 时，只需要分析 $(\boldsymbol{I}-\boldsymbol{B}^{\mathrm{T}})^{-1}$ 中的第 j 列。由此，通过 $(\boldsymbol{I}-\boldsymbol{B}^{\mathrm{T}})^{-1}$，可以分析各部门贷款发生变化时其他部门总货币流入量的变动情况，进而分析不同部门总货币流受 j 部门贷款变动的影响程度。

全面地考察贷款变化引起的货币流变化需要使用关系式 $\Delta\boldsymbol{C}=(\boldsymbol{I}-\boldsymbol{B}^{\mathrm{T}})^{-1}[\boldsymbol{\eta}^{-1}(\Delta\boldsymbol{S}-\Delta\boldsymbol{W})+\Delta\boldsymbol{L}]$，这里包括贵金属的变化及流入流出货币数量差额的因素。

5.4.6　混合型投入产出模型的建立

在实际应用中，一个国家流向另一个国家的货币流所受的影响因素是很多的，当然主要还是受本国经济实力和对外贸易的政策所决定的。但是本章的研究主要是在货币流层面，因此可以考虑该国家流向另一个国家的货币流既与本国的总货币流入有关，也与另一个国家的总货币流出有关。为了真实地估算这种关系，我们需要 i 部门和 j 部门若干年的货币流量数据，用计量经济学的方法来估计，并根据检查结果来评估所假设关系的可信程度。本章研究的重点不在于确定这个关系，而是研究投入产出模型在货币流领域的理论探讨方面，因此更关心的是理论模型的推导和分析。

假设国家间货币流动关系是以下的一般线性形式：

$$A_{ij}=\alpha_{ij}R_j+\beta_{ij}Ci \tag{5.15}$$

当 $\beta_{ij}=0$ 时，式(5.15)是横向投入产出模型的假设，而当 $\alpha_{ij}=0$ 时，式(5.15)是纵向投入产出模型的假设。当 α_{ij} 和 β_{ij} 都不等于 0 时就属于一种新形式的关于部门间货币流的投入产出模型，我们称之为混合形式的投入产出模型。5.4.4 中的假设认为 A_{ij} 只与 R_j 有关，与 C_i 无关，这在企业生产制造领域是正确的。比如生产桌椅的企业，它对木材和钢材的需求完全取决于该企业生产的桌椅的产量，而与提供木材的企业的产量无关，也与提供钢材的企业的产量无关。但是在货币流问题中，可能假设式(5.15)对某些部门之间的货币流的关系的描述更具合理性。

假设已经有了参数 α_{ij} 和 β_{ij}，$i,j=0,1,2,\cdots,9$，由表 5.7 和式(5.7)，代入式(5.15)，有

$$\sum_{j=0}^{9}(\alpha_{ij}R_j+\beta_{ij}C_i)+D_i=C_i,\ i=0,1,2,\cdots,9$$

经整理有

$$\sum_{j=0}^{9} \alpha_{ij} R_j + D_i = (1 - \sum_{j=0}^{9} \beta_{ij}) C_i,\ i = 0,1,2,\cdots,9$$

记$(1 - \sum_{j=0}^{9} \beta_{ij}) = \rho_i$，又记

$$\boldsymbol{A} = \begin{bmatrix} \alpha_{00} & \alpha_{01} & \cdots & \alpha_{09} \\ \alpha_{10} & \alpha_{11} & \cdots & \alpha_{19} \\ \vdots & \vdots & \ddots & \vdots \\ \alpha_{90} & \alpha_{91} & \cdots & \alpha_{99} \end{bmatrix} \text{和} \boldsymbol{P} = \begin{bmatrix} \rho_0 & 0 & \cdots & 0 \\ 0 & \rho_1 & \cdots & 0 \\ \vdots & \vdots & \ddots & \vdots \\ 0 & 0 & \cdots & \rho_9 \end{bmatrix}$$

则有

$$\boldsymbol{AR} + \boldsymbol{D} = \boldsymbol{PC} \tag{5.16}$$

如果对于所有的部门有 $\boldsymbol{R} = \boldsymbol{C}$，则有下面的模型成立：

$$(\boldsymbol{P} - \boldsymbol{A})\boldsymbol{R} = \boldsymbol{D}$$

或写成

$$\boldsymbol{R} = (\boldsymbol{P} - \boldsymbol{A})^{-1}\boldsymbol{D}$$

当$\beta_{ij} = 0$ 时，$\rho_i = (1 - \sum_{j=0}^{9} \beta_{ij}) = 1$，这时 $\boldsymbol{P}$ 是单位矩阵，上式与前面的横向投入产出模型的形式相同。

将公式 $\Delta\boldsymbol{S} + \boldsymbol{\eta}(\boldsymbol{R} - \boldsymbol{C}) = \Delta\boldsymbol{W}$ 带入式(5.16)，经整理可以得到多部门间货币流的基于横向关系的混合形式的投入产出模型：

$$\boldsymbol{R} = (\boldsymbol{P} - \boldsymbol{A})^{-1}[\boldsymbol{P}\boldsymbol{\eta}^{-1}(\Delta\boldsymbol{W} - \Delta\boldsymbol{S}) + \boldsymbol{D}] \tag{5.17}$$

这与我们之前建立的横向投入产出模型形式相似。

同理，对于纵向投入产出模型，基于表 5.8 和式(5.8)，代入式(5.15)，有

$$\sum_{i=0}^{9} (\alpha_{ij} R_j + \beta_{ij} C_i) + L_j = R_j,\ j = 0,1,2,\cdots,9$$

经整理有

$$\sum_{i=0}^{9} \beta_{ij} C_i + L_j = (1 - \sum_{i=0}^{9} \alpha_{ij}) R_j,\ j = 0,1,2,\cdots,9$$

记$(1 - \sum_{i=0}^{9} \alpha_{ij}) = \eta_j$，又记

$$\boldsymbol{B} = \begin{bmatrix} \beta_{00} & \beta_{01} & \cdots & \beta_{09} \\ \beta_{10} & \beta_{11} & \cdots & \beta_{19} \\ \vdots & \vdots & \ddots & \vdots \\ \beta_{90} & \beta_{91} & \cdots & \beta_{99} \end{bmatrix} \quad \boldsymbol{H} = \begin{bmatrix} \eta_0 & 0 & \cdots & 0 \\ 0 & \eta_1 & \cdots & 0 \\ \vdots & \vdots & \ddots & \vdots \\ 0 & 0 & \cdots & \eta_9 \end{bmatrix}$$

则有

$$\boldsymbol{B}^{\mathrm{T}}\boldsymbol{C} + \boldsymbol{L} = \boldsymbol{HR} \tag{5.18}$$

如果对于所有的部门有 $\boldsymbol{R} = \boldsymbol{C}$，则有下面的模型成立：

$$(\boldsymbol{H} - \boldsymbol{B}^{\mathrm{T}})\boldsymbol{C} = \boldsymbol{L}$$

或写成

$$\boldsymbol{C} = (\boldsymbol{H} - \boldsymbol{B}^{\mathrm{T}})^{-1}\boldsymbol{L}$$

当$\alpha_{ij}=0$时，$\eta_i=(1-\sum_{i=0}^{9}\alpha_{ij})=1$，这时$\boldsymbol{H}$是单位矩阵，上式与前面的纵向投入产出模型的形式相同。

将公式$\Delta\boldsymbol{S}+\boldsymbol{\eta}(\boldsymbol{R}-\boldsymbol{C})=\Delta\boldsymbol{W}$带入式(5.18)，整理得到多部门间货币流的基于纵向关系的混合形式的投入产出模型：

$$\boldsymbol{C}=(\boldsymbol{H}-\boldsymbol{B}^{\mathrm{T}})^{-1}[\boldsymbol{H}\boldsymbol{\eta}^{-1}(\Delta\boldsymbol{S}-\Delta\boldsymbol{W})+\boldsymbol{L}] \tag{5.19}$$

这与我们之前建立的纵向投入产出模型形式相似，关于模型(5.17)和模型(5.19)的金融学意义和经济学意义不再过多赘述。

5.5　直接流入系数矩阵和直接流出系数矩阵的确定

我们讨论了用列昂惕夫投入产出模型研究货币流动规律的可行性，在一系列的假设之下分别建立了国家间货币流的横向、纵向和混合形式的投入产出模型。从前面给出的模型形式可知，直接流入系数矩阵和直接流出系数矩阵是模型应用研究的关键部分，也是应用这些模型进行世界范围内经济系统货币流分析的基础。但是由于其涉及的国家(部门)比较多，需要统计的货币流的数量也非常多，如果采用严格的统计学方法来确定此矩阵工作量比较大。现阶段的目标是构建大致合理的直接流入系数矩阵和直接流出系数矩阵，以此来考察所提出模型的应用模式。

5.5.1　部门分类说明及数据来源和处理

本章所用的数据来源有：国研网下的世界经济数据库，主要是国际货币基金组织数据库和世界银行数据库、中经网、EPS数据平台、国际统计年鉴、中国对外直接投资统计公报。由于完整地符合我们所建立模型的数据的获取比较困难，所以在统计的货币流入和流出时有些并不是全口径的，使用的项目主要有以下货币流动项目：收入支付、货物进口、服务进口、版税与许可费支出、私人经常转移支付、已付劳工汇款和职工报酬、捐赠、技术合作、国际旅游支出；收入所得、货物出口、服务出口、版税与许可费收入、经常转移收入、已收劳工汇款和职工报酬、技术合作赠予、国际旅游收入；外国直接投资、证券投资、组合股权投资；来自捐助国的双边援助总额、国际开发协会赠款、债务减免赠款、来自联合国机构的官方流量；债务还本付息总额，债务签订额。

关于部门分类方面，主要是根据地区分布将世界上所有国家划分为8个大的地区，具体为东亚和太平洋地区、南亚、欧洲和中亚、拉丁美洲，加勒比海地区、中东和北非、北美、撒哈拉以南的非洲。在一些数据库中也是按照这些地区来统计数据，同时世界银行的报告地区也是按照这样的分类来进行的，因此我们选用了这样的分类标准。

下面分别描述一下对应于每个区域的地域和经济联系特征。东亚和太平洋地区是当今世界经济增长最迅速和经贸联系日趋活跃的地区，主要包括中国、日本、韩国、朝鲜和蒙古。此外还有大洋洲的澳大利亚和新西兰，在亚洲政策的引领下这两个国家也开始融入东亚和太平洋地区经济一体化中。南亚包括8个国家，该区域内合作稳步发展。目前，南亚自由贸易协定已经制定，南亚经济联盟、关税同盟正在积极筹备，南亚地区的人员和商品流动规模不断扩大。欧洲是经济发达地区，其经济联系密切。中亚紧邻欧洲，自然资源和人力资源丰富，市场潜力大，欧洲各国不断扩大对中亚的投资规模，中亚已成为欧洲重要的海外市场。拉丁美洲和加勒比海地区。该区域的绝大多数国家都是中等收入国家，并且居民收入增长迅速，但许多国家的增长不平衡。与其他发展中区域相比，人均收入较高，但收入分配不均。中东和北非是目前世界上最大的石油生产和出口地，占有世界上一半的石油储量，1/3的产出量和2/5的出口量，是现代工业的能源提供中心，与大多数国家都有石油贸易往来。北美主要是百慕大群岛、加拿大和美国，工业基础雄厚、生产能力巨大、科学技术先进，农、林、牧、渔业也极为发达。撒哈拉以南的非洲是以初级产品为主的经济，出口初级产品的基础是丰富的自然资源；不发达的工业导致本地区产品难以有效地转为工业制成品。

5.5.2　直接流入系数和直接流出系数的稳定性检验

我们在5.4节中根据国家间货币流动的线性关系的不同形式分别建立了横向投入产出模型、纵向投入产出模型和混合投入产出模型，有直接流入系数 α_{ij} 和直接流出系数 β_{ij}。当 $\beta_{ij}=0$ 时，基于式 $A_{ij}=\alpha_{ij}R_j+\beta_{ij}C_i$ 可导出横向投入产出模型。而当 $\alpha_{ij}=0$ 时，基于式 $A_{ij}=\alpha_{ij}R_j+\beta_{ij}C_i$ 可导出纵向投入产出模型。当 α_{ij} 和 β_{ij} 都不等于0时可导出混合型投入产出模型。下面用真实数据来验证 α_{ij} 和 β_{ij} 的存在性和合理性。

首先选取中国和美国之间的货币流进行研究，表5.9中是从2002年到2011年以来中国流向美国的货币、美国的总货币流入和中国的总货币流出。

表5.9　中国对美国的货币流动情况单位　　　　**单位：亿美元**

年份	中国流向美国的货币(A_{ij})	美国的总货币流入(R_j)	中国的总货币流出(C_i)
2002年	272.234 1	14 692.414 8	3 699.341 0
2003年	338.930 4	15 308.803 0	4 947.622 1
2004年	448.637 2	18 656.036 6	6 574.196 6
2005年	490.816 8	22 356.248 3	7 508.102 6
2006年	595.240 4	27 375.047 3	8 882.324 0
2007年	701.932 8	31 619.560 0	10 894.261 9
2008年	893.092 1	33 622.750 0	13 493.796 0
2009年	786.533 2	26 690.270 0	12 718.163 1
2010年	1 032.674 7	31 629.920 0	17 317.724 6
2011年	1 209.751 6	35 239.160 0	21 408.513 6

下面是用SPSS分析的结果见表5.10。

表5.10　模型 $A_{ij}=\alpha_{ij}R_j+\beta_{ij}C_i$ 的回归系数表

解释变量	非标准化系数	标准误差	标准系数	t	Sig.
美国的总货币流入(R_j)	0.007	0.001	0.264	7.763	0.000
中国的总货币流出(C_i)	0.046	0.002	0.742	21.841	0.000

注：A_{ij} 为中国流向美国的货币

通过 SPSS 回归分析可知，R^2 达到了 0.999，Sig. 值接近于 0，模型的拟合效果非常好。由表 5.10 可以看出，两个系数的显著性也都较好，得出的表达式为 $A_{ij}=0.007R_j+0.046C_i$，因此可以用混合形式的模型来表达中国流入到美国的货币流。从经验表达式可以看出，中国流向美国的货币与中国的总流出之间的关系更密切一些。

在此基础上看一下两个自变量之间的相关性，见表 5.11。由表 5.11 可以看到，两个自变量：美国的总货币流入(R_j)和中国的总货币流出(C_i)之间有很强的相关性，这个关系可能会影响模型的建立。

表 5.11　R_j 与 C_i 的相关性

	检测项目	美国的总货币流入(R_j)	中国的总货币流出(C_i)
美国的总货币流入(R_j)	Pearson 相关性	1	0.889**
	显著性(双侧)		0.001
	N	10	10
中国的总货币流出(C_i)	Pearson 相关性	0.889**	1
	显著性(双侧)	0.001	
	N	10	10

注：** 在 0.01 水平(双侧)上显著相关

但是从经济意义上来看，中国流向美国的货币，既与中国的经济状况有关，也与美国的经济状况有关，也和两个国家的相关政策有关。理论上，中国流向美国的货币既与美国的总货币流入有关，也与中国的总货币流出有关。但是为了防止共线性的影响，分别建立中国流向美国的货币与美国的总货币流入模型和中国流向美国的货币与中国的总货币流出模型。中国流向美国的货币(A_{ij})与美国的总货币流入(R_j)之间的线性回归，结果见表 5.12。

表 5.12　A_{ij} 与 R_j 之间的相关系数表

解释变量	非标准化系数	标准误差	标准系数	t	Sig.
美国的总货币流入 R_j	0.027	0.002	0.983	16.026	0.000

注：A_{ij} 为中国流向美国的货币

由分析结果可知，R^2 达到了 0.966，Sig. 值接近于 0，模型 $A_{ij}=\alpha_{ij}R_j$ 的拟合效果非常好，表 5.12 的系数也是显著有效的，经验公式为 $A_{ij}=0.027R_j$。

中国流向美国的货币 A_{ij} 与中国的总货币流出 C_i 之间的线性回归。结果见表 5.13。

表 5.13　A_{ij} 与 C_i 之间的相关系数表

解释变量	非标准化系数	标准误差	标准系数	t	Sig.
中国的总货币流出 C_i	0.061	0.001	0.998	43.356	0.000

注：A_{ij} 为中国流向美国的货币

由分析结果可知，R^2 达到了 0.996，Sig. 值接近于 0，模型 $A_{ij}=\beta_{ij}C_i$ 的拟合效果非常好，表 5.13 的系数也是显著有效的，经验公式为 $A_{ij}=0.061C_i$。

由以上分析可知，中国与美国之间的货币流之间存在着这样一个直接流入系数和直接流出系数。单独看 2002 年到 2011 年之间每一年的直接流入系数和直接流出系数，可以发现这个比例变化不是很明显，有较好的稳定性。

同理，对表 5.14 中美国流向中国的货币流的统计数据做相同的分析，也得到了相同的结论，最终得出的经验公式：

$$A_{ij}=0.140R_j, A_{ij}=0.066C_i$$

表 5.14　美国对中国的货币流动情况　　单位：亿美元

年份	美国流向中国的货币(A_{ij})	中国的总货币流入(R_j)	美国的总货币流出(C_i)
2002 年	754.862 9	8 400.804 7	19 872.852 8
2003 年	968.474 9	6 011.439 0	21 241.643 2
2004 年	1 291.215 9	8 071.187 9	26 521.610 9
2005 年	1 662.602 0	9 841.570 7	28 309.184 1
2006 年	2 067.341 5	12 333.853 0	34 641.298 8
2007 年	2 357.968 7	15 981.011 0	39 607.170 0
2008 年	2 804.627 9	18 982.758 0	39 389.350 0
2009 年	2 237.401 5	16 094.491 4	30 716.380 0
2010 年	2 866.789 0	21 685.337 4	35 895.330 0
2011 年	3 272.564 7	25 133.971 4	40 116.380 0

仅仅只用中国与美国之间的数据分析不足以证明总体，下面用与前面相同的方法来分析一下中国与日本之间直接流入系数和直接流出系数的情况（表 5.15）。

表 5.15　日本对中国的货币流动情况　　单位：亿美元

年份	日本流向中国的货币(A_{ij})	中国的总货币流入(R_j)	日本的总货币流出(C_i)
2002 年	526.727 9	8 400.804 7	5 178.427 0
2003 年	644.947 0	6 011.439 0	5 554.048 4
2004 年	789.877 6	8 071.187 9	6 597.246 7
2005 年	903.436 6	9 841.570 7	7 632.054 5
2006 年	963.700 9	12 333.853 0	8 340.349 5
2007 年	1 057.055 3	15 981.011 0	9 246.143 2
2008 年	1 305.663 6	18 982.758 0	11 467.309 4
2009 年	1 013.139 7	16 094.491 4	8 393.318 4
2010 年	1 243.460 5	21 685.337 4	9 709.340 9
2011 年	1 536.196 9	25 133.971 4	122 32.869 5

下面是 SPSS 分析的结果(表 5.16)：

表 5.16　模型 $A_{ij}=\alpha_{ij}R_j+\beta_{ij}C_i$ 的系数表

解释变量	非标准化系数	标准误差	标准系数	t	Sig.
中国的总货币流入(R_j)	0.012	0.005	0.178	2.355	0.046
日本的总货币流出(C_i)	0.098	0.009	0.824	10.899	0.000

通过 SPSS 回归分析可知，R^2 达到了 0.998，Sig. 值接近于 0，模型的拟合效果非常好。但对于系数的拟合效果，日本的总货币流出(C_i) 系数的显著性非常较好，但是中国的总货币流入(R_j) 前面的系数在 0.01 的显著性水平下不能接受，但是在 0.05 的显著性水平下也是可以接受的，得出的经验表达式 $A_{ij}=0.012R_j+0.098C_i$。因此可以用混合形式的模型来表达日本流入到中国的货币流。在此基础上看一下两个自变量之间的相关性(表 5.17)：

表 5.17　R_j 与 C_i 的相关性分析

		中国的总货币流入(R_j)	日本的总货币流出(C_i)
中国的总货币流入(R_j)	Pearson 相关性	1	0.930**
	显著性(双侧)		0.000
	N	10	10
日本的总货币流出(C_i)	Pearson 相关性	0.930**	1
	显著性(双侧)	0.000	
	N	10	10

注：** 在 0.01 水平(双侧)上显著相关

由表 5.17 可以看到，两个自变量：中国的总货币流入(R_j) 和日本的总货币流出(C_i) 之间有很强的相关性，这个现象与我们建立的中国与美国之间的关系模型是一样的。同样为了防止共线性的影响，分别建立日本流向中国的货币与中国的总货币流入模型和日本流向中国的货币与日本的总货币流出模型。

日本流向中国的货币(A_{ij}) 与中国的总货币流入(R_j) 之间进行线性回归，结果见表 5.18。由 SPSS 分析可知，R^2 达到了 0.975，Sig. 值接近于 0，模型 $A_{ij}=\alpha_{ij}R_j$ 的拟合效果非常好，表 5.18 中的系数也是显著有效的，最终公式为 $A_{ij}=0.066R_j$。

表 5.18　A_{ij} 与 R_j 的回归系数

解释变量	非标准化系数	标准误差	标准系数	t	Sig.
中国的总货币流入(R_j)	0.066	0.004	0.987	18.728	0.000

注：A_{ij} 为日本流向中国的货币

日本流向中国的货币 A_{ij} 与日本的总货币流出 C_i 之间进行线性回归，结果见表 5.19。由 SPSS 分析可知，R^2 达到了 0.997，Sig. 值接近于 0，模型 $A_{ij}=\beta_{ij}C_i$ 的拟合效果非常好，表 5.19 中的系数也是显著有效的，得出的结果为 $A_{ij}=0.119C_i$。

表 5.19　A_{ij} 与 C_i 的回归系数

解释变量	非标准化系数	标准误差	标准系数	t	Sig.
日本的总货币流出(C_i)	0.119	0.002	0.999	57.950	0.000

注:A_{ij} 为日本流向中国的货币

同样,对中国流向日本的货币流(A_{ij})与日本的总货币流入(R_j)以及中国流向日本的货币流(A_{ij})与中国的总货币流出(C_i)的关系进行了验证,得出的结果为 $A_{ij}=0.137R_j$,$A_{ij}=0.108C_i$。

由以上分析可知,得出日本与中国之间的货币流同样存在着这样一个直接流入系数和直接流出系数。单独看 2002 年到 2011 年之间每一年的直接流入系数和直接流出系数,可以发现这个比例变化不是很明显,有较好的稳定性。对其他一些国家之间的货币流做同样的分析,也得到了相同的结论。通过本节的分析,大致验证了直接流入系数和直接流出系数的存在性以及稳定性,通常情况混合模型也可用,由此可得知我们假设的合理性。

5.5.3　数据的搜集整理和汇总

本章在确定直接流入系数矩阵和直接流出系数矩阵时遵循了以下两个原则:第一,可以查到确切的年度统计数据时,通过计算得到系数的数值;第二,无法获得充分的统计数据时,通过对各部门的货币流入流出特征进行比较分析,经过比例分析来设定相应系数的合理数值,并在此基础上进行计算和分析。

我们认为采用以上两个原则设定系数矩阵并不会影响所研究问题的实质。这是因为:一方面,由于其涉及的变量太多又没有相应口径的统计数据,如果严格采用统计学的方法来确定这些系数,其工作量太大,目前难以实现;另一方面,本章的研究目的是探讨用投入产出分析方法研究国家间货币流问题的可行性,系数矩阵的设定误差可能会影响部分流入流出系数的具体数值,但对其经济意义的合理性解释并不会产生实质性影响。同时,作为一个课题的基础性研究,基于设定数据的应用研究主要是为了说明本文所用方法的适用性。在将来的研究中应该通过建立具有坚实统计基础的国家间货币流动的投入产出表,在此基础上进行更加可靠的应用研究。

我们能找到所有国家的每个项目的货币流入量和货币流出量,任意两个国家之间的进口数量和出口数量,与进口、出口类似的项目统一按照两国之间的进口(出口)占该国总的进口(出口)量之间的比例来确定;与投资有关的项目能够在相关网站上找到大体的比例。相应数据不能找到的,按照以下方法确定:A 国投资到其他国家的货币量按照其他国家的投资流入总量之间的比例来分配。由于进出口的货币流在总货币流中占有的比重比较大,其他的货币流量即使存在一定的偏差,也不会有太大的影响。

由于原始数据较多,若是全部以表格形式列出会占用非常大的篇幅,因此将整理之后的数据列在设计好的表格中,找到的原始数据是跟每一个国家有关的,按照划分的部门,将数据汇总后列在表 5.20 至表 5.23。部门的划分是在区域划分的基础上将美国、中国和日本单独划分出来,共有 10 个部门。

表 5.20 2011 年每个部门的总货币流出 **单位:亿美元**

部门	版税与许可费支出	货物、服务进口、支付	国际旅游支出	外国直接投资流出	经常转移,支付	已付劳工汇款和职工报酬
北美	103.607 0	6 653.555 2	414.400 0	470.256 3	70.369 4	2.197 3
美国	366.210 0	31 890.170 0	1 172.930 0	4 428.730 0	1 744.660 0	513.680 0
撒哈拉以南的非洲	24.039 1	4 364.730 0	244.703 5	−100.488 2	49.881 2	45.997 8
东亚和太平洋地区	343.078 7	32 799.049 5	1 340.796 0	1 933.836 3	446.021 1	257.406 9
日本	191.727 2	10 217.229 4	397.600 0	1 175.195 5	205.755 6	45.361 7
中国	147.061 1	19 661.686 4	790.100 0	496.946 0	277.061 4	35.658 8
拉丁美洲和加勒比海	74.802 9	13 990.984 3	612.110 0	379.748 6	100.214 5	52.380 8
南亚	29.601 3	6 927.122 0	179.960 0	146.208 9	39.946 8	50.698 1
欧洲和中亚	1 117.959 6	107 231.1636	5 094.190 0	6 506.427 9	2 530.102 3	1 697.905 0
中东和北非	16.059 2	8 321.192 0	593.215 0	262.817 7	744.035 6	730.745 9

表 5.21 2011 年每个部门的总货币流入 **单位:亿美元**

部门	版税与许可费收入	货物和服务出口及所得	经常转移,收入	已收劳工汇款和职工报酬	国际旅游收入	外国直接投资流入	来自 DAC 捐助国的援助
北美	29.1244	6 166.831 8	89.886 7	12.534 2	203.730 0	396.212 7	0.000 0
美国	1 208.360 0	28 561.860 0	976.700 0	58.100 0	1 858.860 0	2 575.280 0	0.000 0
撒哈拉以南的非洲	1.866 9	3 819.564 3	480.586 7	310.879 5	246.207 2	410.817 9	297.496 5
东亚和太平洋地区	70.810 8	33 711.948 4	825.493 6	583.241 4	1 813.264 0	2 954.554 7	53.080 0
日本	289.892 5	11 546.122 2	131.149 8	21.317 3	125.340 0	0.790 8	0.000 0
中国	7.433 0	21 426.216 5	555.701 2	404.833 4	533.130 0	2 201.432 9	5.224 4
拉丁美洲和加勒比海	12.634 7	12 612.174 1	729.976 0	598.031 4	656.155 0	1 713.057 0	76.461 5
南亚	3.153 2	5 254.252 3	1 037.459 9	975.321 9	225.180 0	357.276 3	134.137 1
欧洲和中亚	757.827 5	110 843.784	13 465.364 2	1 399.943 1	5 516.148 0	5 414.202 0	51.393 9
中东和北非	11.691 5	11 722.826 0	627.394 7	428.262 2	594.642 0	540.184 4	80.544 5

表 5.22 2011 年部门间与贸易有关的货币流入 **单位:亿美元**

贸易报告国 / 贸易伙伴国	中国	日本	美国	欧洲和中亚	东亚和太平洋地区
中国	0.000 0	1 494.640 9	918.781 6	746.467 1	1 053.389 5
日本	1 210.963 4	0.000 0	605.426 8	1 067.678 1	833.377 8
美国	2 838.228 5	1 204.670 1	0.000 0	1 985.437 1	541.108 3
欧洲和中亚	3 928.423 4	1 086.414 7	2 937.363 5	25 446.731 5	1 484.779 2
东亚和太平洋地区	4 939.932 9	2 909.514 6	1 875.407 3	5 247.553 6	2 334.082 0

续表 5.22

贸易伙伴国＼贸易报告国	中国	日本	美国	欧洲和中亚	东亚和太平洋地区
拉丁美洲和加勒比海地区	910.287 1	421.761 4	2 973.929 8	2 411.978 3	152.025 5
撒哈拉以南的非洲	371.108 7	81.422 4	129.031 9	5 393.801 0	135.475 5
北美洲	225.566 8	93.605 7	2 488.236 5	281.928 0	43.786 2
中东和北非	781.153 4	284.561 9	598.253 2	4 689.509 8	530.236 8
南亚	576.239 2	121.786 2	240.902 2	666.293 2	360.445 2

贸易伙伴国＼贸易报告国	拉丁美洲和加勒比海	撒哈拉以南的非洲	北美洲	中东和北非	南亚
中国	119.123 4	115.283 0	128.420 1	22.121 2	1.030 3
日本	48.992 4	81.249 2	89.309 0	4.417 1	2.832 7
美国	2 708.268 3	388.433 4	2 888.158 8	46.943 4	18.206 4
欧洲和中亚	852.052 5	596.706 0	400.145 5	577.655 5	81.214 0
东亚和太平洋地区	258.300 8	138.805 7	130.204 0	76.461 9	26.807 3
拉丁美洲和加勒比海地区	1 239.384 2	131.915 9	120.715 2	26.634 8	25.379 6
撒哈拉以南的非洲	575.089 9	312.229 5	16.610 1	94.281 1	62.682 3
北美洲	153.266 4	32.767 0	0.564 9	3.199 4	1.187 3
中东和北非	190.968 8	119.415 5	48.197 3	417.935 4	43.430 8
南亚	99.547 5	173.804 3	35.828 4	307.195 1	40.657 1

表 5.23　2011 年部门间与贸易有关的货币流出　　单位:亿美元

贸易伙伴国＼贸易报告国	中国	日本	美国	欧洲和中亚	东亚和太平洋地区
中国	0.000 0	1 886.042 7	1 145.725 9	2 469.224 3	5 020.044 5
日本	1 531.547 9	0.000 0	690.714 3	936.115 7	2 029.232 2
美国	3 829.538 5	1 235.559 7	0.000 0	4 231.883 5	2 166.727 8
欧洲和中亚	2 165.105 0	1 035.312 0	1 429.139 4	25 459.723 2	6 354.367 3
东亚和太平洋地区	1 060.468 0	812.874 8	660.250 3	2 208.521 6	2 102.668 2
拉丁美洲和加勒比海地区	587.770 5	204.868 4	1 776.045 6	891.008 3	534.615 2
撒哈拉以南的非洲	1 753.488 7	63.472 6	837.400 5	1 427.177 7	2 180.956 2
北美洲	431.379 3	130.061 0	1 971.647 0	590.531 9	216.615 9
中东和北非	236.438 7	107.640 2	201.586 3	1 062.242 7	278.174 3
南亚	26.545 4	14.126 1	3.980 1	78.984 8	89.925 5

续表 5.23

贸易伙伴国 \ 贸易报告国	拉丁美洲和加勒比海	撒哈拉以南的非洲	北美洲	中东和北非	南亚
中国	1 023.522 3	705.571 0	267.467 4	1 061.263 6	348.323 1
日本	265.965 3	98.413 7	108.927 8	1 198.799 1	66.303 1
美国	3 670.178 7	354.560 5	2 792.983 3	973.447 0	409.621 9
欧洲和中亚	2 589.264 8	3 363.051 2	243.897 7	2 403.893 7	638.474 2
东亚和太平洋地区	157.395 8	69.251 3	47.350 1	533.867 8	133.097 0
拉丁美洲和加勒比海地区	1 197.564 7	734.041 3	103.297 6	182.753 6	89.714 2
撒哈拉以南的非洲	397.6134	232.590 0	117.058 5	1 364.234 9	138.852 3
北美洲	369.628 9	40.286 0	38.245 7	91.307 7	32.780 9
中东和北非	113.137 3	90.842 1	18.500 8	363.054 2	287.115 1
南亚	69.769 5	131.689 9	3.004 3	119.685 4	75.190 7

5.5.4　直接流入系数矩阵的确定

根据前面对直接流入系数的分析，通过搜寻数据和汇总运算，再加上合理的比例分配处理，获得以下的直接流入系数矩阵 $\boldsymbol{A}$。

$$\boldsymbol{A}=\begin{bmatrix}
0.000\,0 & 0.194\,1 & 0.069\,9 & 0.016\,9 & 0.129\,6 & 0.01\,76 & 0.043\,6 & 0.033\,2 & 0.014\,3 & 0.004\,0\\
0.075\,2 & 0.000\,0 & 0.051\,5 & 0.026\,2 & 0.106\,6 & 0.012\,9 & 0.033\,9 & 0.026\,2 & 0.005\,5 & 0.010\,6\\
0.185\,7 & 0.156\,5 & 0.000\,0 & 0.058\,9 & 0.088\,2 & 0.360\,8 & 0.157\,4 & 0.722\,2 & 0.038\,6 & 0.060\,6\\
0.259\,2 & 0.141\,1 & 0.255\,1 & 0.499\,6 & 0.212\,7 & 0.143\,4 & 0.240\,6 & 0.122\,1 & 0.358\,7 & 0.237\,5\\
0.290\,9 & 0.377\,9 & 0.148\,6 & 0.111\,7 & 0.281\,4 & 0.043\,2 & 0.057\,6 & 0.039\,1 & 0.050\,1 & 0.077\,9\\
0.053\,7 & 0.054\,8 & 0.218\,4 & 0.049\,1 & 0.020\,3 & 0.153\,3 & 0.049\,2 & 0.030\,9 & 0.016\,7 & 0.070\,1\\
0.021\,0 & 0.010\,6 & 0.009\,4 & 0.105\,9 & 0.016\,3 & 0.071\,1 & 0.112\,9 & 0.004\,1 & 0.056\,0 & 0.170\,9\\
0.015\,4 & 0.012\,2 & 0.183\,7 & 0.007\,6 & 0.007\,7 & 0.021\,7 & 0.013\,6 & 0.000\,1 & 0.003\,0 & 0.004\,4\\
0.045\,8 & 0.037\,0 & 0.045\,1 & 0.093\,3 & 0.065\,3 & 0.025\,2 & 0.044\,2 & 0.012\,8 & 0.248\,1 & 0.119\,1\\
0.033\,5 & 0.015\,8 & 0.018\,4 & 0.013\,7 & 0.044\,2 & 0.013\,2 & 0.063\,4 & 0.009\,3 & 0.182\,7 & 0.110\,8
\end{bmatrix}$$

矩阵 $\boldsymbol{A}$ 中第 i 行第 j 列的数值用 α_{ij} 表示。为了方便对照，重新列出每一行所代表的部门，按顺序 1 ~ 10 行分别为：中国、日本、美国、欧洲和中亚、东亚和太平洋地区、拉丁美洲和加勒比海、撒哈拉以南的非洲、北美、中东和北非和南亚。同时，每一列也是按照这个顺序排列。通过观察矩阵中的系数可知：矩阵 $\boldsymbol{A}$ 中的所有元素均小于 1，并且各列元素之和也小于等于 1，这符合建立模型时所做的假设。

从直接流入系数矩阵中能够看到每个国家的货币流入中来自其他国家的货币的比重。比如，看到第一列，中国的货币流入系数中，最大的是 0.290 9，该比例来自东亚和太平洋地区，则说明中国的货币流入中，来自东亚和太平洋地区的货币流数量最大。

我们对于直接流入系数的获得做一个说明。由于数据较多，我们举两个例子来说明一下。首先以中国和美国为例，中国的流入系数 $\alpha_{31}=0.185\,7$。我们能找到美国和中国关于贸易的数据，美国从中国进口的产品价值为 2 838.228 5 亿美元，中国总的产品出口价值为 15 781.903 5 亿美元，即美国因为进口而流入中国的货币占中国总货币流量的 0.179 8(2 838.228 5 ÷ 15 781.903 5)。中国的货币总流入(不包括投资)为：版费与许可费收入为7.433 0亿美元，货物、服务出口及收入所得 21 426.216 5 亿美元，经常转移收入 555.701 2 亿美元，已收劳动汇款和职工报酬为 404.833 4 亿美元，国际旅游收入 533.130 0 亿美元，来自捐助国的双边援助 5.224 4 亿美元，可算得总收入为 22 932.538 5 亿美元。这些总流入中从美国流向中国的约有 4 124.203 7(22 932.538 5 × 0.179 8) 亿美元。

中国收到的总的外国投资的流入为 2 201.432 9 亿美元，其他国家分别的外国直接投资流出为：日本 1 175.195 5 亿美元，美国 4 428.730 0 亿美元，欧洲和中亚 6 506.427 9 亿美元，东亚和太平洋地区 1 933.836 3 亿美元，拉丁美洲和加勒比海 379.748 6 亿美元，北美 470.256 3 亿美元，中东和北非 262.817 7 亿美元，南亚 146.208 9 亿美元，总计 15 303.221 3 亿美元。美国投资流出占全部总货币流出的比重为 0.289(4 428.730 0÷15 303.221 3)，假设每个国家吸引外资的能力是相当的，则中国的投资流入中，来自美国的货币流入为 0.289 × 2 201.432 9 = 637.091 5 亿美元。由上面的描述可以得到美国流向中国的总货币为 637.091 5 + 4 124.203 7 = 4 761.295 2 亿美元。中国的总货币流入(包括从其他国家和国际金融机构的贷款)总额为 25 636.013 2 亿美元，于是美国到中国的货币流入系数为 4 761.295 2 ÷ 25 636.013 2 = 0.185 7。

其他国家的流入系数也是这样计算而得，唯一与中国和美国之间的流入系数计算不同的是关于地区间内部的货币往来。从直接流入系数矩阵可以看出，中国流入中国的直接流入系数是 0。但是东亚和太平洋地区等的内部流入系数就不为 0，比如东亚和太平洋地区的直接流入系数 0.281 4，该地区包括的国家和地区有美属萨摩亚、澳大利亚、文莱、斐济、密克罗尼西亚、关岛、中国香港、印尼、柬埔寨、基里巴斯、韩国、老挝、中国澳门、马绍尔群岛、缅甸、蒙古、北马里亚纳群岛、马来西亚、新喀里多尼亚、新西兰、菲律宾共和国、帕劳、巴布亚新几内亚、朝鲜、法属波利尼西亚、新加坡、所罗门群岛、泰国、东帝汶、汤加、图瓦卢、越南、瓦努阿图、萨摩亚。这些国家内部的贸易往来占对外贸易往来的比例为 0.312 5，计算的版费与许可费收入、货物、服务出口及收入所得、经常转移收入、已收劳动汇款和职工报酬、国际旅游收入和来自捐助国的双边援助的总收入为 37 057.838 2 亿美元。该内部往来 11 581.127 0(37 057.838 2 × 0.312 5) 亿美元占该地区总的货币流入的比例为 11 581.127 0 ÷ 41 154.148 8 = 0.281 4。

5.5.5　直接流出系数矩阵的确定

按照同样的方法，列出直接流出系数矩阵 $\boldsymbol{B}$ 如下：

$$
\boldsymbol{B}=\begin{bmatrix}
0.0000 & 0.1192 & 0.0762 & 0.1640 & 0.3217 & 0.0672 & 0.0452 & 0.0175 & 0.0679 & 0.0225 \\
0.2127 & 0.0000 & 0.1051 & 0.1536 & 0.2820 & 0.0446 & 0.0152 & 0.0165 & 0.1596 & 0.0107 \\
0.1906 & 0.0559 & 0.0000 & 0.2342 & 0.1213 & 0.1796 & 0.0193 & 0.1295 & 0.0483 & 0.0214 \\
0.0523 & 0.0203 & 0.0395 & 0.4996 & 0.1378 & 0.0584 & 0.0678 & 0.0065 & 0.0496 & 0.0141 \\
0.1303 & 0.0938 & 0.0855 & 0.2744 & 0.2425 & 0.0244 & 0.0095 & 0.0069 & 0.0635 & 0.0166 \\
0.0711 & 0.0238 & 0.2098 & 0.1105 & 0.0659 & 0.1393 & 0.0859 & 0.0125 & 0.0219 & 0.0109 \\
0.1868 & 0.0068 & 0.0892 & 0.1520 & 0.2323 & 0.0424 & 0.0248 & 0.0125 & 0.1453 & 0.0148 \\
0.0888 & 0.0366 & 0.0783 & 0.3820 & 0.1058 & 0.0450 & 0.0325 & 0.0063 & 0.1256 & 0.0991 \\
0.1053 & 0.0308 & 0.4705 & 0.1477 & 0.0556 & 0.0900 & 0.0101 & 0.0096 & 0.0216 & 0.0083 \\
0.0395 & 0.0198 & 0.0083 & 0.1162 & 0.1289 & 0.0994 & 0.1846 & 0.0046 & 0.1679 & 0.1051
\end{bmatrix}
$$

矩阵$\boldsymbol{B}$中第i行第j列的数值用β_{ij}表示。为了方便对照，每一行每一列的部门顺序同直接流入系数矩阵相同，为中国、日本、美国、欧洲和中亚、东亚和太平洋地区、拉丁美洲和加勒比海、撒哈拉以南的非洲、北美、中东和北非、南亚。通过观察矩阵中的系数可知：矩阵$\boldsymbol{B}$中的所有元素均小于1，并且各行元素之和也小于等于1，符合建立模型时所做的假设。

从直接流出系数矩阵中，同样可以看出每个国家的货币流出中分别流向其他国家的货币的比重。比如中国的货币流出中，流向东亚和太平洋地区的货币流最大，占了中国货币总流出的比重为0.321 7。

同样，按照直接流入系数的获得方法，举例说明直接流出系数的获得方法。以东亚和太平洋地区流出到中东和北非地区的$\beta_{59}=0.0635$为例。能找到东亚和太平洋地区和中东和北非地区关于贸易的数据，东亚和太平洋地区从中东和北非地区进口的产品价值为533.867 8亿美元，东亚和太平洋地区总的产品进口价值为7 785.744 9亿美元，即东亚和太平洋地区因为进口而流出到中东和北非地区的货币占东亚和太平洋地区总货币流出量的0.068 6(533.867 8÷7 785.744 9)，东亚和太平洋地区的货币总流出(不包括投资)为：版费与许可费支出为343.078 7亿美元，货物、服务进口及支出32 799.049 5亿美元，经常转移支出446.021 1亿美元，已付劳动汇款和职工报酬为257.406 9亿美元，国际旅游支出1 340.796 0亿美元，可算得总支出为35 186.352 1亿美元。这些总流出中从东亚和太平洋地区流出到中东和北非地区的有2 412.725 0(35 186.352 1×0.068 6)亿美元。

东亚和太平洋地区对外直接投资流出为1 933.836 3亿美元，其他国家分别的外国直接投资流入为：中国2 201.432 9亿美元，日本0.790 8亿美元，美国2 575.280 0亿美元，欧洲和中亚5 414.202 0亿美元，东亚和太平洋地区2 954.554 7亿美元，拉丁美洲和加勒比海1 713.057 0亿美元，撒哈拉以南的非洲410.817 9，北美396.212 7亿美元，中东和北非540.184 4亿美元，南亚357.276 3亿美元，总计13 609.254 0亿美元。投资流入到中东和北非地区的货币占全部总货币流入的比重为0.039 7(540.184 4÷13 609.254 0)，假设每个国家对外外资的能力是相当的，则东亚和太平洋地区的投资流出中，流向的中东和北非货币流出为0.039 7×1 933.836 3＝76.758 7亿美元。

由上面的描述可以得到东亚和太平洋地区流向中东和北非的总货币为2 412.725 0＋76.758 7＝ 2 489.483 7亿美元。东亚和太平洋地区的总货币流出(包括向其他国家和国际金融机构的借款）总额为 39 183.561 4 亿美元，于是东亚和太平洋地区到中东和北非的货币流出系数为 $2\,489.483\,7 \div 39\,183.561\,4 = 0.063\,5$。

由直接流入系数矩阵和直接流出系数矩阵能够很清楚地看到每个部门的货币来源中，分别来自其他部门的货币流入的比例；也能看清楚地看到，一个国家的货币流出中分别流向其他部门的比例。流入系数矩阵和流出系数矩阵能够体现两个部门之间的经济依存度。

5.6　国家间货币流动投入产出模型的应用研究

5.6.1　完全流入系数矩阵和完全流出系数矩阵

本节将根据 5.5 中已经设定的直接流入系数矩阵和直接流出系数矩阵来具体分析完全流入系数和完全流出系数的经济意义及其实际应用。

由 5.5.4 中的直接流入系数矩阵 $\boldsymbol{A}$ 可以得到完全流入系数矩阵 $(\boldsymbol{I}-\boldsymbol{A})^{-1}$ 为

$$
(\boldsymbol{I}-\boldsymbol{A})^{-1}=\begin{bmatrix}
2.185\,3 & 1.408\,3 & 1.234\,8 & 1.135\,0 & 1.310\,1 & 1.012\,3 & 0.969\,6 & 1.249\,0 & 1.073\,3 & 0.945\,0 \\
1.041\,0 & 2.011\,0 & 1.008\,9 & 0.950\,9 & 1.072\,5 & 0.829\,7 & 0.796\,6 & 1.021\,6 & 0.884\,5 & 0.787\,5 \\
2.917\,6 & 2.972\,1 & 3.912\,7 & 2.713\,1 & 2.797\,9 & 2.779\,8 & 2.372\,4 & 3.591\,7 & 2.576\,1 & 2.323\,2 \\
7.869\,5 & 7.904\,9 & 7.881\,3 & 9.097\,1 & 7.779\,5 & 6.655\,9 & 6.409\,1 & 7.968\,5 & 7.733\,5 & 6.610\,7 \\
3.779\,8 & 3.998\,8 & 3.603\,8 & 3.458\,1 & 4.791\,0 & 2.976\,1 & 2.815\,3 & 3.614\,7 & 3.245\,6 & 2.882\,3 \\
1.747\,5 & 1.784\,6 & 1.942\,4 & 1.688\,6 & 1.681\,8 & 2.683\,1 & 1.428\,3 & 1.902\,6 & 1.594\,2 & 1.469\,1 \\
1.570\,7 & 1.579\,2 & 1.568\,3 & 1.675\,7 & 1.555\,5 & 1.400\,6 & 2.388\,5 & 1.579\,4 & 1.607\,0 & 1.509\,3 \\
0.741\,6 & 0.754\,4 & 0.912\,1 & 0.693\,8 & 0.712\,1 & 0.696\,4 & 0.603\,5 & 1.853\,8 & 0.656\,2 & 0.590\,2 \\
1.989\,3 & 2.019\,6 & 1.981\,6 & 2.032\,0 & 2.005\,8 & 1.672\,0 & 1.615\,9 & 1.992\,2 & 3.181\,7 & 1.765\,1 \\
1.025\,3 & 1.033\,4 & 1.003\,9 & 0.997\,8 & 1.040\,4 & 0.851\,9 & 0.868\,8 & 1.012\,2 & 1.189\,4 & 1.966\,2
\end{bmatrix}
$$

矩阵 $(\boldsymbol{I}-\boldsymbol{A})^{-1}$ 中的元素用 δ_{ij} 表示。完全流入系数矩阵 $(\boldsymbol{I}-\boldsymbol{A})^{-1}$ 的所有元素都大于 0，并且有 $\delta_{ij} > \alpha_{ij}$，$i,j=0,1,2,\cdots,9$，这符合货币流的经济意义。利用矩阵中具体元素的取值，还可以进行更细致的分析。

矩阵 $(\boldsymbol{I}-\boldsymbol{A})^{-1}$ 中的第 4 行元素（与欧洲与中亚相对应）相对更大，说明不同国家存款规模的扩大引起其他国家存款规模扩大的过程中引起欧洲与中亚的变化幅度最大。矩阵 $(\boldsymbol{I}-\boldsymbol{A})^{-1}$ 中的第 8 行元素（与北美相对应）相对更小，说明不同国家存款规模的扩大引起其他国家存款规模扩大的过程中引起北美的变化幅度最小。注意美国虽然属于北美，但在我们的部门分类中被单独列出。

在完全流入系数矩阵中，$(\boldsymbol{I}-\boldsymbol{A})^{-1}$ 中的 δ_{ij} 反映了 j 部门的存款变化一个单位时，i 部门流向 j 部门的货币的变化量，也反映了 j 部门存款单独变化对 i 部门货币总流量的影响力。于是，通过比较 $(\boldsymbol{I}-\boldsymbol{A})^{-1}$ 第 j 列除对角线元素以外的其他各元素的大小，就可以找到受 j 部门存款变化影响最大和最小的部门。以中国（第一列）为例，当中国在其他国家或者国际货币基金组织的存款增加一个单位时，日本流向中国的货币增加 1.041 0 个单位，美国流向中国的货币增加 2.917 6 个单位，其他国家的以此类推。

另外，通过将$(\boldsymbol{I}-\boldsymbol{A})^{-1}$中第$j$列中除对角线元素以外的其他元素$\delta_{ij}$与直接流入系数矩阵$\boldsymbol{A}$中的第$j$列对应位置的元素$\boldsymbol{\alpha}_{ij}$进行比较，可以分析$i$部门向$j$部门的间接流入情况，如果$\delta_{ij}-\alpha_{ij}$越大，则说明$i$部门流入到$j$部门的货币中间接流入的部分越大；反之，则越小。

由 5.5.5 中的直接流出系数矩阵$\boldsymbol{B}$得到完全流出系数矩阵$(\boldsymbol{I}-\boldsymbol{B}^{\mathrm{T}})^{-1}$：

$$(\boldsymbol{I}-\boldsymbol{B}^{\mathrm{T}})^{-1}=\begin{bmatrix}
2.332\,6 & 1.653\,4 & 1.575\,0 & 1.391\,5 & 1.510\,8 & 1.142\,1 & 1.491\,3 & 1.507\,0 & 1.502\,7 & 1.276\,6\\
0.770\,3 & 1.735\,9 & 0.752\,0 & 0.679\,0 & 0.784\,4 & 0.545\,9 & 0.670\,2 & 0.735\,3 & 0.715\,9 & 0.617\,5\\
1.404\,6 & 1.589\,6 & 2.429\,3 & 1.387\,5 & 1.469\,1 & 1.271\,2 & 1.434\,3 & 1.529\,3 & 1.820\,3 & 1.297\,9\\
4.151\,4 & 4.533\,7 & 4.521\,5 & 5.756\,9 & 4.516\,7 & 3.294\,3 & 4.118\,2 & 4.793\,8 & 4.314\,7 & 3.773\,3\\
2.704\,5 & 2.911\,4 & 2.660\,9 & 2.581\,5 & 3.763\,9 & 1.965\,7 & 2.611\,2 & 2.677\,0 & 2.520\,0 & 2.329\,3\\
1.053\,0 & 1.142\,9 & 1.246\,4 & 1.079\,4 & 1.063\,0 & 1.967\,7 & 1.037\,3 & 1.138\,6 & 1.183\,9 & 1.037\,1\\
0.629\,8 & 0.659\,5 & 0.666\,8 & 0.696\,6 & 0.631\,7 & 0.567\,1 & 1.609\,8 & 0.700\,9 & 0.632\,4 & 0.747\,3\\
0.314\,7 & 0.350\,0 & 0.440\,1 & 0.305\,3 & 0.319\,2 & 0.270\,2 & 0.313\,9 & 1.330\,0 & 0.364\,4 & 0.281\,3\\
0.949\,1 & 1.115\,1 & 0.990\,8 & 0.950\,5 & 0.987\,3 & 0.727\,1 & 1.012\,0 & 1.084\,3 & 1.931\,9 & 0.999\,0\\
0.284\,2 & 0.299\,9 & 0.311\,6 & 0.282\,4 & 0.291\,6 & 0.224\,1 & 0.276\,7 & 0.391\,4 & 0.287\,9 & 1.356\,2
\end{bmatrix}$$

矩阵$(\boldsymbol{I}-\boldsymbol{B}^{\mathrm{T}})^{-1}$中的元素用$\gamma_{ji}$表示。完全流出系数矩阵$(\boldsymbol{I}-\boldsymbol{B}^{\mathrm{T}})^{-1}$的所有元素也都大于0，并且有$\gamma_{ji}>\beta_{ji}$，$i,j=0,1,2,\cdots,9$，这符合货币流的经济意义。利用矩阵中具体元素的取值，还可以进行更细致的分析。

矩阵$(\boldsymbol{I}-\boldsymbol{B}^{\mathrm{T}})^{-1}$中的第 4 行元素（与欧洲与中亚相对应）相对更大，说明不同国家贷款规模的扩大引起其他国家贷款规模扩大的过程中引起欧洲与中亚的变化幅度最大。矩阵$(\boldsymbol{I}-\boldsymbol{B}^{\mathrm{T}})^{-1}$中的第 8 行元素（与北美相对应）和第 10 行元素（与南亚相对应）相对更小，说明不同国家贷款规模的扩大引起其他国家贷款规模扩大的过程中引起北美和南亚的变化幅度最小。

在完全流出系数矩阵中，$(\boldsymbol{I}-\boldsymbol{B}^{\mathrm{T}})^{-1}$中的$\gamma_{ji}$反映了$j$部门的贷款变化一个单位时，导致$j$部门流向$i$部门的货币的变化量，也反映了$j$部门贷款单独变化对$i$部门货币总流量的影响力。于是，通过对比$(\boldsymbol{I}-\boldsymbol{B}^{\mathrm{T}})^{-1}$第$j$列除对角线元素以外的其他各元素的大小，就可以找到受j部门贷款变化影响最大和最小的部门。中国（第一列）为例，当中国从其他国家或者国际货币基金组织的贷款增加一个单位时，中国流向日本的货币增加 0.770 3 个单位，中国流向美国的货币增加 1.401 6 个单位，其他国家的以此类推。

另外，通过将$(\boldsymbol{I}-\boldsymbol{B}^{\mathrm{T}})^{-1}$中第$j$列中除对角线元素以外的其他元素$\gamma_{ji}$与$B$中第$j$行对应位置的元素$\beta_{ji}$进行比较，可以分析$j$部门向$i$部门的间接货币流出情况，如果$\gamma_{ij}-\beta_{ji}$越大，则说明由$j$部门流出到$i$部门的货币中间接流出的部分越大；反之，则越小。

5.6.2　用完全流入系数矩阵分析存款变化与系统总货币流量的关系

利用矩阵$(\boldsymbol{I}-\boldsymbol{A})^{-1}$，可以分析反映了某一部门或者多个部门的存款规模扩大的同时，系统各部门总货币流量的增加量。在前面的分析中，得出这样的结果：第j部门的存款单独变化时，ΔD_j所引起的i部门向j部门货币流出量的增加量为：$\Delta R_i{}^j=\delta_{ij}\cdot\Delta D_j$，即$\Delta D_j$变化时，只需要分析$(\boldsymbol{I}-\boldsymbol{A})^{-1}$中的第$j$列，记矩阵$(\boldsymbol{I}-\boldsymbol{A})^{-1}$中第$j$列元素所组成的列

向量为 $\boldsymbol{\delta}^j=[\delta_{0j}\quad\delta_{1j}\quad\cdots\quad\delta_{9j}]^T$，$\Delta D_j$ 引起的各部门总货币流量的变化量 $\Delta\boldsymbol{R}^j$ 为 $\Delta\boldsymbol{R}^j=[\Delta R_0^j\quad\Delta R_1^j\quad\cdots\quad\Delta R_9^j]^T$，存在以下关系式：

$$\Delta\boldsymbol{R}^j=\Delta\boldsymbol{D}_j\cdot\delta^j \tag{5.20}$$

将列向量 $\Delta\boldsymbol{R}^j$ 中的元素求和就可以得到整个系统总货币流量的增加量 $\sum_{i=0}^{9}\Delta R_i^j$，其计算公式为

$$\sum_{i=0}^{9}\Delta R_i^j=\sum_{i=0}^{9}\delta_{ij}\cdot\Delta D_j \tag{5.21}$$

通过分析式(5.21)可知，$\sum_{i=0}^{9}\delta_{ij}$ 反映的是 j 部门存款规模的单独变化对整个系统总货币流量的影响力。

利用矩阵 $(\boldsymbol{I}-\boldsymbol{A})^{-1}$ 中数据和式(5.21)，分别计算出单个部门存款量增加一个单位时(即 $\Delta D_j=1, j=0,1,2,\cdots,9$)，系统所有部门的总货币量的变化量，计算结果见表 5.24。

表 5.24　各部门存款增加与整个系统总货币流的增加量关系

部门	条　件	整个系统总货币流的增加量
中国	$\Delta D_0=1,\Delta D_j=0,0\leqslant j\leqslant 9,j\neq 0$	24.867 5
日本	$\Delta D_1=1,\Delta D_j=0,0\leqslant j\leqslant 9,j\neq 1$	25.466 3
美国	$\Delta D_2=1,\Delta D_j=0,0\leqslant j\leqslant 9,j\neq 2$	25.049 8
欧洲和中亚	$\Delta D_3=1,\Delta D_j=0,0\leqslant j\leqslant 9,j\neq 3$	24.442 0
东亚和太平洋地区	$\Delta D_4=1,\Delta D_j=0,0\leqslant j\leqslant 9,j\neq 4$	24.746 5
拉丁美洲和加勒比海	$\Delta D_5=1,\Delta D_j=0,0\leqslant j\leqslant 9,j\neq 5$	21.557 9
撒哈拉以南的非洲	$\Delta D_6=1,\Delta D_j=0,0\leqslant j\leqslant 9,j\neq 6$	20.268 1
北美	$\Delta D_7=1,\Delta D_j=0,0\leqslant j\leqslant 9,j\neq 7$	25.785 6
中东和北非	$\Delta D_8=1,\Delta D_j=0,0\leqslant j\leqslant 9,j\neq 8$	23.741 4
南亚	$\Delta D_9=1,\Delta D_j=0,0\leqslant j\leqslant 9,j\neq 9$	20.848 7

但是在实际公式中，$\boldsymbol{D}$ 的变化会影响 $\boldsymbol{W}$ 的变化，存款增加使得外汇储备减少，$\boldsymbol{W}$ 的存在使得整个货币流入的变化可能达不到上面计算出来的量。

从表 5.24 可以看出，当某一个部门存款变化一个单位时，整个系统的总货币流量会变化 20 多个单位，这与国内部门间货币流的投入产出模型得出的结果相差比较多。在之前的研究中，某一部门存款变化一个单位，整个系统总货币流的增加量会变化大约 6 个单位，这与部门在银行的存款比例有关。在国内部门中，每个部门在银行的存款数额都比较大，存款变化一个单位时，通过金融部门和实物流通部门资金的波及后，整个货币流动变化量变化就没有那么大。而国家间的货币流，由于巨大的贸易流的存在，使得该数据变得比较大。其次，由于我们统计数据的口径问题，也会使我们的结果有一定的偏差。

5.6.3　用完全流出系数矩阵分析贷款变化与系统总货币流量的关系

利用矩阵 $(\boldsymbol{I}-\boldsymbol{B}^{\mathrm{T}})^{-1}$，可以分析某一部门或者多个部门的贷款规模扩大与系统各部

门总货币流出量的增加量之间的关系。在前面的分析中得出这样的结果：第 j 部门的贷款单独变化时，ΔL_j 所引起的 i 部门货币总流出量的增加量为：$\Delta C_i{}^j = \gamma_{ji} \cdot \Delta L_j$，即 ΔL_j 变化时，只需要分析 $(\boldsymbol{I} - \boldsymbol{B}^{\mathrm{T}})^{-1}$ 中的第 j 列，记矩阵 $(\boldsymbol{I} - \boldsymbol{B}^{\mathrm{T}})^{-1}$ 中第 j 列元素所组成的列向量为 $\boldsymbol{\gamma}^j = [\gamma_{j0} \quad \gamma_{j1} \quad \cdots \quad \gamma_{j9}]^{\mathrm{T}}$，$\Delta L_j$ 引起的各部门总货币流量的变化量 $\Delta \boldsymbol{C}^j$ 为 $\Delta \boldsymbol{C}^j = [\Delta C_0^j \quad \Delta C_1^j \quad \cdots \quad \Delta C_9^j]^T$，存在以下关系式：

$$\Delta \boldsymbol{C}^j = \Delta \boldsymbol{L}_j \cdot \gamma^j \tag{5.22}$$

将列向量 $\Delta \boldsymbol{C}^j$ 中的元素求和就可以得到整个系统总货币流量的增加量 $\sum_{i=0}^{9} \Delta C_i^j$，其计算公式为

$$\sum_{i=0}^{9} \Delta C_i^j = \sum_{i=0}^{9} \gamma_{ji} \cdot \Delta L_j \tag{5.23}$$

通过分析式(5.23)可知，$\sum_{i=0}^{9} \gamma_{ji}$ 反映的是 j 部门贷款规模的单独变化对整个系统总货币流量的影响力。

利用矩阵 $(\boldsymbol{I} - \boldsymbol{B}^{\mathrm{T}})^{-1}$ 中数据和式(5.23)，分别计算出单个部门贷款量增加一个单位时(即 $\Delta L_j = 1,\ j = 0,1,2,\cdots,9$)，系统所有部门的总货币量的变化量，计算结果见表 5.25。

但是在实际公式中，$\boldsymbol{L}$ 的变化会影响 $\boldsymbol{W}$ 的变化，贷款增加使得外汇储备增加，但是 $\boldsymbol{W}$ 前面的负号的存在使得整个货币流出的变化可能达不到上面计算出来的量。同存款变化的影响一样，该数值同样比国内货币流模型得到的数值要大很多。

表 5.25　各部门贷款增加与整个系统总货币流的增加量关系

部门	条　　件	整个系统总货币流的增加量
中国	$\Delta L_0 = 1, \Delta L_j = 0, 0 \leqslant j \leqslant 9, j \neq 0$	14.594 1
日本	$\Delta L_1 = 1, \Delta L_j = 0, 0 \leqslant j \leqslant 9, j \neq 1$	15.991 5
美国	$\Delta L_2 = 1, \Delta L_j = 0, 0 \leqslant j \leqslant 9, j \neq 2$	15.594 4
欧洲和中亚	$\Delta L_3 = 1, \Delta L_j = 0, 0 \leqslant j \leqslant 9, j \neq 3$	15.110 5
东亚和太平洋地区	$\Delta L_4 = 1, \Delta L_j = 0, 0 \leqslant j \leqslant 9, j \neq 4$	15.337 7
拉丁美洲和加勒比海	$\Delta L_5 = 1, \Delta L_j = 0, 0 \leqslant j \leqslant 9, j \neq 5$	11.975 5
撒哈拉以南的非洲	$\Delta L_6 = 1, \Delta L_j = 0, 0 \leqslant j \leqslant 9, j \neq 6$	14.574 9
北美	$\Delta L_7 = 1, \Delta L_j = 0, 0 \leqslant j \leqslant 9, j \neq 7$	15.887 8
中东和北非	$\Delta L_8 = 1, \Delta L_j = 0, 0 \leqslant j \leqslant 9, j \neq 8$	15.274 1
南亚	$\Delta L_9 = 1, \Delta L_j = 0, 0 \leqslant j \leqslant 9, j \neq 9$	13.715 5

实际上，完全流入系数矩阵和完全流出系数矩阵包含着非常多的信息，从不同的角度来考察国家间货币流的变化之间的联系会用到这两个矩阵。这些应用的方式还有待于进一步的探讨。

5.7　结论与展望

构建一个真实的建立在严格统计意义上的直接流入系数矩阵和直接流出系数矩阵是进行真正的应用研究的关键的一步。在列昂惕夫投入产出模型中，高质量的直接消耗系数矩阵是应用研究的理论基础，包括各种政策分析、经济比较分析、经济预测分析等都要求直接消耗系数矩阵可靠。在研究经济系统的货币流时，高质量的直接流入系数矩阵和直接流出系数矩阵也是应用研究的重要基础。在这方面，本章的工作显得有些粗糙。还有一点，直接流入系数矩阵最好是包罗了所有国家的矩阵，而不是单单划分为几个部门。

随着时间的推移，经济总量不断发生变化，经济结构也处在不断调整过程中，所以直接流入系数矩阵和直接流出系数矩阵也必然是不断变化着的，用动态的投入产出分析方法来研究国家间的货币流动问题是有意义的。

总之，从建立模型到应用研究，本章在对各类情况的考察上难以做到面面俱到，在研究深度上也有待于进一步提高，但这是利用投入产出方法定量研究国家间货币流问题的一次尝试。本章中存在的不足有待改进，所提到的各种可能的研究方向有待更深入的探讨。

第6章　非平稳时间序列平稳化的广义差分方法研究

6.1　问题的提出

本章研究由经济数据构成的随机时间序列，时间序列研究的主要任务是通过建立模型、参数估计、模型检验等方法来定量描述时间序列的某些内在的规律性，以此来研究经济变量之间的相关关系以及经济变量自身的相关关系。时间序列分析在短期经济预测、经济波动分析、模式识别、经济变量间的因果关系或相关关系研究等众多领域中有广泛的应用。

非平稳时间序列是指其均值随时间而变，或者其方差随时间而变，或者其均值和方差都随着时间而变。在经典的时间序列分析模型中，假定时间序列是平稳的随机序列，也就是要求时间序列的均值和方差都是与时间无关的常数，并且不同时间的序列项之间的协方差只与间隔的时期有关而与时间无关。随机时间序列也称为随机过程。

如果随机过程 u_i 服从的分布不随时间改变，且满足下面的条件：

(1)$E(u_i)=0$；

(2)$V(u_i)=E(u_i^2)=\sigma^2$；

(3)$\mathrm{cov}(u_i,u_j)=E(u_iu_j)=0(i\neq j)$。

这样的随机过程称为白噪声。白噪声的最主要的特征是序列无关性。对于白噪声，相应的时间序列完全没有可预测性。

随机过程 u_i 称为是平稳的，如果满足下面的条件：

(1)$E(u_i)=\mu$；

(2)$V(u_i)=E((u_i-\mu)^2)=\sigma^2$；

(3)$\mathrm{cov}(u_i,u_{i+k})=E((u_i-\mu)(u_{i+k}-\mu))=r_k$。

随机过程是否具有平稳性非常重要，平稳随机过程的结构不随时间变化，这是进行序列预测和序列相关性分析的重要前提。对于平稳的随机序列可以借助于序列的自相关函数对序列进行充分的和深入的数学分析。然而现实的经济领域中存在大量的由经济数据构成的时间序列是不符合平稳性假定的。为了使有关序列的各种回归分析有意义，应该对时间序列实行平稳化处理。如果不进行平稳化处理而直接用计量经济模型考察变量间的数量关系，则极易出现伪回归。假如两个变量都随着时间的推移而增大，通过回归分析可以得出两个变量有密切的关系，而实际上两个变量之间没有因果关系存在，这样得到的定量关系没有经济意义，是伪回归。为避免在应用研究中出现伪回归现象，人们研究出多种处理方法，比如在回归模型中引入时间变量等，其中最主要的方法是通过累次的差分而使序列平稳化，然后对差分后的随机序列进行各种回归分析。

在非平稳时间序列的平稳化处理理论的研究方面，于 20 世纪 80 年代初开始发展起来的协整理论是一个有力的工具。协整理论的一个基本假设是非平稳时间序列可以通过若干阶的差分变换（累次差分变换）而成为平稳的时间序列。用 D 表示滞后算符，即 $Dx_t = x_{t-1}$，$D^k x_t = x_{t-k}$，对序列 $\{x_t\}$ 进行一阶差分，序列变换为 $\{x_t - x_{t-1}\}$，可表示为 $(1-D)x_t$，k 阶差分可表示为 $(1-D)^k x_t$，差分变换 $(1-D)^k$ 是关于 D 的一个 k 次特殊的多项式。常规的做法是，如果 $(1-D)^k x_t$ 不是平稳的时间序列，则再进行一次差分，即做变换 $(1-D)(1-D)^k x_t = (1-D)^{k+1} x_t$，直至序列在某种意义上被平稳化为止。很显然，必存在大量的非平稳时间序列不能由形如 $(1-D)^k$ 的差分变换进行平稳化。

在本章中提出用广义的差分变换 $P(D)$ 来代替特殊的变换 $(1-D)^k$，目的是用较低阶数的变换而使非平稳时间序列尽可能地平稳化。$P(D)$ 为 D 的一般形式的常数项为 1 的 k 次多项式：

$$P(D) = 1 + \varphi_1 D + \varphi_2 D^2 + \cdots + \varphi_k D^k \tag{6.1}$$

其中，$\varphi_1, \varphi_2, \cdots, \varphi_k$ 均为实数。我们称多项式 $P(D)$ 为广义差分变换多项式，简称变换多项式。在本章的后面列举了一些难以用变换 $(1-D)^k$ 平稳化的经济领域里的时间序列。根据给定的时间序列，给出了变换多项式 $P(D)$ 的求解算法，最后通过实例说明本章提出的广义差分方法在非平稳时间序列平稳化方面的处理能力。

6.2　经济领域中非平稳时间序列的一些实例

在本节中考察几个非平稳时间序列的实例，一方面说明非平稳时间序列的普遍存在性，另一方面说明简单的累次差分法的不足之处。

实例 6.1　设序列 $\{x_t\}$ 是某保险公司在某个时间段内每年收到的保费额，假设 $\{x_t\}$ 是一个平稳的随机时间序列，$E(x_t) = \lambda$，v 是预定的利率。在 t 年末保险公司保费收入的积累额记为 y_t，则有

$$y_t = x_1 (1+v)^{t-1} + x_2 (1+v)^{t-2} + \cdots x_{t-1}(1+v) + x_t \tag{6.2}$$

时间序列 $\{y_t\}$ 是由时间序列 $\{x_t\}$ 构成的一个新的时间序列，我们来考察 $\{y_t\}$ 的平稳性。记 $1+v=\rho$，由于 $v>0$，所以有 $\rho>1$，我们有 $E(y_t) = \lambda(\rho^t - 1)/(\rho - 1)$，显然 $E(y_t)$ 与 t 有关，序列 $\{y_t\}$ 是非平稳的。容易得出：$y_t - \rho y_{t-1} = x_t$，还可以写成 $(1-\rho D) y_t = x_t$。也就是说，对序列 $\{y_t\}$ 做广义差分变换 $P(D) = 1 - \rho D$，则变换后的序列恰好是 x_t，而我们知道 x_t 是平稳序列。简单地用差分变换 $(1-D)$，$(1-D)^2$ 或 $(1-D)^3$ 不能使序列 $\{y_t\}$ 很好地平稳化。

假设一个序列 $\{x_t\}$，$x_t = 10.0 + \xi_t$，ξ_t 是 $[0, 0.1]$ 上服从均匀分布的独立的随机变量，序列 $\{x_t\}$ 构成平稳的随机过程。由该序列按式(6.2)的规则构造序列 $\{y_t\}$，设定 $\rho = 1.035$，用图形表示 y_t，$(1-D)y_t$，$(1-D)^2 y_t$，$(1-D)^3 y_t$，$(1-D)^4 y_t$ 的图形，以及 $y_t - 1.035 y_{t-1}$ 的图形，具体如图 6.1 至图 6.6 所示。

经过一次差分，序列呈明显的指数增长形态；经过二次差分，序列仍呈明显的指数增长形态，只是序列的取值范围较原序列大大缩小；经过三次差分，序列仍有递增形态，只是

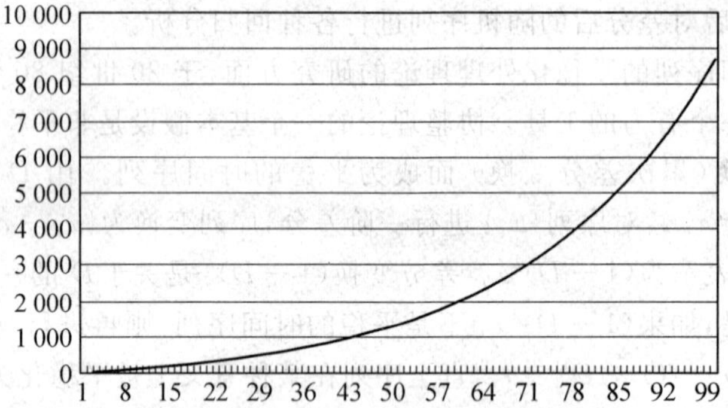

图 6.1　序列$\{y_t\}$的曲线图

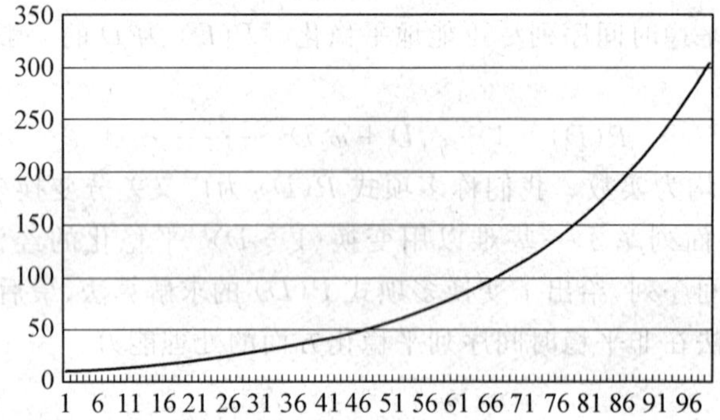

图 6.2　序列$\{(1-D)y_t\}$的曲线图

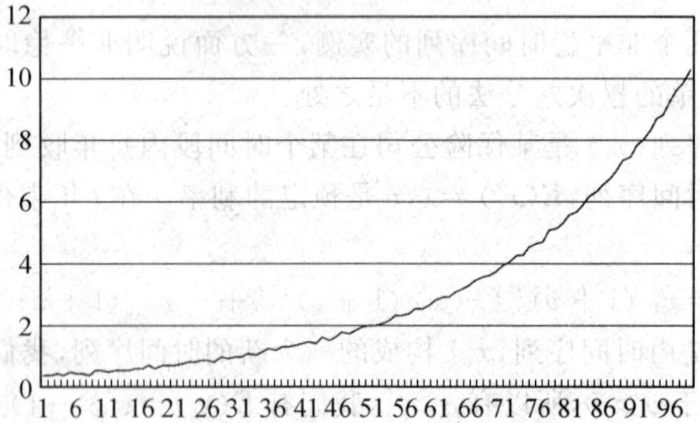

图 6.3　序列$\{(1-D)^2 y_t\}$的曲线图

随机波动性所占的比例已经很大；经过四次差分，序列终于被平稳化，但序列的取值已经完全不能反映原始序列的相关信息，已经很像白噪声信号了。图 6.6 显示，序列经过一次广义差分变换$(1-1.035D)y_t$就已经被平稳化，而且差分后序列的取值在 10.0 附近窄幅波动，这样的差分显然是成功的。

实例 6.2　设序列$\{x_t\}$是某地区某个时间段内的历年的固定资产投资额，假设$\{x_t\}$为具有逐年线性增长的长期趋势的随机过程，或者说$\{x_t-x_{t-1}\}$是平稳的时间序列。我们来考察该地区固定资产换算成现价计算的总价值额所构成的时间序列$\{y_t\}$。记α为折旧率，β为环比的生产资料物价指数，则在只考虑折旧和物价因素时有

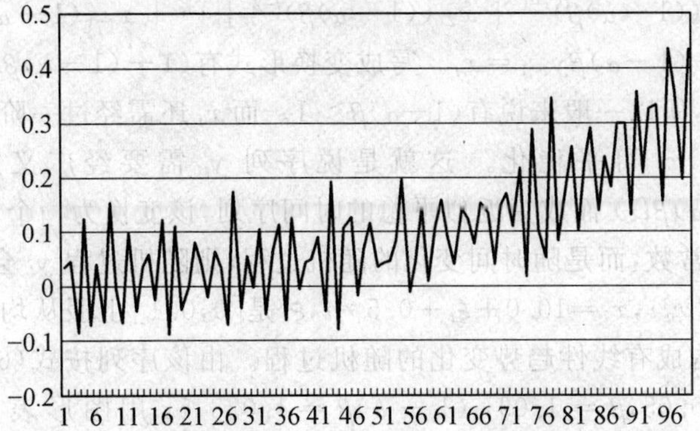

图 6.4　序列$\{(1-D)^3 y_t\}$的曲线图

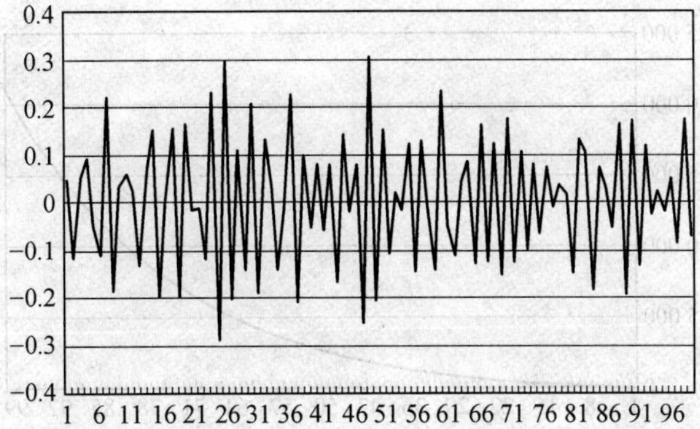

图 6.5　序列$\{(1-D)^4 y_t\}$的曲线图

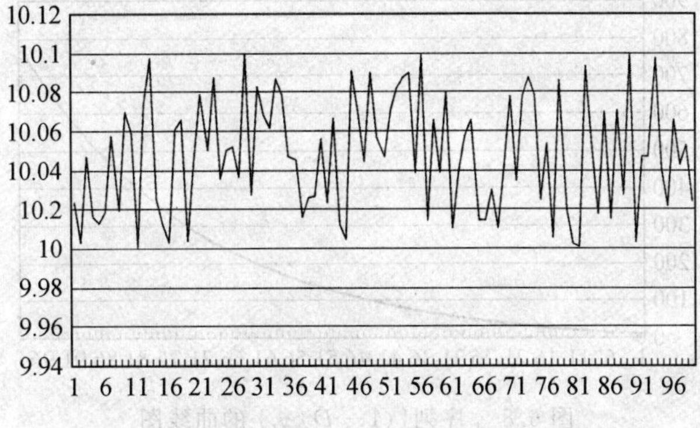

图 6.6　序列$\{(1-1.035D)y_t\}$的曲线图

$$y_t = x_1 \max\{0, 1-(t-1)\alpha\}\beta^{t-1} + x_2 \max\{0, 1-(t-2)\alpha\}\beta^{t-2} + \cdots + x_{t-1}\max\{0, 1-\alpha\}\beta + x_t$$

假设折旧年限充分长，即$(t-1)\alpha < 1$，有

$$\max\{0, 1-(t-i)\alpha\} = 1-(t-i)\alpha$$

可以得到：

$$y_t = x_1(1-(t-1)\alpha)\beta^{t-1} + x_2(1-(t-2)\alpha)\beta^{t-2} + \cdots + x_{t-1}(1-\alpha)\beta + x_t$$

在α很小时，$(1-\alpha)^m = 1 - m\alpha + o(\alpha)$，所以上式可以近似改写成

$$y_t = x_1((1-\alpha)\beta)^{t-1} + x_2((1-\alpha)\beta)^{t-2} + \cdots + x_{t-1}(1-\alpha)\beta + x_t \quad (6.3)$$

容易得出：$y_t-(1-\alpha)\beta y_{t-1}=x_t$。写成变换形式有$(1-(1-\alpha)\beta D)y_t=x_t$。由于物价指数可能会较高，所以一般来说有$(1-\alpha)\beta>1$。而$x_t$还需经过一阶差分才成为平稳时间序列，即$(1-D)x_t$可平稳化。这就是说序列$y_t$需要经广义差分变换$P(D)=(1-D)(1-(1-\alpha)\beta D)$而成为近似平稳的时间序列，该变换为一个$D$的二次多项式。如果物价指数不是常数，而是随时间变化的随机过程，则随机过程y_t会更复杂。

假设一个序列$\{x_t\}$，$x_t=10.0+\xi_t+0.5*t$，ξ_t是$[0,0.1]$上服从均匀分布的独立的随机变量，序列$\{x_t\}$构成有线性趋势变化的随机过程。由该序列按式(6.3)的规则构造序列$\{y_t\}$，设定$\alpha=0.05$，$\beta=1.09$，$(1-\alpha)\beta=1.033\,5$，用图形表示y_t，$(1-D)y_t$，$(1-D)^2y_t$，$(1-D)^3y_t$，$(1-D)^4y_t$的图形，以及$(1-1.033\,5D)(1-D)y_t$的图形，具体如图6.7至图6.12所示。

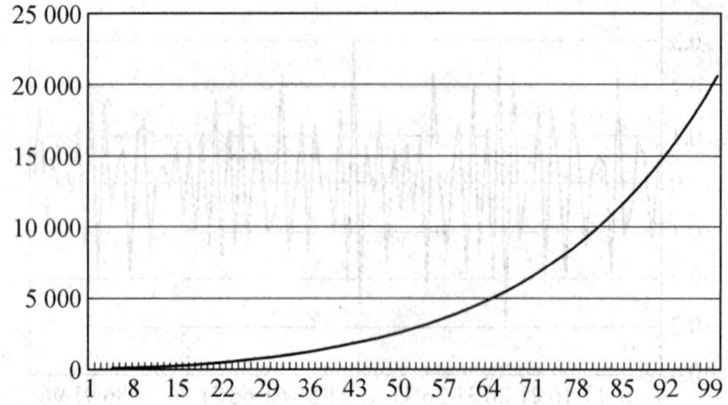

图6.7　序列$\{y_t\}$的曲线图

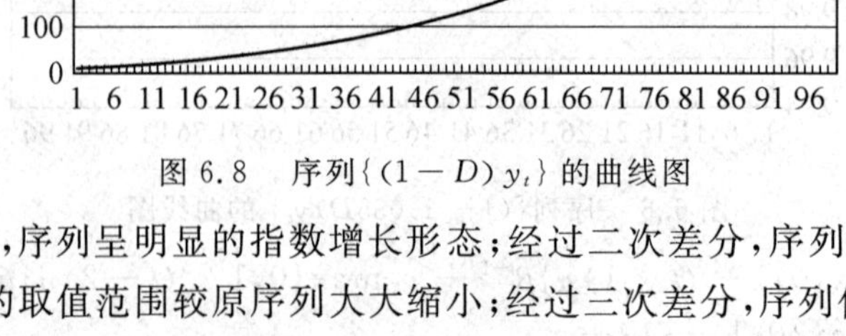

图6.8　序列$\{(1-D)y_t\}$的曲线图

经过一次差分，序列呈明显的指数增长形态；经过二次差分，序列仍呈明显的指数增长形态，只是序列的取值范围较原序列大大缩小；经过三次差分，序列仍有递增形态，只是随机波动性所占的比例较大；经过四次差分，序列终于被平稳化，但差分后序列的取值已经完全不能反映原始序列的相关信息，已经很像白噪声信号了。图6.12显示，序列经过一次广义差分变换$(1-D)(1-1.035\,5D)y_t$就已经被平稳化，而且差分后序列的取值在0.5附近窄幅波动，这样的差分显然是成功的。

在经济领域中，一些存量数据如社会总财富、积累总投资额、积累保费收入、房地产存

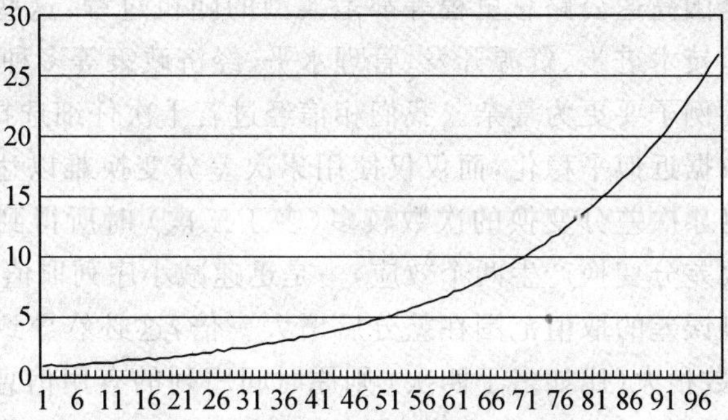

图 6.9　序列$\{(1-D)^2 y_t\}$的曲线图

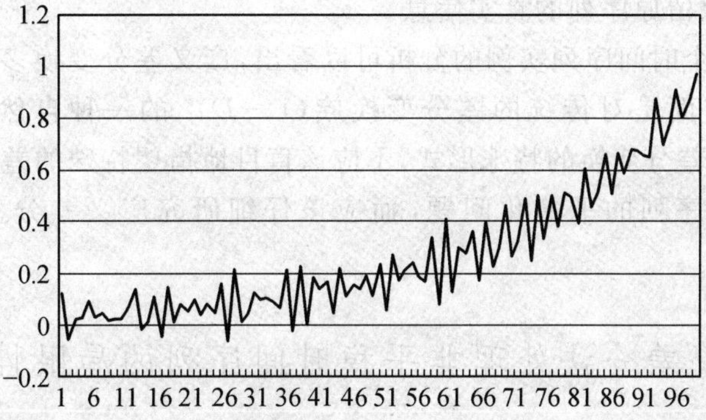

图 6.10　序列$\{(1-D)^3 y_t\}$的曲线图

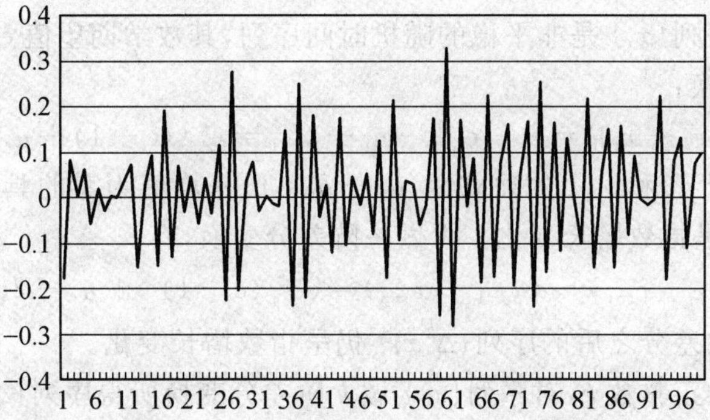

图 6.11　序列$\{(1-D)^4 y_t\}$的曲线图

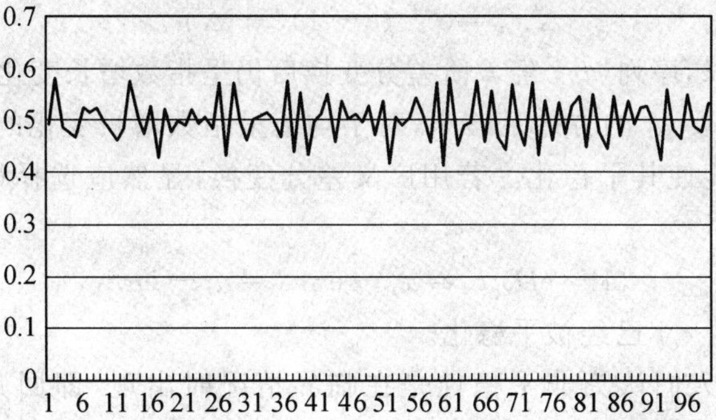

图 6.12　序列$\{(1-D)(1-1.033\,5D)y_t\}$的曲线图

量、全国总发电量、全国高速公路总里程等都是典型的随机过程，这些随机过程数据的生成受诸如利率、物价、技术进步、资源开发、管理水平、经济政策等多种因素的综合影响，其形成机制比上面举的例子要更为复杂。我们相信经过若干次仔细选择的广义差分变换可以使这些时间序列数据近似平稳化，而仅仅使用累次差分变换难以达到这样的目的。另外，我们可以看到，当累次差分变换的次数较多(多于三次）时所得到的时间序列已经面目全非。因为每一次差分变换产生两个效应，一是迅速减小序列取值的绝对值范围，二是使差分前序列的随机误差的取值范围在差分后增大一倍，这必然导致序列信噪比的快速下降，经过的差分次数稍大(比如多于四次）则原时间序列的有用信息已经被随机误差所淹没，已经平稳化的序列已经基本失去了本来的经济意义。广义差分变换的次数可以较低，这样可以有效保留原序列的真实信息。

通过对上面两个时间序列实例的分析可以看出，广义差分变换多项式在处理非平稳时间序列平稳化方面是对传统的差分变换族$(1-D)^k$的一种自然的推广，差分变换$(1-D)^k$只是广义差分变换的特殊形式，不应该盲目地指望特殊的差分变换$(1-D)^k$可以解决大多数时间序列的平稳化问题，而应该仔细研究广义差分变换的性质和求解算法。

6.3 差分法处理非平稳时间序列的局限性实例

考察序列$\{x_t\}$，$x_t=e^t+\mu_t$，其中μ_t是独立的具有零均值、有限方差的服从正态分布的随机序列，显然序列$\{x_t\}$是非平稳的随机时间序列，其数学期望值e^t随t呈指数增长变化。做一阶差分变换：

$$\Delta x_t=x_t-x_{t-1}=e^t-e^{t-1}+\mu_t-\mu_{t-1}=e^{t-1}(e-1)+\mu_t-\mu_{t-1}$$

容易看出，由于μ_t和μ_{t-1}的独立性，$\mu_t-\mu_{t-1}$仍是均值为零的具有白噪声性质的残差。序列$\{\Delta x_t\}$仍呈指数增长变化。再做一阶差分变换，有

$$\Delta^2 x_t=(x_t-x_{t-1})-(x_{t-1}-x_{t-2})=e^{t-2}(e-1)^2+\mu_t-2\mu_{t-1}+\mu_{t-2}$$

容易看出，两次差分之后的序列$\{\Delta^2 x_t\}$仍呈指数增长变化。

一般地，对任意正整数k，对序列$\{x_t\}$做k阶差分变换所得序列$\{\Delta^k x_t\}$即$(1-D)^k x_t$仍呈指数增长变化。具体公式如下：

$$\Delta^k x_t=e^{t-k}(e-1)^k+\Delta^k\mu_t$$

可见，对于$t>k$，序列$\{x_t\}$经k阶差分变换后仍呈指数增长变化。

从理论上讲，只要μ_t的方差足够小，对于均值呈指数增长变化的时间序列用若干阶差分变换的方法不能使其平稳化。若用广义差分变换，显然应选择$(1-eD)$，序列$\{x_t\}$变换为

$$(1-eD)x_t=x_t-ex_{t-1}=\mu_t-e\mu_{t-1}$$

可以看出，序列$\{x_t\}$已经被平稳化。

在协整理论中，人们认为非平稳性是在临界情况时出现，即回归方程式$x_t=\alpha_0+\rho x_{t-1}+\mu_t$中$\rho=1$时出现，序列表现为有飘移的随机行走，这是典型的马尔可夫过程。当$-1<\rho<1$时序列是平稳的，而当$|\rho|>1$时表明序列是爆炸的，时间参数t增大后序列

的取值急速增大,一般已经失去实际意义,所以 $|\rho|>1$ 的情况不在研究的范围之内。然而在实际的经济数据中,比如经济高速增长时间段中的 GDP、人口生育高峰时期的总人口数、严重金融危机时期的物价水平、经济危机时期的破产企业数量、企业超常规发展期的投资规模等,许多实际的经济序列呈现出(至少在我们感兴趣的某些局部的时间段内)指数增长的长期趋势,也就是说对于呈指数增长型的序列进行平稳化处理有实际意义。前面已经说明 $|\rho|>1$ 时用差分方法不能解决大多数序列的平稳化问题,这时需使用广义差分变换来对序列进行平稳化处理。

6.4 广义差分变换多项式的求解算法和时间序列平稳化

根据代数方程的理论,实系数 k 次多项式 $P(D)$ 可以分解为若干一次项和若干二次项的乘积,其中的二次项是在实数域内不可约的(即相应的判别式 $b^2-4ac<0$)。

$$P(D)=(1+\eta_1 D)(1+\eta_2 D)\cdots(1+\eta_m D)(1+\sigma_1 D+\delta_1 D^2)(1+\sigma_2 D+\delta_2 D^2)\cdots(1+\sigma_n D+\delta_n D^2)$$

$$m+2n=k,\ \sigma_j{}^2-4\delta_j<0,\ j=1,2,\cdots,n$$

$P(D)$ 中每一个乘积项对应一个广义差分变换,变换的乘积对应于变换的变换,即累次变换。方程 $1+\sigma_j D+\delta_j D^2=0$ 没有实数根,其解为一对共轭复数。根据 $P(D)$ 的分解式可知,变换分为二类模式,一类为广义一次差分变换 $1+\eta_i D$,一类为广义二次差分变换 $1+\sigma_j D+\delta_j D^2$,其中 $\sigma_j^2-4\delta_j<0$。

我们只是要求 $P(D)x_t$ 成为平稳的时间序列,而对于已经是平稳时间序列的 x_t 来说,当 $|\lambda|<1$ 时,$(1-\lambda D)x_t$ 依然是平稳的。所以我们的主要目的是寻找 $|\lambda|\geqslant 1$ 的情况。

若序列 $\{x_t\}$ 具有长期的变动趋势,当这种趋势近似为线性时,就意味着回归模型 $x_t=\alpha_0+\rho_0 x_{t-1}+\mu_t$ 中的 ρ_0 为 1;当这种趋势近似为指数变化趋势时,$\rho_0>1$ 对应于爆炸式增长方式,$\rho_0<1$ 对应于平稳随机过程;$\rho=0$ 意味着 x_t 近似于白噪声;若序列 $\{x_t\}$ 具有抛物线型的变化趋势,$x_t=a+bt+ct^2$,则对序列 $\{x_t\}$ 做二次差分可以使之平稳化,即 $(1-D)^2x_t$ 是平稳的时间序列。当序列 $\{x_t\}$ 的变化趋势近似为 k 次多项式函数时,意味着对 x_t 进行 k 次差分,即用变换 $(1-D)^k$ 可使 x_t 平稳化。

回归模型 $x_t=\alpha_0+\rho_1 x_{t-1}+\rho_2 x_{t-2}+\mu_t$ 中的 ρ_1 和 ρ_2 非零且 $\rho_1{}^2+4\rho_2<0$ 对应着二次多项式广义差分变换,但该多项式不能表示成二个一次实多项式的乘积。这是第二类的广义差分变换,变换形式为 $P(D)=1-\rho_1 D-\rho_2 D^2$,其数学意义是方程 $1-\rho_1 x-\rho_2 x^2=0$ 没有实根。

下面我们给出一种求取非平稳时间序列平稳化的广义差分变换多项式的逐步求解算法。

步骤 1 原始序列记为 $\{x_t^1\}$,$k=1$,经过变换后的序列依次记为

$$\{x_t^2\},\{x_t^3\},\cdots,\{x_t^k\},\cdots$$

$\{x_t^k\}$ 是对序列 $\{x_t^{k-1}\}$ 进行某种一阶或二阶广义差分变换后所得到的序列。设定拟合优度临界值 r_L,拟合优度值超过 r_L 即认为得到了满意的结果。

步骤 2 分别做如下的线性自回归：

$$x_t^k = \alpha_0 + \rho_0 x_{t-1}^k + \mu_t \tag{6.4}$$

$$x_t^k = \beta_0 + \rho_1 x_{t-1}^k + \rho_2 x_{t-2}^k + \varepsilon_t \tag{6.5}$$

式(6.4)对应一个一阶广义差分变换，式(6.5)对应一个二阶广义差分变换。用普通最小二乘法估计式(6.4)中的回归参数 α_0,ρ_0 和式(6.5)中的回归参数 β_0,ρ_1,ρ_2。具体来说，α_0,ρ_0 是下面超定方程组的最小二乘解：

$$\begin{cases} x_2^k = \alpha_0 + \rho_0 x_1^k \\ x_3^k = \alpha_0 + \rho_0 x_2^k \\ x_4^k = \alpha_0 + \rho_0 x_3^k \\ \cdots \\ x_T^k = \alpha_0 + \rho_0 x_{T-1}^k \end{cases}$$

最小二乘估计值记为 $\hat{\alpha}_0,\hat{\rho}_0$。而 β_0,ρ_1,ρ_2 是下面超定方程组的最小二乘解：

$$\begin{cases} x_3^k = \beta_0 + \rho_1 x_2^k + \rho_2 x_1^k \\ x_4^k = \beta_0 + \rho_1 x_3^k + \rho_2 x_2^k \\ x_5^k = \beta_0 + \rho_1 x_4^k + \rho_2 x_3^k \\ \cdots \\ x_T^k = \beta_0 + \rho_1 x_{T-1}^k + \rho_2 x_{T-2}^k \end{cases}$$

最小二乘估计值记为 $\hat{\beta}_0,\hat{\rho}_1,\hat{\rho}_2$。

步骤 3 计算判别指标。

计算两个自回归模型的回归残差值的平方和 ESS_U 与 ESS_E，计算公式如下：

$$ESS_{\mathrm{U}} = \sum_{t=2}^{T} (\mu_t)^2 = \sum_{t=2}^{T} (x_t^k - \hat{\alpha}_0 - \hat{\rho}_0 x_{t-1}^k)^2$$

$$ESS_{\mathrm{E}} = \sum_{t=3}^{T} (\varepsilon_t)^2 = \sum_{t=3}^{T} (x_t^k - \hat{\beta}_0 - \hat{\rho}_1 x_{t-1}^k - \hat{\rho}_2 x_{t-2}^k)^2$$

记 $\bar{x}^k = \frac{1}{T}\sum_{t=1}^{T} x_t^k$，计算两个自回归模型的总体平方和 TSS_{U} 与 TSS_{E}，计算公式如下：

$$TSS_{\mathrm{U}} = TSS_{\mathrm{E}} = \frac{1}{T}\sum_{t=1}^{T} (x_t^k - \bar{x}^k)^2$$

计算两个自回归模型的回归平方和 RSS_{U} 与 RSS_{E}，计算公式如下：

$$RSS_{\mathrm{U}} = \frac{1}{T-1}\sum_{t=2}^{T} (\hat{\alpha}_0 + \hat{\rho}_0 x_{t-1}^k - \bar{x}^k)^2$$

$$RSS_{\mathrm{E}} = \frac{1}{T-2}\sum_{t=3}^{T} (\hat{\beta}_0 + \hat{\rho}_1 x_{t-1}^k + \hat{\rho}_2 x_{t-2}^k - \bar{x}^k)^2$$

根据普通最小二乘原理，在适当的假设下成立：

$$TSS_{\mathrm{U}} = RSS_{\mathrm{U}} + ESS_{\mathrm{U}}$$

$$TSS_{\mathrm{E}} = RSS_{\mathrm{E}} + ESS_{\mathrm{E}}$$

用 r_{U}^2 和 r_{E}^2 来判断两个自回归模型的拟合优度，计算公式如下：

$$r_{\mathrm{U}}^2=\frac{RSS_{\mathrm{U}}}{TSS_{\mathrm{U}}}=1-\frac{ESS_{\mathrm{U}}}{TSS_{\mathrm{U}}} \tag{6.6}$$

$$r_{\mathrm{E}}^2=\frac{RSS_{\mathrm{E}}}{TSS_{\mathrm{E}}}=1-\frac{ESS_{\mathrm{E}}}{TSS_{\mathrm{E}}} \tag{6.7}$$

步骤 4　检验参数 ρ_0,ρ_1,ρ_2 并判断序列 $\{x_t^k\}$ 的平稳性。

方程 $1-\hat{\rho}_0 x=0$ 的根为 $r_1=\frac{1}{\hat{\rho}_0}$。方程 $1-\hat{\rho}_1 x-\hat{\rho}_2 x^2=0$ 的根为

$$r_2=\frac{-\hat{\rho}_1+\sqrt{\hat{\rho}_1^2+4\hat{\rho}_2}}{2\hat{\rho}_2},r_3=\frac{-\hat{\rho}_1-\sqrt{\hat{\rho}_1^2+4\hat{\rho}_2}}{2\hat{\rho}_2}$$

如果 $\hat{\rho}_1^2+4\hat{\rho}_2<0$ 则 r_2 和 r_3 是一对共轭复数，$\|r_2\|=\|r_3\|=-\frac{1}{\hat{\rho}_2}$。

若 $|\rho_0|<1$ 并且 $|\rho_2|<1$，如果 $r_{\mathrm{U}}^2>r_{\mathrm{L}}$，$r_{\mathrm{E}}^2>r_{\mathrm{L}}$，或者差分变换已经超过预定的次数，说明序列已经被平稳化了，转步骤 6；否则构造广义一阶差分变换 $P_k(D)=1-\rho_0 D$，转步骤 5。

若 $|\rho_0|>1$，则构造广义一阶差分变换 $P_k(D)=1-\rho_0 D$，转步骤 5。

若 $|\rho_0|<1$，并且有 $\rho_1^2+4\rho_2<0$，$|\rho_2|>1$，则选择二阶广义差分变换 $P_k(D)=1-\rho_1 D-\rho_2 D^2$，转步骤 5。

步骤 5　做序列变换，生成新序列 $\{x_t^{k+1}\}$

$$x_t^{k+1}=P_k(D)x_t^k,t=1,2,\cdots,n$$

转步骤 2。

步骤 6　解出广义差分变换多项式 $P(D)$：

$$P(D)=P_1(D)P_2(D)\cdots P_S(D)$$

有

$$P(D)x_t^1=x_t^S$$

最终的序列 $\{x_t^S\}$ 是多次用广义差分变换得到的平稳性得到改善的序列。

实际上，需要通过大量的时间序列平稳化实验来不断完善求取广义差分变换的具体算法，上面给出的算法步骤只是一个初级版本。我们相信累次广义差分变换是时间序列平稳化的更合适的工具，而简单的累次差分变换有明显的不足之处。对于绝大多数实际的时间序列，广义差分变换的次数应该在四次以内，或者说，下面几种形式的差分变换已经足够了，即：$(1-\rho D)$，$(1-\rho_1 D)(1-\rho_2 D)$，$(1-\rho_1 D-\rho_2 D^2)$，$(1-\rho D)(1-\rho_1 D-\rho_2 D^2)$。

6.5　广义差分变换多项式和时间序列白噪声化

$P(z)=0$ 是变换多项式 $P(D)$ 的特征方程，该方程所有的根可以方便地由 $P_1(z)=0$，$P_2(z)=0,\cdots,P_M(z)=0$ 求得。根据已有的关于平稳时间序列的理论结果，若方程 $P(z)=0$ 存在模小于 1 的根，则说明原序列是非平稳的；若所有根的模都大于 1，则说明原序列本身就是平稳的。

前面一节所提出的方法实际上既是一种序列平稳化的广义差分变换求取方法，同时也部分地完成了序列自回归参数的估计。白噪声化本质上是去掉所有的序列相关性。具

体做法如下：

根据上一节中的方法得到了下面的广义差分变换多项式 $P(D)$：

$$P(D)=P_1(D)P_2(D)\cdots P_S(D)$$

有

$$P(D)x_t^1=x_t^S$$

$\{x_t^S\}$ 是用广义差分法得到的平稳性得到改善并尽可能让序列白噪声化的序列。

不妨设具有模大于 1 的根的变换多项式为 $P_{M+1}(D)$，$P_{M+2}(D)$，…，$P_S(D)$，其余特征根的模小于 1 的变换多项式为 $P_1(D)$，$P_2(D)$，…，$P_M(D)$。记

$$P_H(D)=P_1(D)P_2(D)\cdots P_M(D)$$

$$P_F(D)=P_{M+1}(D)P_{M+2}(D)\cdots P_S(D)$$

$P_H(D)$ 是 D 的 m 次多项式，$P_F(D)$ 是 D 的 n 次多项式，则有

$$P(D)x_t^1=P_F(D)P_H(D)x_t^1=x_t^S$$

$x_t{}^S$ 近似作为随机误差项 μ_t，序列 $P_H(D)x_t^1$ 近似为平稳序列，变换 $P_H(D)$ 改变序列的非平稳性，而变换 $P_F(D)$ 不改变序列的平稳性，只是减小序列的自相关性。$P_F(D)P_H(D)x_t{}^1$ 近似为白噪声序列，记

$$P_H(D)=1-\Phi_1D-\Phi_2D^2-\cdots-\Phi_mD^m$$

$$P_F(D)=1-\psi_1D-\psi_2D^2-\cdots-\psi_nD^n$$

$$\begin{aligned}P_F(D)P_H(D)&=(1-\psi_1D-\cdots-\psi_nD^n)(1-\Phi_1D-\cdots-\Phi_mD^m)\\&=1-\eta_1D-\eta_2D^2-\cdots-\eta_{m+n}D^{m+n}\end{aligned}$$

若只是为了序列的平稳化，则对原序列进行广义差分变换 $P_H(D)$；若为了得到序列的自回归关系，则对原序列进行广义差分变换 $P(D)=P_F(D)P_H(D)$。变换后的序列近似于白噪声。

6.6　通过自回归参数估计的途径求取广义差分变换多项式

通过自回归参数估计的途径可以求取广义差分变换，首先确定自回归的阶数，可根据经验人为确定，然后估计自回归系数，可通过 Yule－Walker 方程求解，也可以直接用最小二乘原理求解。设定下面的自回归模型：

$$x_t=\rho_0+\rho_1x_{t-1}+\rho_2x_{t-2}+\cdots+\rho_mx_{t-n}+\mu_t$$

上式等价于

$$x_t-\rho_1x_{t-1}-\rho_2x_{t-2}-\cdots-\rho_mx_{t-n}=\rho_0+\mu_t$$

要求 μ_t 是白噪声或 μ_t 是平稳的随机过程。上式又可以写成下面的广义差分变换的形式：

$$(1-\rho_1D-\rho_2D^2-\cdots-\rho_nD^n)x_t=\rho_0+\mu_t$$

如果通过某种算法已经求出自回归系数 ρ_0，ρ_1，ρ_2，…，ρ_m，把多项式 $1-\rho_1D-\rho_2D^2-\cdots-\rho_nD^n$ 进行因式分解，则其中的一次因式对应于广义一阶差分变换 $1-\eta D$，其中的二次因式对应于广义二阶差分变换 $1-\eta_1D-\eta_2D^2$，$\eta_1{}^2+4\eta_2<0$。若其中有 $|\eta|\geqslant1$ 或 $|\eta_2|\geqslant1$，则说明原序列 x_t 是非平稳的。

6.7　求取广义差分变换多项式的正演和反演算法讨论

用正演和反演的观点来考察随机过程的平稳化问题是一个有趣的设想,也是一个值得研究的理论问题。如果我们知道一个非平稳的随机过程是如何通过已知的机制由一个平稳的随机过程生成,然后要求设计合适的算法处理这个非平稳的随机过程的样本数据而将其平稳化,并能尽可能准确地还原非平稳随机过程的生成机制。这样的思想类似于信号理论中对已知谱的随机时间序列进行处理,要求算法求出尽可能准确的谱。

简单的正演过程。一个广义差分变换 $1-\rho D$ 作用于时间序列 x_t,得到序列 y_t,有

$$(1-\rho D)x_t = y_t$$

如果已知平稳随机过程 y_t 和参数 ρ,确定时间序列 x_t 则是正演的过程。根据 y_t 和参数 ρ 计算序列的算法如下:

$$x_t - \rho x_{t-1} = y_t$$

有

$$x_t = \rho x_{t-1} + y_t$$

只要给定 x_t 的初值 x_1,由上式进行迭代可求出序列 x_t。我们的问题是反演问题,已知序列 x_t,设法搜索参数 ρ 使得$(1-\rho D)x_t = y_t$ 是平稳的。

对于一个广义二阶差分变换 $1-\rho_1 D-\rho_2 D^2$ 作用于时间序列 x_t,得到序列 y_t,有

$$(1-\rho_1 D-\rho_2 D^2)x_t = y_t$$

如果已知平稳随机过程 y_t 和参数 ρ_1,ρ_2,确定时间序列 x_t 则是正演的过程。根据 y_t 和参数 ρ_1,ρ_2 计算序列的算法如下:

$$x_t - \rho_1 x_{t-1} - \rho_2 x_{t-2} = y_t$$

有

$$x_t = \rho_1 x_{t-1} + \rho_2 x_{t-2} + y_t$$

只要给定 x_t 的两个初值 x_1, x_2,由上式进行迭代可求出序列 x_t。我们的问题是反演问题,已知序列 x_t,设法搜索参数 ρ_1,ρ_2 使得$(1-\rho_1 D-\rho_2 D^2)x_t = y_t$ 是平稳的。

一般的情况,对于给定的非平稳的随机过程 x_t,是否存在一个好的算法,通过 x_t 而搜索出 $\rho_0^k, k=1,2,\cdots,m$ 和 $\rho_1^l,\rho_2^l, l=1,2,\cdots,q$。使得

$$\prod_{k=1}^{m}(1-\rho_0^k D)\prod_{l=1}^{q}(1-\rho_1^l D-\rho_2^l D^2)x_t = y_t$$

成为平稳的时间序列,这样的搜索算法是我们需要的。

第7章　金融期权的有限差分法和多叉树模型研究

有限差分法和二叉树方法都是重要的也是最常用的美式期权定价的数值方法，在美式期权定价问题的研究中占有重要的地位。本章在已有研究的基础上依据相邻不同点的期权价格之间应有广泛联动关系的思想，分别对有限差分方法和二叉树方法进行了新形式的理论模型推导和相应的算例分析。本章首先对Black－Scholes偏微分方程用新形式的差商近似公式进行离散化处理，分别推导出了一般形式的显示、隐式和Crank－Nicolson 3种有限差分模型，然后对模型的截断误差进行理论分析，并证明了3个模型的相容性。根据冯·诺依曼准则和Lax等价定理分别对3个差分模型的稳定性和收敛性进行了讨论。通过建立平面网格和对有限差分一般形式模型进行矩阵化，构建了有限差分一般形式模型的迭代模型，编制了相应的计算机算法程序，进行了关于期权定价的数值模拟，验证了有限差分一般形式模型在收敛速度和解的准确性上都较传统方法有所提高。本章还对传统的二叉树模型进行了拓展研究，在股价服从几何布朗运动模型假设下，在二叉树模型基础上加入了资产价格不变的可能性，建立了三叉树理论模型，推导出了单时段三叉树概率模型。对三叉树模型进行欧式期权定价的数值模拟来分析算法的收敛性质，通过比较美式期权的市场价格来验证三叉树模型在实际定价应用中的效果。本章还推导出四叉树和五叉树的理论模型。

7.1　研究的背景和意义

2008年的金融危机令全世界的经济在之后的几年内一蹶不振，究其根源就是因为金融衍生工具使用的失控导致次贷危机，而由次贷危机带来的杠杆效应使得全球经济伤痕累累。早在17世纪，欧洲疯狂的郁金香期货交易曾导致荷兰经济的崩溃，20世纪90年代，巴林银行的倒闭则让全世界着实领教了金融衍生品这把双刃剑的厉害。同时期的亚洲金融危机以及香港股市的大幅振荡背后都有金融衍生品的影子。在我国，当年的中信、深南电等企业都因为在期权、期货市场上的操作不善而蒙受了巨额的损失。虽然金融衍生品曾给世界经济带来如此巨大的打击，但是它的出现仍然是世界金融历史上一个伟大的里程碑，金融衍生品交易在刺激市场活力、拓宽市场空间、提升市场效率等方面均起到了重要的作用。金融衍生品最大的价值是作为一种规避风险的工具，它不是单纯地降低投资风险，而是把风险进行转移以及风险的再分配。金融创新是完善金融市场的重要基础，从两千多年前出现在古希腊的期货交易，到今天发展到期权、期货、远期、互换以及它们的各种各样的复合等种类繁多的金融衍生品，这些金融衍生品在商业社会的地位越来越重要。由于金融衍生品的重要价值和它可能给经济带来的巨大危害，越来越多的学者投身于对金融衍生品的研究中。

金融期权是 20 世纪最伟大的金融创新之一，它的出现为金融学研究领域注入了无限的生命力。有关期权的交易最早出现在 17 世纪的荷兰郁金香的交易中，由于当时人们对于期权的认识还比较模糊，并且市场缺乏关键的保障机制，因此当原本火爆的郁金香市场突然遇冷而出现价格暴跌时便引发了整个市场的崩溃，从此以后人们便视期权为洪水猛兽。虽然也曾有学者对期权定价问题进行过研究，但都未能引起学界的重视。一直到 20 世纪 70 年代，在 Black 和 Scholes 建立了系统的期权定价理论之后期权的交易机制才得以规范，期权市场也在几年之内形成了井喷式的发展。在 1973 年 4 月 26 日，世界首个期权交易所在美国芝加哥成立并正式开始进行期权交易，这标志着期权在场内买卖正式被市场所认可，并且从此就开始了期权定价合理化、合约标准化、交易规范化的发展方向。如今期权已经不单单局限于股票市场，已经发展到利率、债券、外汇、股价指数等金融产品，还延伸到贵金属等实物金融商品以及能源、保险等领域。

不同于西方已经建立了完善的金融市场，我国金融市场的发展还比较滞后，特别是期权市场的发展更为落后。对于生产者，需要规避原料价格不确定性变动带来的风险，需要预防因产品价格大幅变动带来的风险，还要防止因利率、汇率等市场不确定因素变动给企业经营带来的风险，规避这些风险的最有效方式就是使用恰当的期权工具。对于机构投资者来说，更需要使用期权来为手中的有价证券进行风险对冲和套期保值。我国期货市场的发展趋于良好，特别是在推出了股指期货以后期货市场也越加成熟，在 2015 年初 50ETF 期权的上市弥补了我国期权市场的空白。如今国内越来越多的机构投资者和个人投资者都在进行期权交易，国家也在努力完善金融市场，相信在不久的将来我国也会建立起属于我们自己的完善的期权市场。

期权定价是研究期权问题的核心，对期权价格的估计是否准确对于买卖双方都具有重要的意义。一个合理的期权定价理论在管理风险、减少交易成本、降低信息壁垒以及对保证金的计算等方面都有着重要作用。当今的期权定价技术包含了很多复杂的数学工具，并且被公认为是整个金融学研究中使用数学原理最为深入的一个领域，很多新发展出来的数学理论和方法的首次投入使用就是在期权定价的研究中，甚至有很多新的数学方法还是在人们对期权定价的研究过程被建立的。本章就是希望在已有研究的基础上，通过一些数学工具的引入并结合期权定价基本理论对美式期权定价问题进行更深入的研究。

法国的 Louis Bachelier 在 1900 年第一个提出了期权定价问题，并推导出了第一个期权定价模型，这个模型的前提假设是股票资产价格完全遵从布朗运动。他导出的看涨期权定价模型的形式如下：

$$V=S\phi\left(\frac{S-K}{\sigma\sqrt{\tau}}\right)-K\phi\left(\frac{S-K}{\sigma\sqrt{\tau}}\right)+\sigma\sqrt{\tau}\,\varphi\left(\frac{S-K}{\sigma\sqrt{\tau}}\right)$$

在上面的模型中，S 是股票价格；K 是协议价格；σ 是股票资产在单位时间内的波动率，是一个固定的常数；τ 是距离期权行权日的时间；ϕ 是标准正态分布函数；φ 是标准正态密度函数。Louis Bachelier 的期权定价模型后来被看作是金融数学理论体系的开端，但是在 Louis Bachelier 提出该模型后的 50 多年内并未被学界所重视。这一方面是因为在 19 世纪 50 年代之前,金融界的学者们普遍认为股票价格的变动是可以预测的,并且能用特定的模型来表示,而 Louis Bachelier 提出的股票价格变动模式是一个几乎不具有预测能力的随机过程,这显然是偏离了当时学界的一致认知。另一方面,Louis Bachelier 的模型中也存在两个比较大的问题:一是 Louis Bachelier 的模型没有考虑资金有随时间稳定增值的特性,即无风险收益率的存在,混淆了期权与股票两种资产不同的风险特性;二是在这个期权定价模型中,股票价格是完全遵循布朗运动的,理论上会出现股票价格为负的情况,这难以被普遍接受。

1973 年,Fischer Black 和 Myron Seholes 推导出了著名的 Black－Scholes 期权定价公式,开创了期权定价理论新的时代,这既是对 Louis Bachelier 定价模型的革新,也是对 20 世纪 60 年代Samulson 建立的期权定价模型的重大修改。在此之后,Merton 对 Black 和 Seholes 的理论进行了完善和推广,在股票价格服从对数正态分布的基础上,运用几何布朗运动模型、无套利原理和关于随机过程的伊藤积分给出了欧式期权定价的解析解公式。Black － Scholes 公式中的参数变量包括:股票初始价格、行权价格、股票收益波动率、行权期限和无风险收益率。Black － Scholes 公式中不包含股票价格的预期收益率,这就说明 Black － Scholes 期权定价理论认为期权价格与人们对风险好恶无关,而首次将期权定价问题的研究引入到所谓的风险中性的世界中。

Black 和 Seholes 的研究成果是开创性的,但是 Black － Scholes 定价模型在建立和推导过程中有很多苛刻的前提假设和使用条件的限制,这些假设和条件在现实中几乎是不可能实现的,这就大大降低了 Black － Scholes 原始公式的实用性。后来的很多金融学家也都投身于对 Black － Scholes 理论的研究当中,极大地提高了 Black － Scholes 公式的实用性,同时也推动了期权定价理论的发展。Merton 对 Black － Scholes 模型做了很多改进,主要包括以下 3 个方面:① 建立了利率随机概率模型;② 将支付股利条件加入到 Black － Scholes 期权定价公式中;③ 建立了股票收益跳跃扩散模型。1979 年,Cox,Ross,Rubinstein 和 Sharpe 等人最先提出了二项式期权定价模型(即二叉树法),为期权定价问题(特别是美式期权定价问题)的研究开启了另一个方向。二叉树模型的基本假设包括:① 市场是完全有效市场,并且资产可以无限分割;② 股价是服从二项分布的随机过程,并且互相之间是独立的,在相邻的时间间隔股票价格只有上升和下降两种情况;③ 市场符合风险中性的无套利原理。在 1985 年,Ross 又独立地对标的为利率的期权进行了研究,同年 Lelnad 提出了包含行权费的期权定价模型。

进入 20 世纪 90 年代以来,学者们对期权定价进行了更为细化的研究,主要包括市场不完善、标的资产价格的不规则变动以及资产收益率具有异方差等方面的研究,特别是对美式期权定价问题的关注度不断提高,获得了很多重要的研究成就。市场不完善有很多方面,主要有对卖空的限制以及存在交易费用的制约,或是单纯的市场本身的功能缺失等。市场的不完善假设给期权定价问题的研究带来了很大的制约,特别是影响了 Black－Scholes 期权定价模型的实际使用价值。但是市场不完善假设显然要比完善市场假设更接近真实的股票市场,这就使得期权定价问题的研究变得更为复杂。

Merton 在 1976 年提出了期权标的资产价格的不规则变动问题,建立了下面的模型:

$$dS = (\mu - \lambda k)Sdt + \sigma Sdz + Sdq$$

该模型在股价变动遵循几何布朗运动的基础上又加入了几种变动规则，其中 μ 是股票的预期收益率；λ 为股价变动的频率；σ 是股价的波动率；dz 是一维维纳过程；dq 是标准泊松分布。模型中假设维纳过程和标准泊松分布是相互独立的，Merton 希望这些分布能反映出不同资产的真实变化特性。在去除了布朗运动给资产价格带来的不确定因素后，剩下的就是系统性风险，这样的 Black－Scholes 模型能够更好地对期权进行定价。

在当前的金融市场中美式期权的份额要远大于欧式期权，但是美式期权的定价问题要比欧式期权定价问题复杂得多。因为美式期权可以在行权日和到期日之间的任一时点执行，所以就存在一个最佳执行时间的问题，但是如何确定这样一个时间是一个特别复杂的问题，到目前为止没有公认完美的解决方案。因为美式期权的这种特点，所以它的定价不像欧式期权定价那样能导出确定的解析公式，而只能依靠数值方法或模拟解法求出近似解。现在对于美式期权定价的数值方法的研究主要集中在 3 个方面：有限差分法、树图法（二叉树法）以及蒙特卡洛模拟法。

有限差分法是由 Brennan 和 Schwartz 在 1977 年首次应用到美式期权定价问题中的，在 1982 年由 Georges Courtadon 进行了改良和拓展，1983 年 Marchuk 把 Rachardson 的外推法和有限差分法融合到了一起。二叉树方法是由 Cox 等人在 1979 年提出的，也是最早被用于美式期权定价的数值方法之一。之后 Amin 和 Khanna 二人证明了二叉树方法具有收敛性，并且通过数学推导证明了二叉树方法模型与有限差分法的显式格式是一致的。Broadie 和 Detemple 对二叉树方法从两个方面进行了改进：一方面是当期权逼近到期日时 Black－Scholes 欧式期权定价公式近似表示美式期权在继续持有情况下的期权价格，这样就大大提高了模型的收敛性；另一方面是根据 Richardson 外推法来提高二叉树模型的收敛速度。通过这两方面的改进大大减弱了二叉树模型在收敛时产生的甩尾波动，收敛的速度因此也提高很多，对于计算只有一个标的资产的美式期权的价格具有很好的效果。Parkinson 在二叉树定价模型的推广方面做出了突破性贡献，它首次提出了在美式期权定价中用三叉树方法替代原有二叉树方法，Parkinson 假设资产价格在下一个时刻的变化不应只是二叉树模型中上升和下降两种情况，还应该有资产价格不变的第三种可能。但是很明显，三叉树模型对资产价格变化的描述要比二叉树模型更为合理，在为一些较为复杂的金融产品定价的时候要优于二叉树模型。

相对于已有确定解析解的欧式期权，对于精确性要求更高的美式期权定价的数值方法是近年来的研究趋势。数值方法的种类很多，对于不同方法的研究目的大致分为两个：第一是尽量减小各种方法的迭代误差，使得收敛的结果更接近真实值；第二就是提高算法的收敛速度，简化计算过程。关于美式期权定价的有限差分法和树图法（二叉树和三叉树方法），现有的研究还有以下几点不足。

(1) 有限差分方法模型的形式普遍过于简单，并且模型的收敛性受到时间步长的限制，使得数值计算结果的精度不高。有限差分法主要有显示差分、隐式差分和 Crank－Nicolson 差分 3 种差分格式，对这 3 种差分格式的研究主要还都是基于传统的向前差分、向后差分、一阶中心差分和二阶中心差分形式。现有研究对于相邻时段影响期权价格变化的关系式还只是局限于少数离散点处期权价格之间的相互作用，并未形成更广泛的价格联动关系式。虽然后续研究使用了很多复杂的数学工具，但是并未根本解决因模型形式简单、步长受限而导致的结果准确度低的问题。

(2) 很多关于三叉树模型的研究并未很好地解决期权价格模型中系数的概率测度问题。由于数值计算本身就是一种估计算法，特别是用于美式期权定价，现有的三叉树模型对于系数概率测度的确定并不能保证在满足相应数学假设的同时还能兼顾金融学的意义和实际计算的需要。例如 Parkinson 推导出的三叉树模型，在有些情况下就存在资产不变分枝的系数对应的概率测度为负的现象，不仅不符合对于概率测度的定义，在实际计算中也很难收敛于微分方程的解。这些对三叉树的已有研究的理论基础大多还是停留在二叉树阶段，并没有更深入地把标的资产自身价格的变化规律与三叉树模型整体的系数概率测度之间建立起联系，这样就会使模型从二叉树变为三叉树时有很多问题无法合理地解释。

(3) 关于三叉树模型的现有研究在数值模拟过程中也存在很多问题，主要是因为在增加了一个资产不变的维度后使得模型在迭代过程中的复杂程度大大增加，数值的计算量和存储量都会随着时间步长的增多而呈指数形式的增长，造成所谓的"维度灾难"。同时一些复杂数学工具的引用使得每一个单位节点上的运算量都比原来更为复杂。

存在上述问题的原因有很多，不太可能找到一个统一的解决办法，但是可以通过先找到这些方法中存在共性的某些点进行合理的改进来展开探讨。以有限差分方法为例，不管使用何种差分方法和数学工具，研究的目的都是建立目标节点的期权价格和相邻时间层 3 个节点的期权价格之间的数量关系，这样在数学上虽然符合差商代替微商求解偏微分方程的原理，但是在金融学上就不能体现更多节点上的资产价格之间必然存在数量关系的判断。以二叉树为代表的树图法在原理上和有限差分法其实是相通的，都是通过建立相邻时间层的期权价格数学关系并通过迭代或是解方程组的方法来求解期权价格。因此，本章就试图以上述设想为基础，通过建立更多节点处的期权价格之间的关系来构建新形式的美式期权定价的有限差分法和树图法模型。

7.2 金融期权定价相关研究的概述

7.2.1 美式期权定价的基础

1. 无套利原理

无套利原理是期权定价研究的理论基础，它表示在一个成熟的金融市场中是不应该存在套利机会的，或者说是不存在与所承担的风险不相称的额外获利。用 $V_t(\Phi)$ 表示投资组合 Φ 的内在价值。无套利原理告诉我们，如果在时间段 $[0,T]$ 内整个市场是不存在套利机会，并且对于两个投资组合 Φ_1 与 Φ_2 成立 $V_T(\Phi_1)=V_T(\Phi_2)$，则对任意时段 $t\in[0,T]$，必有 $V_t(\Phi_1)=V_t(\Phi_2)$。

2. Δ－对冲

在金融学中，对冲是指目的为减小另一项投资风险的一类投资。对冲的特点是，它既能减小另一种投资的风险，同时对冲投资本身也有可能在市场中获利。如果把股票当做风险资产，那么以股票为标的的期权价格 V_t 就是一个随机变量。当投资者卖出一份期权时必然要承担售出期权相应的风险，为了规避掉这个风险投资者就需要用另一项投资来抵消掉这个风险 —— 购入适量的标的股票做对冲交易，这里假设需要购入的份额为 Δ。以上就是 Δ － 对冲的基本思想。

在交易一份期权 V 的同时，在与该项交易相反的方向上交易份额为 Δ 的期权标的资产 S，形成的投资组合记为 Π：

$$\Pi = V - \Delta \cdot S$$

在完全对冲的情况下，即 Δ 的选择恰当，则投资组合 Π 是无风险的。

3. 布朗运动与伊藤定理

期权标的资产价格的变化是一个随机过程。法国数学家 Bachelier 在 1900 年首次提出股票价格的变化是一个符合布朗运动模型的随机过程，在此之后有关股票和期权的所有研究也几乎都是以这个假设为基础进行的。所以在对期权定价模型进行研究之前必须对布朗(Brown) 运动模型进行了解。

在股票期权定价的研究中，布朗运动经常被用来描述股票的价格运动过程。布朗运动最初是由英国生物学家布朗(Brown) 于 1827 年研究花粉粒子在液体表面做无规则运动的物理现象时提出的。布朗运动是一种具有连续状态空间和连续时间参数的一个随机过程，具体定义如下。

若一个随机过程$\{W(t),\ t \geqslant 0\}$ 满足：

(1)$W(t)$ 是独立增量过程。

(2) $\forall s,t > 0, W(s+t) - W(s) \sim N(0, c^2 t)$ 即 $W(s+t) - W(s)$ 是期望为 0，方差为 $c^2 t$ 的正态分布。

(3)$W(t)$ 是关于 t 的连续函数。

则称$\{W(t),\ t \geqslant 0\}$ 是布朗运动或维纳过程(Wiener process)，当 $c = 1$ 时称其为标准布朗运动。

若股价 $X(t)$ 服从以下公式描述的随机过程：

$$\mathrm{d}X(t) = \mu X(t)\mathrm{d}t + \sigma X(t)\mathrm{d}W(t)$$

其中 $W(t)$ 是标准的布朗运动，μ 和 σ 是正的常数，则称 $X(t)$ 服从几何布朗运动。上面的表达式也可以写成如下的形式：

$$\frac{\mathrm{d}X(t)}{X(t)} = \mu \mathrm{d}t + \sigma \mathrm{d}W(t)$$

伊藤定理($It\hat{o}$ 公式) 设 $V_t = V(S_t, t)$ 是二元可微的函数，如果随机过程 S_t 符合下面的随机微分表达式：

$$\mathrm{d}S_t = \mu(S_t, t)\mathrm{d}t + \sigma(S_t, t)\mathrm{d}W_t$$

其中 W_t 是维纳过程，那么有

$$\mathrm{d}V_t = \left(\frac{\partial V}{\partial t} + \mu(S_t, t)\frac{\partial V}{\partial S} + \frac{1}{2}\sigma^2(S_t, t)\frac{\partial^2 V}{\partial S^2}\right)\mathrm{d}t + \sigma(S_t, t)\frac{\partial V}{\partial S}\mathrm{d}W_t \tag{7.1}$$

公式(7.1) 即为 $It\hat{o}$(伊藤) 公式，它是后来在推导 Black － Scholes 偏微分方程过程中的重要理论基础。

7.2.2　Black－Scholes 偏微分方程

Black－Scholes 偏微分方程的推导基于以下几个基本假设。

(1) 期权标的资产价格的变化服从几何布朗运动：

$$\frac{dS_t}{S_t}=\mu dt+\sigma dW_t \tag{7.2}$$

其中，S_t 为资产的价格；μ 为资产的预期收益率；σ 为资产收益率的波动率；W_t 为标准布朗运动，满足：$E(dW_t)=0, Var(dW_t)=dt$。

(2) 无风险收益率 r 是固定常数。

(3) 标的资产不支付股息红利。

(4) 没有交易费和税费。

(5) 市场没有套利机会。

设期权价格 $V=V(S,t)$，则在期权到期日 $t=T$ 时，对于看涨期权：

$$V(S,t)=(S-K)^{+}=\max(0,S-K)$$

对于看跌期权：

$$V(S,t)=(K-S)^{+}=\max(0,K-S)$$

这里的 K 是期权的执行价格。

利用 Δ－对冲方法，构建投资组合 $\Pi=V-\Delta\cdot S$（其中 Δ 是期权标的资产的份额，Π 是在时段 $(t,t+dt)$ 内的无风险组合）。设 Π 是在 t 时刻的投资组合，在时间段 $(t,t+dt)$ 内，保持标的资产的份额 Δ 不变。因为投资组合 Π 是无风险，所以在时刻 $t+dt$，Π 的投资回报为

$$\frac{\Pi_{t+dt}-\Pi_t}{\Pi_t}=rdt$$

即

$$dV_t-\Delta\, dS_t=r\Pi_t dt=r(V_t-\Delta S_t)dt$$

又因为 $V_t=V(S_t,t)$，其中标的资产价格 S_t 是由式(7.2)确定的随机过程，$It\hat{o}$ 公式如下：

$$dV_t=(\frac{\partial V}{\partial t}+\frac{1}{2}\sigma^2S^2\frac{\partial^2V}{\partial S^2}+\mu S\frac{\partial V}{\partial S})dt+\sigma S\frac{\partial V}{\partial S}dW_t$$

把 $It\hat{o}$ 公式代入上式，整理得

$$\left(\frac{\partial V}{\partial t}+\frac{1}{2}\sigma^2S^2\frac{\partial^2V}{\partial S^2}+\mu S\frac{\partial V}{\partial S}-\Delta\mu S\right)dt+\left(\sigma S\frac{\partial V}{\partial S}-\Delta\sigma S\right)dW_t=r(V-\Delta S)dt$$

因为上式等式右端的 $r(V-\Delta S)dt$ 是无风险的，所以标准布朗运动 dW_t 的系数必为 0，即

$$\sigma S\frac{\partial V}{\partial S}-\Delta\sigma S=0$$

求得标的资产份额 Δ 为

$$\Delta=\frac{\partial V}{\partial S}$$

代入前面的公式，消去 dt 后整理得

$$\frac{\partial V}{\partial t}+\frac{1}{2}\sigma^2 S^2\frac{\partial^2 V}{\partial S^2}+rS\frac{\partial V}{\partial S}-rV=0 \tag{7.3}$$

这就是描述期权价格变化规律的著名的 Black－Scholes 偏微分方程。

7.2.3　美式期权定价模型的最佳执行边界问题

因为美式期权可以提前实施，因此研究美式期权的定价问题其实就是确定其最佳执行边界。所谓的最佳执行边界在几何意义上其实是一个给定平面区域的分割线，它把平面区域 $\{0\leqslant S\leqslant\infty,0\leqslant t\leqslant T\}$ 划分为两部分，一部分是期权继续持有区域，另一个是停止持有期权区域，这两个区域之间的分割线在金融学上被称为最佳执行边界。

以美式看跌期权的最佳执行边界为例。对于期权到期日为 $t=T$ 的美式看跌期权，在平面区域 $\{0\leqslant S\leqslant\infty,0\leqslant t\leqslant T\}$ 内：一个是继续持有期权区域 $\sum_1$，即

$$V(S,t)>(K-S)^+$$

另一个是停止持有期权区域 $\sum_2$，即

$$V(S,t)\leqslant(K-S)^+$$

设这两个区域之间的最佳执行边界为 $\Gamma:S=S(t)$，可以定义：

$$\sum\nolimits_1=\{(S,t)\mid S(t)\leqslant S<\infty,0\leqslant t\leqslant T\}$$

$$\sum\nolimits_2=\{(S,t)\mid 0\leqslant S\leqslant S(t),0\leqslant t\leqslant T\}$$

以及

$$S(t)<K(0\leqslant t<T)$$

在 $\sum_1$ 中，根据 Δ－对冲方法和 $It\hat{o}$ 公式，可以得到：当 $(S,t)\in\sum_1$ 时，期权的价格 $V=V(S,t)$ 满足 Black－Scholes 偏微分方程：

$$\frac{\partial V}{\partial t}+\frac{1}{2}\sigma^2 S^2\frac{\partial^2 V}{\partial S^2}+rS\frac{\partial V}{\partial S}-rV=0$$

在最佳执行边界 Γ 上，有

$$V(S(t),t)=K-S(t)$$

$$\frac{\partial V}{\partial S}(S(t),t)=-1$$

并且当 $S\to\infty$ 时，有

$$V\to 0$$

当 $t=T$ 时，有

$$V(S,T)=(K-S)^+$$

这说明美式期权定价问题，其实就是在继续持有期权区域 $\sum_1$ 中寻找合适的函数组 $\{V(S,t),S(t)\}$，使得这个函数组符合定解问题。由于 $S(t)$ 是自由边界，因此实际上是一个求抛物方程自由边界的定解问题。

7.2.4　有限差分期权定价模型

在 Black－Scholes 的理论框架下，在 7.2.2 中已经列出了期权价格满足的偏微分方

程如下：

$$\frac{\partial V}{\partial t}+\frac{1}{2}\sigma^2 S^2\frac{\partial^2 V}{\partial S^2}+rS\frac{\partial V}{\partial S}-rV=0$$

此方程是一个变系数反抛物方程，而用有限差分法的本质是将连续的偏微分方程离散化，因此首先要确定求解区域，并对该区域进行网格化分割。为了建立平面网格，需要对 Black－Scholes 偏微分方程进行函数变换从而转化为常系数反抛物方程。

令 $x=\ln S$，则

$$\frac{\partial V}{\partial S}=\frac{\partial V}{\partial x}\frac{1}{S}\quad\frac{\partial^2 V}{\partial S^2}=\frac{1}{S^2}\left(\frac{\partial^2 V}{\partial x^2}-\frac{\partial V}{\partial x}\right)$$

将上面的式子代入原方程后进行整理，有

$$\frac{\partial V}{\partial t}+\frac{\sigma^2}{2}\frac{\partial^2 V}{\partial x^2}+(r-\frac{\sigma^2}{2})\frac{\partial V}{\partial x}-rV=0 \tag{7.4}$$

其中

$$\Delta x=x_{t+1}-x_t=\ln S_{t+1}-\ln S_t=\ln\frac{S_{t+1}}{S_t}=\ln u$$

这样 Black－Scholes 偏微分方程中的原有的按等比变化的资产价格 S 就被替换为等差变化的 x。在 (x,t) 平面的区域 $\sum\{-\infty<x<\infty,0\leqslant t\leqslant T\}$ 上建立网格，并以价格步长 Δx 和时间步长 Δt 为间隔生成网格线：

$$x_m=m\Delta x(-\infty<m<\infty)$$

$$t_n=n\Delta t(0\leqslant n\leqslant N,N=\frac{T}{\Delta t})$$

边界条件对应到网格的右边界，0 时刻的期权价格即为所求的期权价格，对应的美式期权则应在网格的每个节点都分析实施行权的条件。

在数学上，差分方法是利用差商代替偏导数将微分方程离散化为差分方程，进而通过求解差分方程对微分方程进行数值求解的一种方法。假设 $y=f(x)$ 是光滑的，并且一阶和二阶导数均存在，则主要有以下几种常用的差分格式：

$$f'(x)\approx\frac{f(x+\Delta x)-f(x)}{\Delta x}=(\frac{\Delta f}{\Delta x})_{\mathrm{f}}\quad\text{（前向差分）}$$

$$f'(x)\approx\frac{f(x)-f(x-\Delta x)}{\Delta x}=(\frac{\Delta f}{\Delta x})_{\mathrm{b}}\quad\text{（后向差分）}$$

$$f'(x)\approx\frac{f(x+\Delta x)-f(x-\Delta x)}{2\Delta x}=(\frac{\Delta f}{\Delta x})_c\quad\text{（中心差分）}$$

$$f''(x)\approx\frac{f(x+\Delta x)-2f(x)+f(x-\Delta x)}{(\Delta x)^2}=(\frac{\Delta^2 f}{\Delta x^2})_c\quad\text{（二阶中心差分）}$$

分别对以上的几种差分利用 Taylor 展开，有以下误差估计成立：

$$\left|f'(x)-\left(\frac{\Delta f}{\Delta x}\right)_{\mathrm{f}}\right|=O(\Delta x)$$

$$\left|f'(x)-\left(\frac{\Delta f}{\Delta x}\right)_{\mathrm{b}}\right|=O(\Delta x)$$

$$\left|f'(x)-\left(\frac{\Delta f}{\Delta x}\right)_{c}\right|=O((\Delta x)^2)$$

$$\left|f''(x)-\left(\frac{\Delta^2 f}{\Delta x^2}\right)_{c}\right|=O((\Delta x)^2)$$

从上面的结果可以看到，前向差分和后向差分的误差是 Δx 的同阶无穷小，中心差分和二阶中心差分是 $(\Delta x)^2$ 的同阶无穷小。通过不同的差分方法可以将偏微分方程转化为不同的离散形式，主要分为三大类：显式差分，隐式差分，以及前两者结合形成的 Crank－Nicolson 差分。

为了表达式的简洁和方便，引入下面的符号：

$$V(x_m,t_n)=V_m^n$$

其中，$-\infty<m<\infty,0\leqslant n\leqslant N,N=\frac{T}{\Delta t}$。

用下面的差分公式对定解问题离散化：

$$\frac{\partial V}{\partial t}=\frac{V_m^n-V_m^{n-1}}{\Delta t}$$

$$\frac{\partial V}{\partial x}=\frac{V_{m+1}^n-V_{m-1}^n}{2\Delta x} \tag{7.5}$$

$$\frac{\partial^2 V}{\partial x^2}=\frac{V_{m+1}^n-2V_m^n+V_{m-1}^n}{\Delta x^2}$$

其中$\frac{\partial V}{\partial t}$用向后差分公式，代入式(7.4) 整理得到下面的显式差分格式下的差分方程：

$$V_m^{n-1}=\alpha V_{m-1}^n+\beta V_m^n+\gamma V_{m+1}^n \tag{7.6}$$

其中

$$\alpha=\frac{\Delta t}{2}\left(\frac{\sigma^2}{\Delta x^2}-\frac{r-q-\sigma^2/2}{\Delta x}\right)$$

$$\beta=1-r\Delta t-\frac{\sigma^2\Delta t}{\Delta x^2}$$

$$\gamma=\frac{\Delta t}{2}\left(\frac{\sigma^2}{\Delta x^2}+\frac{r-q-\sigma^2/2}{\Delta x}\right)$$

如图 7.1 所示，显式差分格式是从状态点(n,m)出发，选择对时间 t 的一阶后向差分、对 x 的一阶中心差分和二阶中心差分。

隐式差分和显式差分的差别主要在于对时间 t 的差分方式不同，令

$$\frac{\partial V}{\partial t}=\frac{V_m^n-V_m^{n-1}}{\Delta t}$$

$$\frac{\partial V}{\partial x}=\frac{V_{m+1}^{n-1}-V_{m-1}^{n-1}}{2\Delta x} \tag{7.7}$$

$$\frac{\partial^2 V}{\partial x^2}=\frac{V_{m+1}^{n-1}-2V_m^{n-1}+V_{m-1}^{n-1}}{\Delta x^2}$$

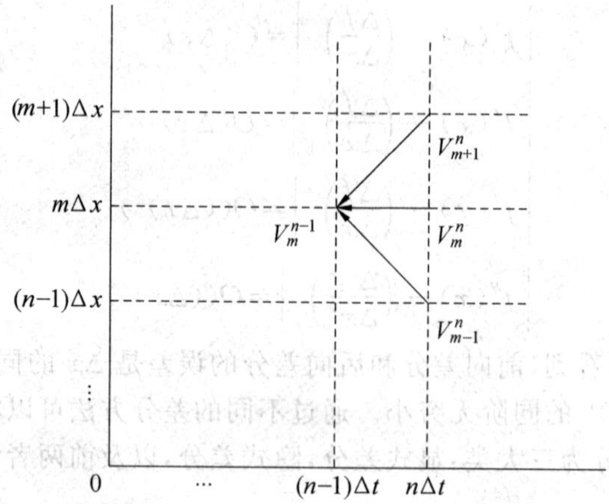

图 7.1　显式差分网格图

将式(7.7)代入式(7.4)整理得到下面的隐式差分格式下的差分方程：

$$V_m^n = \alpha V_{m-1}^{n-1} + \beta V_m^{n-1} + \gamma V_{m+1}^{n-1} \tag{7.8}$$

其中

$$\alpha = \frac{\Delta t}{2}\left(\frac{r-q-\sigma^2/2}{\Delta x} - \frac{\sigma^2}{\Delta x^2}\right)$$

$$\beta = 1 + r\Delta t + \frac{\sigma^2 \Delta t}{\Delta x^2}$$

$$\gamma = -\frac{\Delta t}{2}\left(\frac{r-q-\sigma^2/2}{\Delta x} + \frac{\sigma^2}{\Delta x^2}\right)$$

如图 7.2 所示，隐式差分是从状态点$(n-1,m)$出发，对时间 t 进行前向差分，对 x 的差分方式与显式差分方式相同。

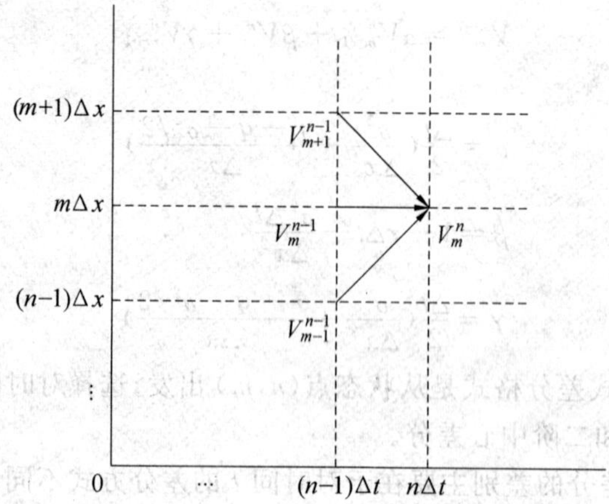

图 7.2　隐式差分网格图

可以看出，隐式差分的解法不同于显式差分，不能直接通过一个迭代公式计算得出，需要使用 3 个未知量去计算出一个已知量，利用时间为 $n\Delta t$ 上的期权价格无法实现$(n-1)\Delta t$ 层上的期权价格的简单迭代，这就需要通过构造下面的方程组进行求解：

$$
\begin{pmatrix}
\beta_1 & \alpha_1 & & & & \\
\gamma_2 & \beta_2 & \alpha_2 & & & \\
 & \gamma_3 & \beta_3 & \alpha_3 & & \\
 & & \ddots & \ddots & \ddots & \\
 & & & \gamma_{M-2} & \beta_{M-2} & \alpha_{M-2} \\
 & & & & \gamma_{M-1} & \beta_{M-1}
\end{pmatrix}_{(M-1)\times(M-1)}
\begin{pmatrix}
V_{M-1}^{n-1} \\ V_{M-2}^{n-1} \\ V_{M-3}^{n-1} \\ \vdots \\ V_2^{n-1} \\ V_1^{n-1}
\end{pmatrix}_{(M-1)\times 1}
=\begin{pmatrix}
V_{M-1}^{n} \\ V_{M-2}^{n} \\ V_{M-3}^{n} \\ \vdots \\ V_2^{n} \\ V_1^{n}
\end{pmatrix}_{(M-1)\times 1}
-\begin{pmatrix}
\gamma_1 V_M^{n-1} \\ 0 \\ 0 \\ \vdots \\ 0 \\ \alpha_{M-1} V_0^{n-1}
\end{pmatrix}_{(M-1)\times 1}
$$

上面的矩阵中，$\alpha_j,\beta_j,\gamma_j$ 实际就是 α,β,γ，下标表示的是行号。将上式简写为

$$MV_m^{n-1}=V_m^n-\Omega$$

在每一个时间层 n 中 V_0^n 和 V_M^n 是网格上下两端的边界条件，在最后一个时间层 N $(N=\dfrac{T}{\Delta t})$ 给出了网格最右列的边界条件 V_m^N。隐式差分格式具有绝对稳定性，不受网格比的剖分限制，允许较大的时间步长。而显式差分格式在 Δt 选择不当时会出现振荡和不稳定等问题，甚至在某些情况下显式差分格式是绝对不稳定的。

Crank－Nicolson 差分是将显式差分和隐式差分相结合的一种方法，不仅数值解的精度要高于前两种方法，并且也具有绝对的稳定性。对于微分方程(7.4)分别进行显式差分和隐式差分，然后相加得到下面的方程：

$$
\frac{2(V_m^n-V_m^{n-1})}{\Delta t}+\frac{\sigma^2}{2}\frac{V_{m+1}^n-2V_m^n+V_{m-1}^n}{\Delta x^2}+\frac{\sigma^2}{2}\frac{V_{m+1}^{n-1}-2V_m^{n-1}+V_{m-1}^{n-1}}{\Delta x^2}+
$$
$$
(r-q-\frac{\sigma^2}{2})\frac{V_{m+1}^n-V_{m-1}^n}{2\Delta x}+(r-q-\frac{\sigma^2}{2})\frac{V_{m+1}^{n-1}-V_{m-1}^{n-1}}{2\Delta x}=rV_m^n+rV_m^{n-1}
$$

等式两边同时乘以 1/2 后整理得下面的 Crank－Nicolson 差分格式下的差分方程：

$$-\alpha V_{m-1}^{n-1}+(1-\beta)V_m^{n-1}-\gamma V_{m+1}^{n-1}=\alpha V_{m-1}^n+(1+\beta)V_m^n+\gamma V_{m+1}^n$$

其中

$$\alpha=\frac{\Delta t}{4}(\frac{\sigma^2}{\Delta x^2}-\frac{r-q-\sigma^2/2}{\Delta x})$$

$$\beta=-\frac{\Delta t}{2}(\frac{\sigma^2}{\Delta x^2}+r)$$

$$\gamma=\frac{\Delta t}{4}(\frac{\sigma^2}{\Delta x^2}+\frac{r-q-\sigma^2/2}{\Delta x})$$

Crank－Nicolson 差分网格图如图 7.3 所示

从差分公式和网格图 7.3 可以看出 Crank－Nicolson 差分格式建立了相邻时间层三组对应的期权价格之间的关系，可以说是对显式和隐式两种差分方法的升级，更能反映出期权价格之间的更广泛的内在关系。对于 Crank－Nicolson 差分格式的求解与隐式差分

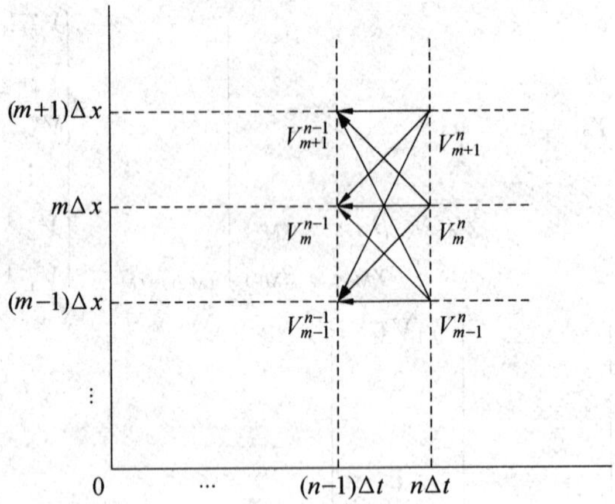

图 7.3　Crank－Nicolson 差分网格图

格式相似，相应的方程组的结构如下：

$$\begin{pmatrix} 1-\beta_1 & -\alpha_1 & & & & \\ -\gamma_2 & 1-\beta_2 & -\alpha_2 & & & \\ & -\gamma_3 & 1-\beta_3 & -\alpha_3 & & \\ & & \ddots & \ddots & \ddots & \\ & & & -\gamma_{M-2} & 1-\beta_{M-2} & -\alpha_{M-2} \\ & & & & -\gamma_{M-1} & 1-\beta_{M-1} \end{pmatrix}_{(M-1)\times(M-1)} \begin{pmatrix} V_{M-1}^{n-1} \\ V_{M-2}^{n-1} \\ V_{M-3}^{n-1} \\ \vdots \\ V_2^{n-1} \\ V_1^{n-1} \end{pmatrix}_{(M-1)\times 1}$$

$$= \begin{pmatrix} 1+\beta_1 & \alpha_1 & & & & \\ \gamma_2 & 1+\beta_2 & \alpha_2 & & & \\ & \gamma_3 & 1+\beta_3 & \alpha_3 & & \\ & & \ddots & \ddots & \ddots & \\ & & & \gamma_{M-2} & 1+\beta_{M-2} & \alpha_{M-2} \\ & & & & \gamma_{M-1} & 1+\beta_{M-1} \end{pmatrix}_{(M-1)\times(M-1)} \begin{pmatrix} V_{M-1}^{n} \\ V_{M-2}^{n} \\ V_{M-3}^{n} \\ \vdots \\ V_2^{n} \\ V_1^{n} \end{pmatrix}_{(M-1)\times 1} +$$

$$\begin{pmatrix} \gamma_1 V_M^n + \gamma_1 V_M^{n-1} \\ 0 \\ 0 \\ \vdots \\ 0 \\ \alpha_{M-1} V_0^n + \alpha_{M-1} V_0^{n-1} \end{pmatrix}_{(M-1)\times 1}$$

将上面方程表示为

$$M_1 V_m^{n-1} = M_2 V_m^n + \Lambda$$

上面公式中的系数矩阵 M_1 和 M_2 中的 α_i，β_i，γ_i 是为了方便解方程组而对差分模型变形后的与价格网格相关的系数向量。

7.2.5　传统二叉树定价模型

二叉树方法在本质上其实是一种离散随机算法，把区间 $[0,T]$ 划分为 N 等分：

$$0 = t_0 < t_1 < \cdots < t_N = T$$

其中，$t_n = n\Delta t, \Delta t = \frac{T}{N}$。假设股价变动符合几何布朗运动模型，即

$$\frac{\mathrm{d}S}{S} = (r-q)\mathrm{d}t + \sigma \mathrm{d}W_t$$

设在 $t=t_n$ 时刻，标的资产价格 S_n 已知，那么规定在 $t=t_{n+1}$ 时刻 S_{n+1} 价格变化只有上扬和下跌两种可能，即存在 $u>1$ 和 $d<1$，使下式成立：

$$S_{n+1} = \begin{cases} S_n u \\ S_n d \end{cases} \tag{7.9}$$

支付连续红利的标的资产的价格连续变动模型如下：

$$\begin{cases} \dfrac{\mathrm{d}S}{S} = (r-q)\mathrm{d}t + \sigma \mathrm{d}W_t \\ S(t_n) = S_n \end{cases}$$

由 $It\hat{o}$ 公式可以得到

$$\mathrm{d}\ln S = (r-q-\frac{\sigma^2}{2})\mathrm{d}t + \sigma \mathrm{d}W_t$$

将等式两边从 t_n 到 t_{n+1} 求积分，并根据在 $t=t_n$ 上的初始条件，可以得到

$$\ln \frac{S_{n+1}}{S_n} = (r-q-\frac{\sigma^2}{2})\Delta t + \sigma \Delta W_n$$

进而

$$E(\ln \frac{S_{n+1}}{S_n}) = (r-q-\frac{\sigma^2}{2})\Delta t$$

$$Var(\ln \frac{S_{n+1}}{S_n}) = \sigma^2 \Delta t$$

在风险中性条件下，概率测度 $Q\{q_u, q_d\}$ 的意义如下：

$$q_u = \frac{\rho - d}{u-d}, q_d = \frac{u-\rho}{u-d}$$

由式(7.9)推得

$$E(\ln \frac{S_{n+1}}{S_n}) = q_u \ln u + q_d \ln d$$

$$Var(\ln \frac{S_{n+1}}{S_n}) = q_u (\ln u)^2 + q_d (\ln d)^2 - (q_u \ln u + q_d \ln d)^2$$

令 $ud=1$，比较得到

$$(r-q-\frac{\sigma^2}{2})\Delta t = q_u \ln u + q_d \ln d$$

$$\sigma^2 \Delta t = q_u (\ln u)^2 + q_d (\ln d)^2 - (q_u \ln u + q_d \ln d)^2$$

将上面的方程组简化为

$$(2q_u - 1)\ln u = (r-q-\frac{\sigma^2}{2})\Delta t$$

$$4q_u(1-q_u)(\ln u)^2 = \sigma^2 \Delta t$$

为了解出 u 与 q_u，令

$$u = e^{\alpha\sqrt{\Delta t}}$$

α 为待定参数，把它分别代入前面的表达式得到

$$\alpha(2q_u - 1) = (r - q - \frac{\sigma^2}{2})\sqrt{\Delta t}$$

$$4q_u(1 - q_u)\alpha^2\Delta t = \sigma^2\Delta t$$

可得

$$q_u = \frac{1}{2} + \frac{r - q - \sigma^2/2}{2\alpha}\sqrt{\Delta t}$$

整理得到

$$\alpha^2 - \sigma^2 = (r - q - \frac{\sigma^2}{2})^2\Delta t$$

得到 α 的数学公式如下

$$\alpha = \sqrt{\sigma^2 + (r - q - \frac{\sigma^2}{2})^2\Delta t}$$

可以用下面的关于 q_u 和 q_d 计算公式：

$$q_u = \frac{1}{2} + \frac{r - q - \sigma^2/2}{2\sqrt{\sigma^2 + (r - q - \frac{\sigma^2}{2})^2\Delta t}}\sqrt{\Delta t}$$

$$q_d = \frac{1}{2} - \frac{r - q - \sigma^2/2}{2\sqrt{\sigma^2 + (r - q - \frac{\sigma^2}{2})^2\Delta t}}\sqrt{\Delta t}$$

忽略 Δt 的高阶无穷小量，有下面的近似公式：

$$q_u = \frac{1}{2} + \frac{r - q - \sigma^2/2}{2\sigma}\sqrt{\Delta t}$$

$$q_d = \frac{1}{2} - \frac{r - q - \sigma^2/2}{2\sigma}\sqrt{\Delta t}$$

忽略 Δt 的高阶无穷小量，整理得

$$u = e^{\sigma\sqrt{\Delta t}}, d = e^{-\sigma\sqrt{\Delta t}}$$

需要指出的是，忽略 Δt 的高阶无穷小量而得到的近似公式这种做法是不合理的。因为几何布朗运动模型是一个具有一般意义的模型，当参数 σ 充分小时也有意义。取 $\sigma = 0$ 时，正确的关于 q_u 和 q_d 的计算公式应该是

$$q_u = \frac{1}{2} + \frac{r - q - \sigma^2/2}{2\sqrt{0 + (r - q - \frac{\sigma^2}{2})^2\Delta t}}\sqrt{\Delta t} = \begin{cases} 1 & r - q - \sigma^2/2 > 0 \\ 0 & r - q - \sigma^2/2 \leqslant 0 \end{cases}$$

$$q_d = \frac{1}{2} - \frac{r - q - \sigma^2/2}{2\sqrt{0 + (r - q - \frac{\sigma^2}{2})^2\Delta t}}\sqrt{\Delta t} = \begin{cases} 0 & r - q - \sigma^2/2 > 0 \\ 1 & r - q - \sigma^2/2 \leqslant 0 \end{cases}$$

而如果用近似公式，则当 $\sigma = 0$ 时关于 q_u 和 q_d 的计算公式没有意义。

确定了 u 和 d 就可以构造二叉树，进而用数值方法求解 $t = 0$ 时的期权价值。

根据 Δ－对冲原理，假设存在数量为 Δ 的资产使得投资组合 Π 是无风险的，那么在 $t =$

T 时刻有

$$\Pi_T = V_T - \Delta S_T$$

因为 Π_T 是无风险的，所以其增长率即为无风险收益率 r_f，则在单利情况下 Π_T 与 $t=0$ 时刻无风险投资组合 Π_0 的关系为

$$\Pi_T = \rho \Pi_0$$

其中，$\rho = 1 + r_f T$ 是一个常数，可以得到

$$V_T - \Delta \cdot S_T = \rho \Pi_0$$

在 $t=T$ 时刻，资产的价格 S_T 有上扬和下跌两种可能，分别为

$$V_T^u - \Delta S_0 u = \rho(V_0 - \Delta S_0)$$
$$V_T^d - \Delta S_0 d = \rho(V_0 - \Delta S_0)$$

上面的方程组中的未知变量为 Δ 和 V_0，解得

$$\Delta = \frac{V_T^u - V_T^d}{S_0(u-d)} \quad V_0 = \frac{1}{\rho}\left(\frac{\rho - d}{u-d}V_T^u + \frac{u-\rho}{u-d}V_T^d\right)$$

得到期权定价公式为

$$V_0 = \frac{1}{\rho}(q_u V_T^u + q_d V_T^d)$$

将公式变为相邻时段的期权价格的递推公式：

$$V_t = \frac{1}{\rho}(q_u V_{t+1}^u + q_d V_{t+1}^d) \tag{7.10}$$

其中，$\rho = 1 + r_f \Delta t, q_u > 0, q_d > 0$ 且 $q_u + q_d = 1$。

7.3　有限差分一般形式的期权定价模型

7.3.1　有限差分一般形式的合理性分析

在 7.2 中我们对基于有限差分法的期权定价模型进行了说明，基本思想是用差商代替微商，将原来连续的偏微分方程进行了离散化处理。以显式差分法为例，利用对时间 t 的后向差分和对资产 x 的一阶和二阶中心差分，建立了 $n-1$ 期的期权价格 V_m^{n-1} 和第 n 期的期权价格 V_{m-1}^n，V_m^n 和 V_{m+1}^n 之间的数量关系，这种差分方法在数学上是解偏微分方程的常用方法。在显式差分法的网格图 7.1 中，原本连续的时间、股票价格和期权价格在离散化后变为用网格中的节点来表示，这样在每个时间层中资产的价格变化也从原来 $0 \sim +\infty$ 之间的连续变化变为 $0, \Delta x, 2\Delta x, \cdots$ 的离散变化，同样在做出这种资产价格的离散变化的同时，它们原本连续的价格变化关系也应该随着离散化的过程被保留下来。在离散网格(n,m) 处的期权价格 V_m^n 应该与其后一时间层所有的期权价格都存在一种数量关系，而这种数量关系则是在 Black－Scholes 偏微分方程的离散过程中保留下来的。本章接下来的研究内容就是基于这种假设，希望设计一种更复杂的差商公式，将后一时间层中更多的（而不是三个）离散点数据纳入进来，尝试推导出有限差分法的显式差分、隐式差分以及 Crank－Nicolson 差分的一般形式模型。

7.3.2 有限差分法的一般形式模型

我们将本章中引入的新形式的包括更多离散点数据的差商公式称为有限差分法的一般形式，分别推导出有限差分法的一般形式下 B－S 微分方程离散化后的数学公式，并仔细研究这些新形式的差分方程的解的性质。

(1) 显式差分一般形式模型。有限差分法一般形式与传统格式的差别主要是对 Black－Scholes 方程中资产价格一阶中心差分和二阶中心差分的离散方法的不同。为了便于之后对有限差分一般形式相关性质的分析，这里我们仍旧选择使用变形后的常系数 Black－Scholes 偏微分方程(7.4)作为离散化处理的对象，传统显式差分格式的离散差分公式为

$$\frac{\partial V}{\partial t}=\frac{V_m^n-V_m^{n-1}}{\Delta t}$$

$$\frac{\partial V}{\partial x}=\frac{V_{m+1}^n-V_{m-1}^n}{2\Delta x}$$

$$\frac{\partial^2 V}{\partial x^2}=\frac{V_{m+1}^n-2V_m^n+V_{m-1}^n}{\Delta x^2}$$

对其中的$\frac{\partial V}{\partial x}$和$\frac{\partial^2 V}{\partial x^2}$进行价格的多层差分。在 Δx 充分小的条件下，一阶中心差分$\frac{\partial V}{\partial x}$可以用下面的任何一种形式：

$$\frac{\partial V}{\partial x}=\frac{V_{m+1}^n-V_{m-1}^n}{2\Delta x}=\frac{V_{m+2}^n-V_{m-2}^n}{4\Delta x}=\cdots=\frac{V_{m+(a-1)}^n-V_{m-(a-1)}^n}{2(a-1)\Delta x}=\frac{V_{m+a}^n-V_{m-a}^n}{2a\Delta x}$$

其中$\frac{V_{m+i}^n-V_{m-i}^n}{2i\Delta x}$是步长为 $i\Delta x$ 的中心差商公式。将 a 个表达式进行取算术平均的运算，得到的值也应该是合适的关于$\frac{\partial V}{\partial x}$的近似值，得到

$$\frac{\partial V}{\partial x}=\frac{\frac{V_{m+1}^n-V_{m-1}^n}{2\Delta x}+\frac{V_{m+2}^n-V_{m-2}^n}{4\Delta x}+\cdots+\frac{V_{m+(a-1)}^n-V_{m-(a-1)}^n}{2(a-1)\Delta x}+\frac{V_{m+a}^n-V_{m-a}^n}{2a\Delta x}}{a}$$

整理得

$$\frac{\partial V}{\partial x}=\frac{1}{2a\Delta x}\sum_{i=1}^{a}\frac{1}{i}(V_{m+i}^n-V_{m-i}^n)=\frac{1}{2a\Delta x}\sum_{i=1}^{a}(\frac{1}{i}V_{m+i}^n)-\frac{1}{2a\Delta x}\sum_{i=1}^{a}(\frac{1}{i}V_{m-i}^n)$$

基于相同的想法，对于二阶中心差分$\frac{\partial^2 V}{\partial x^2}$，有

$$\frac{\partial^2 V}{\partial x^2}=\frac{V_{m+1}^n-2V_m^n+V_{m-1}^n}{\Delta x^2}=\frac{V_{m+2}^n-2V_m^n+V_{m-2}^n}{4\Delta x^2}=\cdots=$$
$$\frac{V_{m+(a-1)}^n-2V_m^n+V_{m-(a-1)}^n}{(a-1)^2\Delta x^2}=\frac{V_{m+a}^n-2V_m^n+V_{m-a}^n}{a^2\Delta x^2}$$

将 a 个表达式进行取算术平均的运算，得到的值也应该是合适的关于$\frac{\partial^2 V}{\partial x^2}$的近似值，得到

$$\frac{\partial^2 V}{\partial x^2}=\frac{\frac{V_{m+1}^n-2V_m^n+V_{m-1}^n}{\Delta x^2}+\frac{V_{m+2}^n-2V_m^n+V_{m-2}^n}{4\Delta x^2}+\cdots+\frac{V_{m+a}^n-2V_m^n+V_{m-a}^n}{a^2\Delta x^2}}{a}$$

整理得

$$\begin{aligned}\frac{\partial^2 V}{\partial x^2}&=\frac{1}{a\Delta x^2}\sum_{i=1}^{a}\frac{1}{i^2}(V_{m+i}^n-2V_m^n+V_{m-i}^n)\\&=\frac{1}{a\Delta x^2}\sum_{i=1}^{a}\frac{1}{i^2}V_{m+i}^n+\frac{1}{a\Delta x^2}\sum_{i=1}^{a}\frac{1}{i^2}V_{m-i}^n-\frac{2}{a\Delta x^2}\sum_{i=1}^{a}\frac{1}{i^2}V_m^n\end{aligned}$$

将$\frac{\partial V}{\partial x}$,$\frac{\partial^2 V}{\partial x^2}$和$\frac{\partial V}{\partial t}=\frac{V_m^n-V_m^{n-1}}{\Delta t}$代入 B－S 微分方程,有

$$rV_m^n=\frac{V_m^n-V_m^{n-1}}{\Delta t}+\frac{\sigma^2}{2a\Delta x^2}\sum_{i=1}^{a}\frac{1}{i^2}V_{m+i}^n+\frac{\sigma^2}{2a\Delta x^2}\sum_{i=1}^{a}\frac{1}{i^2}V_{m-i}^n-\frac{\sigma^2}{a\Delta x^2}\sum_{i=1}^{a}\frac{1}{i^2}V_m^n+$$
$$\frac{1}{2a\Delta x}(r-q-\frac{\sigma^2}{2})\sum_{i=1}^{a}\frac{1}{i}V_{m+i}^n-\frac{1}{2a\Delta x}(r-q-\frac{\sigma^2}{2})\sum_{i=1}^{a}\frac{1}{i}V_{m-i}^n rV_m^n$$

整理得

$$V_m^{n-1}=\sum_{i=1}^{a}\left[\left(\frac{1}{i^2}\frac{\sigma^2\Delta t}{2a\Delta x^2}-\frac{1}{i}\frac{\Delta t}{2a\Delta x}(r-q-\frac{\sigma^2}{2})\right)V_{m-i}^n\right]+\left(1-r\Delta t-\frac{\sigma^2\Delta t}{a\Delta x^2}\sum_{i=1}^{a}\frac{1}{i^2}\right)V_m^n+$$
$$\sum_{i=1}^{a}\left[\left(\frac{1}{i^2}\frac{\sigma^2\Delta t}{2a\Delta x^2}+\frac{1}{i}\frac{\Delta t}{2a\Delta x}(r-q-\frac{\sigma^2}{2})\right)V_{m+i}^n\right]$$

将上式简写为

$$V_m^{n-1}=\sum_{i=1}^{a}\alpha_i V_{m-i}^n+\beta V_m^n+\sum_{i=1}^{a}\gamma_i V_{m+i}^n \tag{7.11}$$

其中

$$\alpha_i=\frac{1}{i^2}\frac{\sigma^2\Delta t}{2a\Delta x^2}-\frac{1}{i}\frac{\Delta t}{2a\Delta x}(r-q-\frac{\sigma^2}{2})(i=1,2,\cdots,a)$$
$$\beta=1-r\Delta t-\frac{\sigma^2\Delta t}{a\Delta x^2}\sum_{j=1}^{a}\frac{1}{j^2} \tag{7.12}$$
$$\gamma_i=\frac{1}{i^2}\frac{\sigma^2\Delta t}{2a\Delta x^2}+\frac{1}{i}\frac{\Delta t}{2a\Delta x}(r-q-\frac{\sigma^2}{2})(i=1,2,\cdots,a)$$

(2) 隐式差分一般形式模型。与显式差分相似,隐式差分的一般形式同样是在不改变对时间差分的情况下对传统隐式差分的价格偏导数进行多层差分。

一阶中心差分$\frac{\partial V}{\partial x}$:

$$\frac{\partial V}{\partial x}=\frac{V_{m+1}^{n-1}-V_{m-1}^{n-1}}{2\Delta x}=\frac{V_{m+2}^{n-1}-V_{m-2}^{n-1}}{4\Delta x}=\cdots=\frac{V_{m+(a-1)}^{n-1}-V_{m-(a-1)}^{n-1}}{2(a-1)\Delta x}=\frac{V_{m+a}^{n-1}-V_{m-a}^{n-1}}{2a\Delta x}$$

将 a 个表达式进行取算术平均的运算,得到的值也应该是合适的关于$\frac{\partial V}{\partial x}$的近似值,得到

$$\frac{\partial V}{\partial x}=\frac{\frac{V_{m+1}^{n-1}-V_{m-1}^{n-1}}{2\Delta x}+\frac{V_{m+2}^{n-1}-V_{m-2}^{n-1}}{4\Delta x}+\cdots+\frac{V_{m+(a-1)}^{n-1}-V_{m-(a-1)}^{n-1}}{2(a-1)\Delta x}+\frac{V_{m+a}^{n-1}-V_{m-a}^{n-1}}{2a\Delta x}}{a}$$

整理得

$$\frac{\partial V}{\partial x}=\frac{1}{2a\Delta x}\sum_{i=1}^{a}(\frac{1}{i}V_{m+i}^{n-1})-\frac{1}{2a\Delta x}\sum_{i=1}^{a}(\frac{1}{i}V_{m-i}^{n-1})$$

二阶中心差分$\frac{\partial^2 V}{\partial x^2}$：

$$\frac{\partial^2 V}{\partial x^2}=\frac{V_{m+1}^{n-1}-2V_m^{n-1}+V_{m-1}^{n-1}}{\Delta x^2}=\frac{V_{m+2}^{n-1}-2V_m^{n-1}+V_{m-2}^{n-1}}{4\Delta x^2}=\cdots$$

$$=\frac{V_{m+(a-1)}^{n-1}-2V_m^{n-1}+V_{m-(a-1)}^{n-1}}{(a-1)^2\Delta x^2}=\frac{V_{m+a}^{n-1}-2V_m^{n-1}+V_{m-a}^{n-1}}{a^2\Delta x^2}$$

将 a 个表达式进行取算术平均的运算，得到的值也应该是合适的关于$\frac{\partial^2 V}{\partial x^2}$的近似值，得到

$$\frac{\partial^2 V}{\partial x^2}=\frac{\frac{V_{m+1}^{n-1}-2V_m^{n-1}+V_{m-1}^{n-1}}{\Delta x^2}+\frac{V_{m+2}^{n-1}-2V_m^{n-1}+V_{m-2}^{n-1}}{4\Delta x^2}+\cdots+\frac{V_{m+a}^{n-1}-2V_m^{n-1}+V_{m-a}^{n-1}}{a^2\Delta x^2}}{a}$$

整理得

$$\frac{\partial^2 V}{\partial x^2}=\frac{1}{a\Delta x^2}\sum_{i=1}^{a}\frac{1}{i^2}V_{m+i}^{n-1}+\frac{1}{a\Delta x^2}\sum_{i=1}^{a}\frac{1}{i^2}V_{m-i}^{n-1}-\frac{2}{a\Delta x^2}\sum_{i=1}^{a}\frac{1}{i^2}V_m^{n-1}$$

$\frac{\partial V}{\partial x}$，$\frac{\partial^2 V}{\partial x^2}$和$\frac{\partial V}{\partial t}=\frac{V_m^n-V_m^{n-1}}{\Delta t}$代入 B－S 微分方程，有

$$V_m^n=\sum_{i=1}^{a}\left[\left(\frac{1}{i}\frac{\Delta t}{2a\Delta x}(r-q-\frac{\sigma^2}{2})-\frac{1}{i^2}\frac{\sigma^2\Delta t}{2a\Delta x^2}\right)V_{m-i}^{n-1}\right]+\left(1+r\Delta t+\frac{\sigma^2\Delta t}{a\Delta x^2}\sum_{i=1}^{a}\frac{1}{i^2}\right)V_m^{n-1}+$$
$$\sum_{i=1}^{a}\left[\left(-\frac{1}{i}\frac{\Delta t}{2a\Delta x}(r-q-\frac{\sigma^2}{2})-\frac{1}{i^2}\frac{\sigma^2\Delta t}{2a\Delta x^2}\right)V_{m+i}^{n-1}\right]$$

上式的简化表达式为

$$V_m^n=\sum_{i=1}^{a}\alpha_i V_{m-i}^{n-1}+\beta V_m^{n-1}+\sum_{i=1}^{a}\gamma_i V_{m+i}^{n-1} \tag{7.13}$$

其中

$$\alpha_i=\frac{1}{i}\frac{\Delta t}{2a\Delta x}(r-q-\frac{\sigma^2}{2})-\frac{1}{i^2}\frac{\sigma^2\Delta t}{2a\Delta x^2}(i=1,2,\cdots,a)$$

$$\beta=1+r\Delta t+\frac{\sigma^2\Delta t}{a\Delta x^2}\sum_{j=1}^{a}\frac{1}{j^2} \tag{7.14}$$

$$\gamma_i=-\frac{1}{i}\frac{\Delta t}{2a\Delta x}(r-q-\frac{\sigma^2}{2})-\frac{1}{i^2}\frac{\sigma^2\Delta t}{2a\Delta x^2}(i=1,2,\cdots,a)$$

(3)Crank－Nicolson 差分一般形式模型。对于 Crank－Nicolson 差分的一般形式，仿照其传统形式的差分方法，用新的差商公式替代传统差分公式对 B－S 微分方程离散化，得到

$$rV_m^n+rV_m^{n-1}=\frac{2(V_m^n-V_m^{n-1})}{\Delta t}+\frac{r-q-\sigma^2/2}{2a\Delta x}\left(\sum_{i=1}^{a}\frac{1}{i}V_{m+i}^n-\sum_{i=1}^{a}\frac{1}{i}V_{m-i}^n+\sum_{i=1}^{a}\frac{1}{i}V_{m+i}^{n-1}-\sum_{i=1}^{a}\frac{1}{i}V_{m-i}^{n-1}\right)+$$
$$\frac{\sigma^2}{2a\Delta x^2}\left(\sum_{i=1}^{a}\frac{1}{i^2}V_{m+i}^n+\sum_{i=1}^{a}\frac{1}{i^2}V_{m-i}^n-2\sum_{i=1}^{a}\frac{1}{i^2}V_m^n+\sum_{i=1}^{a}\frac{1}{i^2}V_{m+i}^{n-1}+\sum_{i=1}^{a}\frac{1}{i^2}V_{m-i}^{n-1}-2\sum_{i=1}^{a}\frac{1}{i^2}V_m^{n-1}\right)$$

整理为简化形式：

$$-\sum_{i=1}^{a}\alpha_i V_{m-i}^{n-1}+(1-\beta)V_m^{n-1}-\sum_{i=1}^{a}\gamma_i V_{m+i}^{n-1}=\sum_{i=1}^{a}\alpha_i V_{m-i}^{n}+(1+\beta)V_m^{n}+\sum_{i=1}^{a}\gamma_i V_{m+i}^{n} \tag{7.15}$$

其中

$$\alpha_i=\frac{\Delta t}{4a}\left(\frac{1}{i^2}\frac{\sigma^2}{\Delta x^2}-\frac{1}{i}\frac{r-q-\sigma^2/2}{\Delta x}\right)(i=1,2,\cdots,a)$$

$$\beta=-\frac{\Delta t}{2}\left(\frac{\sigma^2}{a\Delta x^2}\sum_{j=1}^{a}\frac{1}{j^2}+r\right) \tag{7.16}$$

$$\gamma_i=\frac{\Delta t}{4a}\left(\frac{1}{i^2}\frac{\sigma^2}{\Delta x^2}+\frac{1}{i}\frac{r-q-\sigma^2/2}{\Delta x}\right)(i=1,2,\cdots,a)$$

7.3.3　有限差分法一般形式的金融学解释

有限差分法的本质是将原本连续的 Black－Scholes 偏微分方程在规定了边界条件的网格域内按时间和价格网格离散化，并用未知函数在网格节点上的值所构成的差商近似代替偏微分方程中出现的各阶导数，从而把表示变量连续变化关系的偏微分方程离散为特殊形式的差分方程。接下来就以有限差分法一般形式的网格图为例对有限差分法的金融学含义进行解释。

从图 7.4 和图 7.5 可以看到，与传统差分形式（图 7.1 和图 7.2）相比，差分法的一般形式把与 V_m^{n-1} 和 V_m^n 有关系的相邻时间网格的期权价格节点从 3 个增加到（$2a+1$）个。在价格步长 Δx 足够小的情况下，a 越大则与每个节点期权价格相关的临层节点就越多，反映价格之间的数量关系就越全面。

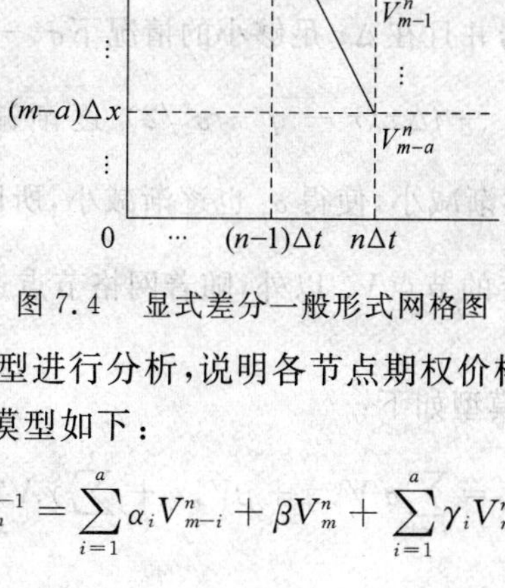

图 7.4　显式差分一般形式网格图

接下来分别对这两个模型进行分析，说明各节点期权价格对目标节点价格的影响。

(1) 显式差分一般形式模型如下：

$$V_m^{n-1}=\sum_{i=1}^{a}\alpha_i V_{m-i}^{n}+\beta V_m^{n}+\sum_{i=1}^{a}\gamma_i V_{m+i}^{n}$$

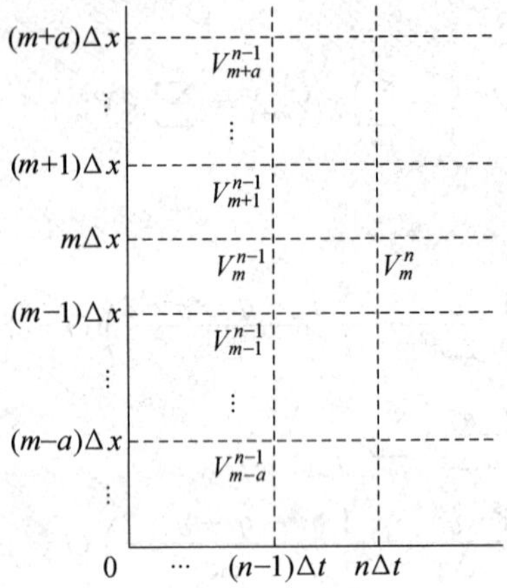

图 7.5 隐式差分一般形式网格图

其中

$$\alpha_i = \frac{1}{i^2}\frac{\sigma^2\Delta t}{2a\Delta x^2} - \frac{1}{i}\frac{\Delta t}{2a\Delta x}(r-q-\frac{\sigma^2}{2})(i=1,2,\cdots,a)$$

$$\beta = 1 - r\Delta t - \frac{\sigma^2\Delta t}{a\,\Delta x^2}\sum_{j=1}^{a}\frac{1}{j^2}$$

$$\gamma_i = \frac{1}{i^2}\frac{\sigma^2\Delta t}{2a\Delta x^2} + \frac{1}{i}\frac{\Delta t}{2a\Delta x}(r-q-\frac{\sigma^2}{2})(i=1,2,\cdots,a)$$

显然 V_{m+i}^n 的系数 $\gamma_i > 0$，同时在 a 确定的情况下，随着正整数 i 的增加，$\frac{1}{i^2}$ 和 $\frac{1}{i}$ 同时减小，γ_i 也随之逐渐减小，因此有 $\gamma_1 > \gamma_2 > \cdots > \gamma_a > 0$。$V_{m-i}^n$ 的系数 α_i 为

$$\begin{aligned}\alpha_i &= \frac{1}{i^2}\frac{\sigma^2\Delta t}{2a\Delta x^2} - \frac{1}{i}\frac{\Delta t}{2a\Delta x}(r-q-\frac{\sigma^2}{2})\\ &= \frac{\Delta t}{2a\Delta x}\left(\frac{1}{i^2}\frac{\sigma^2}{\Delta x} - \frac{1}{i}(r-q-\frac{\sigma^2}{2})\right)\\ &= \frac{\Delta t}{2a\Delta x}\frac{\sigma^2 - i\Delta x(r-q-\sigma^2/2)}{i^2\Delta x}\end{aligned}$$

其中，$\frac{\Delta t}{2a\Delta x}$ 和 $i^2\Delta x$ 均大于 0，并且在 Δx 足够小的情况下 $\sigma^2 - i\Delta x(r-q-\sigma^2/2) > 0$，因此 $\alpha_i > 0$。随着 i 的增加，$\sigma^2 - i\Delta x(r-q-\sigma^2/2)$ 逐渐减小，$i^2\Delta x$ 逐渐增加，这样 $\frac{\sigma^2 - i\Delta x(r-q-\sigma^2/2)}{i^2\Delta x}$ 也逐渐减小，使得 α_i 也逐渐减小，所以 $\alpha_1 > \alpha_2 > \cdots > \alpha_a > 0$。

可以看到，除了价格不变的节点 V_m^n 以外，随着网格节点逐渐远离 V_m^{n-1}，相应的系数也逐渐减小。

(2) 隐式差分一般形式模型如下：

$$V_m^n = \sum_{i=1}^{a}\alpha_i V_{m-i}^{n-1} + \beta V_m^{n-1} + \sum_{i=1}^{a}\gamma_i V_{m+i}^{n-1}$$

其中

$$\alpha_i = \frac{1}{i}\,\frac{\Delta t}{2a\Delta x}\left(r-q-\frac{\sigma^2}{2}\right) - \frac{1}{i^2}\,\frac{\sigma^2\Delta t}{2a\Delta x^2}\,(i=1,2,\cdots,a)$$

$$\beta = 1 + r\Delta t + \frac{\sigma^2\Delta t}{a\Delta x^2}\sum_{j=1}^{a}\frac{1}{j^2}$$

$$\gamma_i = -\frac{1}{i}\,\frac{\Delta t}{2a\Delta x}\left(r-q-\frac{\sigma^2}{2}\right) - \frac{1}{i^2}\,\frac{\sigma^2\Delta t}{2a\Delta x^2}\,(i=1,2,\cdots,a)$$

可以看出 V_{m+i}^{n-1} 的系数 $\gamma_i<0$，随着 i 的增加 γ_i 也逐渐增加，实际 γ_i 的绝对值随着 i 的增加而逐渐减小，因此 $\gamma_1<\gamma_2<\cdots<\gamma_a<0$。再对于 V_{m-i}^{n-1} 的系数 α_i 的表达式进行分析，有

$$\begin{aligned}\alpha_i &= \frac{1}{i}\,\frac{\Delta t}{2a\Delta x}\left(r-q-\frac{\sigma^2}{2}\right) - \frac{1}{i^2}\,\frac{\sigma^2\Delta t}{2a\Delta x^2}\\ &= \frac{\Delta t}{2a\Delta x}\left(\frac{1}{i}\left(r-q-\frac{\sigma^2}{2}\right) - \frac{1}{i^2}\,\frac{\sigma^2}{\Delta x}\right)\\ &= \frac{\Delta t}{2a\Delta x}\,\frac{i\Delta x(r-q-\sigma^2/2)-\sigma^2}{i^2\Delta x}\end{aligned}$$

其中，$\dfrac{\Delta t}{2a\Delta x}$ 和 $i^2\Delta x$ 大于 0，当 Δx 足够小的时候 $i\Delta x(r-q-\sigma^2/2)-\sigma^2<0$，所以 $\alpha_i<0$。随着 i 的增加 $i\Delta x(r-q-\sigma^2/2)-\sigma^2$ 逐渐增大，$(i\Delta x(r-q-\sigma^2/2)-\sigma^2)/i^2\Delta x$ 也逐渐增加，实际 α_i 的绝对值随着 i 的增加而逐渐减小，因此 α_i 也逐渐趋于 0，所以 $\alpha_1<\alpha_2<\cdots<\alpha_a<0$。

因此综合前面的结论可以发现，对于显式和隐式差分的一般形式来说，网格节点离目标节点越远则对应系数的绝对值就越小。这说明在这两种差分方程模型的框架下，当前点期权对于偏离其价格越远的价格的相关性是越弱的，或者说影响力越小。

(3)Crank－Nicolson 差分。显式和隐式差分的一般形式是对传统的差分格式进行了拓展，在金融学的解释上也更加合理，但这两种差分格式还只是表示了每个独立节点的期权价格与相邻层时间层各个节点期权价格的数量关系，没能体现相邻时间层更全面的期权价格关系，所以下面讨论联系更为广泛的 Crank－Nicolson 差分模型。

Crank－Nicolson 差分一般形式是对传统 Crank－Nicolson 差分形式的拓展，也是对显示和隐式差分一般形式的拓展，因为它建立了网格域内相邻的两个时间层节点的更为广泛的关系模型。如图 7.6 所示，Crank－Nicolson 差分一般形式给出了前一时间层的 $2a+1$ 个节点和后一时间层对应的 $2a+1$ 个节点之间的关系。

因为与显示和隐式差分不同，Crank－Nicolson 差分没有单一的目标节点，所以这里以 V_m^{n-1} 和 V_m^n 为各自时间层的中心来研究对方时间层的节点系数对自身的影响。

对 Crank－Nicolson 差分一般形式的系数进行整理：

$$\sum_{i=1}^{a}\alpha_{1i}V_{m-i}^{n-1} + \beta_1 V_m^{n-1} + \sum_{i=1}^{a}\gamma_{1i}V_{m+i}^{n-1} = \sum_{i=1}^{a}\alpha_{2i}V_{m-i}^{n} + \beta_2 V_m^{n} + \sum_{i=1}^{a}\gamma_{2i}V_{m+i}^{n}$$

其中

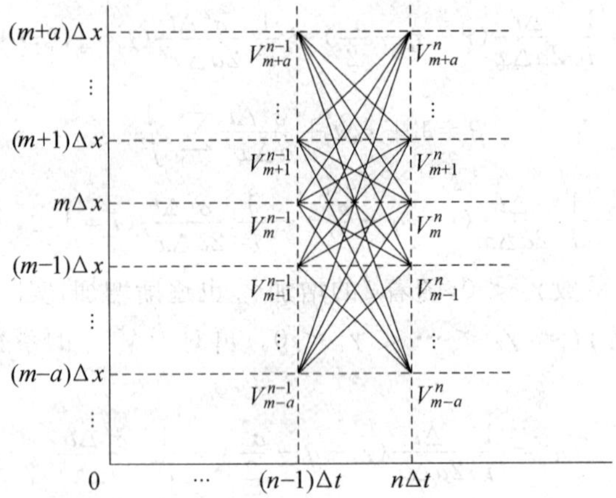

图 7.6 Crank－Nicolson 差分一般形式网格图

$$\alpha_{1i}=\frac{\Delta t}{4a}\left(\frac{1}{i}\frac{r-q-\sigma^2/2}{\Delta x}-\frac{1}{i^2}\frac{\sigma^2}{\Delta x^2}\right),\alpha_{2i}=\frac{\Delta t}{4a}\left(\frac{1}{i^2}\frac{\sigma^2}{\Delta x^2}-\frac{1}{i}\frac{r-q-\sigma^2/2}{\Delta x}\right)(i=1,2,\cdots,a)$$

$$\beta_1=1+\frac{\Delta t}{2}\left(\frac{\sigma^2}{a\Delta x^2}\sum_{j=1}^{a}\frac{1}{j^2}+r\right),\beta_2=1-\frac{\Delta t}{2}\left(\frac{\sigma^2}{a\Delta x^2}\sum_{j=1}^{a}\frac{1}{j^2}+r\right)$$

$$\gamma_{1i}=-\frac{\Delta t}{4a}\left(\frac{1}{i^2}\frac{\sigma^2}{\Delta x^2}+\frac{1}{i}\frac{r-q-\sigma^2/2}{\Delta x}\right),\gamma_{2i}=\frac{\Delta t}{4a}\left(\frac{1}{i^2}\frac{\sigma^2}{\Delta x^2}+\frac{1}{i}\frac{r-q-\sigma^2/2}{\Delta x}\right)(i=1,2,\cdots,a)$$

与前面同理，等式左侧 $\alpha_{11}<\alpha_{12}<\cdots<\alpha_{1a}<0,\gamma_{11}<\gamma_{12}<\cdots<\gamma_{1a}<0$；等式右侧 $\alpha_{21}>\alpha_{22}>\cdots>\alpha_{2a}>0,\gamma_{21}>\gamma_{22}>\cdots>\gamma_{2a}>0$。因此在Crank－Nicolson差分的一般形式下仍然是网格节点越远则对应系数的绝对值就越小，对另一时间层的影响也就越小。

通过以上分析可以看到，有限差分法的一般形式模型将期权价格离散后的状态从原来只有 3 种（涨、不变、跌）拓展为更加合理的多种价格变化状态，并且价格变化偏离越大对当前期权价格的影响越小。所以有限差分法的一般形式模型不仅从数学层面把 Black－Scholes 偏微分方程原来连续的期权价格关系在离散化后保留了下来，同时在金融学意义上也符合资产价格变化的广泛联系的特征。

7.3.4 有限差分法一般形式模型性质研究

相容性是有限差分法最基本的性质，或者说是用差分法解微分方程的前提。相容性指的是当差分所用的步长无限趋于零时差分的截断误差同时也趋于零。换句话说，如果当差分增量趋于零时差分的截断误差不趋近于零，此时差分方程就不能代替微分方程。

在 7.2 节中已经列出了传统有限差分法的截断误差公式。

对 t 的前向差分：

$$\frac{V(x_0,t_0+\Delta t)-V(x_0,t_0)}{\Delta t}=\frac{\partial V(x_0,t_0)}{\partial t}+O(\Delta t)$$

对 t 的后向差分：

$$\frac{V(x_0,t_0)-V(x_0,t_0-\Delta t)}{\Delta t}=\frac{\partial V(x_0,t_0)}{\partial t}+O(\Delta t)$$

对 x 的一阶中心差分：

$$\frac{V(x_0+\Delta x,t_0)-V(x_0-\Delta x,t_0)}{2\Delta x}=\frac{\partial V(x_0,t_0)}{\partial x}+O((\Delta x)^2)$$

对 x 的二阶中心差分：

$$\frac{V(x_0+\Delta x,t_0)+V(x_0-\Delta x,t_0)-2V(x_0,t_0)}{\Delta x^2}=\frac{\partial^2 V(x_0,t_0)}{\partial x^2}+O((\Delta x)^2)$$

可以看到，对于传统有限差分法的截断误差，当 Δt 和 Δx 趋于零的时候，对应的截断误差也同时趋近于零，说明传统有限差分法具有相容性，即差分方程可以代替微分方程。对于有限差分一般形式可行性的研究也需要建立在相容性的基础上，所以接下来就对有限差分一般形式是否具有的相容性进行验证

首先导出有限差分一般形式的差分截断误差的公式，在有限差分的一般形式中的显示差分、隐式差分和 Crank－Nicolson 差分的三个模型中，对时间的差分形式和传统有限差分法是一致的，不同的是对 x 的差分形式的不同。

有限差分一般形式对 x 一阶中心差分的截断误差分析如下：

$$\frac{\frac{V(x_0+\Delta x,t_0)-V(x_0-\Delta x,t_0)}{2\Delta x}+\cdots+\frac{V(x_0+a\Delta x,t_0)-V(x_0-a\Delta x,t_0)}{2a\Delta x}}{a}$$

$$=\frac{\frac{\partial V(x_0,t_0)}{\partial x}+O((\Delta x)^2)+\frac{\partial V(x_0,t_0)}{\partial x}+O((2\Delta x)^2)+\cdots+\frac{\partial V(x_0,t_0)}{\partial x}+O((a\Delta x)^2)}{a}$$

将等式右面进行合并处理：

$$\frac{\frac{V(x_0+\Delta x,t_0)-V(x_0-\Delta x,t_0)}{2\Delta x}+\cdots+\frac{V(x_0+a\Delta x,t_0)-V(x_0-a\Delta x,t_0)}{2a\Delta x}}{a}$$

$$=\frac{\partial V(x_0,t_0)}{\partial x}+\sum_{i=1}^{a}\frac{O(i^2\ (\Delta x)^2)}{a}$$

由于 a 是一个固定的正整数，一般 $a\leqslant 5$，所以等式右端第 2 项满足 $\sum_{i=1}^{a}\frac{O(i^2\ (\Delta x)^2)}{a}=O(\Delta x^2)$。

有限差分一般形式对 x 二阶中心差分的截断误差分析如下：

$$\frac{\frac{V(x_0+\Delta x,t_0)+V(x_0-\Delta x,t_0)-2V(x_0,t_0)}{\Delta x^2}+\cdots+\frac{V(x_0+a\Delta x,t_0)+V(x_0-a\Delta x,t_0)-2V(x_0,t_0)}{a^2\Delta x^2}}{a}$$

$$=\frac{\frac{\partial^2 V(x_0,t_0)}{\partial x^2}+O((\Delta x)^2)+\frac{\partial^2 V(x_0,t_0)}{\partial x^2}+O((2\Delta x)^2)+\cdots+\frac{\partial^2 V(x_0,t_0)}{\partial x^2}+O((a\Delta x)^2)}{a}$$

$$=\frac{\partial^2 V(x_0,t_0)}{\partial x^2}+\sum_{i=1}^{a}\frac{O(i^2\ (\Delta x)^2)}{a}$$

由于 a 是一个固定的正整数，所以等式右端第 2 项满足 $\sum_{i=1}^{a}\frac{O(i^2\ (\Delta x)^2)}{a}=O(\Delta x^2)$。

通过上面的推导结果可以看到，有限差分一般形式对 x 的一阶和二阶中心差分的截

断误差是相同的，均为$\sum_{i=1}^{a}\frac{O(i^2\ (\Delta x)^2)}{a}$，并且当$a$取有限值的时候$\sum_{i=1}^{a}\frac{O(i^2\ (\Delta x)^2)}{a}$仍然是$\Delta x^2$的同阶无穷小，说明改进后的$x$的一阶和二阶中心差分，即有限差分法一般形式的三种差分模型都具有相容性。

稳定性是指差分方程在逐层迭代的过程中，如果误差是逐渐减小或是保持在一个有界的范围内，那么就说这个差分方程是稳定的。收敛性是指在平面区域(x,t)上，当步长Δx和Δt逐渐变小趋近于零时，如果差分方程的解无限接近原微分方程的解，那么这个差分方程就是收敛的。判定一个一般形式的差分方程是否具有收敛性是很困难的，因为这不仅需要求出差分方程的解，还需要知道原微分方程的解。但是我们都知道，在美式期权定价问题中 Black－Scholes 偏微分方程是无法求出确定的解析解的，因此有限差分模型的收敛性是无法直接证明的，这时就需要用到 Lax 等价定理来辅助证明。

Lax 等价定理指出，如果一个线性微分方程的初值问题具有适定性，并且它的差分方程和微分方程是相容的，那么这个微分方程具有收敛性和具有稳定性互为充要条件。也就是说只要证明了收敛性或稳定性其中任意一个性质，那么另一个也是成立的。

Lax 等价定理很好地把相容性、收敛性和稳定性融合在了一起。特别是对于美式期权定价的有限差分法，在前面我们已经证明了有限差分法的一般形式的 3 个模型都具有相容性，这样对它们的稳定性和收敛性的分析就转化为对稳定性一个性质的研究。

在数值分析研究中，经常使用冯·诺依曼准则来检验使用有限差分法离散化并求解线性偏微分方程的稳定性，这种分析的基本原理是对差分方程和微分方程间的数值误差进行傅里叶分解。1947 年英国学者 Crank 和 Nicolson 发表文章首次对这种方法进行了介绍，之后在冯·诺依曼的文章中又对该方法进行了更为全面和系统地阐述。

数值计算中的稳定性与数值计算产生的误差密切相关。在利用有限差分方法对微分方程进行离散化计算时，如果期间任意时间步长内产生的误差不会导致之后的计算结果产生发散效应或者累积的误差值是在一个可控的常数范围内，那么就可以说这个有限差分法具有数值稳定性。如果在迭代过程中误差随着每一步的计算逐渐降低并最终消失，那么这个算法就被称为绝对稳定；如果误差在迭代计算中一直是一个常量，则称该算法为中性稳定。假如计算误差随着每一步的迭代而逐渐增长，导致最后结果是发散的，那么这个数值方法就不具有稳定性。有限差分法数值计算是否具有稳定性可以利用冯·诺依曼稳定性分析来验证。稳定性一般不易分析，特别是针对非线性偏微分方程。

能使用冯·诺依曼准则判定有限差分法是否稳定的前提是差分方法必须满足下面的 Lax－Richtmyer 条件（即 Lax 等价定理）：偏微分方程必须是线性的，系数必须为常数，差分的边界条件具有周期性，偏微分方程中只有两个自变量并且是相互独立的，差分中时间步的层数最多是两个。虽然对于差分所具有的前提条件要求比较苛刻，但是因为冯·诺依曼准则便于应用，所以在条件允许的情况下人们更喜欢使用冯·诺依曼准则来分析差分方法的稳定性而不是其他更具有一般性的方法。

冯·诺依曼稳定性分析的核心思想是对误差进行傅里叶变换，为了方便理解，用最简单的一维热传导偏微分方程为例进行介绍，方程的形式如下：

$$\frac{\partial u}{\partial t}=\alpha\frac{\partial^2 u}{\partial x^2}$$

建立间隔为 L 的空间网格，并对网格进行离散化处理（对时间步长进行前向欧拉差分，对空间步长进行三点中心差分）得到下面方程：

$$u_j^{n+1} = u_j^n + r(u_{j+1}^n - 2u_j^n + u_{j-1}^n) \tag{7.17}$$

在上式中 $r=\dfrac{\alpha\Delta t}{\Delta r^2}$，$(t,x)=(n\Delta t, j\Delta x)$ 是网格上的点，u_j^n 是将偏微分方程离散化后用以近似表示解析解 $u(x,t)$ 的数值解。

定义误差项：

$$\varepsilon_j^n = N_j^n - u_j^n$$

其中，u_j^n 是离散方程(7.17) 的精确解；N_j^n 是包含浮点误差的数值解；误差项 ε_j^n 也满足离散方程(7.17) 的关系式：

$$\varepsilon_j^{n+1} = \varepsilon_j^n + r(\varepsilon_{j+1}^n - 2\varepsilon_j^n + \varepsilon_{j-1}^n)$$

上面方程确定了误差在迭代递推过程中的关系，并且从上面的公式可以看到，数值解 u_j^n 和误差项 ε_j^n 有相同的变化趋势，在网格间隔为 L 的部分，对空间离散部分的误差项进行傅里叶级数变换

$$\varepsilon(x) = \sum_{m=1}^{N/2} A_m e^{ik_m x}$$

波数 $k_m=\dfrac{\pi m}{L}$，$m=1,2,\cdots,M(M=L/\Delta x)$；$A_m$ 是误差的变动幅度，是一个随时间变化的函数。可以看到在相邻的时间层误差是以指数形式变化的，这样就可以将上式改写为

$$\varepsilon(x,t) = \sum_{m=1}^{N/2} e^{a_m t} e^{ik_m x}$$

其中 a 是常数。

因为误差项满足的差分方程是线性的，所以只需要对其中的一个误差项的变化进行估计就可以估计出整体的误差变化趋势，对 $\varepsilon(x,t)$ 进行简化得到

$$\varepsilon_m(x,t) = e^{a_m t} e^{ik_m x}$$

为了求出误差项随时间步长的变化规律，将上面的方程进行离散化处理，令

$$\varepsilon_j^n = e^{a_m t} e^{ik_m x}$$

根据离散化后的误差公式可以得到

$$\varepsilon_j^{n+1} = e^{a_m(t+\Delta t)} e^{ik_m x}$$

$$\varepsilon_{j+1}^n = e^{a_m t} e^{ik_m(x+\Delta x)}$$

$$\varepsilon_{j-1}^n = e^{a_m t} e^{ik_m(x-\Delta x)}$$

将上述公式代入后解方程组得

$$e^{a_m \Delta t} = 1 + \frac{a\Delta t}{\Delta x^2}(e^{ik_m \Delta x} + e^{-ik_m \Delta x} - 2)$$

利用欧拉方程和三角函数关系式

$$\cos(k_m \Delta x) = \frac{e^{ik_m \Delta x} + e^{-ik_m \Delta x}}{2}$$

$$\sin^2 \frac{k_m \Delta x}{2} = \frac{1-\cos(k_m \Delta x)}{2}$$

代入前面的公式,变形后得

$$e^{a_m \Delta t} = 1 - \frac{4a\Delta t}{\Delta x^2} \sin^2 \frac{k_m \Delta x}{2}$$

定义冯·诺依曼增长因子 G 为

$$G \equiv \frac{\varepsilon_j^{n+1}}{\varepsilon_j^n}$$

可以看到,如果要使误差的变化有限则应该满足条件 $|G| \leqslant 1$,可以推出

$$G = \frac{e^{a_m (t+\Delta t)} e^{ik_m x}}{e^{a_m t} e^{ik_m x}} = e^{a_m \Delta t}$$

解出差分稳定性条件

$$\left| 1 - \frac{4a\Delta t}{\Delta x^2} \sin^2 \frac{k_m \Delta x}{2} \right| \leqslant 1$$

由上式可推得充分条件为

$$\frac{a\Delta t}{\Delta x^2} \leqslant \frac{1}{2}$$

上式即为保证有限差分法具有稳定性的时间步长 Δt 和空间步长 Δx 之间应满足的关系,但是这个条件只是满足稳定性的充分条件而非必要条件。

以上便是研究有限差分法稳定性的冯·诺依曼准则的基本原理,下面将根据此原理来分别讨论显式差分一般形式、隐式差分一般形式以及 Crank－Nicolson 差分一般形式的稳定性问题。

根据前面的冯·诺依曼稳定性准则,对显式差分一般形式(7.11)进行傅里叶级数变换,为了避免与虚数符号冲突,将模型中的 i 用 j 替换。

令 $V_m^n = \mu^n e^{ikm}$,代入式(7.11):

$$\mu^{n-1} e^{ikm} = \sum_{j=1}^{a} \left[\left(\frac{1}{j^2} \frac{\sigma^2 \Delta t}{2a\Delta x^2} - \frac{1}{j} \frac{\Delta t}{2a\Delta x} \left(r - q - \frac{\sigma^2}{2}\right) \right) \mu^n e^{ik(m-j)} \right] + \left(1 - r\Delta t - \frac{\sigma^2 \Delta t}{a\Delta x^2} \sum_{j=1}^{a} \frac{1}{j^2} \right) \mu^n e^{ikm} + \sum_{j=1}^{a} \left[\left(\frac{1}{j^2} \frac{\sigma^2 \Delta t}{2a\Delta x^2} + \frac{1}{j} \frac{\Delta t}{2a\Delta x} \left(r - q - \frac{\sigma^2}{2}\right) \right) \mu^n e^{ik(m+i)} \right]$$

对上式进行整理,得

$$\mu^{n-1} = \left[1 - r\Delta t - \frac{\sigma^2 \Delta t}{a\Delta x^2} \sum_{j=1}^{a} \frac{1}{j^2} + \sum_{j=1}^{a} \left(\frac{1}{j^2} \frac{\sigma^2 \Delta t}{2a\Delta x^2} (e^{ikj} + e^{-ikj}) + \frac{1}{j} \frac{\Delta t}{2a\Delta x} \left(r - q - \frac{\sigma^2}{2}\right) (e^{ikj} - e^{-ikj}) \right) \right] \mu^n$$

根据欧拉方程,得

$$e^{ix} = \cos x + i\sin x$$

通过变形可以得到

$$e^{ix} + e^{-ix} = 2\cos x$$

$$e^{ix} - e^{-ix} = 2i\sin x$$

整理得

$$\mu^{n-1}=\left[1-r\Delta t+\sum_{j=1}^{a}\left(\frac{1}{j^2}\frac{\sigma^2\Delta t}{a\Delta x^2}(\cos kj-1)+\frac{1}{j}\frac{\Delta t}{a\Delta x}(r-q-\frac{\sigma^2}{2})i\sin kj\right)\right]\mu^n$$

其中

$$G=1-r\Delta t+\sum_{j=1}^{a}\left(\frac{1}{j^2}\frac{\sigma^2\Delta t}{a\Delta x^2}(\cos kj-1)+\frac{1}{j}\frac{\Delta t}{a\Delta x}(r-q-\frac{\sigma^2}{2})i\sin kj\right)$$

这里G为冯·诺依曼增长因子。这里需要注意，与前面一维热转导方程的冯·诺依曼增长因子是一个实数不同，这里的增长因子是一个复数变量，所以这里的稳定性条件是复数向量G的模小于或等于1，即$|G|\leqslant 1$，则可保证该差分格式稳定。

当$a=1$时

$$G=1-r\Delta t+\frac{\sigma^2\Delta t}{\Delta x^2}(\cos k-1)+\left[\frac{\Delta t}{\Delta x}(r-q-\frac{\sigma^2}{2})\sin k\right]\mathrm{i}$$

其中复数变量的实部为$1-r\Delta t+\frac{\sigma^2\Delta t}{\Delta x^2}(\cos k-1)$，虚部为$\frac{\Delta t}{\Delta x}(r-q-\frac{\sigma^2}{2})\sin k$，则

$$|G|^2=\left[1-r\Delta t+\frac{\sigma^2\Delta t}{\Delta x^2}(\cos k-1)\right]^2+\frac{\Delta t^2}{\Delta x^2}(r-q-\frac{\sigma^2}{2})^2\sin^2 k$$

对上式进行放缩，舍去$r\Delta t$，那么

$$\begin{aligned}|G|^2&\leqslant\left[1+\frac{\sigma^2\Delta t}{\Delta x^2}(\cos k-1)\right]^2+\frac{\Delta t^2}{\Delta x^2}(r-q-\frac{\sigma^2}{2})^2\sin^2 k\\&=1+\frac{2\sigma^2\Delta t}{\Delta x^2}(\cos k-1)+\frac{\sigma^4\Delta t^2}{\Delta x^4}(\cos k-1)^2+\frac{\Delta t^2}{\Delta x^2}(r-q-\frac{\sigma^2}{2})^2\sin^2 k\\&=1+(1-\cos k)\left[-\frac{2\sigma^2\Delta t}{\Delta x^2}+\frac{\sigma^4\Delta t^2}{\Delta x^4}(1-\cos k)+\frac{\Delta t^2}{\Delta x^2}(r-q-\frac{\sigma^2}{2})^2(1+\cos k)\right]\\&=1+(1-\cos k)\left[\frac{2\sigma^2\Delta t}{\Delta x^2}(\frac{\sigma^2\Delta t}{\Delta x^2}-1)+\frac{\Delta t^2}{\Delta x^2}(1+\cos k)\left((r-q-\frac{\sigma^2}{2})^2-\frac{\sigma^4}{\Delta x^2}\right)\right]\end{aligned}$$

分析上式，当上式右端第二项小于等于零时，有$|G|^2\leqslant 1$。因为$(1-\cos k)\geqslant 0$，所以要求

$$\frac{2\sigma^2\Delta t}{\Delta x^2}(\frac{\sigma^2\Delta t}{\Delta x^2}-1)+\frac{\Delta t^2}{\Delta x^2}(1+\cos k)\left((r-q-\frac{\sigma^2}{2})^2-\frac{\sigma^4}{\Delta x^2}\right)\leqslant 0$$

即需要$\frac{\sigma^2\Delta t}{\Delta x^2}-1\leqslant 0$，$(r-q-\frac{\sigma^2}{2})^2-\frac{\sigma^4}{\Delta x^2}\leqslant 0$，方可使$|G|^2\leqslant 1$，即$|G|\leqslant 1$，移项整理得

$$\Delta x\leqslant\frac{\sigma^2}{r-q-\sigma^2/2},\Delta t\leqslant\frac{\Delta x^2}{\sigma^2}\tag{7.18}$$

上式中的两个条件是显式差分一般形式当$a=1$时稳定的充分条件，并且当Δx足够小时第一个条件默认满足。

同理，经过仔细的推导可得出当$a=2$时的稳定条件为

$$\Delta x\leqslant\frac{5\sigma^2}{6(r-q-\sigma^2/2)},\Delta t\leqslant\frac{8\Delta x^2}{5\sigma^2}\tag{7.19}$$

经过仔细推导可得出当$a=3$时的稳定条件为

$$\Delta x\leqslant\frac{49\sigma^2}{66(r-q-\sigma^2/2)},\Delta t\leqslant\frac{108\Delta x^2}{49\sigma^2}\tag{7.20}$$

与显式差分一般形式的稳定性分析原理相同，首先对隐式差分一般形式进行傅里叶级数变换得

$$\mu^{n-1}=\frac{1}{1+r\Delta t+\sum_{j=1}^{a}\left[\frac{1}{j^2}\frac{\sigma^2\Delta t}{a\Delta x^2}(1-\cos kj)\right]-\sum_{j=1}^{a}\left[\frac{1}{j}\frac{\Delta t}{a\Delta x}(r-q-\frac{\sigma^2}{2})\sin kj\right]\mathrm{i}}\mu^n$$

则

$$G=\frac{1}{1+r\Delta t+\sum_{j=1}^{a}\left[\frac{1}{j^2}\frac{\sigma^2\Delta t}{a\Delta x^2}(1-\cos kj)\right]-\sum_{j=1}^{a}\left[\frac{1}{j}\frac{\Delta t}{a\Delta x}(r-q-\frac{\sigma^2}{2})\sin kj\right]\mathrm{i}}$$

要使$|G|\leqslant 1$，只要上面等式右侧分母的模大于1即可，上式的分母项的模长的平方为

$$\left(1+r\Delta t+\sum_{j=1}^{a}\left[\frac{1}{j^2}\frac{\sigma^2\Delta t}{a\Delta x^2}(1-\cos kj)\right]\right)^2+\left(\sum_{j=1}^{a}\left[\frac{1}{j}\frac{\Delta t}{a\Delta x}(r-q-\frac{\sigma^2}{2})\sin kj\right]\right)^2$$

上式中，因为$1-\cos kj\geqslant 0$，所以$1+r\Delta t+\sum_{j=1}^{a}\left[\frac{1}{j^2}\frac{\sigma^2\Delta t}{a\Delta x^2}(1-\cos kj)\right]\geqslant 1$，因此不论$a$的取值如何上式均大于1，即有$|G|\leqslant 1$。这样就可以看到，与显式差分一般形式相比，隐式差分一般形式具有绝对稳定性。

对Crank－Nicolson差分一般形式进行傅里叶级数变换，整理得

$$\mu^{n-1}=\frac{2-r\Delta t-\sum_{j=1}^{a}\left[\frac{1}{j^2}\frac{\sigma^2\Delta t}{a\Delta x^2}(1-\cos kj)\right]+\sum_{j=1}^{a}\left[\frac{1}{j}\frac{\Delta t}{a\Delta x}(r-q-\frac{\sigma^2}{2})\sin kj\right]\mathrm{i}}{2+r\Delta t+\sum_{j=1}^{a}\left[\frac{1}{j^2}\frac{\sigma^2\Delta t}{a\Delta x^2}(1-\cos kj)\right]-\sum_{j=1}^{a}\left[\frac{1}{j}\frac{\Delta t}{a\Delta x}(r-q-\frac{\sigma^2}{2})\sin kj\right]\mathrm{i}}\mu^n$$

则增长因子为

$$G=\frac{2-r\Delta t-\sum_{j=1}^{a}\left[\frac{1}{j^2}\frac{\sigma^2\Delta t}{a\Delta x^2}(1-\cos kj)\right]+\sum_{j=1}^{a}\left[\frac{1}{j}\frac{\Delta t}{a\Delta x}(r-q-\frac{\sigma^2}{2})\sin kj\right]\mathrm{i}}{2+r\Delta t+\sum_{j=1}^{a}\left[\frac{1}{j^2}\frac{\sigma^2\Delta t}{a\Delta x^2}(1-\cos kj)\right]-\sum_{j=1}^{a}\left[\frac{1}{j}\frac{\Delta t}{a\Delta x}(r-q-\frac{\sigma^2}{2})\sin kj\right]\mathrm{i}}$$

对G进行简化，得

$$G=\frac{2-r\Delta t-A+B\mathrm{i}}{2+r\Delta t+A-B\mathrm{i}}$$

其中

$$A=\sum_{j=1}^{a}\left[\frac{1}{j^2}\frac{\sigma^2\Delta t}{a\Delta x^2}(1-\cos kj)\right],B=\sum_{j=1}^{a}\left[\frac{1}{j}\frac{\Delta t}{a\Delta x}(r-q-\frac{\sigma^2}{2})\sin kj\right]$$

对变换后的G进行变形，得

$$G=\frac{[(2+B\mathrm{i})-(r\Delta t+A)][(2+B\mathrm{i})+(r\Delta t+A)]}{(2+r\Delta t+A)^2+B^2}$$

$$=\frac{(2+B\mathrm{i})^2-(r\Delta t+A)^2}{(2+r\Delta t+A)^2+B^2}$$

整理为标准复数格式：

$$G=\frac{4-B^2-(r\Delta t+A)^2}{(2+r\Delta t+A)^2+B^2}+\frac{4B}{(2+r\Delta t+A)^2+B^2}\mathrm{i}$$

计算 $|G|^2$：

$$|G|^2=\left[\frac{4-B^2-(r\Delta t+A)^2}{(2+r\Delta t+A)^2+B^2}\right]^2+\left[\frac{4B}{(2+r\Delta t+A)^2+B}\right]^2$$
$$=\frac{[4-B^2-(r\Delta t+A)^2]^2+16B^2}{[(2+r\Delta t+A)^2+B^2]^2}$$

对上式中的分子和分母展开后整理，得

$$|G|^2=\frac{1}{1+\dfrac{32(r\Delta t+A)+8B^2(r\Delta t+A)+32(r\Delta t+A)^2+8(r\Delta t+A)^3+(2+\Delta t+A)^4}{[4-B^2-(r\Delta t+A)^2]^2+16B^2}}$$

因为 $A=\sum_{j=1}^{a}\left[\frac{1}{j^2}\frac{\sigma^2\Delta t}{a\Delta x^2}(1-\cos kj)\right]\geqslant 0$，所以显然上式的分母大于1，因此 $|G|^2\leqslant 1$，即 $|G|\leqslant 1$，说明 Crank－Nicolson 差分的一般形式也是绝对稳定的。

综合上面的有限差分一般形式模型的稳定性分析得到这样的结论：隐式差分一般形式模型和Crank－Nicolson差分一般形式模型不论 a 如何取值都具有绝对稳定性，这样根据 Lax 等价定理我们同时也就证明了这两个模型也具有绝对的收敛性。

而显式差分一般形式模型则是条件稳定的，并且它的稳定条件也随着 a 的变化而变化。但是要特别注意的一点是，推导出的显式差分一般形式模型的稳定性条件只是模型具有稳定性的一个充分条件，并不排除在这个条件以外还存在满足模型稳定性的其他条件的可能。因此在利用 Lax 等价定理分析有限差分一般形式模型收敛性的时候，也只能说模型在满足稳定性的条件下是收敛的，当然也同样不能排除有其他符合收敛性的限制条件。

7.3.5　有限差分一般形式的进一步的理论推导

前面对有限差分模型一般形式进行了一些理论研究，本节要建立一类全新的有限差分一般形式模型。已知下面的数学公式成立，若有

$$\frac{a_1}{b_1}=\frac{a_2}{b_2}=\cdots=\frac{a_n}{b_n}$$

其中 $b_i\neq 0(i=1,2,3,\cdots,n)$，则对于任意不全为零的 n 维向量 $\boldsymbol{\lambda}=(\lambda_1,\lambda_2,\cdots,\lambda_a)$ 都有

$$\frac{\lambda_1a_1+\lambda_2a_2+\cdots+\lambda_na_n}{\lambda_1b_1+\lambda_2b_2+\cdots+\lambda_nb_n}=\frac{a_1}{b_1}$$

对 Black－Scholes 偏微分方程中标的资产价格的一阶偏导的中心差分格式进行整理得

$$\frac{\partial V}{\partial x}=\frac{V_{m+1}^n-V_{m-1}^n}{2\Delta x}=\frac{V_{m+2}^n-V_{m-2}^n}{4\Delta x}=\cdots=\frac{V_{m+(a-1)}^n-V_{m-(a-1)}^n}{2(a-1)\Delta x}=\frac{V_{m+a}^n-V_{m-a}^n}{2a\Delta x}$$

设 $\boldsymbol{\lambda}=(\lambda_1,\lambda_2,\cdots,\lambda_a)$ 为元素不全为零的 a 维向量，建立新形式的近似差商公式为

$$\frac{\partial V}{\partial x}=\frac{\lambda_1(V_{m+1}^n-V_{m-1}^n)+\lambda_2(V_{m+2}^n-V_{m-2}^n)+\cdots+\lambda_{a-1}(V_{m+(a-1)}^n-V_{m-(a-1)}^n)+\lambda_a(V_{m+a}^n-V_{m-a}^n)}{2\lambda_1\Delta x+4\lambda_2\Delta x+\cdots+2(a-1)\lambda_{a-1}\Delta x+2a\lambda_a\Delta x}$$

整理得

$$\frac{\partial V}{\partial x}=\sum_{i=1}^{a}\frac{\lambda_i}{2\Delta x\sum_{j=1}^{a}j\lambda_j}V_{m+i}^n-\sum_{i=1}^{a}\frac{\lambda_i}{2\Delta x\sum_{j=1}^{a}j\lambda_j}V_{m-i}^n \tag{7.21}$$

对于 Black－Scholes 偏微分方程中标的资产价格的二阶偏导数的中心差分格式进行整理得

$$\frac{\partial^2 V}{\partial x^2}=\frac{V_{m+1}^n-2V_m^n+V_{m-1}^n}{\Delta x^2}=\frac{V_{m+2}^n-2V_m^n+V_{m-2}^n}{4\Delta x^2}=\cdots$$

$$=\frac{V_{m+(a-1)}^n-2V_m^n+V_{m-(a-1)}^n}{(a-1)^2\Delta x^2}=\frac{V_{m+a}^n-2V_m^n+V_{m-a}^n}{a^2\Delta x^2}$$

同样设 $\boldsymbol{\eta}=(\eta_1,\eta_2,\cdots,\eta_a)$ 为元素不全为零的 a 维向量，建立新形式的近似二阶差商公式为

$$\frac{\partial^2 V}{\partial x^2}=\frac{\eta_1(V_{m+1}^n-2V_m^n+V_{m-1}^n)+\eta_2(V_{m+2}^n-2V_m^n+V_{m-2}^n)+\cdots+\eta_a(V_{m+a}^n-2V_m^n+V_{m-a}^n)}{\eta_1\Delta x^2+4\eta_2\Delta x^2+\cdots+(a-1)^2\eta_{a-1}\Delta x^2+a^2\eta_a\Delta x^2}$$

整理得

$$\frac{\partial^2 V}{\partial x^2}=\sum_{i=1}^{a}\frac{\eta_i}{\Delta x^2\sum_{j=1}^{a}j^2\eta_j}V_{m+i}^n+\sum_{i=1}^{a}\frac{\eta_i}{\Delta x^2\sum_{j=1}^{a}j^2\eta_j}V_{m-i}^n-\frac{2\sum_{i=1}^{a}\eta_i}{\Delta x^2\sum_{j=1}^{a}j^2\eta_j}V_m^n \tag{7.22}$$

式(7.21)和(7.22)就是新的有限差分一般形式模型中对标的资产价格的一阶偏导数和二阶偏导数的差分公式，结合对时间的偏导数的后向差分代入 Black－Scholes 偏微分方程，可以得到新的显式差分一般形式模型为

$$V_m^{n-1}=\sum_{i=1}^{a}\alpha_i V_{m-i}^n+\beta V_m^n+\sum_{i=1}^{a}\gamma_i V_{m+i}^n \tag{7.23}$$

其中

$$\alpha_i=\frac{\sigma^2\Delta t\eta_i}{2\Delta x^2\sum_{j=1}^{a}j^2\eta_j}-\frac{\Delta t\lambda_i}{2\Delta x\sum_{j=1}^{a}j\lambda_j}\left(r-q-\frac{\sigma^2}{2}\right)(i=1,2,\cdots,a)$$

$$\beta=1-r\Delta t-\frac{\sigma^2\Delta t\sum_{j=1}^{a}\eta_j}{\Delta x^2\sum_{j=1}^{a}(j\eta_j)^2} \tag{7.24}$$

$$\gamma_i=\frac{\sigma^2\Delta t\eta_i}{2\Delta x^2\sum_{j=1}^{a}j^2\eta_j}+\frac{\Delta t\lambda_i}{2\Delta x\sum_{j=1}^{a}j\lambda_j}\left(r-q-\frac{\sigma^2}{2}\right)(i=1,2,\cdots,a)$$

通过观察可以看到，新的显示差分一般形式模型与 7.3 中推导出的显式差分一般形式模型在系数组成上很相似。令 $\lambda_i=\frac{1}{i}$，$\eta_i=\frac{1}{i^2}$，代入式(7.24)中整理得

$$\alpha_i=\frac{1}{i^2}\frac{\sigma^2\Delta t}{2a\Delta x^2}-\frac{1}{i}\frac{\Delta t}{2a\Delta x}\left(r-q-\frac{\sigma^2}{2}\right)(i=1,2,\cdots,a)$$

$$\beta=1-r\Delta t-\frac{\sigma^2\Delta t}{a\Delta x^2}\sum_{j=1}^{a}\frac{1}{j^2} \tag{7.25}$$

$$\gamma_i=\frac{1}{i^2}\frac{\sigma^2\Delta t}{2a\Delta x^2}+\frac{1}{i}\frac{\Delta t}{2a\Delta x}\left(r-q-\frac{\sigma^2}{2}\right)(i=1,2,\cdots,a)$$

式(7.25) 就是 7.3 中推导出的显式差分一般形式模型(7.12),因此显示差分一般形式模型其实是新推导出的模型的一个特殊情况。令 $\lambda_i = 1, \eta_i = 1$,代入式(7.24) 中整理得

$$\alpha_i = \frac{\sigma^2 \Delta t}{2\Delta x^2 \sum_{j=1}^{a} j^2} - \frac{\Delta t}{2\Delta x \sum_{j=1}^{a} j}(r - q - \frac{\sigma^2}{2})(i=1,2,\cdots,a)$$

$$\beta = 1 - r\Delta t - \frac{\sigma^2 a \Delta t}{\Delta x^2 \sum_{j=1}^{a} j^2}$$

$$\gamma_i = \frac{\sigma^2 \Delta t}{2\Delta x^2 \sum_{j=1}^{a} j^2} + \frac{\Delta t}{2\Delta x \sum_{j=1}^{a} j}(r - q - \frac{\sigma^2}{2})(i=1,2,\cdots,a)$$

这里称这个新模型(7.23) 和(7.24) 为显式差分广义模型。

运用相同方法,经过仔细地推导可以得到隐式差分广义模型和 Crank－Nicolson 差分广义模型。隐式差分广义模型为

$$V_m^n = \sum_{i=1}^{a} \alpha_i V_{m-i}^{n-1} + \beta V_m^{n-1} + \sum_{i=1}^{a} \gamma_i V_{m+i}^{n-1} \tag{7.26}$$

其中

$$\alpha_i = \frac{\Delta t \lambda_i}{2\Delta x \sum_{j=1}^{a} j\lambda_j}(r - q - \frac{\sigma^2}{2}) - \frac{\sigma^2 \Delta t \eta_i}{2\Delta x^2 \sum_{j=1}^{a} j^2 \eta_j}(i=1,2,\cdots,a)$$

$$\beta = 1 + r\Delta t + \frac{\sigma^2 \Delta t \sum_{j=1}^{a} \eta_j}{\Delta x^2 \sum_{j=1}^{a} (j\eta_j)^2} \tag{7.27}$$

$$\gamma_i = -\frac{\Delta t \lambda_i}{2\Delta x \sum_{j=1}^{a} j\lambda_j}(r - q - \frac{\sigma^2}{2}) - \frac{\sigma^2 \Delta t \eta_i}{2\Delta x^2 \sum_{j=1}^{a} j^2 \eta_j}(i=1,2,\cdots,a)$$

对于上面的隐式差分广义模型,同样令模型中 $\lambda_i = \frac{1}{i}, \eta_i = \frac{1}{i^2}$,代入式(7.27) 中整理得到特殊的广义差分模型的系数公式为

$$\alpha_i = \frac{1}{i}\frac{\Delta t}{2a\Delta x}(r - q - \frac{\sigma^2}{2}) - \frac{1}{i^2}\frac{\sigma^2 \Delta t}{2a\Delta x^2}(i=1,2,\cdots,a)$$

$$\beta = 1 + r\Delta t + \frac{\sigma^2 \Delta t}{a\Delta x^2}\sum_{j=1}^{a}\frac{1}{j^2} \tag{7.28}$$

$$\gamma_i = -\frac{1}{i}\frac{\Delta t}{2a\Delta x}(r - q - \frac{\sigma^2}{2}) - \frac{1}{i^2}\frac{\sigma^2 \Delta t}{2a\Delta x^2}(i=1,2,\cdots,a)$$

式(7.28) 就是 7.3 中推导出的隐式差分一般形式模型(7.14)。令 $\lambda_i = 1, \eta_i = 1$,代入式(7.27) 中整理得

$$\alpha_i=\frac{\Delta t}{2\Delta x\sum_{j=1}^{a}j}(r-q-\frac{\sigma^2}{2})-\frac{\sigma^2\Delta t}{2\Delta x^2\sum_{j=1}^{a}j^2}(i=1,2,\cdots,a)$$

$$\beta=1+r\Delta t+\frac{\sigma^2 a\Delta t}{\Delta x^2\sum_{j=1}^{a}j^2}$$

$$\gamma_i=-\frac{\Delta t}{2\Delta x\sum_{j=1}^{a}j}(r-q-\frac{\sigma^2}{2})-\frac{\sigma^2\Delta t}{2\Delta x^2\sum_{j=1}^{a}j^2}(i=1,2,\cdots,a)$$

Crank－Nicolson 差分广义模型为

$$-\sum_{i=1}^{a}\alpha_i V_{m-i}^{n-1}+(1-\beta)V_m^{n-1}-\sum_{i=1}^{a}\gamma_i V_{m+i}^{n-1}=\sum_{i=1}^{a}\alpha_i V_{m-i}^{n}+(1+\beta)V_m^{n}+\sum_{i=1}^{a}\gamma_i V_{m+i}^{n} \tag{7.29}$$

其中

$$\alpha_i=\frac{\sigma^2\Delta t\eta_i}{4\Delta x^2\sum_{j=1}^{a}j^2\eta_j}-\frac{\Delta t\lambda_i}{4\Delta x\sum_{j=1}^{a}j\lambda_j}(r-q-\frac{\sigma^2}{2})(i=1,2,\cdots,a)$$

$$\beta=-\frac{\Delta t}{2}\left(\frac{\sigma^2\sum_{j=1}^{a}\eta_j}{\Delta x^2\sum_{j=1}^{a}(j\eta_j)^2}+r\right) \tag{7.30}$$

$$\gamma_i=\frac{\sigma^2\Delta t\eta_i}{4\Delta x^2\sum_{j=1}^{a}j^2\eta_j}+\frac{\Delta t\lambda_i}{4\Delta x\sum_{j=1}^{a}j\lambda_j}(r-q-\frac{\sigma^2}{2})(i=1,2,\cdots,a)$$

对于上面的 Crank－Nicolson 差分广义模型，同样令模型中 $\lambda_i=\frac{1}{i}$，$\eta_i=\frac{1}{i^2}$，代入式(7.30) 中整理得到特殊的 Crank－Nicolson 差分广义模型的系数公式为

$$\alpha_i=\frac{\Delta t}{4a}\left(\frac{1}{i^2}\frac{\sigma^2}{\Delta x^2}-\frac{1}{i}\frac{r-q-\sigma^2/2}{\Delta x}\right)(i=1,2,\cdots,a)$$

$$\beta=-\frac{\Delta t}{2}\left(\frac{\sigma^2}{a\Delta x^2}\sum_{j=1}^{a}\frac{1}{j^2}+r\right) \tag{7.31}$$

$$\gamma_i=\frac{\Delta t}{4a}\left(\frac{1}{i^2}\frac{\sigma^2}{\Delta x^2}+\frac{1}{i}\frac{r-q-\sigma^2/2}{\Delta x}\right)(i=1,2,\cdots,a)$$

式(7.31) 就是 7.3 中推导出的 Crank－Nicolson 差分一般形式模型(7.16)。令 $\lambda_i=1$，$\eta_i=1$，代入式(7.30) 中整理得

$$\alpha_i=\frac{\sigma^2\Delta t}{4\Delta x^2\sum_{j=1}^{a}j^2}-\frac{\Delta t}{4\Delta x\sum_{j=1}^{a}j}(r-q-\frac{\sigma^2}{2})(i=1,2,\cdots,a)$$

$$\beta=-\frac{\Delta t}{2}\left(\frac{a\sigma^2}{\Delta x^2\sum_{j=1}^{a}j^2}+r\right)$$

$$\gamma_i=\frac{\sigma^2\Delta t}{4\Delta x^2\sum_{j=1}^{a}j^2}+\frac{\Delta t}{4\Delta x\sum_{j=1}^{a}j}(r-q-\frac{\sigma^2}{2})(i=1,2,\cdots,a)$$

实际上可以令 $\lambda_i=1,\eta_i=\frac{1}{i}$；令 $\lambda_i=\frac{1}{i},\eta_i=1$；令 $\lambda_i=\frac{1}{i},\eta_i=\frac{1}{i}$；令 $\lambda_i=\frac{1}{i^2},\eta_i=\frac{1}{i^2}$ 等不同组合形式的参数设计而得到相应的特殊的参数公式。这里就不再一一列出了。

本节提出了对 Black－Scholes 偏微分方程资产价格偏导数的一种全新的差分方式，在模型中引入了两组非零向量 $\boldsymbol{\lambda}$ 和 $\boldsymbol{\eta}$ 构建了一个有限差分法的广义模型。同时通过公式推导证明了有限差分一般形式模型其实是有限差分广义模型当 $\lambda_i=\frac{1}{i},\eta_i=\frac{1}{i^2}$ 时的一种特殊情况。

7.4　有限差分法一般形式的实证模拟研究

7.4.1　多期迭代中的有限差分一般形式模型

从前面的稳定性分析可以看到，显式差分一般形式是条件稳定的，隐式差分一般形式和 Crank－Nicolson 差分一般形式则具有绝对稳定性。此外，显式差分因为是对时间的后向差分，所以前一时间层的期权价格可以直接用后一时间层的期权价格来表示，迭代原理和二叉树法近似。而隐式差分和 Crank－Nicolson 差分则不能直接通过迭代求出期权价格，因此需要建立方程组来进行求解，这样也增加了在计算中的稳定性。这里主要讨论隐式差分一般形式和 Crank－Nicolson 差分一般形式模型在实际的美式期权定价数值计算中与传统二叉树的比较。

边界执行条件的确定。有限差分法在几何意义上就是以价格和时间步长为坐标将原本连续变化的期权价格做离散网格化处理。前面已经对有限差分一般形式模型在单时段静态条件下进行了描述，而在实际的动态迭代过程中我们就要对网格的边界执行条件(包括期权价格的初始值、最大和最小值) 进行定义。

图 7.7 所示的网格平面，每一个节点(n,m) 对应的都是该状态下的期权价格 V_m^n，其中 $n=1,2,\cdots,N(N=T/\Delta t)$；$m=1,2,\cdots,M(M=S_{\max}/\Delta S)$。在给定范围内的期权价格中，$V_m^N$ 是期权的初始价格(这里的初始价格并不是时间为 0 时的期权价格，而是指在数值计算的迭代过程中的初始赋值，是 T 时刻的期权价格)，V_M^n 和 V_0^n 分别是期权的上下边界，V_m^0 是终期的期权价格。与初始价格一样，这里的终期指的是在数值计算中最终得到的期权价格，是希望求出的 $t=0$ 时刻的期权价格。由于不同的边界条件会使模型所描述的期权特征完全不同，边界条件和一些假设的变更也会使模型在迭代过程中的路径完全改变。将期权分为看涨和看跌两种情况来对边界条件进行分析。

1. 看涨期权

看涨期权的初始价格 V_m^N 为

$$V_m^N=\max(m\Delta S-K,0)$$

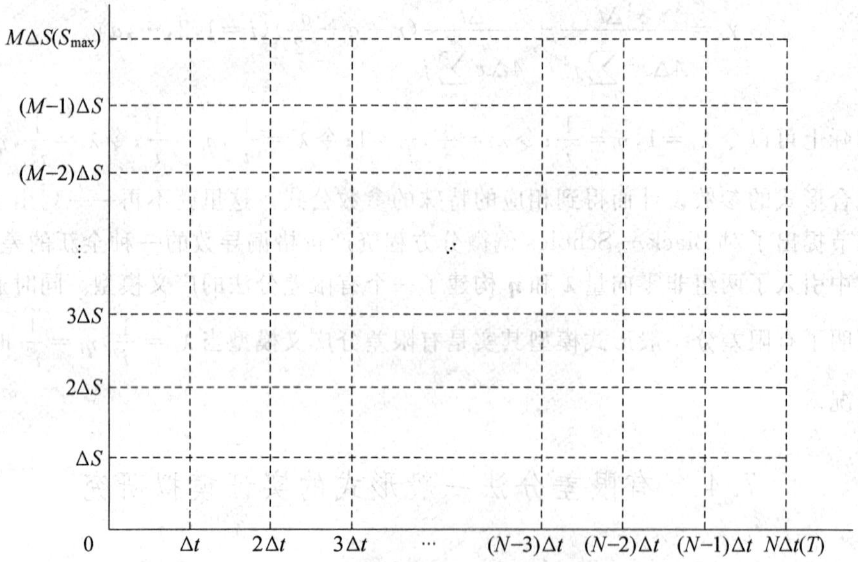

图 7.7　有限差分法一般形式边界网格图

由于当资产的价格 $S=0$ 时看涨期权是不具有价值的，因此看涨期权的下边界 $V_0^n=0$。当资产价格的上边界 S_{max} 足够大时 $S_{max}-K>0$，期权的到期收益就等于 $S_{max}-K$。这样在 $t_n=n\Delta t$ 时刻的贴现值就是期权的上边界为

$$V_M^n=(S_{max}-K)e^{-r\Delta t(N-n)}$$

2. 看跌期权

看跌期权的初始价格 V_m^N 为

$$V_m^N=\max(K-m\Delta S,0)$$

当资产价格 $S=0$ 时，因为资产的价格波动是符合布朗运动的，所以可认为资产的价格会一致保持在 0，这样期权的到期收益就等于 K，同样看跌期权的下边界就是 $t_n=n\Delta t$ 时刻的贴现值为

$$V_0^n=Ke^{-r\Delta t(N-n)}$$

当资产价格 S_{max} 足够大时，可以认为看跌期权不具有价值，因此看跌期权的上边界 $V_M^n=0$。

对于期权的终期价格(即时间为 0 时的期权价格)V_m^0，在看涨期权和看跌期权两种情况下都是方程迭代计算到最终步骤的值，要在这里做特殊说明是因为在实际数值计算过程中，最后的期权价格不一定生成在网格线的节点上，这就需要在末尾提取结果时对终期价格 V_m^0 做一些处理。目前使用的比较多的方法是对 V_m^0 进行线性插值，先建立网格节点上资产价格 $m\Delta S$ 与期权价格 V_m^0 的对应线性关系，再将资产的原始价格 S_0 代入线性关系式，求出期权的终期价格。

有限差分一般形式模型迭代中的具体方法：由于隐式差分一般形式和 Crank－Nicolson 差分一般形式在进行数值计算时不能简单地进行逐步迭代，需要通过解一系列方程组的方法得到终期期权价格，因此需要将有限差分一般形式的公式改写成矩阵的形

式，以便于运用 Matlab 进行数值计算。

在 7.3 中已经给出了传统隐式差分和 Crank－Nicolson 差分的单时段静态公式的方程组矩阵的形式，接下来就以隐式差分一般形式模型为例对有限差分一般形式的矩阵化方法进行分析。隐式差分一般形式模型的单时段静态公式为

$$V_m^n=\sum_{i=1}^{a}\alpha_i V_{m-i}^{n-1}+\beta V_m^{n-1}+\sum_{i=1}^{a}\gamma_i V_{m+i}^{n-1}$$

其中

$$\alpha_i=\frac{1}{i}\frac{\Delta t}{2a\Delta x}(r-q-\frac{\sigma^2}{2})-\frac{1}{i^2}\frac{\sigma^2\Delta t}{2a\Delta x^2}(i=1,2,\cdots,a)$$

$$\beta=1+r\Delta t+\frac{\sigma^2\Delta t}{a\Delta x^2}\sum_{j=1}^{a}\frac{1}{j^2}$$

$$\gamma_i=-\frac{1}{i}\frac{\Delta t}{2a\Delta x}(r-q-\frac{\sigma^2}{2})-\frac{1}{i^2}\frac{\sigma^2\Delta t}{2a\Delta x^2}(i=1,2,\cdots,a)$$

对隐式差分一般形式模型方程组的部分系数进行“行变处理”后矩阵化，有

$$\begin{pmatrix}
\beta_1 & \alpha_{11} & & & & & & & \\
\gamma_{21} & \beta_2 & \alpha_{21} & \alpha_{22} & & & & & \\
 & \ddots & \ddots & \ddots & & & & & \\
\gamma_{a(a-1)} & \cdots & \gamma_{a1} & \beta_a & \alpha_{a1} & \cdots & \alpha_{aa} & & \\
\gamma_{(a+1)a} & \cdots & & \gamma_{(a+1)1} & \beta_{a+1} & \alpha_{(a+1)1} & \cdots & \alpha_{(a+1)a} & \\
 & & & & & & & & \\
 & & & & \ddots & \ddots & \ddots & & \\
 & & & & \gamma_{(M-2)2} & \gamma_{(M-2)1} & \beta_{M-2} & \alpha_{(M-2)1} \\
 & & & & & & \gamma_{(M-1)1} & \beta_{M-1}
\end{pmatrix}
\begin{pmatrix}
V_{M-1}^{n-1}\\ V_{M-2}^{n-1}\\ \vdots\\ V_{M-a}^{n-1}\\ V_{M-a-1}^{n-1}\\ \\ \vdots\\ \\ V_2^{n-1}\\ V_1^{n-1}
\end{pmatrix}_{(M-1)\times 1}$$

$$=\begin{pmatrix}
V_{M-1}^n\\ V_{M-2}^n\\ \vdots\\ V_{M-a}^n\\ V_{M-a-1}^n\\ \vdots\\ V_{a+1}^n\\ V_a^n\\ \vdots\\ V_2^n\\ V_1^n
\end{pmatrix}_{(M-1)\times 1}
-\begin{pmatrix}
\gamma_{11}V_M^{n-1}\\ \gamma_{22}V_M^{n-1}\\ \vdots\\ \gamma_{aa}V_M^{n-1}\\ 0\\ \vdots\\ 0\\ \alpha_{(M-a)a}V_0^{n-1}\\ \vdots\\ \alpha_{(M-2)2}V_0^{n-1}\\ \alpha_{(M-1)1}V_0^{n-1}
\end{pmatrix}_{(M-1)\times 1}$$

上面的矩阵方程组可以简写为

$$MV_m^{n-1}=V_m^n-\Omega$$

上式的形式上虽然和之前的传统隐式差分模型的矩阵简要表达式相同，但是可以看到系数经过“行变处理”后对应的系数矩阵和向量的结构发生了很大的变化。其中 α_{ij} 中的 i 代表所在的行号，j 则是 α 系数的序号，实际 α_{ij} 就是方程系数公式中的 α_j。

根据 7.2 中的内容可以知道，不论是看涨期权还是看跌期权，V_0^n 和 V_M^n 都是已知的上下边界条件，因此不管是何种差分方法，在每个时间层需要求解的未知数的个数均为 $M-1$ 个（即解向量 V_m^{n-1}），这就需要上面方程组中的系数方阵和向量的维度也是 $M-1$ 才能保证方程有且有唯一的解。如果想要满足方程有且只有唯一解的条件，系数方阵 M 中的每一行对应的系数就不能都是当 $a=A$ 时隐式差分一般形式模型的单时段静态公式所对应的系数值，需要对其中的部分系数进行“行变处理”。

为了更直观地对“行变处理”方法进行描述，先假设隐式差分一般形式模型中 $a=3$。

矩阵方程组第一行和倒数第一行的系数是 $a=1$ 时隐式差分一般形式模型的系数，对应方程分别为

$$V_{M-1}^n=\gamma_{11}V_M^{n-1}+\beta_1V_{M-1}^{n-1}+\alpha_{11}V_{M-2}^{n-1}$$
$$V_1^n=\gamma_{(M-1)1}V_2^{n-1}+\beta_{M-1}V_1^{n-1}+\alpha_{(M-1)1}V_0^{n-1}$$

其中

$$\gamma_{11}=\gamma_{(M-1)1}=\frac{\Delta t}{2\Delta x}(r-q-\frac{\sigma^2}{2})-\frac{\sigma^2\Delta t}{2\Delta x^2}$$

$$\beta_1=\beta_{M-1}=1+r\Delta t+\frac{\sigma^2\Delta t}{\Delta x^2}$$

$$\alpha_{11}=\alpha_{(M-1)1}=-\frac{\Delta t}{2\Delta x}(r-q-\frac{\sigma^2}{2})-\frac{\sigma^2\Delta t}{2\Delta x^2}$$

第二行和倒数第二行的系数是 $a=2$ 时隐式差分一般形式模型的系数，方程分别为

$$V_{M-2}^n=\gamma_{22}V_M^{n-1}+\gamma_{21}V_{M-1}^{n-1}+\beta_2V_{M-2}^{n-1}+\alpha_{21}V_{M-3}^{n-1}+\alpha_{22}V_{M-4}^{n-1}$$
$$V_2^n=\gamma_{(M-2)2}V_4^{n-1}+\gamma_{(M-2)1}V_3^{n-1}+\beta_{M-2}V_2^{n-1}+\alpha_{(M-2)1}V_1^{n-1}+\alpha_{(M-2)2}V_0^{n-1}$$

其中

$$\gamma_{22}=\gamma_{(M-2)2}=\frac{\Delta t}{8\Delta x}(r-q-\frac{\sigma^2}{2})-\frac{\sigma^2\Delta t}{16\Delta x^2}$$

$$\gamma_{21}=\gamma_{(M-2)1}=\frac{\Delta t}{4\Delta x}(r-q-\frac{\sigma^2}{2})-\frac{\sigma^2\Delta t}{4\Delta x^2}$$

$$\beta_2=\beta_{M-2}=1+r\Delta t+\frac{5\sigma^2\Delta t}{8\Delta x^2}$$

$$\alpha_{21}=\alpha_{(M-2)1}=-\frac{\Delta t}{4\Delta x}(r-q-\frac{\sigma^2}{2})-\frac{\sigma^2\Delta t}{4\Delta x^2}$$

$$\alpha_{22}=\alpha_{(M-2)2}=-\frac{\Delta t}{8\Delta x}(r-q-\frac{\sigma^2}{2})-\frac{\sigma^2\Delta t}{16\Delta x^2}$$

在第三行和倒数第三行之间的每行方程的系数都是 $a=3$ 时的隐式差分一般形式模型的系数，因为方程形式比较复杂在这里不列出。

结合上面的例子，可以总结出对模型进行“行变处理”在满足矩阵方程组有唯一解的前提下，还应遵循以下 3 个原则。

(1) 系数方阵的主对角线元素应该是由各个方程中心期权价格的系数组成的(对于隐式差分一般性模型就是方程的系数 $\beta_i, i=1,2,\cdots,M-1$)。

(2) 对于定义的 a 的取值 $a=A$，为了使有限差分一般形式模型的整体性质尽量接近 $a=A$ 时模型的性质，因此系数方阵每一行的 a 的取值应该达到该行允许 a 取到的最大值，以使满足 $a=A$ 的方程数达到最人并尽量使 $a<A$ 的方程尽量接近 $a=A$ 的水平。

(3) 有限差分一般形式由于加入了整数 a，理论上当 a 取最大值时的方程系数的个数(有限差分一般形式模型的单时段静态公式右侧的项数)不能多于系数矩阵的维度，即

$$2a+1\leqslant M-1$$

解得

$$a\leqslant \frac{M}{2}-1$$

同时因为 a 应该是一个大于等于 1 的整数，所以可以得到整数 a 的理论取值范围

$$1\leqslant a\leqslant \frac{M}{2}-1$$

a 的取值必须满足这个范围。因为 $M=\frac{S_{\max}}{\Delta S}$，当 $S_{\max}$ 足够大、ΔS 足够小的情况下，$\frac{M}{2}-1$ 的值仍然很大。虽然 a 越大则每个方程的项数就越多，对于解的描述也越充分，但是 a 的增加会给模型的数值解带来的计算量负担也越来越大，考虑到模型的实用性，a 的取值并非越大越好；另一方面，$a=A$ 的取值如果太大，整个系数方阵中系数参数小于 A 的方程数就会不断增加，那么在 M 不变的情况下整个方程组可能就会越来越偏离系数 $a=A$ 应该有的解释能力，因此要把 a 的取值定在一个合理的区间，一般 $2\leqslant a\leqslant 5$ 比较合理。

对于 Crank－Nicolson 差分一般形式模型的矩阵化和隐式差分一般形式一样也需要进行“行变处理”，并且也需要遵循上述 3 个原则。因为 Crank－Nicolson 差分一般形式模型的矩阵形式非常复杂，在这里就不详细列举，只给出简化表达式为

$$M_1 V_m^{n-1}=M_2 V_m^n+\Lambda$$

其中，M_1 和 M_2 是分别是 V_m^{n-1} 和 V_m^n 的 $M-1$ 维系数方阵。

7.4.2　有限差分一般形式的数值模拟和实证分析

图 7.8 所示是利用 Matlab 的 Gui 编辑器设计的一套有限差分一般形式模型的数值分析程序。该程序界面分为 3 个部分：左侧是模型计算的有关参数，S_0 是股票的初始价格，K 是期权的行权价格，r 是无风险收益率，T 是行权期限，sigma(σ) 是股票的波动率，rho(ρ) 是红利率，$S_{\max}$ 是股票的价格上限，ds(ΔS) 是股票价格变动的步长，dt(Δt) 是时间变动的步长，a 就是有限差分一般形式模型中的系数维度；中间部分是选择期权类型，包括看跌期权或看涨期权选择，美式期权或欧式期权选择，还有隐式差分一般形式、Crank－Nicolson 差分一般形式和传统二叉树模型的选择；右侧是定价模型收敛图，包括每个模型的独立收敛图和 3 个模型的对比图，其中的参数包括收敛图横坐标的起始步长数 $n_1=\frac{T}{\Delta t_1}$ 和终止步长数 $n_2=\frac{T}{\Delta t_2}$，$\Delta t_1>\Delta t_2$ 以及步长间隔，收敛图是模型在不同步长数的情况下对应的期权价格，反映的是模型的收敛特性。

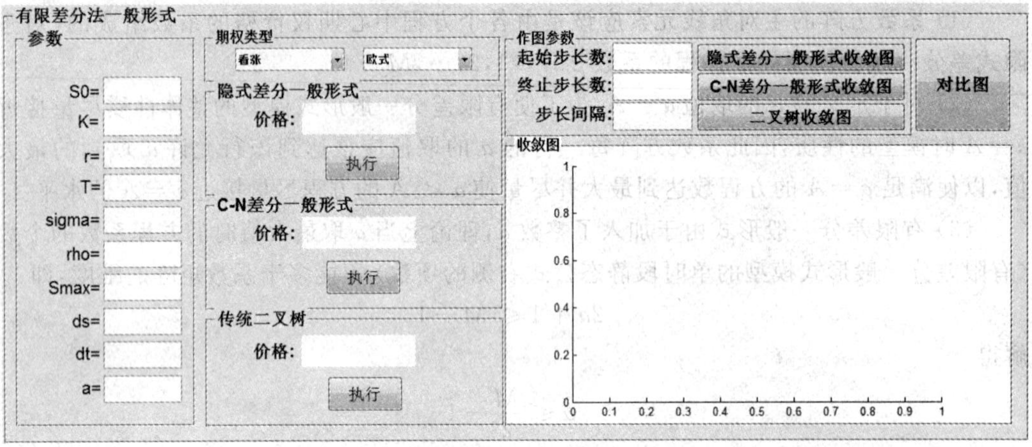

图 7.8　有限差分一般形式模型 GUI 操作界面

接下来就用所编制的程序分别对百事可乐(PEP)美式看涨期权、沃尔玛(WMT)美式看跌期权和苹果(AAPL)美式看涨期权的交易数据进行数值分析。可以直接获得的数据包括股票价格和期权的收盘价、到期日还有行权价格,这些数据均来自于雅虎财经。分别取百事可乐(PEP)在2016年6月2日以及沃尔玛(WMT)、苹果(AAPL)在2016年6月3日的收盘数据,所选期权均不支付红利,无风险收益率取当日的一年期美国国债利率3.05%,股票波动率选取 wind 计算出的股票年化波动率。

1. 百事可乐(PEP)看涨期权

百事可乐在2016年6月2日的股票收盘价即初始价格 $S_0=101.57$ 美元,看涨期权的到期日为2016年10月21日,期权的有效期 $T=141/365=0.386\,3$ 年,行权价格 $K=100$ 美元,波动率根据 Wind 计算的值为 $\sigma=0.111\,893$,期权收盘价格为4.23美元,此外对模型的系统参数进行赋值,令 $S_{\max}=300$,$ds=0.5$,$dt=141/365\,000$。

首先令 a 分别从1取到20,将两个差分一般形式模型和传统二叉树模型进行比较,模型的计算结果见表7.1。

表 7.1　百事可乐(PEP)看涨期权定价

a	隐式差分一般形式	C－N 差分一般形式	传统二叉树
1	4.360 54	4.361 4	4.362 75
2	4.359 66	4.360 52	4.362 75
3	4.358 38	4.359 24	4.362 75
4	4.356 7	4.357 56	4.362 75
5	4.354 62	4.355 49	4.362 75
6	4.349 13	4.349	4.362 75
7	4.345 23	4.347 11	4.362 75
8	4.342 92	4.346 79	4.362 75

续表 7.1

a	隐式差分一般形式	C－N 差分一般形式	传统二叉树
9	4.337 18	4.343 05	4.362 75
10	4.333	4.338 88	4.362 75
11	4.330 38	4.334 26	4.362 75
12	4.328 3	4.329 18	4.362 75
13	4.322 75	4.323 64	4.362 75
14	4.316 73	4.317 62	4.362 75
15	4.310 21	4.311 11	4.362 75
16	4.303 19	4.304 09	4.362 75
17	4.295 66	4.296 57	4.362 75
18	4.287 62	4.288 53	4.362 75
19	4.279 07	4.279 98	4.362 75
20	4.270 02	4.270 93	4.362 75

从表 7.1 可以看到，当 $a=1$ 时 3 个模型计算出的期权价格几乎相同，都是约等于 4.36 美元。但随着 a 的不断增加，隐式差分一般形式模型和 Crank－Nicolson 差分一般形式模型的计算结果都是不断趋近于期权的市场价格 4.23 美元。

下面令 $a=4$，让股票的初始价格 S_0 在 90 至 110 之间变动，根据图 7.9 至图 7.18 来研究3 个模型的收敛特性。

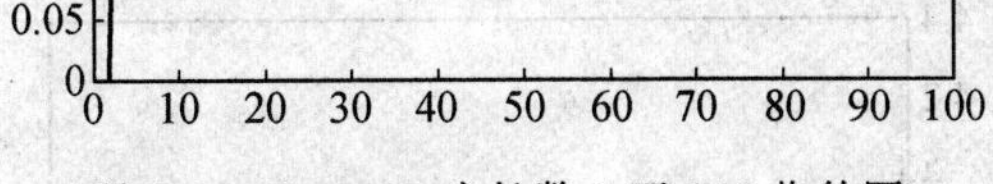

图 7.9　$S_0=90$ 步长数 1 至 100 收敛图

图7.9至图7.18分为5组，对应 S_0 的取值分别为90，95，100，105和110。其中每一组的后一个图都是把前一个图中步长数从 50 到 100 的部分放大得到的，这样可以更直观地分析模型的收敛情况。步长数为 m 的意思是把期限 T 离散化而分为 m 个时间间隔，即 $\Delta t=T/m$。右侧图的纵坐标的取值范围更小。从这10幅图可以看到，不论 S_0 如何取值，隐式差分一般形式和 Crank－Nicolson 差分一般形式模型的收敛速度都明显快于传统二叉树模型，并且在收敛后几乎不会出现甩尾波动。而传统二叉树模型的计算结果（图中频繁振荡的曲线）不仅在收敛的速度上落后于前两个模型，并且除了平值期权能平稳收敛

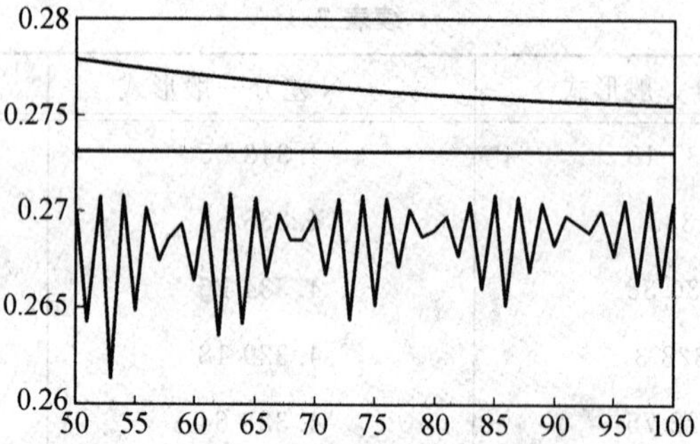

图 7.10　$S_0 = 90$ 步长数 50 至 100 收敛图

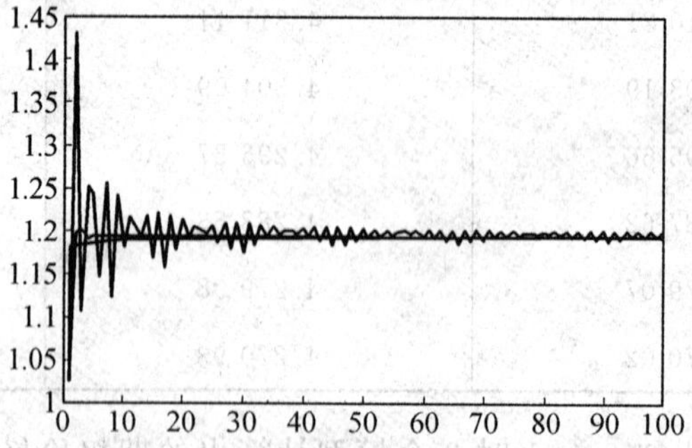

图 7.11　$S_0 = 95$ 步长数 1 至 100 收敛图

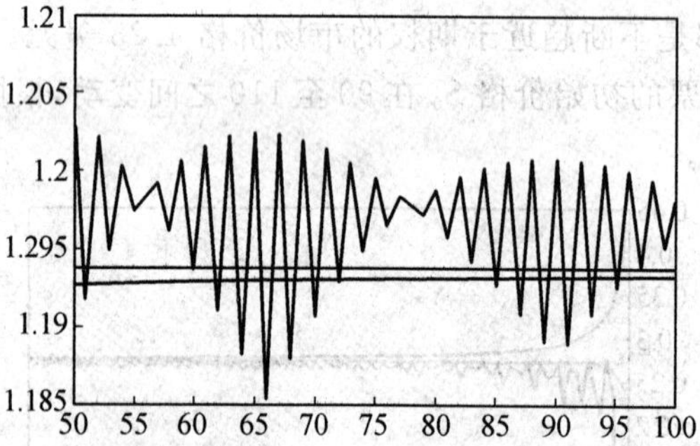

图 7.12　$S_0 = 95$ 步长数 50 至 100 收敛图

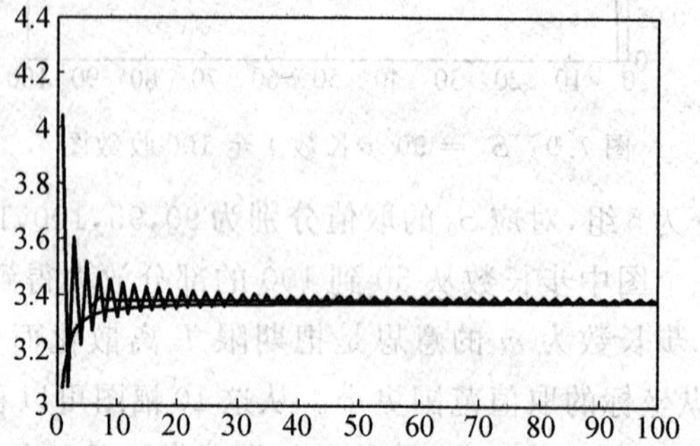

图 7.13　$S_0 = 100$ 步长数 1 至 100 收敛图

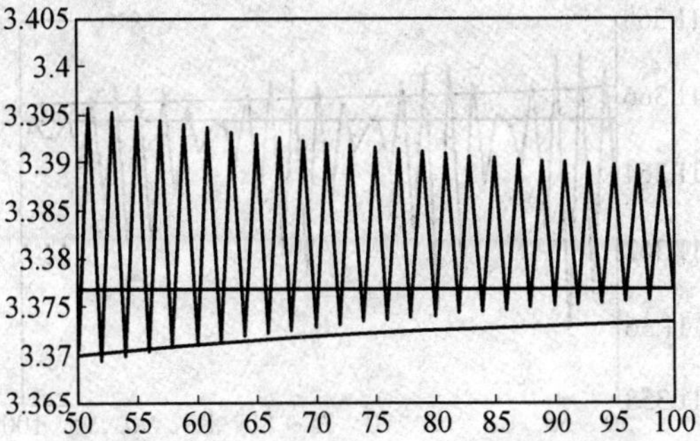

图 7.14　$S_0 = 100$ 步长数 50 至 100 收敛图

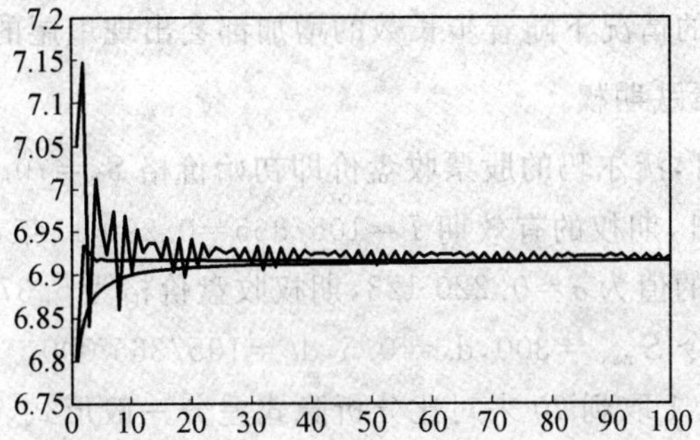

图 7.15　$S_0 = 105$ 步长数 1 至 100 收敛图

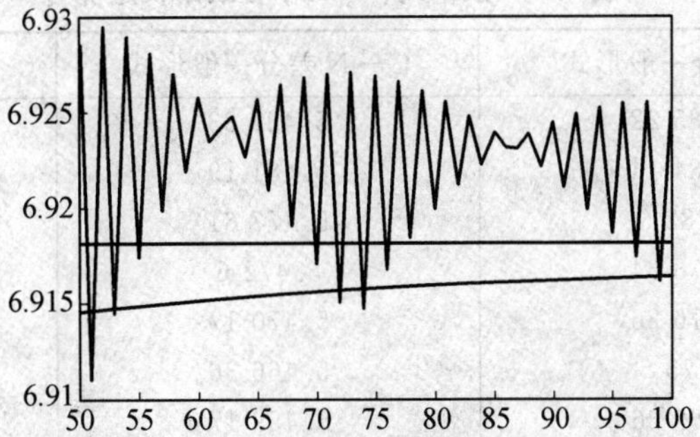

图 7.16　$S_0 = 105$ 步长数 50 至 100 收敛图

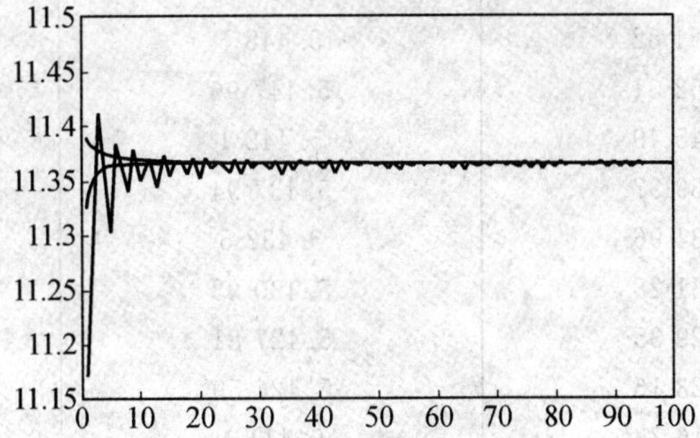

图 7.17　$S_0 = 110$ 步长数 1 至 100 收敛图

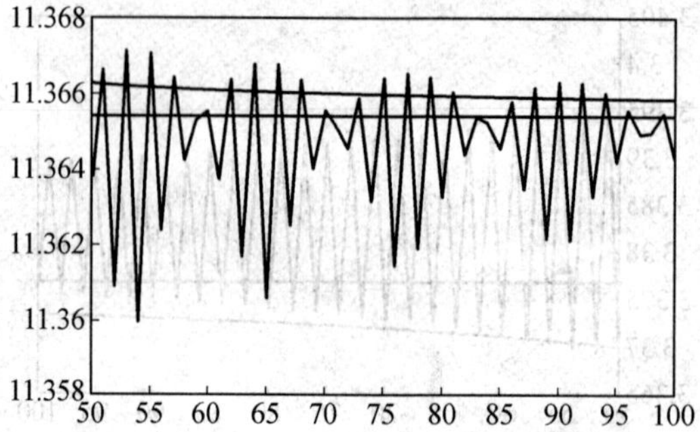

图 7.18 S_0 = 110 步长数 50 至 100 收敛图

外，在实值和虚值期权的情况下随着步长数的增加都会出现甩尾的现象。

2. 沃尔玛 *WMT* 看跌期权

在 2016 年 6 月 3 日，沃尔玛的股票收盘价即初始价格 $S_0=70.95$ 美元，看跌期权的到期日为 2016 年 9 月 16 日，期权的有效期 $T=105/365=0.290\,41$ 年，行权价格 $K=75$ 美元，波动率根据 wind 计算的值为 $\sigma=0.220\,123$，期权收盘价格为 5.37 美元，此外对模型的系统参数进行赋值，同样令 $S_{\max}=300$，$ds=0.5$，$dt=105/365\,000$。

这里也使 a 分别从 1 取到 20 来对比分析隐式差分一般形式、Crank－Nicolson(C－N) 差分一般形式和传统二叉树 3 种模型，沃尔玛(WMT) 看跌期权定价见表 7.2。

表 7.2 沃尔玛(WMT) 看跌期权定价

a	隐式差分一般形式	C－N 差分一般形式	传统二叉树
1	5.485 22	5.487 33	5.487 05
2	5.484 14	5.481 19	5.487 05
3	5.482 6	5.477 61	5.487 05
4	5.478 64	5.472 6	5.487 05
5	5.476 26	5.470 17	5.487 05
6	5.475 5	5.466 36	5.487 05
7	5.469 36	5.459 17	5.487 05
8	5.468 85	5.454 62	5.487 05
9	5.465	5.451 73	5.487 05
10	5.454 82	5.448 5	5.487 05
11	5.452 31	5.447 96	5.487 05
12	5.445 49	5.442 1	5.487 05
13	5.439 97	5.437 94	5.487 05
14	5.434 96	5.432 5	5.487 05
15	5.431 28	5.430 28	5.487 05
16	5.429 35	5.427 81	5.487 05
17	5.423 16	5.424 59	5.487 05
18	5.416 73	5.411 4	5.487 05
19	5.410 05	5.409 4	5.487 05
20	5.403 12	5.404 44	5.487 05

从表 7.2 可以看到，当 $a=1$ 时 3 个模型计算出的期权价格也大致相同，都是约等于 5.49 美元。同样随着 a 的不断增加，隐式差分一般形式模型和 Crank－Nicolson 差分一般形式模型的计算结果都是不断趋近于期权的市场价格 5.37 美元。

令 $a=4$，让股票的初始价格 S_0 在 65 至 85 之间变动，根据图 7.19 至图 7.28 来研究3 个模型的收敛特性。

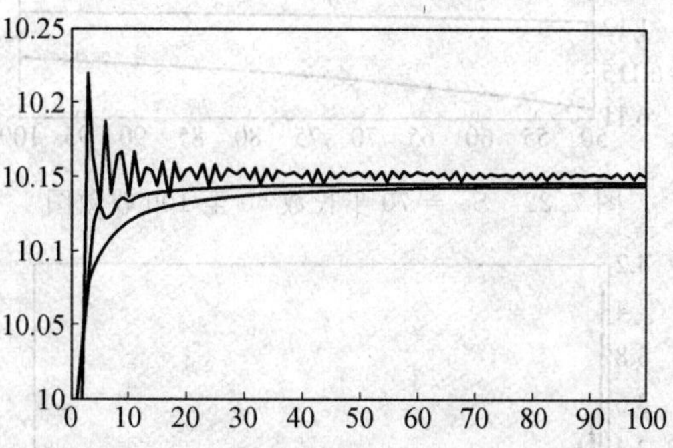

图 7.19　$S_0=65$ 步长数 1 至 100 收敛图

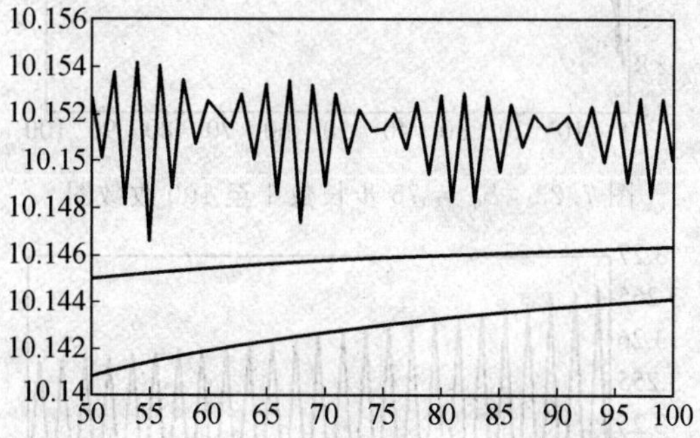

图 7.20　$S_0=65$ 步长数 50 至 100 收敛图

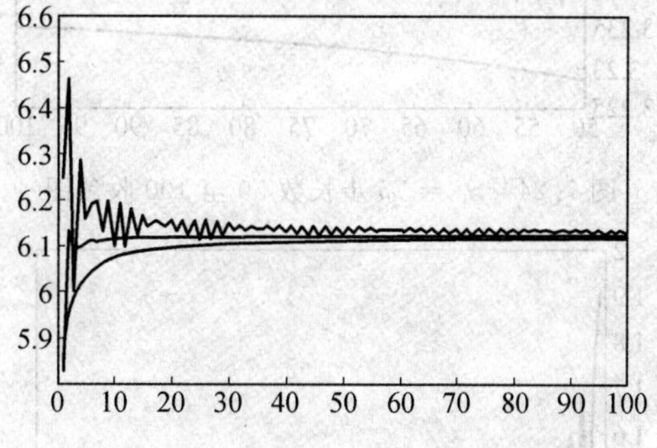

图 7.21　$S_0=70$ 步长数 1 至 100 收敛图

与前面百事可乐的看涨期权一样，将图 7.19 至图 7.28 分为 5 组，对应 S_0 的取值分别为 65，70，75，80 和 85。从这 10 幅图可以看到，与百事可乐的看涨期权的收敛图类似，不论 S_0 如何取值，隐式差分一般形式和 Crank－Nicolson 差分一般形式模型的收敛速度都明显快于传统二叉树模型，并且在收敛后几乎不会出现甩尾波动。而传统二叉树模型不仅在收敛的速度上落后于前两个模型，并且除了平值期权能平稳收敛外，在实值和虚值期

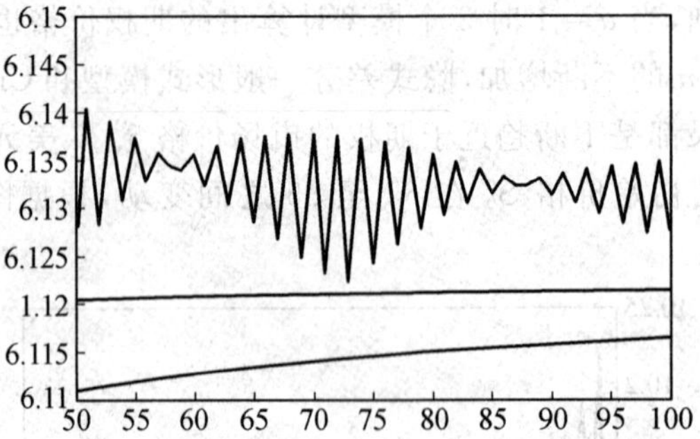

图 7.22　$S_0=70$ 步长数 50 至 100 收敛图

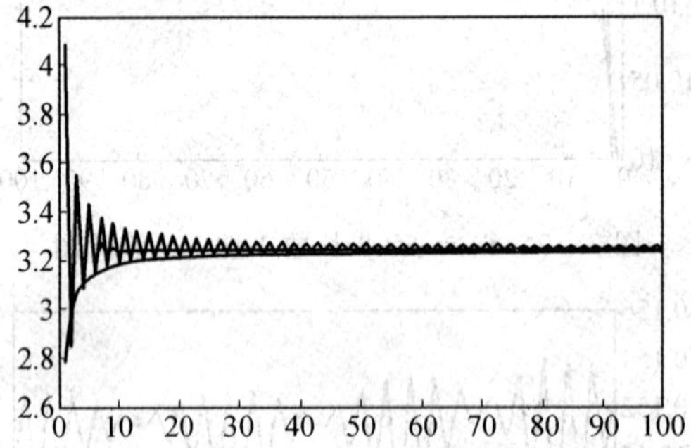

图 7.23　$S_0=75$ 步长数 1 至 100 收敛图

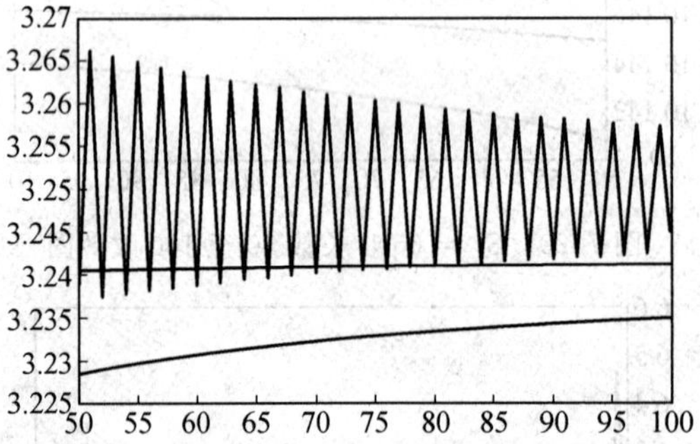

图 7.24　$S_0=75$ 步长数 50 至 100 收敛图

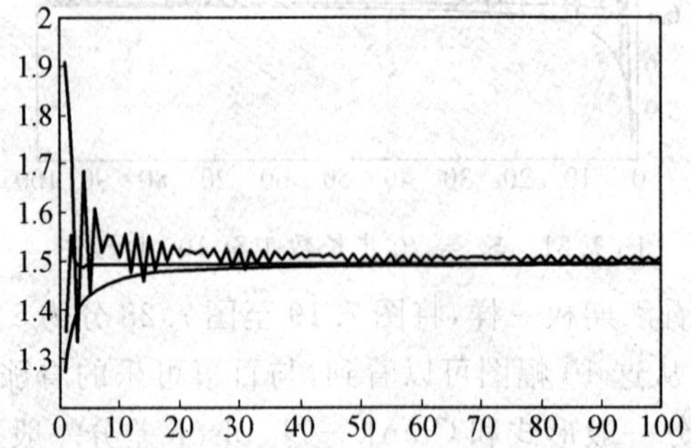

图 7.25　$S_0=80$ 步长数 1 至 100 收敛图

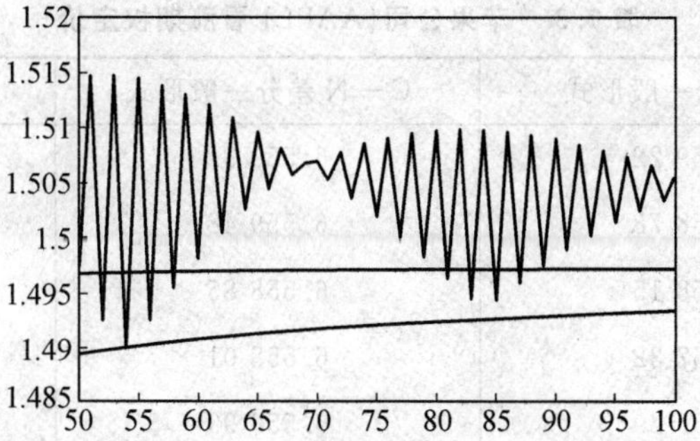

图 7.26　$S_0 = 80$ 步长数 50 至 100 收敛图

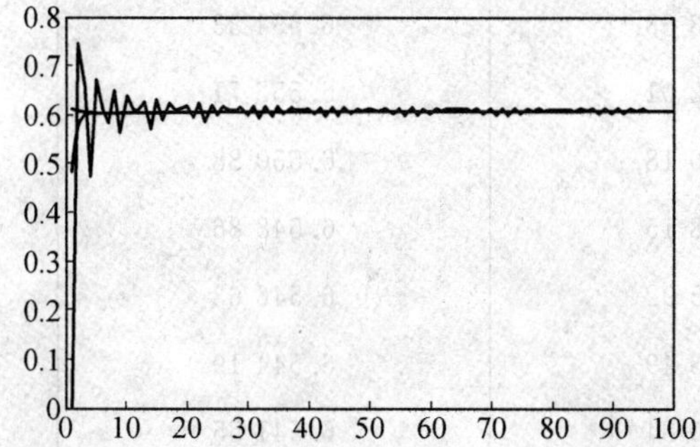

图 7.27　$S_0 = 65$ 步长数 1 至 100 收敛图

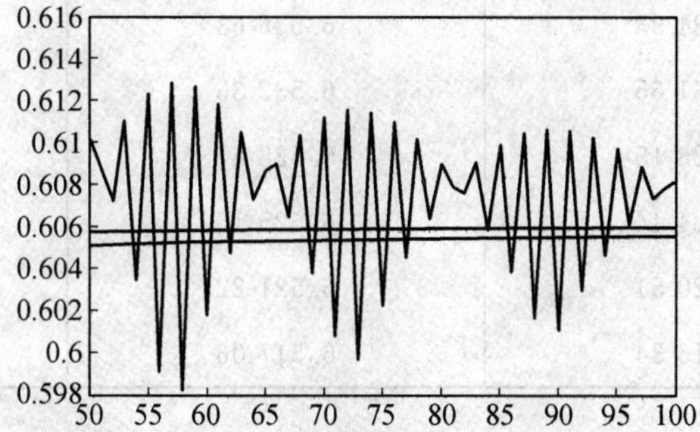

图 7.28　$S_0 = 65$ 步长数 50 至 100 收敛图

权的情况下随着步长数的增加都会出现甩尾的现象。

3. 苹果(AAPL) 看涨期权

苹果公司在 2016 年 6 月 3 日股票收盘价 $S_0 = 97.92$ 美元，看涨期权的到期日为 2016 年 10 月 21 日，期权的有效期 $T = 140/365 = 0.383\,6$ 年，行权价格 $K = 97$ 美元，波动率根据 wind 计算的值为 $\sigma = 0.228\,909$，期权收盘价格为 6.46 美元，此外对模型的系统参数进行赋值，同样令 $S_{\max} = 300$，$\mathrm{d}s = 0.5$，$\mathrm{d}t = 140/365\,000$。

这里也使 a 分别从 1 取到 20 来对比分析隐式差分一般形式、Crank－Nicolson 差分一般形式和传统二叉树 3 种模型，苹果公司(AAPL) 看涨期权定价见表 7.3。

表 7.3 苹果公司(AAPL)看涨期权定价

a	隐式差分一般形式	C－N差分一般形式	传统二叉树
1	6.559 22	6.559 92	6.559 52
2	6.558 78	6.559 48	6.559 52
3	6.558 15	6.558 85	6.559 52
4	6.557 32	6.558 01	6.559 52
5	6.556 29	6.556 99	6.559 52
6	6.555 06	6.555 76	6.559 52
7	6.553 63	6.554 33	6.559 52
8	6.552 01	6.552 71	6.559 52
9	6.550 18	6.550 88	6.559 52
10	6.548 15	6.548 86	6.559 52
11	6.545 92	6.546 63	6.559 52
12	6.543 49	6.544 19	6.559 52
13	6.540 84	6.541 55	6.559 52
14	6.537 99	6.538 7	6.559 52
15	6.534 93	6.535 63	6.559 52
16	6.531 65	6.532 36	6.559 52
17	6.528 15	6.528 87	6.559 52
18	6.524 44	6.525 15	6.559 52
19	6.520 51	6.521 22	6.559 52
20	6.516 34	6.517 06	6.559 52

从表7.3可以看到，当$a=1$时3个模型计算出的期权价格同样是约等于6.56美元。当a从1到20的不断增加时，隐式差分一般形式模型和Crank－Nicolson差分一般形式模型的计算结果都是不断趋近于期权的市场价格6.46美元。

同样使$a=4$，让股票的初始价格S_0在87至107之间变动，根据图7.29至图7.38来研究3个模型的收敛特性。

从图7.29至图7.38可以看到，苹果公司的看涨期权价格收敛图3种模型的收敛趋势与前两个期权价格收敛趋势基本相同，同样隐式差分一般形式和Crank－Nicolson差分一般形式模型的收敛速度都明显快于传统二叉树模型，并且在收敛后几乎不会出现甩尾波动。而传统二叉树模型不仅在收敛的速度上落后于前两个模型，并且除了平值期权能平稳收敛外，在实值和虚值期权的情况下随着步长数的增加都会出现甩尾的现象。

综合上面的实证和数值分析的结果，当$a=1$时隐式差分一般形式模型、Crank－Nicolson差分一般形式模型和二叉树模型的结果基本相同，但是随着a的增加，两个有限

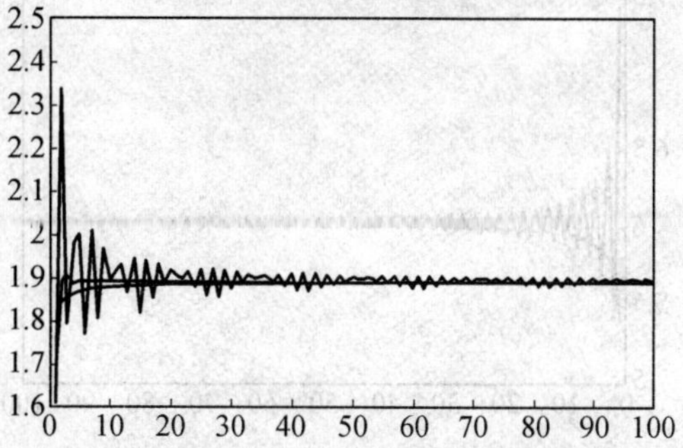

图 7.29　$S_0 = 87$ 步长数 1 至 100 收敛图

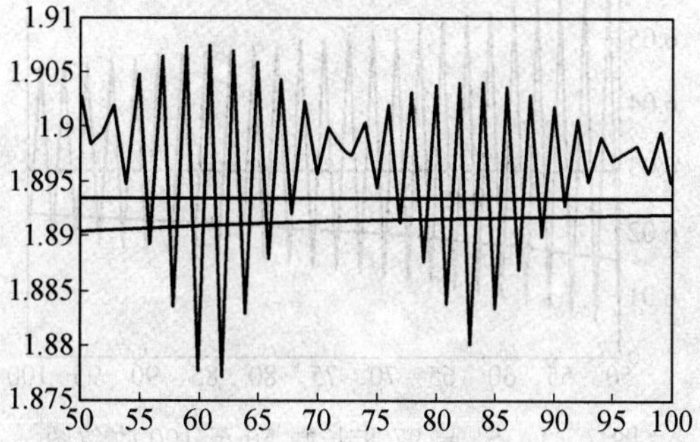

图 7.30　$S_0 = 87$ 步长数 50 至 100 收敛图

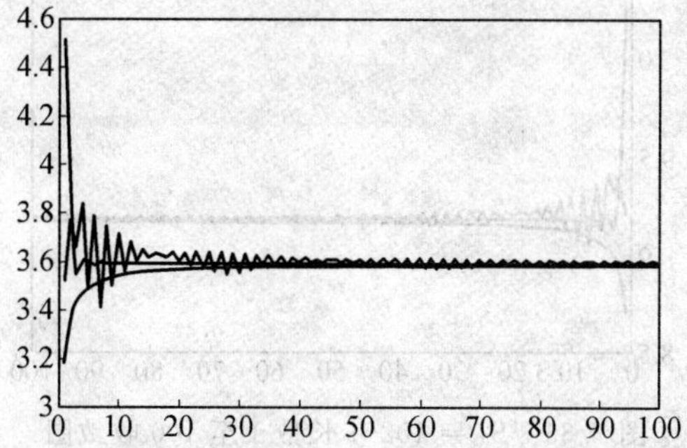

图 7.31　$S_0 = 92$ 步长数 1 至 100 收敛图

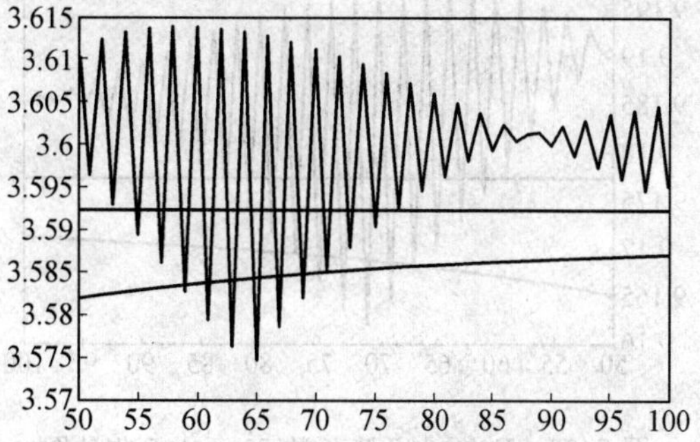

图 7.32　$S_0 = 92$ 步长数 50 至 100 收敛图

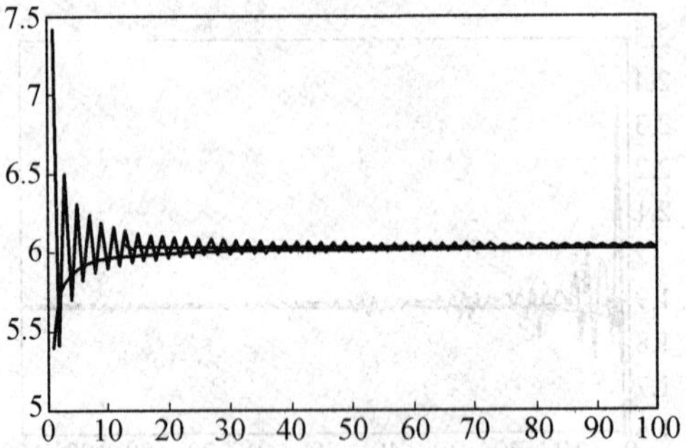

图 7.33　$S_0 = 97$ 步长数 1 至 100 收敛图

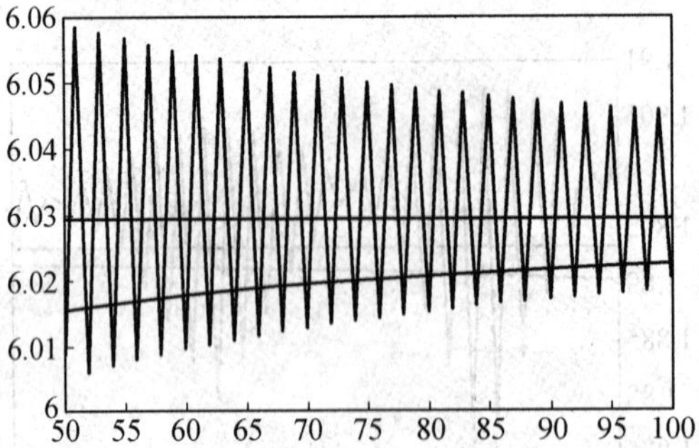

图 7.34　$S_0 = 97$ 步长数 50 至 100 收敛图

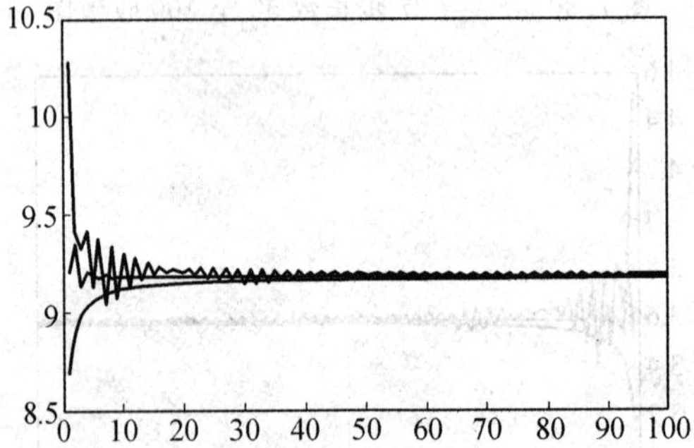

图 7.35　$S_0 = 102$ 步长数 1 至 100 收敛图

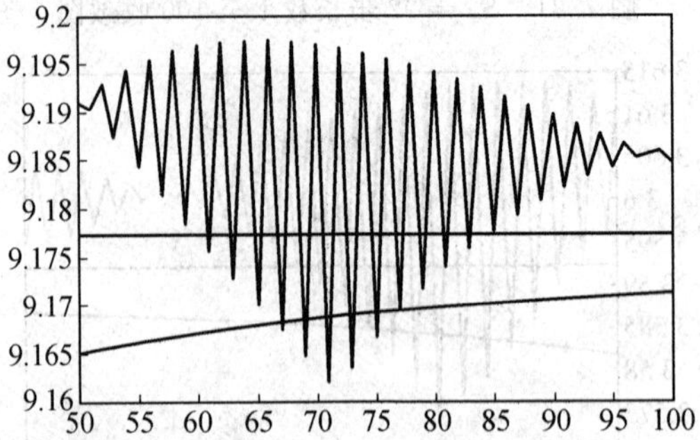

图 7.36　$S_0 = 102$ 步长数 50 至 100 收敛图

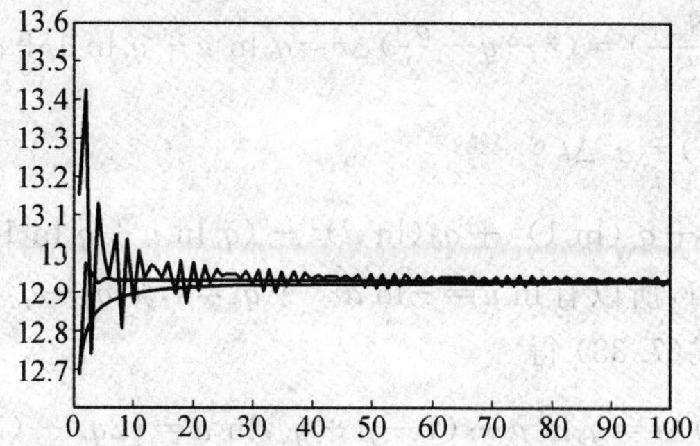

图 7.37　$S_0 = 107$ 步长数 1 至 100 收敛图

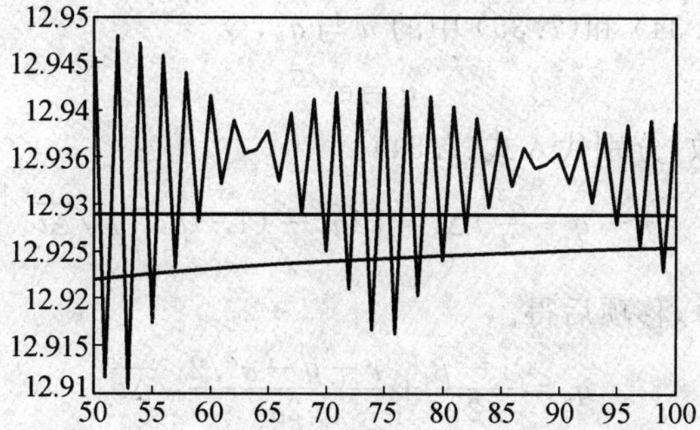

图 7.38　$S_0 = 107$ 步长数 50 至 100 收敛图

差分一般形式模型的计算结果都逐渐趋近于期权市场价格。同时当改变标的股票的初始价格来考察 3 个模型的收敛性时，这 3 组实验结果惊人的相似：两个有限差分一般形式模型只需要很短的迭代步骤就能收敛到一个很精确的值，收敛性明显要优于二叉树模型；并且两个有限差分一般形式模型的收敛过程是单调变化的。而对于二叉树模型，当标的股票的初始价格不等于行权价格时模型在收敛过程中普遍存在甩尾波动的现象，这样无疑会给定价的稳定性造成一定的影响。

7.5　多叉树期权定价模型研究

7.5.1　三叉树期权定价模型推导

三叉树期权定价模型是对二叉树模型的拓展，除了原有的股票价格的两种变化状态之外，加入了资产价格不变的可能，则在 $t = t_{n+1}$ 时刻，S_{n+1} 价格存在 3 种情况：

$$S_{n+1} = \begin{cases} S_n u，\text{上扬} \\ S_n，\text{不变} \\ S_n d，\text{下跌} \end{cases}$$

其中，$0 < d < 1 < u, ud = 1$。

仿照二叉树模型的处理方法，资产价格上扬、不变和下跌的对应的概率分别记为 q_u，q_e 和 q_d，根据式(7.25) 中的几何布朗运动模型相应的公式有

$$E(\ln \frac{S_{n+1}}{S_n}) = (r - q - \frac{\sigma^2}{2})\Delta t = q_u \ln u + q_e \ln 1 + q_d \ln d \tag{7.32}$$

$$\begin{aligned} Var(\ln \frac{S_{n+1}}{S_n}) &= \sigma^2 \Delta t \\ &= q_u (\ln u)^2 + q_e (\ln 1)^2 + q_d (\ln d)^2 - (q_u \ln u + q_e \ln 1 + q_d \ln d)^2 \end{aligned} \tag{7.33}$$

已知 $\ln 1=0, ud=1$，所以有 $\ln u=-\ln d$。令 $q_e=\beta$，则 $q_u+q_d=1-\beta$、$q_d=1-\beta-q_u$，分别代入式(7.32) 和式(7.33) 得

$$(r - q - \frac{\sigma^2}{2})\Delta t = q_u \ln u - (1-\beta-q_u)\ln u = [2q_u - (1-\beta)]\ln u \tag{7.34}$$

$$\sigma^2 \Delta t = [1-\beta-(2q_u-(1-\beta))^2](\ln u)^2 \tag{7.35}$$

同样，为了解出(7.34) 和(7.35) 中的 u 与 q_u，令

$$u = e^{\alpha\sqrt{\Delta t}}$$

其中 α 为待定参数，分别代入式(7.34)：

$$(r - q - \frac{\sigma^2}{2})\Delta t = [2q_u - (1-\beta)]\alpha\sqrt{\Delta t}$$

等式两边同时除以$\sqrt{\Delta t}$，移项后得

$$q_u = \frac{1-\beta}{2} + \frac{r-q-\sigma^2/2}{2\alpha}\sqrt{\Delta t} \tag{7.36}$$

又因为 $q_u + q_d = 1-\beta$，可以求得 q_d：

$$q_d = \frac{1-\beta}{2} - \frac{r-q-\sigma^2/2}{2\alpha}\sqrt{\Delta t} \tag{7.37}$$

把 $u=e^{\alpha\sqrt{\Delta t}}$ 和(7.36) 代入式(7.35)，解出待定参数 α：

$$\alpha = \sqrt{\frac{1}{1-\beta}\sigma^2 + \frac{(r-q-\sigma^2/2)^2}{1-\beta}\Delta t} \tag{7.38}$$

参照 7.2 中的二叉树模型的推导过程和表示方法，得到三叉树模型的相邻时段期权价格关系式为

$$V_t = \frac{1}{\rho}(q_u V_{t+1}^u + q_e V_{t+1}^e + q_d V_{t+1}^d) \tag{7.39}$$

对应的参数为

$$\begin{cases} q_e = \beta \\ q_u = \frac{1-\beta}{2} + \frac{r-q-\sigma^2/2}{2\alpha}\sqrt{\Delta t} \\ q_d = \frac{1-\beta}{2} - \frac{r-q-\sigma^2/2}{2\alpha}\sqrt{\Delta t} \\ \alpha = \sqrt{\frac{1}{1-\beta}\sigma^2 + \frac{(r-q-\sigma^2/2)^2}{1-\beta}\Delta t} \\ \rho = 1 + r_f \Delta t \end{cases}$$

在这里还要对模型中的待定参数 β 的取值进行讨论，为满足概率测度原理，q_e，q_u 和 q_d 的范围均为(0,1)，并且 $q_e+q_u+q_d=1$，因此 β 首先应该大于 0 且小于 1。又因为 $q_u+q_d=1-\beta>0$，而一般情况有 $r-q-\sigma^2/2=0$，因此只需满足 $q_d>0$ 就能保证 q_u 和 q_d 同时

大于零，即

$$\frac{1-\beta}{2}-\frac{r-q-\sigma^2/2}{2\alpha}\sqrt{\Delta t}>0$$

将 α 代入上式后整理得到

$$0\leqslant\beta<\frac{\sigma^3}{\sigma^2+(r-q-\sigma^2/2)^2\Delta t}\tag{7.40}$$

在具体计算中取 $0<\beta<0.5$ 较合理，这样可以保证 q_e，q_u 和 q_d 的范围均属于区间(0.2,0.5)，3 个概率值比较均衡。

7.5.2　三叉树期权定价模型实证分析

上一节已经推导出了三叉树理论定价模型的单时段定价公式(7.39)，在本节中使用三叉树模型进行期权价格的求解。通过多期反向迭代计算出要求解的期权价格。在对美式期权定价的实证分析之前，先进行两组数值模拟计算，利用三叉树模型和二叉树模型对欧式期权价格进行数值计算并与 Black－Scholes 欧式期权定价的解析公式进行对比。

取行权价格 $K=90$，无风险收益率 $r_f=3\%$，行权期 $T=1$，资产波动率 $\sigma=0.2$，时间步长 $\Delta t=0.01$，红利率 $q=0$，$r=r_f$，$\beta=0.45$，让资产初始价格 S_0 从 80 取到 100，用 3 种模型分别计算出的欧式看涨期权的价格见表 7.4。

表 7.4　欧式看涨期权定价比较分析表

S_0	三叉树	二叉树	B－S 公式	三叉树偏离度	二叉树偏离度
80	3.628 1	3.612 38	3.624	0.001 13	0.003 21
81	4.005 3	4.014 01	4.003 14	0.000 54	0.002 72
82	4.409 18	4.415 64	4.405 97	0.00 073	0.002 19
83	4.837 63	4.817 27	4.832 56	0.001 05	0.003 16
84	5.284 5	5.291 3	5.282 89	0.000 30	0.001 59
85	5.763 66	5.771 71	5.756 86	0.001 18	0.002 58
86	6.254 13	6.252 1	6.254 27	0.000 02	0.000 35
87	6.782 59	6.774 55	6.774 86	0.001 14	0.000 05
88	7.316 78	7.334 44	7.318 3	0.000 21	0.002 21
89	7.892 35	7.894 34	7.884 19	0.001 03	0.001 29
90	8.469 83	8.454 24	8.472 06	0.000 26	0.002 10
91	9.089 7	9.091 27	9.081 42	0.000 91	0.001 08
92	9.709 6	9.728 31	9.711 69	0.000 22	0.001 71
93	10.37 05	10.365 3	10.362 3	0.000 79	0.000 29
94	11.03 13	11.025 9	11.032 6	0.000 12	0.000 61
95	11.729 6	11.734 9	11.721 9	0.000 66	0.001 11
96	12.429 7	12.443 9	12.429 5	0.000 02	0.001 16
97	13.161 8	13.152 8	13.154 8	0.000 53	0.000 15
98	13.898 8	13.894 3	13.897	0.000 13	0.000 19
99	14.661 1	14.667 8	14.655 4	0.000 39	0.000 85
100	15.432 6	15.441 2	15.429 2	0.000 22	0.000 78

在表 7.4 中，后两列是每个模型与 Black－Scholes 公式解析解的偏离程度，可以看到在 20 组计算结果中，三叉树模型的偏离度只有三组是大于二叉树模型的，其他结果的精确度都要高于二叉树模型，并且三叉树模型总的偏离度 0.011 58 也小于二叉树模型的总偏离度 0.029 37。

取行权价格 $K=30$，无风险收益率 $r_f=3\%$，行权期 $T=2$，资产波动率 $\sigma=0.3$，时间步长 $\Delta t=0.02$，红利率 $q=0$，$r=r_f$，$\beta=0.45$，让资产初始价格 S_0 从 20 取到 40，计算出的欧式看跌期权的价格见表 7.5。

表 7.5　欧式看跌期权定价比较分析表

S_0	三叉树	二叉树	B－S 公式	三叉树偏离度	二叉树偏离度
20	9.417 21	10.205 1	9.419 39	0.000 23	0.083 41
21	8.711 19	9.392 1	8.712 66	0.000 17	0.077 98
22	8.045 73	8.635 69	8.045 65	0.000 01	0.073 34
23	7.420 47	7.927 52	7.418 4	0.000 28	0.068 63
24	6.834 21	7.277 6	6.830 52	0.000 54	0.065 45
25	6.284 99	6.667 01	6.281 21	0.000 60	0.061 42
26	5.770 33	6.109 61	5.769 38	0.000 16	0.058 97
27	5.293 78	5.591 42	5.293 7	0.000 02	0.056 24
28	4.857 59	5.109 46	4.852 65	0.001 02	0.052 92
29	4.449 2	4.677 64	4.444 56	0.001 04	0.052 44
30	4.065 18	4.256 31	4.067 7	0.000 62	0.046 37
31	3.725 38	3.900 72	3.720 29	0.001 37	0.048 50
32	3.404 83	3.557 71	3.400 52	0.001 27	0.046 23
33	3.107 14	3.237 23	3.106 61	0.000 17	0.042 05
34	2.842 46	2.963 46	2.836 81	0.001 99	0.044 65
35	2.589 06	2.695 92	2.589 43	0.000 14	0.041 12
36	2.367 56	2.452 46	2.362 84	0.002 00	0.037 93
37	2.157 3	2.244 61	2.155 47	0.000 85	0.041 36
38	1.969 29	2.040 89	1.965 85	0.001 75	0.038 17
39	1.794 84	1.850 65	1.792 58	0.001 26	0.032 39
40	1.636 69	1.696 4	1.634 35	0.001 43	0.037 97

在表 7.5 中的 20 组计算结果中，三叉树模型的偏离度都小于二叉树模型的偏离度，并且三叉树模型总的偏离度 0.016 92 也远远小于二叉树模型的总偏离度 1.107 53。从上面的数值模拟实验中可以看到，在欧式期权定价中三叉树模型的精确度普遍要高于二叉树模型的精确度。

下面用三叉树定价模型进行实证分析。实证分析的数据来源与前面有限差分一般形式的数据来源相同，直接获得的数据包括股票价格和相应期权的收盘价、到期日和行权价格，这些数据均来自于雅虎财经。分别选取百事可乐(PEP)、沃尔玛(WMT)、苹果(AAPL)和美国银行(BAC)4家波动率较为稳定的上市公司的6组期权数据，所选期权均不支付红利，无风险收益率取当日的一年期美国国债利率3.05%，股票波动率选取wind计算出的股票年化波动率，三叉树定价模型中的$\beta=0.45$，结果见表7.6。

表 7.6　美式期权定价比较分析表

	PEP	WMT	PEP	WMT	AAPL	BAC
期权类型	看涨	看跌	看涨	看跌	看涨	看跌
股票初始价格 S_0	101.57	70.95	102.53	70.95	97.92	14.42
日期	2016/6/2	2016/6/3	2016/6/3	2016/6/3	2016/6/3	2016/6/3
协议价格 /K	100	75	90	75	95	13
期限 /T	141/365	105/365	595/365	595/365	378/365	595/365
波动率(σ)	0.111 893	0.220 123	0.109 665	0.220 123	0.228 909	0.315 666
时间步长(Δt)	141/36 500	105/36 500	595/36 500	595/36 500	378/36 500	595/36 500
市场交易价格	4.23	5.37	16.31	9.8	11.15	1.49
三叉树	4.364 92	5.491 1	17.509 2	8.741 06	12.044 4	1.3429 5
二叉树	4.361 09	5.495 28	17.513 3	8.729 77	12.068 5	1.3104 5

从表7.6中可以看到，前两列有效期T较短的两只期权各自的三叉树和二叉树模型计算出的期权价格几乎没有差别；而后四列有效期较长的四只期权，不论是买权还是卖权，两个模型计算出的结果与短期期权相比差异就较为明显，并且三叉树模型计算出的价格都更为趋近市场价格。

7.5.3　四叉树和五叉树理论模型

虽然三叉树模型和二叉树模型相比能更全面地反映资产价格变动规律与期权价格的关系，但是根据对于期权价格变动关系的分析，期权的不同价格之间应该有更广泛的联系，因此下面尝试给出更高维的四叉树和五叉树期权定价模型。

四叉树模型是在二叉树模型的基础上增加了一对资产价格上升和下降的可能情况，即在已知t的S_n条件下，在$t=t_{n+1}$时刻资产价格S_{n+1}存在4种情况：

$$S_{n+1}=\begin{cases} S_n u^2 \\ S_n u \\ S_n d \\ S_n d^2 \end{cases} \tag{7.41}$$

其中，$0<d<1<u$，$ud=1$。

设资产的4种变化可能的概率测度分别分 q_{u^2}，q_u，q_d 和 q_{d^2}，根据式(7.25)中的几何布朗运动模型相应的公式有

$$E\left(\ln\frac{S_{n+1}}{S_n}\right)=(r-q-\frac{\sigma^2}{2})\Delta t=q_{u^2}\ln u^2+q_u\ln u+q_d\ln d+q_{d^2}\ln d^2 \tag{7.42}$$

$$Var\left(\ln\frac{S_{n+1}}{S_n}\right)=\sigma^2\Delta t=q_{u^2}(\ln u^2)^2+q_u(\ln u)^2+q_d(\ln d)^2+q_{d^2}(\ln d^2)^2-(q_{u^2}\ln u^2+q_u\ln u+q_d\ln d+q_{d^2}\ln d^2)^2 \tag{7.43}$$

对式(7.42)和式(7.43)进行整理后得

$$(r-q-\frac{\sigma^2}{2})\Delta t=(2q_{u^2}+q_u-q_d-2q_{d^2})\ln u \tag{7.44}$$

$$\sigma^2\Delta t=[(4q_{u^2}+q_u+q_d+4q_{d^2})-(2q_{u^2}+q_u-q_d-2q_{d^2})^2](\ln u)^2 \tag{7.45}$$

令 $u=e^{\alpha\sqrt{\Delta t}}$，代入式(7.44)和式(7.45)得到

$$(r-q-\frac{\sigma^2}{2})\sqrt{\Delta t}=(2q_{u^2}+q_u-q_d-2q_{d^2})\alpha \tag{7.46}$$

$$\sigma^2=[(4q_{u^2}+q_u+q_d+4q_{d^2})-(2q_{u^2}+q_u-q_d-2q_{d^2})^2]\alpha^2 \tag{7.47}$$

设 $q_u=\varepsilon$，$q_d=\chi$，因此有 $q_{u^2}+q_{d^2}=1-\varepsilon-\chi$，$q_{d^2}=1-\varepsilon-\chi-q_{u^2}$，同时代入式(7.46)求出 q_{u^2} 的表达式：

$$q_{u^2}=\frac{2-3\varepsilon-\chi}{4}+\frac{\sqrt{\Delta t}}{4\alpha}(r-q-\frac{\sigma^2}{2}) \tag{7.48}$$

根据 $q_{d^2}=1-\varepsilon-\chi-q_{u^2}$ 可以得到 q_{d^2} 的表达式：

$$q_{d^2}=\frac{2-3\chi-\varepsilon}{4}-\frac{\sqrt{\Delta t}}{4\alpha}(r-q-\frac{\sigma^2}{2}) \tag{7.49}$$

将 $q_u=\varepsilon$，$q_d=\chi$ 和式(7.48)、式(7.49)代入(7.47)，解出 α：

$$\alpha=\sqrt{\frac{\sigma^2}{4-3\varepsilon-3\chi}+\frac{\Delta t}{3-3\varepsilon-3\chi}(r-q-\frac{\sigma^2}{2})^2} \tag{7.50}$$

得到下面的参数公式：

$$\begin{cases}q_u=\varepsilon\\ q_d=\chi\\ q_{u^2}=\dfrac{2-3\varepsilon-\chi}{4}+\dfrac{\sqrt{\Delta t}}{4\alpha}(r-q-\dfrac{\sigma^2}{2})\\ q_{d^2}=\dfrac{2-3\chi-\varepsilon}{4}-\dfrac{\sqrt{\Delta t}}{4\alpha}(r-q-\dfrac{\sigma^2}{2})\\ \alpha=\sqrt{\dfrac{\sigma^2}{4-3\varepsilon-3\chi}+\dfrac{\Delta t}{4-3\varepsilon-3\chi}(r-q-\dfrac{\sigma^2}{2})^2}\end{cases}$$

应要求 $q_{d^2}=\frac{2-3\chi-\varepsilon}{4}-\frac{\sqrt{\Delta t}}{4\alpha}(r-q-\frac{\sigma^2}{2})>0$。在实际应用中，可以取 $\varepsilon+\chi=0.5$。由于 $\sqrt{\Delta t}$ 充分小，所以可以保证 $q_{d^2}=\frac{2-3\chi-\varepsilon}{4}-\frac{\sqrt{\Delta t}}{4\alpha}(r-q-\frac{\sigma^2}{2})>0$。参照三叉树模型，

要求 $q_u - q_d = q_{u^2} - q_{d^2} = \frac{\sqrt{\Delta t}}{4\alpha}(r - q - \frac{\sigma^2}{2})$，记 $q_u + q_d = \beta$，可得到只包含一个可选择因子 β 的参数公式。综合上面推导出的公式可以得到下面的四叉树期权定价模型：

$$V_t = \frac{1}{\rho}(q_{u^2} V_{t+1}^{u^2} + q_u V_{t+1}^{u} + q_d V_{t+1}^{d} + q_{d^2} V_{t+1}^{d^2}) \tag{7.51}$$

其中

$$\begin{cases} q_u = \frac{\beta}{2} + \frac{\sqrt{\Delta t}}{4\alpha}(r - q - \frac{\sigma^2}{2}) \\ q_d = \frac{\beta}{2} - \frac{\sqrt{\Delta t}}{4\alpha}(r - q - \frac{\sigma^2}{2}) \\ q_{u^2} = \frac{2 - \beta - 2q_u}{4} + \frac{\sqrt{\Delta t}}{4\alpha}(r - q - \frac{\sigma^2}{2}) \\ q_{d^2} = \frac{2 - \beta - q_d}{4} - \frac{\sqrt{\Delta t}}{4\alpha}(r - q - \frac{\sigma^2}{2}) \\ \alpha = \sqrt{\frac{\sigma^2}{4 - 3\beta} + \frac{\Delta t}{4 - 3\beta}(r - q - \frac{\sigma^2}{2})^2} \\ \rho = 1 + r_f \Delta t \end{cases}$$

五叉树模型是在四叉树模型的基础上增加了资产价格不变的可能情况，在 $t = t_{n+1}$ 时刻，资产价格 S_{n+1} 存在 5 种情况：

$$S_{n+1} = \begin{cases} S_n u^2 \\ S_n u \\ S_n \\ S_n d \\ S_n d^2 \end{cases}$$

其中，$0 < d < 1 < u, ud = 1$。

设资产价格的 5 种变化可能的概率分别分 q_{u^2}, q_u, q_e, q_d 和 q_{d^2}，根据式(7.25) 中的几何布朗运动模型相应的公式有

$$E(\ln \frac{S_{n+1}}{S_n}) = (r - q - \frac{\sigma^2}{2})\Delta t = q_{u^2} \ln u^2 + q_u \ln u + q_e \ln 1 + q_d \ln d + q_{d^2} \ln d^2 \tag{7.52}$$

$$Var(\ln \frac{S_{n+1}}{S_n}) = \sigma^2 \Delta t = q_{u^2}(\ln u^2)^2 + q_u(\ln u)^2 + q_e(\ln 1)^2 + q_d(\ln d)^2 + q_{d^2}(\ln d^2)^2 - (q_{u^2} \ln u^2 + q_u \ln u + q_e \ln 1 + q_d \ln d + q_{d^2} \ln d^2)^2 \tag{7.53}$$

令 $u = e^{\alpha\sqrt{\Delta t}}$，代入式(7.52) 和式(7.53) 有

$$(r - q - \frac{\sigma^2}{2})\sqrt{\Delta t} = (2q_{u^2} + q_u - q_d - 2q_{d^2})\alpha \tag{7.54}$$

$$\sigma^2 = [(4q_{u^2} + q_u + q_d + 4q_{d^2}) - (2q_{u^2} + q_u - q_d - 2q_{d^2})^2]\alpha^2 \tag{7.55}$$

设 $q_e = \beta, q_u = \varepsilon, q_d = \chi$，则有

$$q_{d^2} = 1 - \beta - \varepsilon - \chi - q_{u^2} \tag{7.56}$$

将上面的系数代入式(7.54)，可分别求出 q_{u^2} 和 q_{d^2} 为

$$q_{u^2}=\frac{2-2\beta-3\varepsilon-\chi}{4}+\frac{\sqrt{\Delta t}}{4\alpha}(r-q-\frac{\sigma^2}{2}) \tag{7.57}$$

$$q_{d^2}=\frac{2-2\beta-3\chi-\varepsilon}{4}-\frac{\sqrt{\Delta t}}{4\alpha}(r-q-\frac{\sigma^2}{2}) \tag{7.58}$$

将模型系数代入(7.55)解出 α：

$$\alpha=\sqrt{\frac{\sigma^2}{4-4\beta-3\varepsilon-3\chi}+\frac{\Delta t}{4-4\beta-3\varepsilon-3\chi}(r-q-\frac{\sigma^2}{2})} \tag{7.59}$$

得到下面的参数公式为

$$\begin{cases} q_e=\beta \\ q_u=\varepsilon \\ q_d=\chi \\ q_{u^2}=\dfrac{2-2\beta-3\varepsilon-\chi}{4}+\dfrac{\sqrt{\Delta t}}{4\alpha}(r-q-\dfrac{\sigma^2}{2}) \\ q_{d^2}=\dfrac{2-2\beta-3\chi-\varepsilon}{4}-\dfrac{\sqrt{\Delta t}}{4\alpha}(r-q-\dfrac{\sigma^2}{2}) \\ \alpha=\sqrt{\dfrac{\sigma^2}{4-4\beta-3\varepsilon-3\chi}+\dfrac{\Delta t}{4-4\beta-3\varepsilon-3\chi}(r-q-\dfrac{\sigma^2}{2})^2} \end{cases}$$

应要求 $q_{d^2}=\frac{2-2\beta-3\chi-\varepsilon}{4}-\frac{\sqrt{\Delta t}}{4\alpha}(r-q-\frac{\sigma^2}{2})>0$。在实际应用中，可以取 $\beta+\varepsilon+\chi=0.6$。由于 $\sqrt{\Delta t}$ 充分小，所以可以保证 $q_{d^2}=\frac{2-3\chi-\varepsilon}{4}-\frac{\sqrt{\Delta t}}{4\alpha}(r-q-\frac{\sigma^2}{2})>0$。参照三叉树模型，要求 $q_u-q_d=q_{u^2}-q_{d^2}=\frac{\sqrt{\Delta t}}{4\alpha}(r-q-\frac{\sigma^2}{2})$，再记 $q_u+q_d=\gamma$，可得到只包含两个可选择因子 β,γ 的参数公式。这样就得到了五叉树模型：

$$V_t=\frac{1}{\rho}(q_{u^2}V_{t+1}^{u^2}+q_uV_{t+1}^{u}+q_eV_{t+1}^{e}+q_dV_{t+1}^{d}+q_{d^2}V_{t+1}^{d^2}) \tag{7.60}$$

其中

$$\begin{cases} q_e=\beta \\ q_u=\dfrac{\gamma}{2}+\dfrac{\sqrt{\Delta t}}{4\alpha}(r-q-\dfrac{\sigma^2}{2}) \\ q_d=\dfrac{\gamma}{2}-\dfrac{\sqrt{\Delta t}}{4\alpha}(r-q-\dfrac{\sigma^2}{2}) \\ q_{u^2}=\dfrac{2-2\beta-\gamma-q_u}{4}+\dfrac{\sqrt{\Delta t}}{4\alpha}(r-q-\dfrac{\sigma^2}{2}) \\ q_{d^2}=\dfrac{2-2\beta-\gamma-q_d}{4}+\dfrac{\sqrt{\Delta t}}{4\alpha}(r-q-\dfrac{\sigma^2}{2}) \\ \alpha=\sqrt{\dfrac{\sigma^2}{4-4\beta-3\gamma}+\dfrac{\Delta t}{4-4\beta-3\gamma}(r-q-\dfrac{\sigma^2}{2})^2} \\ \rho=1+r_f\Delta t \end{cases}$$

通过对比可以看到，三叉树模型中存在一个待定参数，四叉树和五叉树的一般模型分别存在 2 个和 3 个待定参数，在具体计算过程中，随着树图模型的维度越高，计算量都会增加，但是从另一个方面来看，维度越高会使模型的精细度越高。

第 8 章　关于股票市场中股票间相关性测量方法的研究

本章从股票市场中个股与大盘的关系以及从金融市场的宏观角度和微观角度对股票收益间的相关性进行探讨，利用一些实证分析结果验证了股票间非因果关联的存在性。在认真考察了现有股票相关性分析方法的基础之上，通过理论分析并结合一些实例计算提出了能够尽量回避股票间非因果关联的几种方法，包括时间序列挖掘方法以及借助于 CAPM 模型以消除大盘影响的方法等。本章提出关于股票相关性测量的一类新方法，用新方法得到的股票间的相关系数更能反映股票间真实的和内在的相关关系，为投资者进行股市系统性风险的衡量和投资组合的构建提供有效依据。

8.1　研究的背景和意义

在对于股票市场的较早期的研究中，国外学者提出了股市经常处于适度波动状态的观点，对引起股价波动的原因进行说明，并创建了关于股票市场的经典金融经济学理论。经典金融经济学理论认为在市场有效的前提下，通过一系列数学模型可以得到金融资产及其衍生品的均衡价格。在该理论框架下，股票价格的变动是有一定规律可循的，而且股票价格能够充分地体现出股票的内在价值。也就是说，股票价格之所以会出现波动是完全由股票的内在价值变动、新信息的出现、宏观经济环境变化等基本面因素所决定的，进而也可以说明股票基本面信息的变动会完全体现在股票价格的波动情况中。

随着进一步的深入研究，人们发现股票市场不是一直处于适度波动状态，而是经常会出现异常波动。一些学者经过研究发现无论是股票的价格还是股息都是处于剧烈变化状态的，而且股票价格的波动情况要比股息的波动更为显著。也就是说，当股息处于某种稳定变化状态的时候，股票价格依然处于剧烈的不规则变化中。有学者对美国的股票市场进行了深入研究，结果表明无论是股价还是股票分红都处于一种较为显著的不规则变化中。

国内外研究者将股票之间的相关性定义为一段时间内股票市场中不同股票价格或是收益率的相关关系，股票之间相关性的强弱一般用两者间的相关系数表示。股票相关性概念以及相应的相关系数的测量无论是在衡量股票市场的系统性风险方面还是作为构建有效资产组合的依据方面都具有重要的作用。股票相关性在日常市场行情中常见的一种表现方式为不同股票的同涨同跌现象。正的相关性体现为统计意义上的同涨同跌，负的相关性体现为统计意义上的一涨一跌。通过资本资产定价模型 CAPM 的表达式可知，股票的风险大小可以通过股票收益率与市场组合收益率之间的协方差进行表示。持有股票的风险由系统性风险和非系统性风险两部分组成，股票的非系统风险是由股票本身的特有性质所决定的，但股票的系统性风险是由整个市场的波动决定的，系统风险强度的大小由单只股票收益率与市场组合收益率的关联程度与市场波动率的乘积决定。根据马科维茨的资产组合理论，资产组合的风险大小是由组成该组合的所有股票自身的特有风险以及股票间的关联程度共同决定的，资产组合中股票间的关联程度对组合的有效性起直接的影响作用。股票间的关联程度越高，意味着由这些股票所组成的资产组合的有效性越差，而这些股票所代表的市场的系统性风险也越高。股票间的相关性逐渐降低的过程也就是这些股票所组成的资本市场愈加成熟和完善的过程。因此，不管是从宏观层面考察股票市场的系统性风险角度还是从微观层面判断资产组合的有效性角度，股票市场中股票间的相关性都值得进行深入研究。

近年来，关于股票相关性的研究开始受到国内外金融领域的研究者越来越多的关注，通过测量股票市场中股票间的相关性大小能够衡量该市场的成熟程度。现有研究表明，股票价格不仅反映了相关股票的信息，也是对整个市场信息的体现。如果股票价格能够快速完全地反映宏观经济状况、行业发展状况以及公司状况等信息，那么股票价格的波动变化情况将非常不一致，不同股票之间也会表现出较弱的相关性；相反地，如果股票价格对于上述信息的反映总是过度，而且有明显的羊群效应以及共同的追涨杀跌习惯，那么股票价格容易出现同涨同跌的现象，股票间的相关性也会随之变强。

当前国内外金融专家对于股票相关性的研究主要集中于联动性方面。股票的联动性是指不同股票之间在价格、收益率或者其他属性方面呈现的正向相关性，是股票相关性的一种表现形式。股票市场中不同股票所呈现的这种正向相关性一部分是由于股票的基本面因素造成的，而另外一部分(称之为差额联动性)则无法通过基本面因素进行较好地说明。通过对股票市场行情的观察以及简单的计算可以发现，股票间的关联程度在不同的行情中有不同的表现。在大盘呈水平方向平稳波动的行情里，不同股票股价的变动呈现为较为明显的独立性特征，不同行业的股票受各自影响因素的作用而波动，体现为股票间的相关系数较小。若单看某一日所有股票的股价涨跌幅的分布，可以得到分布呈大致对称且较为分散的结论，用数字特征来表述则是均值接近于零并且方差较大。在大盘处于明显上升的行情里，不同股票股价的变动呈现为较为明显的同步变动特征，不同行业的股票价格普遍上升，体现为股票间的相关系数相对变得较大。若单看一日所有股票的股价涨跌幅的分布，可以得到涨跌方向的高度一致以及分布较为集中的结论，用数字特征来表述则是均值明显大于零且方差变小。在大盘处于明显下跌的行情里，不同股票股价的变动呈现为较为明显的同步变动特征，不同行业的股票价格普遍下跌，体现为股票间的相关系数相对变得较大。若单看一日所有股票的股价涨跌幅的分布，可以得到涨跌方向的高度一致以及分布较为集中的结论，用数字特征来表述则是均值明显小于零且方差变小。

股票价格在多头行情和空头行情中表现出了更强的同步变动特征，而在水平运动的盘整行情中这种同步变动的程度会大大减弱。根据金融学理论，在大的行情中(多头行情或空头行情)一定是一些系统性的影响到所有股票的因素在推动着整个市场的变动，在这样的行情中两只股票的价格的同步变化并不完全是这两只股票的内在关联的结果，而是系统性因素带来的一种间接的关联关系。比如制衣行业和水泥行业，两者之间的内在关联甚弱，但在大的行情中两个行业的公司股价变化可以出现明显的同步变化特征。我们认为，在大的行情中表现出的股票间的关联包括了较多的非因果关联的影响，而我们希望能够测量出不同股票间真正的内在的因果关联关系的强弱，这是本章研究的中心问题。

在本章中将提出一类新的测算股票间相关系数的方法，这类新方法的出发点是尽可能回避股票间的具有非因果性质的系统性关联，从而测算出股票间真正的内在的反映关联程度的相关系数。期待这种股票相关性的测算方法更合理，为更进一步分析股票间的相关关系奠定一个更可靠的基础。

8.2　股票相关性的理论研究基础

8.2.1　协方差与相关系数

两个随机变量之间的相关程度一般用相关系数或协方差来衡量，对于多个变量之间的关联程度一般用所有变量之间的协方差构成的协方差矩阵来衡量。下面的公式是随机变量 X 和 Y 之间的协方差的定义：

$$\sigma_{XY}=\operatorname{cov}(X,Y)=E((X-E(X))(Y-E(Y))) \tag{8.1}$$

其中，$E(X)$ 表示随机变量 X 的数学期望。假设随机变量 X 和 Y 的时间序列样本分别为 $(x_1,x_2,\cdots,x_n)$ 和 $(y_1,y_2,\cdots,y_n)$，两变量间的协方差的估计值可以用下面的公式表示：

$$\hat{\sigma}_{xy}=\frac{1}{n-1}\sum_{i=1}^{n}(x_i-\bar{x})(y_i-\bar{y})$$

其中，$\bar{x}=\frac{1}{n}\sum_{i=1}^{n}x_i,\bar{y}=\frac{1}{n}\sum_{i=1}^{n}y_i$ 是样本均值。

值得注意的是，协方差的取值由变量的计量单位决定，不同量纲会极大地影响协方差的数值。为了规避单位的不统一，一般对数据进行标准化处理，把标准化的协方差叫作相关系数，用下面的公式表示：

$$\rho_{XY}=\rho(X,Y)=\frac{\operatorname{cov}(X,Y)}{\sigma_x\sigma_y} \tag{8.2}$$

其中，σ_x 和 σ_y 分别表示的是随机变量 X 和 Y 的标准差。可以证明，$-1\leqslant\rho_{XY}\leqslant+1$。随机变量 X 和 Y 的时间序列样本分别为 $(x_1,x_2\cdots,x_n)$ 和 $(y_1,y_2\cdots,y_n)$，两变量之间的相关系数的估计值用下面的公式计算：

$$\hat{\rho}_{XY}=\frac{\sum_{i=1}^{n}(x_i-\bar{x})(y_i-\bar{y})}{\sqrt{\sum_{i=1}^{n}(x_i-\bar{x})^2\sum_{i=1}^{n}(y_i-\bar{y})^2}}$$

当 $\rho_{XY}=-1$ 时，表明随机变量 X 与 Y 呈完全负相关关系，当 $-1<\rho_{XY}<0$ 时，随机变量 X 和 Y 呈负相关关系，当 $\rho_{XY}=0$ 时，表示随机变量 X 和 Y 不相关，当 $0<\rho_{XY}<1$ 时，随机变量 X 与 Y 呈正相关关系；当 $\rho_{XY}=1$ 时，表明随机变量 X 与 Y 是完全正相关的。显而易见，$|\rho_{XY}|$ 越接近 0，关联程度越弱；$|\rho_{XY}|$ 越靠近 1，关联程度越强。

8.2.2　股票相关性与风险的关系

假设一个投资组合 P 由 m 种证券资产组成，它的收益率 R_P 是一个随机变量。证券 S_j 属于资产组合 P，其收益率为 R_j，收益率的标准差为 σ_j，其在资产组合 P 中占有的投资权重为 ω_j，那么整个投资组合 P 的总体收益水平等于其所包含的 m 种证券的期望收益率的加权平均数，由下面的公式表示：

$$E(R_P)=\sum_{j=1}^{m}\omega_j E(R_j) \tag{8.3}$$

不同的风险资产具有不同的波动情况，它们组合后的风险衡量相对比较复杂。若把它们的收益率都看成是随机变量，当它们组合成资产组合 P 时，资产组合 P 也是一个随机变量。对于两个风险资产 S_i 和 S_j，它们的收益率和标准差分别为 R_i，σ_i 和 R_j，σ_j，它们的协方差可以表示为

$$\sigma_{ij}=\mathrm{cov}(R_i,R_j)=E[(R_i-\bar{R}_i)(R_j-\bar{R}_j)]$$

当证券从两种扩充到 m 种时，即存在 $S_1,S_2,S_3,\cdots,S_n$ 时，标准差分别为 $\sigma_1,\sigma_2,\sigma_3,\cdots,\sigma_n$，且证券 S_i 与 S_j 的协方差为 σ_{ij}，证券 S_i 在组合中所占权重为 ω_i，则用下面的公式计算资产组合 P 的收益率 $E(R_p)$ 和方差 σ_p^2：

$$\begin{cases}E(R_p)=\sum_{j=1}^{m}\omega_j E(R_j)\\ \sigma_P^2=\sum_{i=1}^{m}\omega_i^2\sigma_i^2+\sum_{i=1}^{m}\sum_{j\neq i}^{m}\omega_i\omega_j\sigma_{ij}\end{cases} \tag{8.4}$$

一般地，资产组合的风险包括两个主要影响因素：自身风险和交叉风险。式中，第一项表示各项风险资产自身风险对整个组合的影响，即各项风险资产对组合风险的贡献度。第二项则是不同资产收益率之间的协方差，用来描述各风险资产因相互作用而对组合风险造成的影响。可以发现，资产之间的协方差 σ_{ij} 至关重要。所以当选择股票时，若它们的正相关性过高，则很难起到分散风险的作用。

以 $m=2$ 时为例，这时的投资组合的收益率的方差为

$$\sigma_P^2=\omega_1^2\sigma_1^2+\omega_2^2\sigma_2^2+2\omega_1\omega_2\sigma_{12}$$

取 $\omega_1=\omega_2=0.5$，则有

$$\sigma_P^2=0.25(\sigma_1^2+\sigma_2^2+2\sigma_{12})$$

可见，两只证券的协方差 σ_{12} 的大小和符号对 σ_P^2 的影响很大。

8.2.3　股票相关性的影响因素

股票相关性作为一个合适的可用来度量股票市场风险结构的指标，有若干决定因素，也会受到一些因素的影响。对股票相关性的决定因素和影响因素进行识别并分析它们的影响机制是一个值得深入研究的问题。关于股票相关性有分类说、偏好说、信息说和行为金融学解释 4 种理论。

1. 分类说

该学说认为投资者根据企业所处行业、企业的经营现状、成长性、业绩等属性将不同

股票进行归类，并将上述的公司归类方法作为投资决策的依据。如果投资者根据分类信息进行买卖股票时，在相近的心理状况作用下，这些投资者所制定的交易策略也会是相似的，在这种情况下，虽然某只股票的内部环境保持不变，它也会发生与同一类公司的股票相似的价格变化。指数调整效应很好地证明了分类假说，指数调整事件本身对公司基本面不产生任何影响，但是调整事件却可以显著地对调整股票与指数成分股之间的相关性造成影响。

2. 偏好说

该学说认为投资者由于受到交易成本、个人风险偏好、个人情绪、个人流动性偏好等因素的影响，使得他们在进行股票选择时无法做到正确客观，而是对于符合个人偏好的股票更加关注，由此导致了此类股票价格的同涨同跌现象。投资者的这种对于股票的偏好会让股票市场中的股票分为数个不同的类别，而相同类别中的股票间的相关性会较高。本地偏好很好地证明了偏好说，投资者受到信息原因和社会关系网络原因的影响会更加看好所在地的企业股票，进而导致相同地域内企业股票价格的同步性增强。

3. 信息说

该学说的支持者认为市场摩擦和投资者因素会对市场信息的流通和由此产生的股价变动一致性产生影响，也就是说市场信息在不同股票间的传递速度和股票价格随之做出相应调整的效率是不完全一致的。由于股票价格是对新信息的反应，因此通过股价的变化速度可以看出信息传播速度的快慢。正是基于上述理论，当两只或多只股票以一致的速度进行信息的传递时，它们会表现出同涨同跌现象。

4. 行为金融学解释

该学说认为股票相关性的影响因素包括投资者情绪和有限套利。投资者之所以会产生越轨行为，是由于受到某个具体原因的影响，不仅如此，股价估算的准确性会由于股票市场不稳定性的增强而降低，这种现象会反过来作用于投资者，使之在进行资产估算的过程中更加难以得到正确结果。所以当一个市场不是有效市场的时候，资产价格有可能会在非基本面因素的作用下发生波动，这种情况会导致实际上关联很弱的股票之间产生较强的相关性。

8.3 在股票间的相关性分析中尽量回避非因果关联的合理性分析

8.3.1 金融时间序列中非因果关联的普遍存在性

以时间的顺序把随机事件相应的数量指标的变化发展的过程记录下来就形成了时间序列。分析、研究时间序列，探究其变化与发展的规律，试图预测出未来趋势即为时间序列分析。金融时间序列是对现实中金融变量变化发展数据的真实测量和记录，可以运用数理统计方法进行定量分析，目的是发现金融市场的内在规律，从而为投资决策者提供判断依据。金融时间序列分析是以金融理论为指导，以时间序列的分析原理和方法为依据，以金融数据为信息载体，阐述金融时间序列发展变化规律，解释金融市场的内在结构关系和相互之间的影响，研究金融市场中的风险防范与规避方法。

金融时间序列分析无论是在理论研究还是应用研究中都是一个重要的研究方向。越来越多的研究结果表明非因果关联在金融时间序列中是普遍存在的，就像一般的经济时间序列分析中非常普遍的伪回归问题等。比如，我们考察近20年越南的GDP指标和我国黑龙江省的固定资产投资额这两个时间序列，从经济意义分析，越南的国内生产总值与我国黑龙江省的固定资产投资额几乎是不相关的，但由于两者在所考察的时间段内都随着时间而稳步增长，以任何一个变量作为被解释变量而另一个变量作为解释变量，极可能得到统计意义上拟合得很好的线性回归模型，或者说两个变量有着高度的相关性，这显然是伪回归现象的表现，得到的结论不具有经济意义。又比如考察中国和某个非洲小国的历年的货币供给量这两个时间序列，有可能近30年来两个国家的货币供给量均呈现稳步递增态势，但我们知道两国的经济联系很少，并且两国都是高度独立地实施本国的国币政策，所以从经济意义上分析，两国的货币供给量之间几乎不存在相关关系。但若用相关系数公式进行计算，可能会得出两者的相关系数接近于1的结果。

再举一个比较形象的例子。比如一大群人在操场中活动，有人散步、有人快走、有人跑步、有的人站着聊天，每个人活动的速度是独立的且经常是变化的。任意选择两个人，试图测算由他们的活动速度构成的时间序列的相关系数，可以预期这个相关系数是接近于零的，这是由于每个人的活动方式的高度独立性决定的。而如果有一批人(比如40人)统一听某一人的指挥进行齐步走，则其中任意两个人的运动速度构成的时间序列的相关系数必然接近于1。人和人之间运动速度的高度相关性是一种间接相关(都听从统一的号令)，并不意味着两个人的运动速度有内在的因果关联。这就像在股票市场中，当没有大的行情时，股票按照各自的方式进行波动，并且这种波动方式具有较强的独立性，体现为股票间的相关性较弱，只有企业之间高度相似(比如处于相同的行业、处于同一地域并且生产的产品高度一致)时相关性才较强。而当出现大的行情时，股票价格的变动趋于一致，这时股票间的相关性变强，这种由大的行情引发的相关性增强显然不是股票之间的内在联系的产物，而是某些间接因素在起作用。在本章中称这类间接因素导致的相关性的增强现象为非因果关联。

许多基于最小二乘法进行回归参数估计的理论是以解释变量的平稳性为前提的，而许多金融时间序列和经济时间序列，包括股价指数、股票价格、石油价格、黄金期货价格、国民收入和消费等重要的变量通常是非平稳的。在明显的非平稳序列之间做回归容易得出错误的统计结论，即伪回归，也就是我们说的非因果关联。

本章选取2013年12月4日至2015年2月27日共300个交易日的时间序列数据，包括上证A股指数收盘价、深证A股指数收盘价、中信银行(601998)股票的收盘价、八一钢铁(600581)股票的收盘价，对这些时间序列进行交叉回归分析，具体结果见表8.1和表8.2。

表8.1　上证A股指数与深证A股指数回归分析检验结果表

模型	非标准化系数	标准误差	标准系数	t	Sig.
常量	268.588	23.288		11.533	0.000
上证A股指数	0.391	0.009	0.925	41.972	0.000

表 8.2 中信银行和八一钢铁回归分析检验结果表

模型	非标准化系数	标准误差	标准系数	t	Sig.
常量	2.031	0.094		21.703	0.000
中信银行股价	0.444	0.018	0.812	24.017	0.000

根据回归分析结果，上证 A 股指数与深证 A 股指数的相关系数为 0.925，中信银行股价与八一钢铁股价的相关系数为 0.812，t 检验值非常高。这两组金融时间序列的分析结果表明它们之间存在很高的相关性，如果将这种高度相关性理解为密切的因果关系则与问题的经济意义不符，即说明它们之间存在伪回归问题。很多研究都发现伪回归问题在某些金融时间序列之间是存在的，可以将导致这种现象的原因归结为金融时间序列之间存在着非因果关联，且这种非因果关联的存在性也是比较普遍的。

资本资产定价模型(CAPM) 的表达形式为

$$E(r_i)=r_{\mathrm{f}}+\beta_i(E(r_{\mathrm{M}})-r_{\mathrm{f}})$$

上面公式的转换式为

$$E(r_i)=\beta_i E(r_{\mathrm{M}})+(1-\beta_i)r_{\mathrm{f}}$$

可以得知，单项资产的收益率 r_i 的均值是由其所在整个市场的资产组合收益率 r_{M} 共同决定的均值和无风险收益率 r_{f}。具体到股票市场，即市场组合收益率 r_{M} 和无风险收益率 r_{f} 共同决定了个股的收益率 r_i 的平均水平。因而，任何两项资产的收益率 r_i 与 r_j 之间的相关性也是由 r_{M} 和 r_{f} 决定的，i 与 j 的不同体现为 β 系数的不同，r_i 和 r_j 均与 r_{M} 和 r_{f} 密切相关。但从经济意义上分析，两项资产的收益率 r_i 与 r_j 之间的相关性应尽量排除 r_{M} 的影响，r_{M} 是一个间接的重要的影响因素。大盘指数收益率 r_{M} 会受股票市场中一些系统因素的影响，故个股收益率也会受到一些系统因素的共同影响，表现为股票间明显存在的非因果关联，从而股票间相关性也会受到影响。可以说，非因果关联在股票间是普遍存在的。

8.3.2 关于股票间相关性的真实含义的深入分析

股票之间的相关性是指在一个时间窗口内，两只股票的价格或者收益率之间的相关关系，一般用股票相应指标间的相关系数来表示。一般来说，股票市场中相同行业的上市公司之间的相关性较高，相似行业的上市公司之间的相关性次之，而属于完全不同行业的上市公司间的相关性最低。

所谓股票间的非因果关联是指由于处于同一股票市场而引起的股票间表面上的密切相关性，比如不同行业的股票在某些特殊时间段内表现出的明显的同涨同跌现象。这种表达当然意味着在另一些时间段内这种同涨同跌现象会更不明显。回避股票市场中的非因果关联，测量出股票之间真实的相关系数，对于投资者制定投资策略以及评估市场风险都具有重要意义。股票相关性的定量分析无论是对于衡量资本市场风险还是构建资产组合都很重要，因而不管是投资机构还是个人投资者都会关注股票相关性指标。现有许多研究都是通过股票间的相关性指标来构造股票间的某种距离，相关性越高则距离越近，相关性越低则距离越远。然后基于距离再构造一个网络图，借助于图论分析工具对网络图进行深入分析，包括聚类、信息传播模式、股票重要性排序、小世界模型应用等。从相关性的性质可以看出，股票之间的相关性越高，个股收益变动的独立性越差。根据相关性的性质不难发现，处于相同行业的股票间的相关性的内在联系会高于处于不同行业的股票间的相关性。

造成股票市场波动的因素是多方面的，既包括国家政治、经济、政策等宏观层面的因素，也包括市场主体的动态特征等中观层面的因素，同时还包括企业制定的发展策略、生产经营状态等微观层面的因素。想要对于影响股票市场波动的所有因素进行全面分析是不可能做到的。国家政治、经济等宏观层面因素有可能通过对股票市场的影响造成股票间的非因果关联的加强。

8.3.3　各种经济因素对股票相关性的影响分析

通过观察国内外股票市场行情可以发现，无论是国际市场还是国内市场，由宏观因素变化所导致的对股票市场中股票价格的影响是直接的和敏感的。一个国家资本市场所遵循的金融政策一般由中央银行制定和颁布，所以当中央银行颁布新的金融政策或对已颁布的金融政策做出较大修改时会引起股票市场中股票价格出现普遍的上涨或下跌。当金融政策导致银根松动时会引起股价的上涨，反之，如果金融政策导致银根收紧时会引起股价的下跌。央行的公开市场业务会影响本国资本市场上货币的供应量。当中央银行将其手中持有的大量证券卖出时，会导致市场中流通的货币数量减少，从而意味着股票市场中流通资金的减少，股票市场的交易量会萎缩，这会进一步加速投资者的抛售逃离，从而导致股票价格不断下跌；当情况相反时，中央银行在公开市场买入大量证券时市场中流通的货币数量增加，股票市场交易会更加活跃，交易量放大，这会吸引投资者的进入，进而引起股票价格的不断上涨。

汇率的变化同样会引起股票价格的波动，进而对股票相关性产生影响。当一个国家的汇率朝着不利于本国国际收支平衡的方向变化时，就会成为本国经济发展的障碍。在国家经济前景不被看好的情况下，股票市场会在其影响下产生萎缩，股票价格也会随之下跌；反之，股票价格会上升。从宏观经济层面考虑，汇率的变动可以反映本国货币国际购买力的变化，引起进口和出口贸易的变化，进而影响股票市场；从微观经济层面考虑，汇率的变动会对金融机构、企业及个人等微观经济主体的投融资活动产生直接影响，从而引起相关企业股票价格的波动。

当政府需要扶持某一行业时会从其制定的产业政策中透露出相关信息，也就是说会给相应行业带来多方面的优惠，政府所制定的这些产业政策会为该行业的企业取得更多的利润，这些企业也将迎来更好的发展机会。相反地，当政府根据发展规划而想要对某个行业做出限制时，通常会通过各种手段实施，包括财政税收政策、贷款政策等。而政府的产业政策对行业的影响会反映在不同行业股票间的相关关系上。

股票市场中的群体行为也会成为影响股票市场波动的中观层次因素。这种群体既可以像上市公司或证监会等机构一样具有完备的组织架构，也可以没有传统意义上的组织架构。我们可以将有着一些共同特点的个体看作是一个群体，比如说，将那些活跃在股市并拥有数十万以上资金的个人投资者统称为大户，而将资金较少的个人投资者称为散户。作为一个群体，散户由于个人的持股量很有限而且数量庞大，无法做到整个群体在统一步调下行动，所以散户无法成功地对股市进行操纵，但依靠数量优势，散户同样可以对股市造成有力的影响。可以根据资金来源将投资者分为机构投资者与非机构投资者。机构投资者一般拥有雄厚的资金实力，拥有远较个人投资者灵通的信息渠道，有能力获得最全面的投资意见和行情分析，他们会成为影响股市的主要力量，机构投资者很微小的一个举动都有可能引起股票市场的波动，而非机构投资者对股市的影响力要小很多。

8.3.4 回避股票间的非因果关联的可能性和合理性

通过前面的分析我们知道，当股票市场出现明显的上涨或下跌行情时，股价的变动会更趋于一致，一些系统性的因素影响股市的变动趋势，而投资者的羊群行为还会助长这种变动趋势的巩固。这时股票间的非因果关联会加强，用这样的时间段数据测算出的股票间的相关系数必然偏大，而且包含了更多的非因果关联信息。所以若想测算出股票间内在的因果关联程度就应该想方设法去掉非因果关联的影响。比如可以挑选出股市变动相对平稳的时期来进行测算，或者通过某种数学手段将那些系统性影响股市的因素所产生的作用尽可能剔除，只留下特有的对该股票有影响的因素发生作用所产生的波动信息，在此基础上测算股票间的相关系数。合理的股票间的相关系数应该是一个稳定的指标，这个指标随着行情的不同而不应有大的变动。从理论上讲，应该能找到一些有效的方法来尽量回避股票间的非因果关联。在已有的研究中对这个问题的深入考察还没有见到，但这个问题无疑是有意义的。

如果不顾股票间的相关性测量结果受非因果关联因素影响的事实，而是随意取某足够长的时间段的交易数据来直接测算股票间的相关系数，就无法解释为什么在明显的上涨和下跌行情中股票间的相关系数偏大，也不知道哪些时间段测算的相关系数更有意义，甚至不知道股票间的相关系数是否具有定义中所明确规定的经济含义。在尽量回避股票间的非因果关联的条件下测量股票间的相关系数是必要的。

8.4 大盘变化对股票相关性影响的算例分析

为了更直观地研究股票市场的变化（以大盘随机波动为参考对象）是否会对股票之间的相关关系产生影响，以及考察影响程度又有多大，通过截取不同时间窗口并进行相关系数的计算并通过比较分析的方法来进行研究。

本节分别选择了行业差别较大的两只股票，能源行业的中国石化（600028）和食品行业的青岛啤酒（600600），还选择处于同一行业的两只股票，银行业的招商银行（600036）和中信银行（601998）。选择2012年12月3日至2013年12月31日为样本时间段，分别以样本时间段内上述两组股票每个交易日的收盘价格及日收益率为样本变量，计算在所选择时间段内当大盘分别处于随机波动行情、上涨行情以及下跌行情时两组股票之间的相关系数，通过分析不同行情下相关系数的变化情况对股票间可能存在的非因果关系做进一步的论证说明。

8.4.1　大盘呈窄幅随机波动时股票间的相关系数

在所选择的时间窗内，尽管大盘波动幅度有近 400 点，但由于考察的时间较长，所以相对来说股票市场整体呈现一种窄幅随机波动状态，即大盘指数随机起伏，长期来看没有明显的上涨或下跌趋势（图 8.1）。

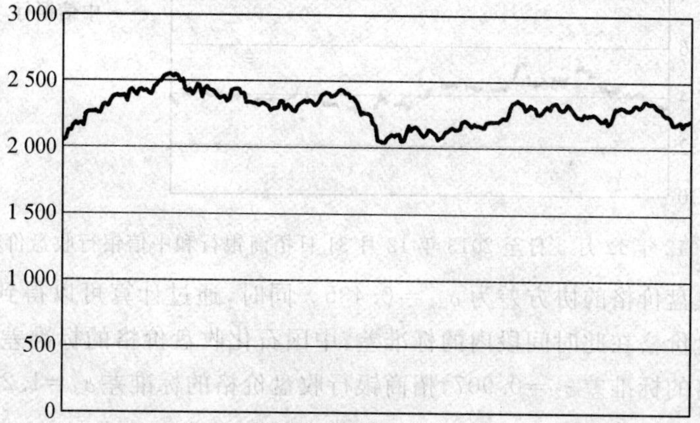

图 8.1　2012 年 12 月 3 日至 2013 年 12 月 31 日上证 A 股指数收盘价变动情况

在股票价格随机波动的样本时间段内，行业差别较大的两只样本股票的价格走势情况如图 8.2 所示。可以看出，青岛啤酒股价和中国石化股价在所考察的时间段内的相关性较低。

图 8.2　2012 年 12 月 3 日至 2013 年 12 月 31 日中国石化和青岛啤酒收盘价变动情况

处于相同行业的两只样本股票的价格走势情况如图 8.3 所示。可以看出，招商银行股价和中信银行股价在所考察的时间段内有较好的相似性。

样本股之间的协方差估计值的计算公式为

$$\hat{\sigma}_{xy}=\frac{1}{n-1}\sum_{i=1}^{n}(x_i-\bar{x})(y_i-\bar{y})$$

由上面公式可以得到资产价格间的协方差。第一组样本股票中国石化和青岛啤酒在样本时间段内收盘价格的协方差 $\sigma_{12}=-0.564$，第二组样本股票招商银行和中信银行在

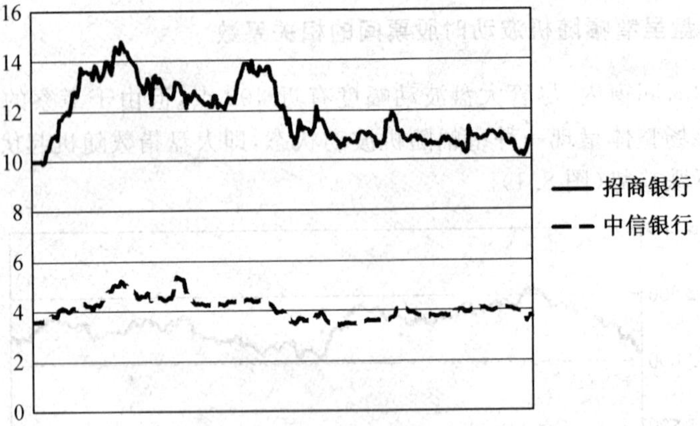

图 8.3 2012 年 12 月 3 日至 2013 年 12 月 31 日招商银行和中信银行收盘价变动情况

样本时间段内收盘价格的协方差为 $\sigma_{34}=0.435$。同时，通过计算可以得到两组样本股票每个交易日收盘价格在此时间段内的标准差：中国石化收盘价格的标准差 $\sigma_1=1.169$，青岛啤酒收盘价格的标准差 $\sigma_2=0.907$，招商银行收盘价格的标准差 $\sigma_3=1.237$，中信银行收盘价格的标准差 $\sigma_4=0.439$。

通过相关系数定义公式(8.2)可以得到处于不同行业的第一组样本股票中国石化和青岛啤酒在样本时间段内的相关系数 $\rho_{12}=-0.532$，处于相同行业的第二组样本股票招商银行和中信银行在样本时间段内的相关系数 $\rho_{34}=0.8$。$\rho_{12}<0$ 说明中国石化和青岛啤酒的股价变化的同步性很差，而 $\rho_{34}=0.8$ 则说明招商银行和中信银行的股价变化的同步性很高。

同样地，在此样本时间段内，第一组样本股票中国石化和青岛啤酒日收益率的协方差 $\sigma_{12}=3.2\times10^{-5}$，第二组样本股票招商银行和中信银行日收益率的协方差为 $\sigma_{34}=-2.81\times10^{-5}$；而两组样本股票日收益率的标准差分别为：中国石化日收益率的标准差 $\sigma_1=0.024$，青岛啤酒日收益率的标准差 $\sigma_2=0.018$，招商银行日收益率的标准差 $\sigma_3=0.0219$，中信银行日收益率的标准差 $\sigma_4=0.0216$。此时处于不同行业的第一组样本股票中国石化和青岛啤酒的收益率的相关系数 $\rho_{12}=0.075$，处于相同行业的第二组样本股票招商银行和中信银行的收益率的相关系数 $\rho_{34}=-0.059$。与股票间股价的相关系数相比，收益率的相关系数很低，几乎是不相关的。

股票市场窄幅随机波动时，股票间的相关系数最能表现它们之间实际的相关关系。上面的计算结果表明，处于同一行业的股票价格间的相关系数比不同行业的股票间的相关系数的绝对值要大些。

8.4.2 大盘呈单边上涨模式时股票间的相关系数

选择 2012 年 12 月 3 日至 2013 年 2 月 8 日的一小段时间窗口为样本时间段，上证 A 股指数在两个月的时间中呈显著的上涨趋势(图 8.4)，即大盘处于单边上涨行情中。

在这种大盘行情下，两组样本股票的价格走势情况分别如图 8.5 和图 8.6 所示。可以看出，青岛啤酒股价和中国石化股价在所考察的时间段内有一定的相似性变化趋势。

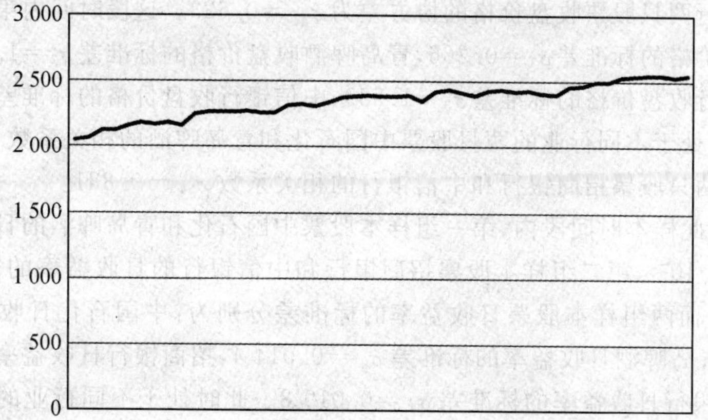

图 8.4　2012 年 12 月 3 日至 2013 年 2 月 8 日上证 *A* 股指数收盘价变动情况

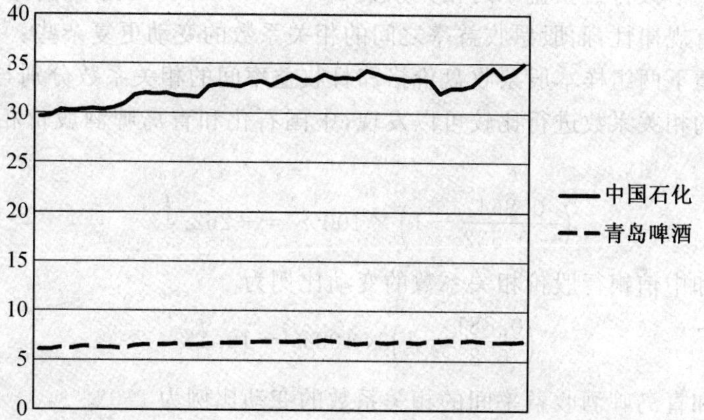

图 8.5　2012 年 12 月 3 日至 2013 年 2 月 8 日中国石化和青岛啤酒收盘价变动情况

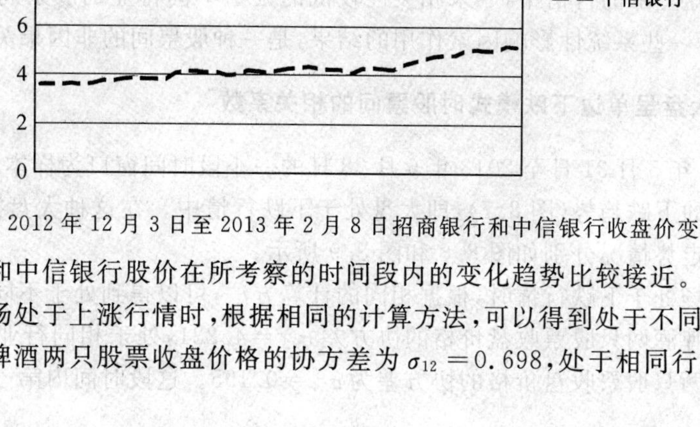

图 8.6　2012 年 12 月 3 日至 2013 年 2 月 8 日招商银行和中信银行收盘价变动情况

招商银行股价和中信银行股价在所考察的时间段内的变化趋势比较接近。

当股票市场处于上涨行情时，根据相同的计算方法，可以得到处于不同行业的样本中国石化和青岛啤酒两只股票收盘价格的协方差为 $\sigma_{12}=0.698$，处于相同行业的样本招商银行和中信银行两只股票收盘价格的协方差为 $\sigma_{34}=0.623$。这段时间内第一组样本股票中国石化收盘价格的标准差 $\sigma_1=0.266$，青岛啤酒收盘价格的标准差 $\sigma_2=1.338$，第二组样本股票招商银行收盘价格的标准差 $\sigma_3=1.539$，中信银行收盘价格的标准差 $\sigma_4=0.46$。在此上涨行情下，处于不同行业的两只股票中国石化和青岛啤酒的相关系数 $\rho_{12}=0.864$，处于相同行业的两只股票招商银行和中信银行的相关系数 $\rho_{34}=0.881$。

同样地，在此样本时间段内，第一组样本股票中国石化和青岛啤酒的日收益率的协方差 $\sigma_{12}=7.03\times10^{-5}$，第二组样本股票招商银行和中信银行的日收益率的协方差为 $\sigma_{34}=-5.02\times10^{-5}$；而两组样本股票日收益率的标准差分别为：中国石化日收益率的标准差 $\sigma_1=0.014\,2$，青岛啤酒日收益率的标准差 $\sigma_2=0.014\,4$，招商银行日收益率的标准差 $\sigma_3=0.022\,8$，中信银行日收益率的标准差 $\sigma_4=0.019\,8$。此时处于不同行业的第一组样本股票中国石化和青岛啤酒的收益率的相关系数 $\rho_{12}=0.343$，处于相同行业的第二组样本股票招商银行和中信银行的收益率的相关系数 $\rho_{34}=-0.111$。可见，股票价格之间的相关系数的变动更有规律性，而股票收益率之间的相关系数的变动更复杂些。

将上涨行情下两组样本股票收盘价格和日收益率间的相关系数分别与大盘随机波动情况下所对应的相关系数进行比较可以发现，中国石化和青岛啤酒股价相关系数的变动比例为

$$\left(\frac{0.864}{-0.532}-1\right)\times100\%=-262.4\%$$

招商银行和中信银行股价相关系数的变动比例为

$$\left(\frac{0.881}{0.8}-1\right)\times100\%=10.1\%$$

中国石化和青岛啤酒收益率间的相关系数的变动比例为

$$\left(\frac{0.343}{0.075}-1\right)\times100\%=357.3\%$$

招商银行和中信银行收益率间的相关系数的变动比例为

$$\left(\frac{-0.111}{-0.059}-1\right)\times100\%=88.1\%。$$

在大盘上涨的行情中，股票间的相关系数系统性变大，说明在大盘上涨行情中股票间的非因果关联明显增强，特别是不处于同一行业中的股票间的相关系数的变动幅度更大些。说明在大盘上涨的行情中，原来相关性较低的处于不同行业的股票间的相关性显著增强，这应该是一些系统性影响因素作用的结果，是一种股票间的非因果关联。

8.4.3　大盘呈单边下跌模式时股票间的相关系数

选择 2013 年 5 月 31 日至 2013 年 6 月 28 日的一小段时间窗口为样本时间段，上证 A 股指数呈显著的下跌趋势(图 8.7)，即大盘处于下跌行情中。在这种大盘行情下，两组样本股票的价格走势情况分别如图 8.8 和图 8.9 所示。

当股票市场处于下跌行情时，根据相同的计算方法，可以得到处于不同行业的样本中国石化和青岛啤酒两只股票收盘价格的协方差 $\sigma_{12}=4.231$，处于相同行业的样本招商银行和中信银行两只股票收盘价格的协方差为 $\sigma_{34}=0.195$。这段时间内第一组样本股票中

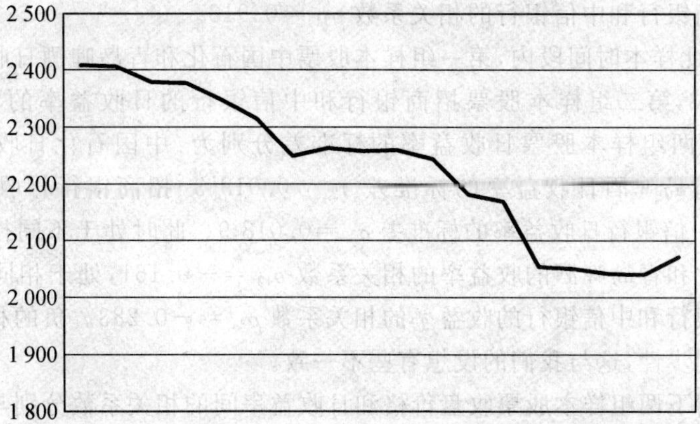

图 8.7　2013 年 5 月 31 日至 2013 年 6 月 28 日上证 A 股指数收盘价变动情况

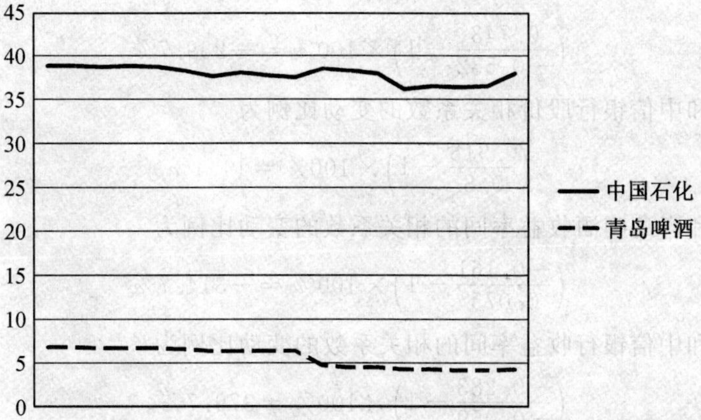

图 8.8　2013 年 5 月 31 日至 2013 年 6 月 28 日中国石化和青岛啤酒收盘价变动情况

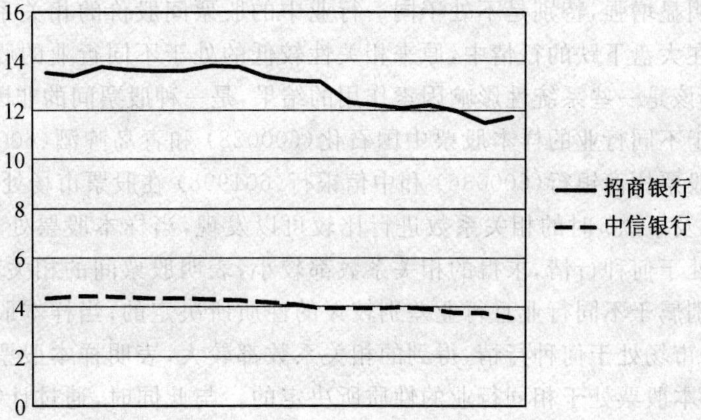

图 8.9　2013 年 5 月 31 日至 2013 年 6 月 28 日招商银行和中信银行收盘价变动情况

国石化收盘价格的标准差 $\sigma_1=1.225$，青岛啤酒价格的标准差 $\sigma_2=4.647$，第二组样本股票招商银行收盘价格的标准差 $\sigma_3=0.8$，中信银行收盘价格的标准差 $\sigma_4=0.267$，则下跌行情下处于不同行业的两只股票中国石化和青岛啤酒的相关系数 $\rho_{12}=0.743$，处于相同行业的两只股票招商银行和中信银行的相关系数 $\rho_{34}=0.913$。

同样地，在此样本时间段内，第一组样本股票中国石化和青岛啤酒日收益率的协方差 $\sigma_{12}=-0.000\,23$，第二组样本股票招商银行和中信银行的日收益率的协方差为 $\sigma_{34}=-0.000\,12$；而两组样本股票日收益率的标准差分别为：中国石化日收益率的标准差 $\sigma_1=0.074\,4$，青岛啤酒日收益率的标准差 $\sigma_2=0.019\,3$，招商银行日收益率的标准差 $\sigma_3=0.022\,8$，中信银行日收益率的标准差 $\sigma_4=0.018\,9$。此时处于不同行业的第一组样本股票中国石化和青岛啤酒的收益率的相关系数 $\rho_{12}=-0.161$，处于相同行业的第二组样本股票招商银行和中信银行的收益率的相关系数 $\rho_{34}=-0.283$。负的相关系数反映收益率变动的不同步性，这与我们的设想有些不一致。

将下跌行情下两组样本股票收盘价格和日收益率间的相关系数分别与大盘随机波动情况下所对应的相关系数比较可以发现，中国石化和青岛啤酒股价相关系数的变动比例为

$$\left(\frac{0.743}{-0.532}-1\right)\times 100\%=-239.7\%$$

招商银行和中信银行股价相关系数的变动比例为

$$\left(\frac{0.913}{0.8}-1\right)\times 100\%=14.1\%$$

中国石化和青岛啤酒收益率间的相关系数的变动比例为

$$\left(\frac{-0.161}{0.075}-1\right)\times 100\%=-314.7\%$$

招商银行和中信银行收益率间的相关系数的变动比例为

$$\left(\frac{-0.283}{-0.059}-1\right)\times 100\%=379.7\%。$$

在大盘下跌的行情中，股票间的相关系数系统性变大，说明在大盘下跌行情中股票间的非因果关联明显增强，特别是不处于同一行业中的股票间股价的相关系数的变动幅度更大些。说明在大盘下跌的行情中，原来相关性较低的处于不同行业的股票间的相关性显著增强，这应该是一些系统性影响因素作用的结果，是一种股票间的非因果关联。

通过对处于不同行业的样本股票中国石化(600028)和青岛啤酒(600600)和处于相同行业的样本股票招商银行(600036)和中信银行(601998)在股票市场处于不同行情(随机变化、上涨以及下跌)时的相关系数进行比较可以发现，当样本股票处于不同行业时，不管股票市场处于何种行情，求得的相关系数都较小，表明股票间的相关程度较低，这是由样本股票分别属于不同行业且行业差别较大的性质所决定的；当样本股票处于相同行业时，不管股票市场处于何种行情，得到的相关系数都较大，表明样本股票间的相关程度较高，这是由样本股票处于相同行业的性质所决定的。与此同时，通过计算可以发现，这4个与平稳行情相比的比值的绝对值均大于1，表明当大盘处于某一显著行情(上涨或下跌)时，股票间的相关程度会提高，说明股票间的相关性在股票市场剧烈波动的影响下加大了，这种影响与股票本身性质无关，是由股票市场波动导致的非因果关联所引起。同时，当股票市场处于某一显著的行情(上涨或下跌)时，处于不同行业的股票间相关性变化幅度要高于处于相同行业的股票间相关性变化程度，说明非因果关联对不同行业的股

票作用更为明显，这结果与现实情况是一致的，也符合我们从理论上进行逻辑推理得出的判断。虽然列出的结果只涉及四只股票在三种行情中的相关系数，实际上这样的结果在股票市场中具有较好的普遍性。

8.5　有效回避非因果关联的股票相关性测算方法的构建

8.5.1　股票间相关系数的变动特点

为了更好地研究股票间的相关性与大盘行情之间的关系，本节选择两只股票在一个单位时间窗口（本节以 28 天为一个单位时间窗口）的相关系数作为一个基本点，滑动时间窗口可得到一条随时间变化的股票相关系数曲线，将相关系数曲线与对应时间窗口下大盘指数走势变化曲线进行对比分析。为了能够直观地说明两条曲线的走势变化情况，选择行业差别较大的两只股票，通信行业的中国联通（600050）和证券行业的中信证券（600030）为样本股票，以 2012 年 12 月 3 日至 2013 年 12 月 31 日为样本时间段进行计算。

我们求得每个单位时间窗口下样本股票中国联通和中信证券股价的相关系数，把样本股票在每个单位时间窗口内的相关系数作为纵坐标，滑动时间窗口可以形成一条相关系数曲线（图 8.10）。

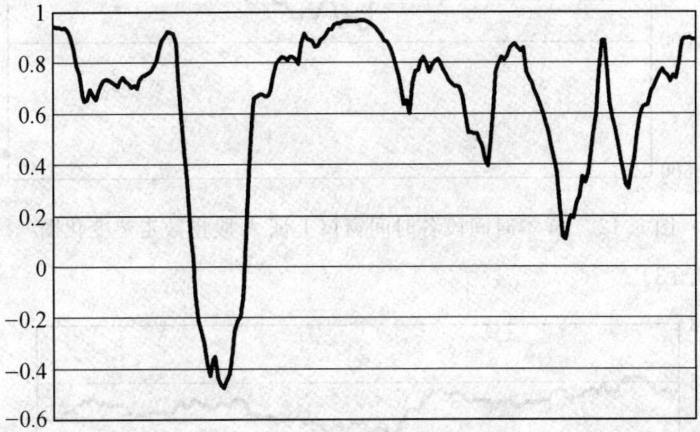

图 8.10　样本时间段内中国联通和中信证券单位时间窗口相关系数变化图

因相关系数的正负仅表示变量之间是呈正相关关系还是负相关关系，变量间的相关程度高低由相关系数的绝对值大小表现。为了表现样本股票在各单位时间窗口内的相关程度变化情况，将样本股票在各单位时间窗口内的相关系数取绝对值后形成一条滑动时间窗口相关系数变化曲线（图 8.11）。

以样本时间段内各时间窗口上证 A 股指数的收盘价为纵坐标可以形成一条样本时间段各时间窗口上证 A 股指数走势变化曲线（图 8.12）。

为了将滑动时间窗口相关系数变化曲线和样本时间段上证 A 股指数走势变化曲线放入同一坐标系下进行直观比较，将样本时间段各时间窗口的上证 A 股指数乘以 10^{-3}，从而得到样本股票滚动时间窗口相关系数变化曲线和时间窗口上证 A 股指数走势变化曲

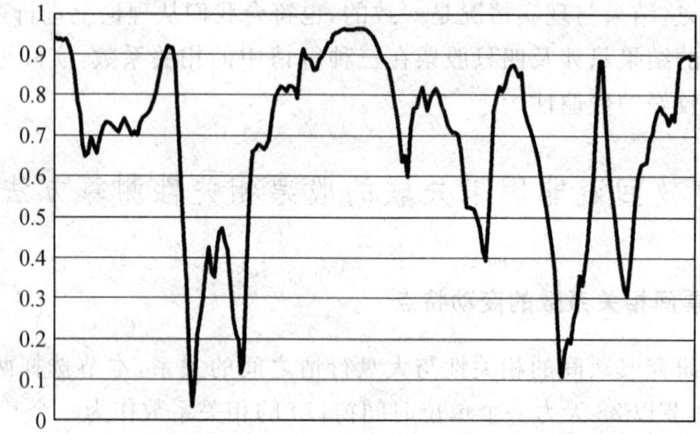

图 8.11　样本时间段内中国联通和中信证券单位时间窗口相关系数变化图

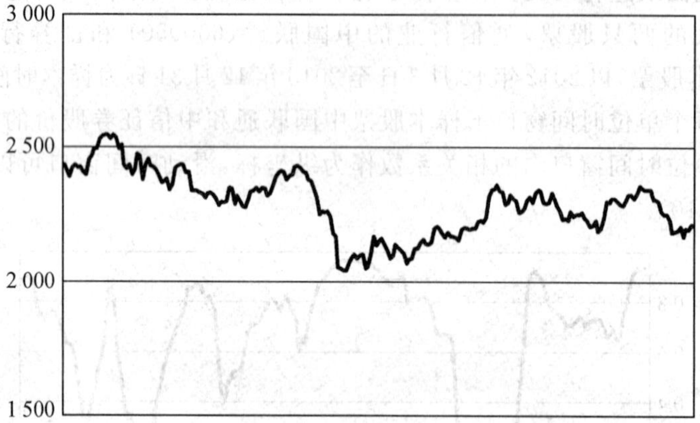

图 8.12　样本时间段各时间窗口上证 A 股指数走势变化图

线的对比图(图 8.13)。

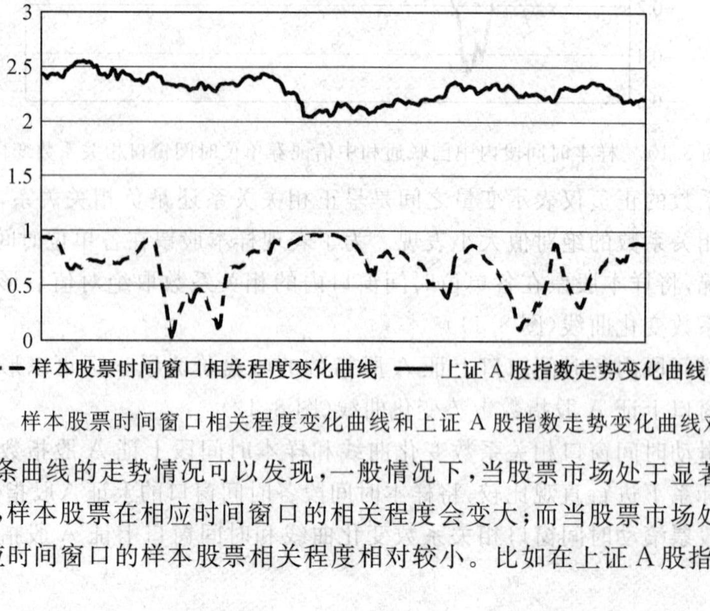

图 8.13　样本股票时间窗口相关程度变化曲线和上证 A 股指数走势变化曲线对比图

观察这两条曲线的走势情况可以发现，一般情况下，当股票市场处于显著的上涨行情或下跌行情时，样本股票在相应时间窗口的相关程度会变大；而当股票市场处于较为平稳的行情时，相应时间窗口的样本股票相关程度相对较小。比如在上证 A 股指数从 2400 点跌至 2050 点的时间段，样本股之间的相关系数达到 0.9 左右，而在上证 A 股指数处于 2400 点附近进行窄幅波动的时间段(2013 年 2 月中旬至 4 月中旬)，样本股之间的相关系数较小，且有正有负，说明在此期间样本股股价变动的同步性大为减弱。

8.5.2　有效回避股票间非因果关联的时间段截取方法

根据本节前面的研究和实证分析结果发现，同一股票市场中的股票会受到一些对所有股票都有影响的因素的作用，所以股票之间普遍存在非因果关联，会出现股票相关系数的大小超出股票间真实的内在相关性所决定的相关系数，由此会影响人们对股票相关性的判断，进而影响投资者在选择投资组合时的决策。因此，如果能够对股票市场自然时间序列按照一定的依据进行截取，以期尽可能地回避股票市场中的非因果关联，以截取后的时间序列数据为基础求得的股票间相关系数将更能表达股票间真正的相关系数。

通过对 8.4 节中算例的分析可以发现，股票之间存在非因果关联，当股票市场处于某一显著的行情(上涨或下跌)时，股票间表现出的相关性会明显高于它们在股票市场表现为一般波动情况时的相关性。因此，在考察股票相关性的时候，如果将造成股票间较强的非因果关联的时间段从时间序列中剔除，此时计算出的相关系数可能会更加符合实际情况。我们认为能够使用剔除相关时间段的方法达到这样的目的，具体包括人工截取时间窗、自动按成交量截取时间窗等方法。

1. 人工截取方式

通过观察股票市场大盘指数变化曲线，将其中显现为明显多头行情和明显空头行情的时间段手动剔除，将剩余的时间段整合为一组新的时间序列。我们也可以称这种方式为时间序列的挖掘方法。在新的时间序列下通过现有方法计算得到的相关系数可以认为是有效回避了股票间的非因果关联之后的相关系数。

在技术分析方法中，相对强弱指标 RSI 是常用的判断股票市场正处于何种行情的指标。RSI 是用于衡量价格变动的相对强度的指标。RSI 指标的计算方法是根据一定时期内上涨幅度之和与下跌幅度之和的比率计算出的一个指标，RSI 技术分析曲线能够反映出股票市场在一定时期内的强弱程度。N 日 RSI 指标的计算公式表示为

$$N\text{日 RSI}=N\text{日内收盘涨幅的均值}/(N\text{日内收盘涨幅均值}+N\text{日内收盘跌幅均值})\times 100\%$$

由上面的算式可知，$0\leqslant RSI\leqslant 100$，根据 RSI 值的大小以 50 为界线将市场分为“强”和“弱”两个区域，又分别将 RSI 值为 0 到 50 的市场强度区间分为“极弱”和“弱”两个区域，将 RSI 值为 50 到 100 的市场强度区间分为“强”和“极强”两个区域。RSI 值如果超过 50，表明市场进入强市，此时股票市场处于多头行情，反之，如果 RSI 值低于 50，说明股票市场处于空头行情。现有研究表明，一般情况下 RSI 指标的变化范围在 30 ～ 70 之间，其中又以 40 ～ 60 之间的机会较多，超过 80 或低于 20 的机会很少。

我们认为，当 RSI 值处于异常高值时股票市场中的个股的涨跌更趋于同步，股价指数单边上涨，股票间的相关系数变大，体现为股票间的非因果关联增强。所以去掉 RSI 的异常高值对应的时间段后求得的相关系数更能反映股票间真实的相关性。同样地，当 RSI 值处于异常低值时股票市场中的个股的涨跌也更趋于同步，股价指数单边下跌，股票间的

相关系数变大，体现为股票间的非因果关联增强。所以去掉 RSI 的异常低值对应的时间段后求得的相关系数更能反映股票间真实的相关性。

我们选择人工截取的操作方法为，以 6 个交易日为单位时间窗口计算 RSI 指标，当 RSI 指标大于 70 时，认为此时股票市场处于显著的多头行情，将相对应的时间段予以剔除；同样，当 RSI 指标小于 30 时，认为此时股票市场处于显著的空头行情，将相对应的时间段予以剔除。

2. 按股市成交额截取方式

我们认为，当股市的成交量异常大时往往是由于一些宏观因素的变动所致，这些变动往往会引起股票市场中个股的同涨同跌现象，体现为非因果关联的增强。而在股市的成交量处于一般水平时，个股的股价变动更具有独立性，股票间的相关系数变小，体现为股票间的非因果关联减弱，此时的股票间的相关系数更能反映股票间真实的内在关联性。所以去掉成交量的异常高值对应的时间段后求得的相关系数更能反映股票间真实的相关性。成交量的异常高值大多出现在明显的多头行情和空头行情之中。将股票市场的单日成交总额作为判断依据，自动将其中日成交额明显高于附近日期一般水平的时间点予以剔除，进而将剩余的时间段整合为新的时间序列。在形成的新的时间序列下通过现有方法计算得到的相关系数可以认为是有效回避了股票间的非因果关联。

股市成交量为股票买卖双方达成交易的数量，它反映了股票市场中股票交易的活跃程度，通常人们会用成交股数以及成交金额这两个值作为考察依据。成交量指标主要用于个股分析，成交额指标主要用于大盘变动趋势分析。成交量反映了股票市场中投资者对于股票的需求情况，成交量的大小将直接影响股价的涨跌情况。不仅如此，根据成交量的变化并结合股价的变化情况可以预测股市未来的走势。通常情况下，股市成交量的增大预示着未来短期内将迎来股票价格的上涨或下跌。

在现有的关于股市成交量的技术分析指标中，股市 OBV 能量潮指标是较为常用的一个指标。OBV 是用于衡量成交量的指标。借鉴力学理论，把成交量作为引起股价涨跌的原动力。OBV 值具体的计算方法是选择某一个交易日的成交量值为起始点，通常以 7 天作为样本区间进行成交量的选取，并将收盘价变动情况作为当日成交量价格变化的依据。也就是说，当今日收盘价较之昨日上涨时，则将今日的成交量记为“正值”，相对的，当今日收盘价较之昨日下跌时，则将成交量记为“负值”，OBV 数值即为选定时间段内正负成交量值的代数和。将每一个 OBV 值在坐标系中表示出来并连成一条线就形成了 OBV 线。本节所提的按股市成交量截取方法可借助于观察大盘成交量 OBV 线，将其中 OBV 值的绝对值异常大的时间段去掉，留下剩余的时间构成新的时间序列。

将股票市场从某日开始的交易数据表示为时间序列 T。根据前面的讨论，为了能够有效地回避股票间的非因果关联，需要对此时间序列采取人工截取方式或按照交易额的某种准则进行自动截取的方式对原始时间序列 T 进行一些子时间窗口的剔除，把剔除后剩余的各时间窗口按照时间的自然顺序整理为新的时间序列 T^*，以时间序列 T^* 相应的股票价格序列进行股票间相关系数的计算，根据本章研究分析结果，这样求得的股票间相关系数将能够满足有效回避股票间非因果关联的要求。

8.5.3　基于 CAPM 模型和单指数模型建立回避非因果关联的方法

资本资产定价模型(CAPM) 是现代金融经济学的重要基础。CAPM 模型对资产的风险与其期望收益之间的关系给出了精准的预测。本节试图基于 CAPM 模型找到尽量回避非因果关联对股票市场中股票间相关性影响的方法。

资本资产定价模型的表达式为

$$E(r_i)=r_f+\beta_i(E(r_M)-r_f)$$

其中,r_f 是无风险收益率;r_M 是市场组合的收益率,反映系统风险;β_i 是资产 i 的 β 系数。CAPM 模型还可以写成下面的单指数模型形式:

$$r_i=r_f+\beta_i(r_M-r_f)+e_i \tag{8.5}$$

其中,e_i 是残差项,是市场组合收益率 r_M 不能解释的部分,体现证券 i 的特有风险。

我们来分析单指数模型(8.5),任何一只证券 i 的收益率由两部分组成,一部分由市场组合收益率 r_M 决定,体现为不可分散的系统风险,这部分的表达式为 $r_f+\beta_i(r_M-r_f)$,不同股票的系统风险的差别体现在 β 系数上。另一部分 e_i 是由股票的自身决定的,取决于股票的特有风险。从另一个意义上,可以认为由市场组合收益率 r_M 决定的收益率部分 $r_f+\beta_i(r_M-r_f)$ 在不同的股票上有相似的作用,这是因为 β 系数是大于零的。设想当大盘单边上涨时,r_M 在统计的意义上大于零,大部分股票趋于上涨,反映股票价格变动的同步性增强;同样,当大盘单边下跌时,r_M 在统计的意义上小于零,大部分股票趋于下跌,反映股票价格变动的同步性增强。如果我们把 r_i 中随大盘同步波动的部分 $r_f+\beta_i(r_M-r_f)$ 剔除,而只留下剩余的反映股票特有风险的部分 e_i,尽管 e_i 已经不是股票的收益率,但 e_i 应该是充分反映证券 i 的特有的独立变动部分,不同股票的 e_i 之间的相关性应该更能准确地体现股票间真实的内在的因果关联。实际上,在现代金融学的应用研究中,人们为了考察某只股票在一段时间的超额收益正是借用了单指数模型,在去掉 $r_f+\beta_i(r_M-r_f)$ 部分后仔细测算 e_i 的统计特性。我们引进下面的定义。

定义 8.1　对于证券 i,其收益率为 r_i,相应的 β 系数为 β_i,r_M 是市场组合收益率,r_f 为无风险收益率。证券 i 的超额收益率 e_i 由下式决定:

$$e_i=r_i-(r_f+\beta_i(r_M-r_f))$$

超额收益率是尽可能剔除股票收益中共同变动的部分,是可以反映股票独立变动部分。

定义 8.2　证券 i 和证券 j 的超额收益率之间的相关系数称为证券 i 和证券 j 之间的单指数模型意义下的真实相关系数,在不存在歧义的情况下,称单指数模型意义下的真实相关系数为真实相关系数。

我们相信,股票间的真实的相关系数可以提供更多关于股票间内在关联性强弱的信息。可以从相关系数的定义的含义来分析真实相关系数应该具有的性质,这些性质是提出的需要验证的若干假设,也是下一步进行实证研究的内容。在下面所说的股票间的相关系数是指直接用市场交易价格或由交易价格计算的收益率计算的相关系数,在这个过程中不特殊选择时间窗口,也不使用单指数模型进行特殊的处理。

假设 8.1　对于股票市场中任意两只股票 i 和 j,在统计的意义上,股票 i 和 j 之间的真实相关系数的绝对值要小于股票 i 和 j 之间的相关系数的绝对值。

假设 8.2 在大盘呈现明显的多头行情或空头行情时，对于股票市场中任意两只股票 i 和 j，在统计的意义上，股票 i 和 j 之间的真实相关系数的绝对值要小于股票 i 和 j 之间的相关系数的绝对值，并且股票 i 和 j 之间的利用长的时间窗口计算的相关系数要比盘整行情时要大。

假设 8.3 对于相同行业中的股票 i 和 j，股票 i 和 j 之间的真实相关系数与股票 i 和 j 之间的相关系数的差别要相对小些。对于不同行业中的股票 i 和 j，股票 i 和 j 之间的真实相关系数与股票 i 和 j 之间的相关系数的差别要相对大些。大盘处于明显的多头行情或明显的空头行情时，不同行业的股票之间的相关系数的变化幅度要大些。

假设 8.4 总体而言，股票间的相关系数在明显的多头行情或空头行情中会系统性变大，而股票间的真实的相关系数对于股票市场是否处于明显的多头行情或空头行情不敏感。

以下试图通过几个简单的算例来进行说明。选取 2013 年 12 月 4 日至 2015 年 2 月 27 日间 300 个交易日上证 A 股指数、中信银行(601998)、八一钢铁(600581)的收盘价为样本数据，并分别计算得到它们的日收益率，分别作为股票市场收益率 r_M 以及个股收益率 r_1，r_2。我们选择该时间段上海银行间同业拆放隔夜利率为股票市场无风险收益率 r_f，则以 $r_M - r_f$ 为自变量，分别以 $r_1 - r_f$ 和 $r_2 - r_f$ 为因变量，可以求得相应的回归系数 $\beta_1 = 0.44$ 和 $\beta_2 = 0.4$，见表 8.3 和表 8.4。

表 8.3 中信银行收益率与上证 A 股指数收益率回归分析检验结果表

模型	非标准化系数	标准误差	标准系数	t	Sig.
常量	−0.001	0.003		−0.442	0.659
上证 A 股指数	0.929	0.110	0.439	8.432	0.000

表 8.4 八一钢铁收益率与上证 A 股指数收益率回归分析检验结果表

模型	非标准化系数	标准误差	标准系数	t	Sig.
常量	−0.008	0.003		−2.753	0.006
上证 A 股指数	0.725	0.096	0.402	7.569	0.000

去除系统性波动后的个股收益率为 $r_i^* = r_i - \beta_i(r_M - r_f)$，其中 r_i 为原来的个股收益率，r_M 为股票市场收益率，则样本时间段内回避非因果关联影响的中信银行(601998)收益率的表达式 $r_1^* = r_1 - 0.44(r_M - r_f)$，八一钢铁(600581)收益率的表达式 $r_2^* = r_2 - 0.4(r_M - r_f)$。此时两只股票收益率的协方差 $\sigma_{12}^* = 5.22 \times 10^{-5}$，中信银行收益率的标准差 $\sigma_1^* = 0.026$，八一钢铁收益率的标准差 $\sigma_2^* = 0.022$，故两只股票的真实相关系数 $\rho^* = 0.091$。而原先两只股票收益率的协方差 $\sigma_{12} = 1.27 \times 10^{-4}$，中信银行收益率的标准差 $\sigma_1 = 0.028$，八一钢铁收益率的标准差 $\sigma_2 = 0.024$，则两只股票的相关系数 $\rho = 0.195$。

将回避非因果关联前后两只股票的相关系数 ρ 和 ρ^* 进行比较，发现 $\left(\frac{\rho}{\rho^*} - 1\right) \times 100\% = 115.4\%$，结果表明，借助于单指数模型处理之后得到的股票间的相关系数变小了，说明处理之后的时间序列有效回避了股票间的非因果关联，也就是说本节提出的这个假设是合理的。

8.6　有待继续研究的问题

本章主要从理论方面提出了测算股票间真实相关系数的问题。从共同影响股票的因素的作用、股票间的非因果关联问题、股市处于明显的多头或空头行情时相关系数的变动等方面进行了较为深入的分析。但本章没有做大量的基于实际行情的测算，而这些计算结果对于所提出的观点的验证是至关重要的，这是下一步要做的工作。另外，由相关系数而引进距离，由距离而引进反映股票间关联的网络图，进而借助于图论分析工具和聚类分析工具对股票市场中股票间的关联网络进行深入的定量分析无疑是一个有意义的工作，这些工作有待继续。

第 9 章　均值和方差变动的马科维茨投资组合模型研究

马科维茨投资组合模型作为投资学的重要理论为投资者提供了科学的资产配置方法并得到了广泛的研究和应用。该模型通过对资产的历史收益率进行统计处理，构造并求解最优投资组合模型，推导出一系列关于最优投资组合的性质，以此来指导未来一段时间的投资策略。由于历史的收益率并不能很好的代表未来的资产收益状况，利用历史的收益率来估计资产未来一段时间收益率的均值和方差必定会产生一定的偏差。与历史相比，现实的收益率的均值和方差往往是随时间变动的，这必然会影响马科维茨投资组合理论在实际投资活动中的应用效果。

本章主要研究风险资产的均值和方差变动的马科维茨投资组合模型，分析均值和方差变动对投资组合前沿曲线以及最优投资组合的影响。设定若干种典型的参数变动模式，并对相应的参数变动模式的投资学背景进行说明。对风险资产的均值和方差的变动原因进行了分析，主要包括估计偏差、时变性以及宏观经济形势的变动。通过推导得到了不包含无风险资产和包含无风险资产时均值变动、方差变动及均值和方差同时变动 3 种模式下有效前沿曲线模型、前沿曲线弯曲程度参数和顶点参数的偏导数模型，进而得到了最优投资组合的收益和风险在均值和方差变动情况下的偏导数模型。通过对构建的投资组合进行应用分析，分别得到了 3 种变动模式下不包含无风险资产和包含无风险资产时有效前沿曲线和最优投资组合的变动情况以及对实际投资活动的影响

9.1　研究的背景和意义

我国的证券市场自从 1990 年 12 月 19 日上海证券交易所建立以来，取得了快速的发展，市场规模不断扩大。截至 2014 年 6 月，沪深两市上市 A 股总数为 2 520 家，成为了企业和个人重要的融资和投资平台，也是中国经济发展的重要力量。1994 年和 1999 年《公司法》和《证券法》相继颁布实施，让我国资本市场的运行更加法制化和规范化，各项法律制度不断完善。股指期货产品的推出和新三板市场的建立使我国证券市场的产品种类和产品结构不断地优化。同时，作为市场中重要主体的投资者的素质得到了较大的提高，投资者更加注重企业的盈利状况以及未来的发展前景，价值投资逐渐得到重视，构建资产组合进而分散投资风险成为个人和机构投资者重要的投资策略。

1952 年，美国经济学家马科维茨(Markowitz) 在其发表的 *Portfolio Selection* 论文中首次提出并建立投资组合理论，开创了现代投资学这一学科，为科学的投资方法提供了理论基础。他将资产的收益和风险定义为资产收益率的均值和方差，通过数学方法将投资组合选择问题科学地转化为一个数学规划问题。投资组合理论权衡收益和风险两个因

素，也就是在保证收益的情况下寻求风险最小的投资组合，或在风险确定时追求最大的投资收益方案。投资组合理论得到了投资组合的有效前沿曲线，在风险和收益之间投资者根据自己的风险偏好寻求最优投资组合方案。由于单个股票收益率之间收益存在相关性，投资者可以通过构建投资组合来分散由于个股不确定性因素导致的非系统性风险，进而来降低整个投资组合的风险水平。马科维茨因在金融学理论的研究中所做出的卓越贡献，成为 1990 年诺贝尔经济学奖的获得者，马科维茨投资组合理论促进了整个金融学理论研究的发展。

传统的马科维茨投资组合理论对资产收益率的均值和方差做了严格的假设，它假设证券的收益率服从正态分布，通过对资产的历史收益率的统计计算得到收益率的均值和方差，进而来度量投资的收益和风险水平。然而在现实的资本市场中，证券市场的变化迅速、多样且复杂，不确定事件的发生以及新的信息的进入都可能导致资产收益的均值和方差发生变化。同时，由于在均值和方差的统计计算过程中还存在着数据统计过程中的偏差以及估计误差等问题，这些因素都将对投资过程产生影响。传统的马科维茨投资组合理论并未考虑这些因素的影响，这也就导致马科维茨投资组合理论在实践中的应用效果大大降低。因而，研究市场中新的事件和新的信息引起的资产收益的均值和方差的变动对投资组合的收益和风险的影响具有重要的理论和现实意义。

本章对资产收益率的均值和方差变动的马科维茨投资组合理论模型进行研究。将资产收益率的均值和方差的变动因素考虑进来，借助于金融数学的方法得到均值和方差变动的马科维茨投资组合理论模型，分析均值和方差变动如何对有效前沿曲线、最优投资组合以及资产配置产生影响。在实际的投资活动中，考虑资产收益的均值和方差变动，能够避免投资者在构建投资组合时由于采用历史数据估计投资组合未来的收益和风险所产生的偏差，降低投资者的投资风险，为投资者构建和持有投资组合提供一些有科学依据的投资建议。

马科维茨投资组合模型在提出之后得到了广泛的认可，学术界也对马科维茨投资组合模型进行了各种扩展研究，使马科维茨理论体系得到不断的完善。由于马科维茨投资组合理论建立在严格的假设基础之上，造成与现实的投资活动情况存在一定的差异。学者们放宽假设条件，对马科维茨理论模型进行改进，如用半方差、绝对离差来刻画风险，加入峰度、偏度因素，考虑是否允许卖空，引入风险偏好因素和通货膨胀因素，以及采用模糊数学方法等，使模型更接近现实的投资活动。另一方面，将马科维茨投资组合模型由静态发展到动态，研究动态条件下的马科维茨理论模型，并分析有效前沿曲线的相关性质。

随着对马科维茨投资组合理论研究的深入，学者们开始注意到参数不确定性问题对资产配置的影响。一些学者研究了参数不确定性问题对静态条件下以及连续时间状态下最优投资组合中资产配置以及有效前沿曲线影响，这种影响导致得到的投资组合并非是最优的，存在较大的机会成本。此外，一些学者针对参数不确定性问题，对马科维茨投资组合模型进行了优化和改进，如贝叶斯方法、鲁棒优化方法等，使得模型的可靠性程度大大提高。

在上述的研究中，主要是在参数不确定性方面对马科维茨投资组合理论进行研究。随着现代金融学理论的发展，人们认识到证券市场中相关事件和信息的出现可能导致资产收益的均值和方差发生变动。若采用历史数据对资产的收益和风险进行估计，进而进行资产组合配置，原有理论的应用效果将受到较大的影响。而对马科维茨投资组合理论在均值和方差变动情况下的相关研究还很少，因而，本章从该角度入手，采用金融数学的方法来研究资产收益率的均值和方差变动对马科维茨投资组合模型的影响。通过构建模型，分析均值和方差变动对马科维茨投资组合模型有效前沿曲线、最优投资组合以及资产配置的影响，进一步丰富马科维茨投资组合理论。

9.2 马科维茨投资组合模型及参数的变动问题

9.2.1 传统的马科维茨投资组合模型

在投资学理论中，证券投资组合特指个人或机构投资者所持有的各种有价证券的总称，有价证券通常分为各种类型的股票、债券以及存款单等。依据投资目标的不同，证券投资组合可分为收入型、增长型、收入和增长混合型、避税型、指数化型以及货币市场型等等。

投资组合管理的意义主要是选取多种证券作为投资标的，采用数学模型方法平衡投资的风险和收益，在保证预期收益的情况下尽量降低投资风险，或在风险水平确定的条件下尽可能提高投资的收益，规避投资过程中的随意性操作。采用投资组合方法进行投资管理能够使投资进一步分散化，投资的风险会随着组合中证券数量的增加得到有效的降低。特别是在多元化的证券组合中，当证券之间的关联性极低时，组合所面临的非系统性风险能够大大降低，投资者的风险接近市场的平均风险水平。风险与收益是相匹配的，投资的收益是对投资者所承担的投资风险的补偿，要想获得更高的收益就需要承担更大的风险；承担的风险较小时，获得的收益也会较低。投资者在进行投资组合管理时，要对自己的风险承受能力进行有效的认识和评估，进而来确定未来投资的期望收益。

投资组合的管理者对于市场效率有着不同的认识，投资组合的管理分为主动管理方法和被动管理方法两种。主动管理方法也称为积极的投资组合策略，实施该策略的投资者认为证券价格的变化是可以预测和估计的，通过宏观经济分析、行业分析、企业财务分析和技术分析，对市场行情和股价的走势进行分析和预测，寻找价值被低估的证券，对投资组合中的证券种类以及权重进行频繁的调整，目的是尽可能提高收益水平。被动管理方法也称为消极的投资组合策略，实施该策略的投资者认为证券的当前价格反映了所有已获得的信息，相信证券市场的有效性，关于证券价格的预测是相对无效的，所以并不过多地进行分析，降低调整投资组合的次数以减少交易费用，长期持有类似市场指数或市场组合的投资组合，来获得接近市场平均水平的收益。

马科维茨在《证券组合选择》论文中阐述了证券投资中面临的风险因素，通过对资产收益的均值和方差进行分析来衡量未来投资的收益和风险，建立了均值－方差模型，以此来分析如何有效地平衡上述两个目标。也就是说，在收益一定的情况下降低投资组合的风险，或者在风险确定时尽量增加投资收益，为科学的投资建立了坚实的理论基础。

传统的投资组合理论模型建立在若干严格的假设基础之上，主要有：

(1) 投资者预先知道每一种证券的收益率的概率分布以及每两个证券的收益率之间的相关系数。在投资决策的过程中，仅考虑收益率的均值和方差。投资者通过均值来衡量资产未来的收益水平，通过方差来衡量投资风险。

(2) 理性投资者假设。认为市场中的投资者对于风险都是厌恶的和遵循占优原则，在收益确定时，会选择风险低的资产；在同样的风险下，会选择收益较高的资产，对于高的投资风险必然要求高的风险溢价。

(3) 有效资本市场假设。资产价格能够准确地反映其内在价值，投资者不存在获取信息方面的差异。市场中不存在摩擦，是完全的，不存在税收、交易费用等成本，不存在进入或退出市场的限制，市场中所有的参与者都只是价格的接受者。

(4) 资产的收益是不确定的，投资存在一定的风险。收益率服从正态分布假设，不同资产的收益是相关的，在市场中允许卖空。

(5) 资本市场上每种证券都是无限可分的，购买和出售股票的数量可以少于一股。任何投资者对于股票的买卖都不会引起市场价格的变动，市场具有无限的供给弹性。

收益和风险是投资者在进行投资活动时首先考虑的两个因素，投资者希望在最小的风险水平下取得最高的收益，但是事实上很难达到。如何通过科学的投资决策在收益和风险之间达到最佳的平衡成为金融学研究的重要问题。马科维茨证券投资组合理论（均值－方差模型）作为现代重要的投资学理论，通过收益率的均值和方差来度量风险和收益，使用数学方法进行分析以达到投资者效用的最大化。

在有 N 种证券的投资组合中，各证券的收益率为 $r_1, r_2, \cdots, r_n$，均为随机变量，$\omega_1, \omega_2, \cdots, \omega_n$ 为各证券的投资比例，允许 $\omega_i < 0$。记 $R_i = E(r_i)$，则投资组合的收益的均值为

$$\omega_1 R_1 + \omega_2 R_2 + \cdots + \omega_n R_n = \boldsymbol{W}^{\mathrm{T}} \boldsymbol{R}$$

其中，$\boldsymbol{W} = (\omega_1, \omega_2, \cdots, \omega_n)^{\mathrm{T}}$ 为投资组合中各证券投资比例向量；$\boldsymbol{R}$ 为各证券的收益均值向量。

如果投资者以期望收益率（也就是均值）作为依据进行投资决策，那么当实际收益低于期望收益率时，投资者会承担一定的风险。通常在两者之间会存在一定的偏差，这种偏离越大则表示实际的资产收益率越分散，投资者在投资时面临的风险也往往越大。在数学上用方差来度量实际收益率与期望收益率的偏离程度，也就是用方差来反映投资风险的大小。

采用方差来度量组合的风险大小，那么投资组合的方差为

$$\sigma_P^2 = \omega_1^2 \sigma_1^2 + \omega_2^2 \sigma_2^2 + \cdots + \omega_n^2 \sigma_n^2 + \cdots + \omega_1 \omega_2 \sigma_{1,2} + \omega_2 \omega_3 \sigma_{1,3} + \cdots + \omega_1 \omega_n \sigma_{1,n} + \cdots$$

$$= (\omega_1, \omega_2, \cdots, \omega_n) \begin{pmatrix} \sigma_1^2 & \sigma_{1,2} & \cdots & \sigma_{1,n} \\ \sigma_{2,1} & \sigma_{2,2} & \cdots & \sigma_{2,n} \\ \vdots & \vdots & \ddots & \vdots \\ \sigma_{n,1} & \sigma_{n,2} & \cdots & \sigma_n^2 \end{pmatrix} \begin{pmatrix} \omega_1 \\ \omega_2 \\ \vdots \\ \omega_n \end{pmatrix} = \boldsymbol{W}^{\mathrm{T}} = \boldsymbol{VW}$$

其中，σ_i^2 是资产 i 的收益率的方差；$\sigma_{i,j}$ 是资产 i 和资产 j 的收益率之间的协方差；$\boldsymbol{V}$ 为协方差矩阵。根据协方差的性质有 $\sigma_{i,j} = \sigma_{j,i}$。

不含无风险资产的投资组合有效前沿曲线。假设投资者是理性的，希望达到投资收益的最大化，同时风险实现最小化。马科维茨通过数学方法对上述思想进行描述，建立模

型如下：

$$\min \frac{1}{2}\boldsymbol{W}^{\mathrm{T}}\boldsymbol{V}\boldsymbol{W}$$

$$\boldsymbol{W}^{\mathrm{T}}\boldsymbol{R}=E_P \tag{9.1}$$

$$\sum_{i=l}^{n}\omega_i=1$$

其中，E_P 是预定的收益率水平。

根据拉格朗日方法对上面的二次规划问题进行求解，得到证券投资组合中各证券投资比例与预期收益率的关系，结果如下：

$$\boldsymbol{W}=\boldsymbol{g}+\boldsymbol{h}E_P$$

$$\boldsymbol{g}=\frac{1}{D}(B\boldsymbol{V}^{-1}\boldsymbol{e}-A\boldsymbol{V}^{-1}\boldsymbol{R}) \tag{9.2}$$

$$\boldsymbol{h}=\frac{1}{D}(C\boldsymbol{V}^{-1}\boldsymbol{R}-A\boldsymbol{V}^{-1}\boldsymbol{e})$$

其中，A,B,C,D 均为常数，数值由投资组合中各资产的收益和方差决定，$\boldsymbol{e}$ 为分量均为 1 的列向量。具体数值为

$$A=\boldsymbol{e}^{\mathrm{T}}\boldsymbol{V}^{-1}\boldsymbol{R}=\boldsymbol{R}^{\mathrm{T}}\boldsymbol{V}^{-1}\boldsymbol{e},B=\boldsymbol{R}^{\mathrm{T}}\boldsymbol{V}^{-1}\boldsymbol{R}$$

$$C=\boldsymbol{e}^{\mathrm{T}}\boldsymbol{V}^{-1}\boldsymbol{e},D=BC-A^2$$

在证券种类既定的条件下，投资者通过不同的风险和收益的组合，得到无限种证券组合。投资组合有效前沿曲线反映了在一个给定的预期收益率水平下，投资组合可能达到的最小方差。对于理性的投资者来说，前沿组合能够达到其投资效用的最大化，投资组合前沿曲线的方程如下

$$\sigma_P^2=\frac{C}{D}\left(E_P-\frac{A}{C}\right)^2+\frac{1}{C} \tag{9.3}$$

由方程(9.3)可以看出，σ_P^2 是 E_P 的增函数，也就意味着风险随着收益水平的增加而上升。在(σ_P,E_P)坐标系中，前沿曲线是一条双曲线。在这条曲线上，投资者在既定的风险下拥有最高的收益，位于曲线下方的投资组合对于投资者来说均为次优的。投资者可以根据个人对于风险的偏好在有效前沿曲线上选择效用最大的投资组合进行投资。

包含无风险资产的有效前沿曲线。托宾在投资组合中引入无风险资产，在马科维茨投资组合理论的基础之上，进一步探讨投资组合中风险资产和无风险资产的资产配置问题。在投资组合中加入无风险资产，能够在保证一定的投资收益的前提下，有效地降低组合的投资风险。假设投资组合中有一种无风险资产，其收益率为 r_{f}，N 种风险资产。为了使投资者在既定的收益下达到投资风险的最小化，投资组合模型为

$$\min \frac{1}{2}\boldsymbol{W}^{\mathrm{T}}\boldsymbol{V}\boldsymbol{W}$$

$$\boldsymbol{W}^{\mathrm{T}}\boldsymbol{R}+(1-\boldsymbol{W}^{\mathrm{T}}\boldsymbol{e})r_{\mathrm{f}}=E_p \tag{9.4}$$

通过拉格朗日方法对上面的二次规划问题进行求解得到

$$\boldsymbol{W}_P=\frac{E_P-r_{\mathrm{f}}}{(\boldsymbol{R}-\boldsymbol{e}r_{\mathrm{f}})^{\mathrm{T}}\boldsymbol{V}^{-1}(\boldsymbol{R}-\boldsymbol{e}r_{\mathrm{f}})}\boldsymbol{V}^{-1}(\boldsymbol{R}-\boldsymbol{e}r_{\mathrm{f}})=\frac{E_P-r_{\mathrm{f}}}{\boldsymbol{H}}\boldsymbol{V}^{-1}(\boldsymbol{R}-\boldsymbol{e}r_{\mathrm{f}}) \tag{9.5}$$

其中，$H = \boldsymbol{R}^{\mathrm{T}}\boldsymbol{V}^{-1}\boldsymbol{R} - 2r_{\mathrm{f}}\boldsymbol{R}^{\mathrm{T}}\boldsymbol{V}^{-1}\boldsymbol{e} + r_{\mathrm{f}}^{2}\boldsymbol{e}^{\mathrm{T}}\boldsymbol{V}^{-1}\boldsymbol{e} = B - 2Ar_{\mathrm{f}} + Cr_{\mathrm{f}}^{2}$。所以，投资组合的方差为

$$\sigma_P^2 = \boldsymbol{W}_P^{\mathrm{T}}\boldsymbol{V}\boldsymbol{W}_P = \frac{(E_P - r_{\mathrm{f}})^2}{H} \tag{9.6}$$

由式(9.6)可以看出，当投资组合中包含无风险资产时，前沿曲线是两条直线。由于投资者是理性的，下半部分曲线对于投资者是无效的。因而，有效前沿是一条向上倾斜的直线，投资的收益和风险是正相关的。

马科维茨投资组合模型存在一定的局限性。马科维茨投资组合在理论假设时较为严格，假设与实际情况之间的差异影响其应用效果。资产收益率的分布并非完全服从正态分布，而是呈现尖峰厚尾的特征，这使得马科维茨投资组合模型在计算最优投资组合时会存在误差。另外，计算量较大，影响实际的应用效果。很多学者认为用方差来表示风险的大小是不准确的，方差表示实际收益与平均收益之间的偏离程度，分为高于平均收益的超额收益以及低于平均收益的损失。对于投资者来说，只有收益低于平均收益时才会认为是风险，显然方差并没有很好地描述投资者的投资风险。在马科维茨投资组合理论中，投资分析是单期静态的，仅仅考虑投资者在短时期的投资效用，并未根据投资期限的变动以及未来资产收益率的均值和方差的变动进行动态调整，同时根据资产的历史收益率进行资产配置，忽略了参数的时变性特征。

9.2.2　均值和方差的变动原因分析

企业生产能力的升级、成本的大幅下降或者新的有效的管理手段的使用会导致企业盈利能力的增加，国家宏观经济政策的实施也可以大范围地影响企业的盈利能力。经济危机的发生、金融危机的发展、巨大自然灾害等可以使企业收益水平的波动性增加。诸多宏观的、中观的以及微观的经济和政治因素都可以改变企业的盈利能力，也可以引发资本市场波动的加剧。在投资组合模型中体现为收益均值向量 R 以及协方差阵 V 中的某些元素的改变。

1970 年，美国学者 Fama 提出了有效市场假说，认为股票价格的变动是随机的，根据历史的价格不能预测股价的未来走势。根据有效市场假说，在资本市场中任何新信息的进入和非预期事件的发生，市场都会迅速地对其做出反应，都将导致市场中的股票价格发生变动，并且这种变化是无法预知的，证券价格反映了全部可利用的信息。

有效市场假设认为投资者是理性的，投资者不能够在有效率的市场上获得超额收益。市场在不断到来的信息的冲击下会使股票的价格发生变动，股票市场参与者之间的竞争会从旧的均衡过渡到新的均衡。根据有效市场假设，马科维茨投资组合理论进行资产配置时采用历史收益率代替未来的收益，以此来计算均值和方差，这种做法与实际情况相比显然会存在一定的差异，这会对马科维茨投资组合理论在实践中的应用效果造成一定的影响。

随着研究的深入，国内外很多学者发现，风险资产的收益率分布并非正态分布，而是呈现出非对称性和尖峰厚尾的特征。这就导致正态分布并不能精确地描述资产的收益率的分布特征，采用正态分布的假设对资产收益进行描述会导致投资组合的资产配置是非最优的。同时，对收益率的数据进行统计估计时，由于数据统计以及输入输出方面的误差

的存在将会产生估计误差，虽然这些误差很小，但是在投资组合模型中资产的配置对均值和方差的变动可能较为敏感，这些就导致理论假设和实际之间存在一定的偏差，将会在较大程度上影响投资组合中的资产配置，进而增加投资活动的风险。

以我国的上证指数为例，选取上证指数2006年1月4日至2015年1月5日每天的收益率数据（剔除节假日），运用Eviews软件对其进行正态性检验，得到上证指数的分布图（图9.1）。通过计算发现，上证指数日收益率的均值为0.063%，标准差为1.70%，偏度为−0.27，峰度为6.48，JB统计量为1 131.23，概率值P为0.00，拒绝原来的正态性假设，可知我国上证指数的日收益率分布是非正态的，同时呈现出非对称性的特征。如果按照正态分布的假设，必将影响投资组合有效前沿曲线的分布，进行资产配置时，将对投资活动产生较大的影响，使其在资产配置过程中投资比例定得过高或过低，模型的应用效果大大降低。

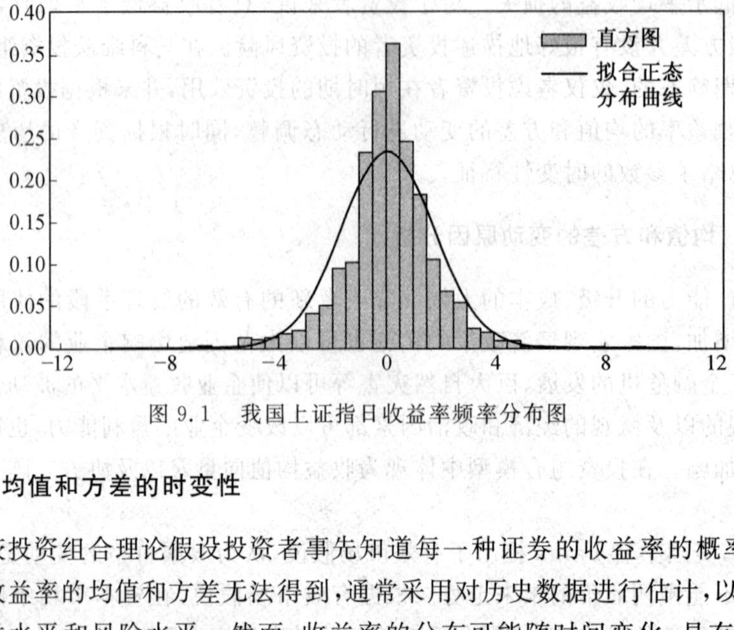

图9.1　我国上证指日收益率频率分布图

9.2.3　均值和方差的时变性

马科维茨投资组合理论假设投资者事先知道每一种证券的收益率的概率分布，由于资产未来的收益率的均值和方差无法得到，通常采用对历史数据进行估计，以此来代替未来资产的收益水平和风险水平。然而，收益率的分布可能随时间变化，具有时变性的特点。1982年，美国学者Engle首次提出ARCH模型（自回归条件异方差模型），来研究和刻画方差的时变性。对于一个时间序列，在不同的时刻由于可利用的信息不同，导致条件方差是随着时间变化的。因而，通过历史数据得到的均值和方差并不能很好地描述资产或投资组合未来的收益和风险。在实际的投资活动中，在利用马科维茨投资组合理论进行投资活动时需要充分考虑均值和方差的时变性对整个投资组合风险和收益的影响。

以上证指数为例，选取2012年、2013年、2014年上证指数的日收益率，通过计算得到上证指数近3年来的均值和方差的数据，见表9.1。我们发现上证指数的收益率的均值和方差在3年的统计中发生了很大的变化，3年的收益率的均值分别为0.018 8%，0.002 6%和0.179 2%，在2014年的收益率出现了明显的上升。收益率的标准差分别为1.097 3%，1.072 5%和1.085 9%，也发生了一定的变化。依据传统的马科维茨投资组合理论，由于投资组合的权重配置对于均值和方差非常敏感，如果采用历史数据直接进行投资组合构建将会导致投资者的效用不能达到最大化。

表 9.1　2012—2014 年上证指数收益率的均值和方差

时间	均值 /%	标准差 /%
2012 年	0.018 8	1.097 3
2013 年	0.002 6	1.072 5
2014 年	0.179 2	1.085 9

证券市场的变化是迅速的，并非一成不变的。以我国的证券市场为例，我国的证券市场在较长的一段时间内表现出一种政策市特征，受国家宏观经济政策的影响较大，一些政策的推出直接导致了我国的证券市场出现大幅上涨或大幅下跌。同时，一些产业政策以及区域经济发展规划的出台也会造成相关的股价出现较大幅度的变动。当股价指数在低位徘徊时，政府往往会不断释放利好消息救市；而当股价指数被推上高位时政府又认为有市场泡沫产生而急于发布一系列有力度的利空消息给股市降温。

对于个股来说，企业出现新的处于领先地位的研发成果，或者企业的研发计划宣告失败，或者企业的产品需求量突然出现大量的增长等情况，这些都会造成企业股价的波动。此外，近年来由于金融的不断创新，企业借壳上市以及上市公司并购重组的情况逐渐增多，使上市公司发生较大的变化，原有股票的收益率的均值和方差已不能代表未来的收益和风险。资产收益的均值和方差的变动直接导致按照马科维茨投资组合理论进行资产配置时有效前沿曲线的位置发生偏移，同时，最优投资组合的收益和风险发生变动，影响最终的收益和风险。

还以上证指数为例，选取 2004 年至 2014 年上证指数的日收益率，得到了上证指数日收益率的时间趋势图，从图 9.2 中可以看出，上证指数的收益率整体上是在一定的范围内波动的，但是在 2006 年至 2009 年间，上证指数的波动出现了明显的上升，这主要受到了国家宏观政策的影响，我国在 2005 年，实行了股权分置改革，开放式基金大量发行，以及对人民币升值的预期，这些情况导致了上证指数出现了大幅的上涨，达到 6 124 点。国家宏观政策的颁布和实施，直接导致了股票收益率的均值和方差发生较大的变化。

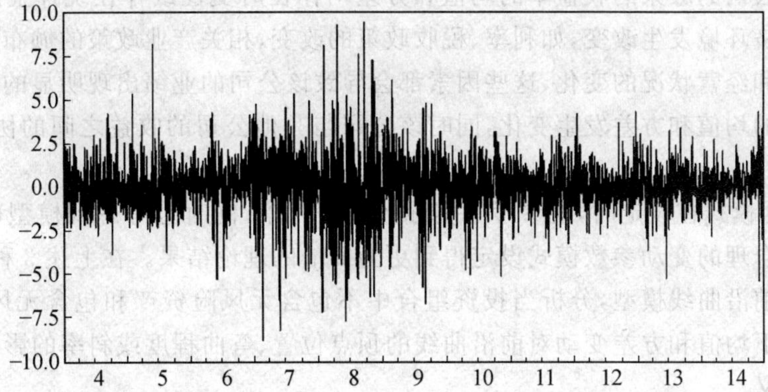

图 9.2　2004—2014 年上证指数日收益率时间序列图

9.3 均值和方差变动的马科维茨投资组合前沿曲线模型构建

9.3.1 均值和方差的变动模式设定

均值和方差是马科维茨投资组合理论中两个重要的参数，两者的变动对投资组合有效前沿曲线的变化产生重要的影响，而马科维茨投资组合有效前沿曲线的位置变动又直接影响着最优投资组合的资产配置。通过构建均值和方差变动的投资组合有效前沿曲线模型来分析其变动对最优投资组合的影响。由于资本市场的有效性，估计误差的存在，均值和方差的时变性以及宏观经济形势变动等因素的作用，股票市场中每种资产的收益的均值和方差经常发生变动。变动模式分 3 种情况，通过合理的参数设定展开后继的研究。3 种模式如下：

(1) 均值变动，保持方差不变，分析该种情况下前沿曲线的变动。这是一种最为简单的参数变动模式，该种情况反映公司股票的收益率的均值存在着时变性或存在统计上的偏差，而方差不存在变化。上市公司的获利能力发生显著变化，但其收益率的波动特征和幅度保持不变，并且该上市公司与其他上市公司的收益之间的相关系数也未发生改变。也就是说，该上市公司的收益波动主要取决于经济环境的变化。

(2) 保持均值不变，方差变动，分析其对前沿曲线的影响。该种情况反映公司股票的收益率的方差存在时变性或存在统计上的偏差，而均值不存在变化。上市公司的收益水平保持不变，但收益的波动水平发生显著变化，这种变化主要来源于上市公司自身的特有因素，比如融资能力的变化、市场竞争力的变化、管理水平的变化、研发能力的改变等等。一个上市公司的收益水平的波动率发生变化除了自身收益的波动率变化外，还会引起该公司与其他公司收益之间的相关系数发生变动，这会导致协方差矩阵中与该企业相关的行和列中的元素发生变化。

(3) 均值和方差都发生变动，分析前沿曲线模型的变动情况。该种变动模式反映一般情况下的某只股票收益率的参数变动，更符合上市公司股票相应参数变动的实际情况。当上市公司的股票的收益率的均值和方差均存在时变性或存在统计上的偏差，或者当宏观的经济环境发生改变，如利率、税收政策的改变，相关产业政策的颁布等，或者上市公司的管理和经营状况的变化，这些因素都会导致该公司的业绩出现明显的改变，使公司股票收益率的均值和方差发生变化，同时该公司与其他公司的收益之间的协方差也发生变动。

3 种变动模式在设定时，既参考了实际的经济背景，同时也考虑到模型研究的方便，目的是通过合理的变动参数模式设定得到更为简洁的理论结果。在上述 3 种模式设定的基础上推导前沿曲线模型，分析当投资组合中不包含无风险资产和包含无风险资产时 3 种变动模式下均值和方差变动对前沿曲线的顶点位置、弯曲程度或斜率的影响，进而分析其投资学意义。

9.3.2　不含无风险资产的投资组合有效前沿曲线

1. 均值变动－方差不变的有效前沿曲线模型

资产的收益率是时刻发生变动的，它的均值和方差在不同的时刻也可以是不同的。若均值存在估计误差，或存在时变，或者宏观经济形势的变动，从而导致资产的收益的均值出现较大幅度的上升或下降，而收益的方差并未出现较大的变动，这将会导致投资组合在整体上发生变动。由于投资组合有效前沿曲线对均值的变动较为敏感，它将使前沿曲线发生移动。下面通过构建均值变动－方差不变的有效前沿曲线模型，并以此来分析均值变动对它的影响。

假设投资组合中各资产的收益的均值发生 $\Delta\boldsymbol{R}$ 变动，而协方差矩阵 $\boldsymbol{V}$ 未发生变动，那么依据马科维茨投资组合理论，可建立模型如下：

$$\min \frac{1}{2}\boldsymbol{W}^{\mathrm{T}}\boldsymbol{V}\boldsymbol{W}$$

约束条件为

$$\boldsymbol{W}^{\mathrm{T}}(\boldsymbol{R}+\Delta\boldsymbol{R})=E_P$$

$$\sum_{i=1}^{n}\omega_i=1$$

将变动的投资组合的收益率带入到模型中，根据拉格朗日方法，对上述模型进行求解，通过推导得到投资组合有效前沿曲线的模型如下

$$\sigma_P^2=\frac{C}{D_1}\left(E_P-\frac{A_1}{C}\right)^2+\frac{1}{C} \tag{9.7}$$

其中

$$A_1=\boldsymbol{e}^{\mathrm{T}}\boldsymbol{V}^{-1}(\boldsymbol{R}+\Delta\boldsymbol{R})=(\boldsymbol{R}+\Delta\boldsymbol{R})^{\mathrm{T}}\boldsymbol{V}^{-1}\boldsymbol{e}$$
$$B_1=(\boldsymbol{R}+\Delta\boldsymbol{R})^{\mathrm{T}}\boldsymbol{V}^{-1}(\boldsymbol{R}+\Delta\boldsymbol{R})$$
$$C=\boldsymbol{e}^{\mathrm{T}}\boldsymbol{V}^{-1}\boldsymbol{e}$$
$$D_1=B_1C-A_1^2$$

从有效前沿曲线模型中可以看出，在(σ_P,E_P)平面上，有效前沿曲线为一条双曲线，双曲线端点位置为$\left(\frac{1}{C},\frac{A_1}{C}\right)$，$\frac{A_1}{C}$反映了最小方差点的收益水平，而$\frac{1}{C}$反映了最小方差点的风险水平，$\frac{C}{D_1}$影响双曲线的弯曲程度。可以看出，当投资组合中资产的收益水平发生变动时，双曲线会发生上下移动，并且弯曲程度发生了变动，也就是说，在同样的风险水平下，投资组合的收益会发生变动。

由于问题的复杂性，本节仅对投资组合中某一项资产的收益发生变动的情况进行分析。假设某一项资产 i 的平均收益率由 R_i 变为 $r_i+\Delta R_i$，而该项资产的方差并未发生变动，与其他资产的协方差也未发生变化，因而整个协方差矩阵未改变。整个投资组合中资产的收益变动 $\Delta\boldsymbol{R}$ 为$(0,0,\cdots,0,\Delta R_i,0,\cdots,0)^{\mathrm{T}}$，进一步分析 ΔR_i 变动对$\frac{A_1}{C}$和$\frac{C}{D_1}$的影响，

即求$\dfrac{A}{C}$和$\dfrac{C}{D}$对R_i的偏导数。

由于C为常数，未发生变动，因而

$$\partial\left(\frac{A}{C}\right)\Big/\partial R_i=\frac{1}{C}\frac{\partial A}{\partial R_i}$$

$$\frac{\partial A}{\partial R_i}=\lim_{\Delta R_i\to 0}\frac{A_1-A}{\Delta R_i}=\lim_{\Delta R_i\to 0}\frac{(\boldsymbol{R}+\Delta\boldsymbol{R})^{\mathrm{T}}\boldsymbol{V}^{-1}\boldsymbol{e}-\boldsymbol{R}^{\mathrm{T}}\boldsymbol{V}^{-1}\boldsymbol{e}}{\Delta R_i}=\lim_{\Delta R_i\to 0}\frac{\Delta\boldsymbol{R}^{\mathrm{T}}\boldsymbol{V}^{-1}\boldsymbol{e}}{\Delta R_i}$$

为了方便计算，设定

$$\boldsymbol{V}^{-1}=\begin{pmatrix}V_{11} & V_{12} & \cdots & V_{1n}\\ V_{21} & V_{22} & \cdots & V_{2n}\\ \vdots & \vdots & & \vdots\\ V_{n1} & V_{n2} & \cdots & V_{nn}\end{pmatrix}$$

由于$\Delta\boldsymbol{R}$为$(0,0,\cdots,0,\Delta R_i,0,\cdots,0)^{\mathrm{T}}$，所以

$$\boldsymbol{V}^{-1}\Delta\boldsymbol{R}=\begin{pmatrix}V_{1i}\\ V_{2i}\\ \vdots\\ V_{ni}\end{pmatrix}\Delta R_i \tag{9.8}$$

$$\Delta\boldsymbol{R}^{\mathrm{T}}\boldsymbol{V}^{-1}\boldsymbol{e}=\boldsymbol{e}^{\mathrm{T}}\boldsymbol{V}^{-1}\Delta\boldsymbol{R}=\left(\sum_{j=1}^{n}V_{ji}\right)\Delta R_i$$

故

$$\frac{\partial A}{\partial R_i}=\lim_{\Delta R_i\to 0}\frac{\left(\sum_{j=1}^{n}V_{ji}\right)\Delta R_i}{\Delta R_i}=\sum_{j=1}^{n}V_{ji}$$

$$\partial\left(\frac{A}{C}\right)\Big/\partial R_i=\frac{1}{C}\frac{\partial A}{\partial R_i}=\frac{1}{C}\sum_{j=1}^{n}V_{ji}$$

下面分析双曲线弯曲程度对于某一项资产均值变动的敏感程度，即求$\dfrac{C}{D}$对R_i的偏导数，按照求导法则，有

$$\partial\left(\frac{C}{D}\right)\Big/\partial R_i=C\frac{-\partial D}{\partial R_i}\Big/D^2 \tag{9.9}$$

$$\begin{aligned}D_1&=B_1C-A_1^2=(\boldsymbol{R}+\Delta\boldsymbol{R})^{\mathrm{T}}\boldsymbol{V}^{-1}(\boldsymbol{R}+\Delta\boldsymbol{R})(\boldsymbol{e}^{\mathrm{T}}\boldsymbol{V}^{-1}\boldsymbol{e})-[(\boldsymbol{R}+\Delta\boldsymbol{R})^{\mathrm{T}}\boldsymbol{V}^{-1}\boldsymbol{e}]^2\\&=D+(2\boldsymbol{R}^{\mathrm{T}}\boldsymbol{V}^{-1}\Delta\boldsymbol{R}+\Delta\boldsymbol{R}^{\mathrm{T}}\boldsymbol{V}^{-1}\Delta\boldsymbol{R})C-2A(\Delta\boldsymbol{R}^{\mathrm{T}}\boldsymbol{V}^{-1}\boldsymbol{e})-(\Delta\boldsymbol{R}^{\mathrm{T}}\boldsymbol{V}^{-1}\boldsymbol{e})^2\end{aligned}$$

$$\frac{\partial D}{\partial R_i}=\lim_{\Delta R_i\to 0}\frac{D_1-D}{\Delta R_i}=\lim_{\Delta R_i\to 0}\frac{(2\boldsymbol{R}^{\mathrm{T}}\boldsymbol{V}^{-1}\Delta\boldsymbol{R}+\Delta\boldsymbol{R}^{\mathrm{T}}\boldsymbol{V}^{-1}\Delta\boldsymbol{R})C-2A(\Delta\boldsymbol{R}^{\mathrm{T}}\boldsymbol{V}^{-1}\boldsymbol{e})-(\Delta\boldsymbol{R}^{\mathrm{T}}\boldsymbol{V}^{-1}\boldsymbol{e})^2}{\Delta R_i}$$

由式(9.8)可知

$$\boldsymbol{R}^{\mathrm{T}}\boldsymbol{V}^{-1}\Delta\boldsymbol{R}=\left(\sum_{j=1}^{n}R_jV_{ji}\right)\Delta R_i$$

$$(\Delta\boldsymbol{R}^{\mathrm{T}}\boldsymbol{V}^{-1}\boldsymbol{e})^2=(\boldsymbol{e}^{\mathrm{T}}\boldsymbol{V}^{-1}\Delta\boldsymbol{R})^2=\left(\sum_{j=1}^{n}V_{ji}\right)^2\Delta R_i^2$$

$$\Delta\boldsymbol{R}^{\mathrm{T}}\boldsymbol{V}^{-1}\Delta\boldsymbol{R}=V_{ii}\Delta R_i^2$$

所以

$$\frac{\partial D}{\partial R_i}=\lim_{\Delta R_i\to 0}\frac{\left[2\left(\sum_{j=1}^{n}R_jV_{ji}\right)\Delta R_i+V_{ii}\Delta R_i^2\right]C-2A\left(\sum_{j=1}^{n}V_{ji}\right)\Delta R_i-\left(\sum_{j=1}^{n}V_{ji}\right)^2\Delta R_i}{\Delta R_i}$$

上式中存在 ΔR_i 的高阶项，当 ΔR_i 趋近于 0 时，对其取极限可得

$$\frac{\partial D}{\partial R_i}=2C\left(\sum_{j=1}^{n}R_jV_{ji}\right)-2A\sum_{j=1}^{n}V_{ji}$$

带入式(9.9)，整理得

$$\partial\left(\frac{C}{D}\right)\Big/\partial R_i=\frac{2C\left(A\sum_{j=1}^{n}V_{ji}-C\sum_{j=1}^{n}R_jV_{ji}\right)}{D^2}$$

通过推导，发现收益率的方差不变时，均值的变动改变顶点的纵坐标，而不影响顶点的横坐标，即仅影响最小方差点的收益水平。同时，当收益变动 1 个单位时，收益水平将发生 $\frac{1}{C}\sum_{j=1}^{n}V_{ji}$ 单位的改变，曲线的弯曲程度参数 $\frac{C}{D}$ 将会改变 $\frac{2C\left(A\sum_{j=1}^{n}V_{ji}-C\sum_{j=1}^{n}R_jV_{ji}\right)}{D^2}$ 单位。

我们得到关于投资组合有效前沿曲线参数的两个偏导数模型如下：

$$\partial\left(\frac{A}{C}\right)\Big/\partial R_i=\frac{1}{C}\sum_{j=1}^{n}V_{ji}\tag{9.10}$$

$$\partial\left(\frac{C}{D}\right)\Big/\partial R_i=\frac{2C\left(A\sum_{j=1}^{n}V_{ji}-C\sum_{j=1}^{n}R_jV_{ji}\right)}{D^2}\tag{9.11}$$

2. 均值不变－方差变动的有效前沿曲线模型

方差是影响马科维茨投资组合模型的重要因素，它的变动将直接导致有效前沿曲线发生移动，进而影响投资者的资产配置。为了研究的需要，本文假设投资组合的均值不发生变动，而仅仅方差发生变动，用数学方法分析方差变动对投资组合有效前沿曲线的影响。设定所有资产的收益率均值向量 $\boldsymbol{R}$ 未发生变动，而协方差阵 $\boldsymbol{V}$ 发生 $\Delta\boldsymbol{V}$ 变化，根据马科维茨投资组合理论可得

$$\min\frac{1}{2}\boldsymbol{W}^{\mathrm{T}}(\boldsymbol{V}+\Delta\boldsymbol{V})\boldsymbol{W}$$

约束条件为

$$\boldsymbol{W}^{\mathrm{T}}\boldsymbol{R}=E_P$$

$$\sum_{i=1}^{n}\omega_i=1$$

通过拉格朗日方法进行求解，得到方差变动时马科维茨投资组合有效前沿曲线模型为

$$\sigma_P^2=\frac{C_2}{D_2}\left(E_P-\frac{A_2}{C_2}\right)^2+\frac{1}{C_2}\tag{9.12}$$

其中

$$A_2 = \boldsymbol{e}^{\mathrm{T}}(\boldsymbol{V}+\Delta\boldsymbol{V})^{-1}\boldsymbol{R} = \boldsymbol{R}^{\mathrm{T}}(\boldsymbol{V}+\Delta\boldsymbol{V})^{-1}\boldsymbol{e}$$

$$B_2 = \boldsymbol{R}^{\mathrm{T}}(\boldsymbol{V}+\Delta\boldsymbol{V})^{-1}\boldsymbol{R}$$

$$C_2 = \boldsymbol{e}^{\mathrm{T}}(\boldsymbol{V}+\Delta\boldsymbol{V})^{-1}\boldsymbol{e}$$

$$D_2 = B_2C_2 - A_2^2$$

在后面的分析中，需要对$(\boldsymbol{V}+\Delta\boldsymbol{V})^{-1}$ 进行简化和近似

$$(\boldsymbol{V}+\Delta\boldsymbol{V})^{-1} = [\boldsymbol{V}(\boldsymbol{I}+\boldsymbol{V}^{-1}\Delta\boldsymbol{V})]^{-1} = (\boldsymbol{I}+\boldsymbol{V}^{-1}\Delta\boldsymbol{V})^{-1}\boldsymbol{V}^{-1}$$

$$(\boldsymbol{I}+\boldsymbol{V}^{-1}\Delta\boldsymbol{V})^{-1} = \boldsymbol{I} + (-\boldsymbol{V}^{-1}\Delta\boldsymbol{V}) + (-\boldsymbol{V}^{-1}\Delta\boldsymbol{V})^2 + \cdots + (-\boldsymbol{V}^{-1}\Delta\boldsymbol{V})^n + \cdots$$

由于

$$|\boldsymbol{V}^{-1}\Delta\boldsymbol{V}| \ll 1$$

对其取近似得到

$$(\boldsymbol{V}+\Delta\boldsymbol{V})^{-1} \approx (\boldsymbol{I}-\boldsymbol{V}^{-1}\Delta\boldsymbol{V})\boldsymbol{V}^{-1} = \boldsymbol{V}^{-1} - \boldsymbol{V}^{-1}\Delta\boldsymbol{V}\boldsymbol{V}^{-1}$$

所以在 $\Delta\boldsymbol{V}$ 很小时有

$$A_2 = \boldsymbol{e}^{\mathrm{T}}(\boldsymbol{V}^{-1} - \boldsymbol{V}^{-1}\Delta\boldsymbol{V}\boldsymbol{V}^{-1})\boldsymbol{R} = \boldsymbol{R}^{\mathrm{T}}(\boldsymbol{V}^{-1} - \boldsymbol{V}^{-1}\Delta\boldsymbol{V}\boldsymbol{V}^{-1})\boldsymbol{e}$$

$$B_2 = \boldsymbol{R}^{\mathrm{T}}(\boldsymbol{V}^{-1} - \boldsymbol{V}^{-1}\Delta\boldsymbol{V}\boldsymbol{V}^{-1})\boldsymbol{R}$$

$$C_2 = \boldsymbol{e}^{\mathrm{T}}(\boldsymbol{V}^{-1} - \boldsymbol{V}^{-1}\Delta\boldsymbol{V}\boldsymbol{V}^{-1})\boldsymbol{e}$$

$$D_2 = B_2C_2 - A_2^2$$

由式(9.12)可以看出，在(σ_P, E_P)平面上，有效前沿曲线作为一条双曲线，它的端点$\left(\frac{1}{C_2}, \frac{A_2}{D_2}\right)$以及双曲线的弯曲程度参数$\frac{C_2}{D_2}$均由于方差的变动而发生了改变。对于同样的组合，最小方差点的位置以及收益随着风险变动的幅度将会发生改变，也就是说，在同样的风险水平下，投资组合的收益也发生了改变。

下面本文依旧分析投资组合中某一项资产收益率的均值不变，方差发生变动时，投资组合的有效前沿曲线的变动情况。为了保证该项资产收益率的均值不变，我们可以设定收益率由 $\tilde{r}_i$ 变为$(1+\varepsilon)\tilde{r}_i+\delta$，那么该项资产的收益率的均值为$E[(1+\varepsilon)\tilde{r}_i+\delta]=(1+\varepsilon)R_i+\delta$。令$(1+\varepsilon)R_i+\delta=R_i$，要使均值不发生变动则需要保证$\delta=-\varepsilon R_i$，此时，给定一个 ε，就可以得到一个 δ，使均值未变。假设该项资产的标准差由 σ_i 变为$(1+\varepsilon)\sigma_i$，其与其他资产的协方差 σ_{ji} 则变为$(1+\varepsilon)\sigma_{ji}$，变动后的协方差矩阵 $\boldsymbol{V}+\Delta\boldsymbol{V}$ 如下：

$$\boldsymbol{V}+\Delta\boldsymbol{V} = \begin{pmatrix} \sigma_1^2 & \sigma_{12} & \cdots & (1+\varepsilon)\sigma_{1i} & \cdots & \sigma_{1n} \\ \sigma_{21} & \sigma_2^2 & \cdots & (1+\varepsilon)\sigma_{2i} & \cdots & \sigma_{2n} \\ \vdots & \vdots & & \vdots & & \vdots \\ (1+\varepsilon)\sigma_{i1} & (1+\varepsilon)\sigma_{i2} & \cdots & (1+\varepsilon)^2\sigma_i^2 & \cdots & (1+\varepsilon)\sigma_{in} \\ \vdots & \vdots & & \vdots & & \vdots \\ \sigma_{n1} & \sigma_{n2} & \cdots & (1+\varepsilon)\sigma_{ni} & \cdots & \sigma_n^2 \end{pmatrix}$$

由于

$$[(1+\varepsilon)^2-1]\sigma_i^2 \approx 2\varepsilon\sigma_i^2$$

所以有

$$\Delta \boldsymbol{V} \approx \begin{pmatrix} 0 & 0 & \cdots & \varepsilon\sigma_{1i} & \cdots & 0 \\ 0 & 0 & \cdots & \varepsilon\sigma_{2i} & \cdots & 0 \\ \vdots & \vdots & & \vdots & & \vdots \\ \varepsilon\sigma_{i1} & \varepsilon\sigma_{i2} & \cdots & \varepsilon\sigma_i^2 & \cdots & \varepsilon\sigma_{in} \\ \vdots & \vdots & & \vdots & & \vdots \\ 0 & 0 & \cdots & \varepsilon\sigma_{ni} & \cdots & 0 \end{pmatrix}$$

将 ε 提出后得到

$$\Delta \boldsymbol{V} \approx \begin{pmatrix} 0 & 0 & \cdots & \sigma_{1i} & \cdots & 0 \\ 0 & 0 & \cdots & \sigma_{2i} & \cdots & 0 \\ \vdots & \vdots & & \vdots & & \vdots \\ \sigma_{i1} & \sigma_{i2} & \cdots & 2\sigma_i^2 & \cdots & \sigma_{in} \\ \vdots & \vdots & & \vdots & & \vdots \\ 0 & 0 & \cdots & \sigma_{ni} & \cdots & 0 \end{pmatrix}$$

用 $\boldsymbol{U}_i$ 来替代上述矩阵可得

$$\Delta \boldsymbol{V} = \varepsilon \boldsymbol{U}_i$$

$\boldsymbol{U}_i$ 与方差变动参数无关，又记

$$(\boldsymbol{V}^{-1}\boldsymbol{U}_i\boldsymbol{V}^{-1}) = \boldsymbol{Q}_i$$

其中 $\boldsymbol{Q}_i$ 是 $n \times n$ 阶矩阵，所以

$$\boldsymbol{V}^{-1}\Delta\boldsymbol{V}\boldsymbol{V}^{-1} = \varepsilon(\boldsymbol{V}^{-1}\boldsymbol{U}_i\boldsymbol{V}^{-1}) = \varepsilon\boldsymbol{Q}_i$$

将上式带入 A_2, B_2, C_2 和 D_2 的表达式，得到

$$A_2 = A - \varepsilon \boldsymbol{e}^{\mathrm{T}}\boldsymbol{Q}_i\boldsymbol{R},\ B_2 = B - \varepsilon\boldsymbol{R}^{\mathrm{T}}\boldsymbol{Q}_i\boldsymbol{R},\ C_2 = C - \varepsilon\boldsymbol{e}^{\mathrm{T}}\boldsymbol{Q}_i\boldsymbol{e}$$

$$D_2 = BC - (B\boldsymbol{e}^{\mathrm{T}}\boldsymbol{Q}_i\boldsymbol{e} + C\boldsymbol{R}^{\mathrm{T}}\boldsymbol{Q}_i\boldsymbol{R})\varepsilon + o(\varepsilon) - A^2 + 2A\boldsymbol{e}^{\mathrm{T}}\boldsymbol{Q}_i\boldsymbol{R}\varepsilon + o(\varepsilon)$$

分析有效前沿曲线端点及弯曲程度对 ε 变动的敏感程度，首先 A, B, C 和 D 分别对 ε 求偏导，得到

$$\frac{\partial A}{\partial \varepsilon} = \lim_{\varepsilon \to 0}\frac{A_2 - A}{\varepsilon} = -\boldsymbol{e}^{\mathrm{T}}\boldsymbol{Q}_i\boldsymbol{R}$$

$$\frac{\partial B}{\partial \varepsilon} = \lim_{\varepsilon \to 0}\frac{B_2 - B}{\varepsilon} = -\boldsymbol{R}^{\mathrm{T}}\boldsymbol{Q}_i\boldsymbol{R}$$

$$\frac{\partial C}{\partial \varepsilon} = \lim_{\varepsilon \to 0}\frac{C_2 - C}{\varepsilon} = -\boldsymbol{e}^{\mathrm{T}}\boldsymbol{Q}_i\boldsymbol{e}$$

$$\frac{\partial D}{\partial \varepsilon} = \lim_{\varepsilon \to 0}\frac{D_2 - D}{\varepsilon} = -(B\boldsymbol{e}^{\mathrm{T}}\boldsymbol{Q}_i\boldsymbol{e} + C\boldsymbol{R}^{\mathrm{T}}\boldsymbol{Q}_i\boldsymbol{R}) + 2A\boldsymbol{e}^{\mathrm{T}}\boldsymbol{Q}_i\boldsymbol{R}$$

我们有

$$\partial\left(\frac{1}{C}\right)\Big/\partial\varepsilon = -\frac{1}{C^2}\frac{\partial C}{\partial \varepsilon}$$

$$\partial\left(\frac{A}{C}\right)\Big/\partial\varepsilon = \frac{1}{C^2}\left(\frac{\partial A}{\partial \varepsilon} - A\frac{\partial C}{\partial \varepsilon}\right)$$

$$\partial\left(\frac{C}{D}\right)\Big/\partial\varepsilon = \frac{1}{D^2}\left(D\frac{\partial C}{\partial \varepsilon} - C\frac{\partial D}{\partial \varepsilon}\right)$$

将前面得到的$\frac{\partial A}{\partial \varepsilon},\frac{\partial B}{\partial \varepsilon},\frac{\partial C}{\partial \varepsilon},\frac{\partial D}{\partial \varepsilon}$代入上面3个偏导数公式，经整理得到3个反映ε变动对曲线参数影响的偏导数模型为

$$\partial\left(\frac{1}{C}\right)\Big/\partial\varepsilon=\frac{1}{C^2}\boldsymbol{e}^{\mathrm{T}}\boldsymbol{Q}_i\boldsymbol{e} \tag{9.13}$$

$$\partial\left(\frac{A}{C}\right)\Big/\partial\varepsilon=\frac{A\boldsymbol{e}^{\mathrm{T}}\boldsymbol{Q}_i\boldsymbol{e}-C\boldsymbol{e}^{\mathrm{T}}\boldsymbol{Q}_i\boldsymbol{R}}{C^2} \tag{9.14}$$

$$\partial\left(\frac{C}{D}\right)\Big/\partial\varepsilon=\frac{C^2\boldsymbol{R}^{\mathrm{T}}\boldsymbol{Q}_i\boldsymbol{R}-2AC\boldsymbol{e}^{\mathrm{T}}\boldsymbol{Q}_i\boldsymbol{R}+(BC-D)\boldsymbol{e}^{\mathrm{T}}\boldsymbol{Q}_i\boldsymbol{e}}{D^2} \tag{9.15}$$

投资组合中某项资产的收益率不变，方差发生变动，将改变前沿曲线顶点的位置，以及曲线的弯曲程度。

均值和方差同时变动的有效前沿曲线模型。在实际的投资活动中，投资组合中资产的收益在大多数情况下会由于宏观因素以及个股因素的影响而发生变化，往往实际的均值和方差与能够获得的资产的历史收益率相比都发生变化，研究均值和方差同时变动后的马科维茨投资组合有效前沿曲线具有重要的意义。假设资产收益率的均值由$\boldsymbol{R}$变为$\boldsymbol{R}+\Delta\boldsymbol{R}$，收益率的协方差矩阵由$\boldsymbol{V}$变为$\boldsymbol{V}+\Delta\boldsymbol{V}$，依据马科维茨投资组合理论建立模型如下

$$\min\frac{1}{2}\boldsymbol{W}^{\mathrm{T}}(\boldsymbol{V}+\Delta\boldsymbol{V})\boldsymbol{W}$$

约束条件为

$$\boldsymbol{W}^{\mathrm{T}}(\boldsymbol{R}+\Delta\boldsymbol{R})=E_P$$

$$\sum_{i=1}^{n}\omega_i=1$$

对上式进行求解，得到有效前沿曲线模型为

$$\sigma_P^2=\frac{C_3}{D_3}\left(E_P-\frac{A_3}{C_3}\right)^2+\frac{1}{C_3} \tag{9.16}$$

其中

$$A_3=\boldsymbol{e}^{\mathrm{T}}(\boldsymbol{V}+\Delta\boldsymbol{V})^{-1}(\boldsymbol{R}+\Delta\boldsymbol{R})=(\boldsymbol{R}+\Delta\boldsymbol{R})^{\mathrm{T}}(\boldsymbol{V}+\Delta\boldsymbol{V})^{-1}\boldsymbol{e}$$

$$B_3=(\boldsymbol{R}+\Delta\boldsymbol{R})^{\mathrm{T}}(\boldsymbol{V}+\Delta\boldsymbol{V})^{-1}(\boldsymbol{R}+\Delta\boldsymbol{R}),C_3=\boldsymbol{e}^{\mathrm{T}}(\boldsymbol{V}+\Delta\boldsymbol{V})^{-1}\boldsymbol{e}$$

$$D_3=B_3C_3-A_3^2$$

由式(9.16)可以看出，当收益率的均值和方差均发生变动时，前沿曲线的端点$\left(\frac{1}{C_3},\frac{A_3}{C_3}\right)$以及双曲线的弯曲程度参数$\frac{C_3}{D_3}$均发生了变动，下面本章继续研究投资组合中某一项资产的收益率的均值和方差及与其他资产的协方差发生变动，分析整个曲线对其变动的敏感程度。

假设投资组合中某项资产i的均值发生ΔR_i变动，其中$\Delta R_i=\varepsilon$。标准差由σ_i变为$(1+\varepsilon)\sigma_i$，其与其他资产的协方差σ_{ji}则变为$(1+\varepsilon)\sigma_{ji}$，由于

$$\boldsymbol{V}^{-1}\Delta\boldsymbol{V}\boldsymbol{V}^{-1}=\varepsilon(\boldsymbol{V}^{-1}\boldsymbol{U}_i\boldsymbol{V}^{-1})=\varepsilon\boldsymbol{Q}_i$$

所以，可以得到

$$A_3 = \boldsymbol{e}^{\mathrm{T}}(\boldsymbol{V}+\Delta\boldsymbol{V})^{-1}(\boldsymbol{R}+\Delta\boldsymbol{R}) = (\boldsymbol{R}+\Delta\boldsymbol{R})^{\mathrm{T}}(\boldsymbol{V}+\Delta\boldsymbol{V})^{-1}\boldsymbol{e}$$
$$= \boldsymbol{e}^{\mathrm{T}}(\boldsymbol{V}^{-1}-\varepsilon\boldsymbol{Q}_i)(\boldsymbol{R}+\Delta\boldsymbol{R})$$
$$= \boldsymbol{e}^{\mathrm{T}}\boldsymbol{V}^{-1}\boldsymbol{R} + \boldsymbol{e}^{\mathrm{T}}\boldsymbol{V}^{-1}\Delta\boldsymbol{R} - \varepsilon\boldsymbol{e}^{\mathrm{T}}\boldsymbol{Q}_i\boldsymbol{R} - \varepsilon\boldsymbol{e}^{\mathrm{T}}\boldsymbol{Q}_i\Delta\boldsymbol{R}$$
$$= A + \Big(\sum_{j=1}^{n} V_{ji} - \boldsymbol{e}^{\mathrm{T}}\boldsymbol{Q}_i\boldsymbol{R}\Big)\varepsilon + o(\varepsilon)$$

$$B_3 = (\boldsymbol{R}+\Delta\boldsymbol{R})^{\mathrm{T}}(\boldsymbol{V}+\Delta\boldsymbol{V})^{-1}(\boldsymbol{R}+\Delta\boldsymbol{R})$$
$$= (\boldsymbol{R}+\Delta\boldsymbol{R})^{\mathrm{T}}(\boldsymbol{V}^{-1}-\varepsilon\boldsymbol{Q}_i)(\boldsymbol{R}+\Delta\boldsymbol{R})$$
$$= (\boldsymbol{R}^{\mathrm{T}}\boldsymbol{V}^{-1}\boldsymbol{R} + 2\boldsymbol{R}^{\mathrm{T}}\boldsymbol{V}^{-1}\Delta\boldsymbol{R} + \Delta\boldsymbol{R}^{\mathrm{T}}\boldsymbol{V}^{-1}\Delta\boldsymbol{R}) - \varepsilon(\boldsymbol{R}^{\mathrm{T}}\boldsymbol{Q}_i\boldsymbol{R} + 2\boldsymbol{R}^{\mathrm{T}}\boldsymbol{Q}_i\Delta\boldsymbol{R} + \Delta\boldsymbol{R}^{\mathrm{T}}\boldsymbol{Q}_i\Delta\boldsymbol{R})$$
$$= \Big[B + 2\Big(\sum_{j=1}^{n} R_j V_{ji}\Big)\varepsilon + o(\varepsilon)\Big] - \varepsilon\big[\boldsymbol{R}^{\mathrm{T}}\boldsymbol{Q}_i\boldsymbol{R} + o(\varepsilon)\big]$$
$$= B + \Big(2\sum_{j=1}^{n} R_j V_{ji} - \boldsymbol{R}^{\mathrm{T}}\boldsymbol{Q}_i\boldsymbol{R}\Big)\varepsilon + o(\varepsilon)$$

$$C_3 = \boldsymbol{e}^{\mathrm{T}}(\boldsymbol{V}+\Delta\boldsymbol{V})^{-1}\boldsymbol{e} = \boldsymbol{e}^{\mathrm{T}}(\boldsymbol{V}^{-1}-\varepsilon\boldsymbol{Q}_i)\boldsymbol{e} = C - \varepsilon\boldsymbol{e}^{\mathrm{T}}\boldsymbol{Q}_i\boldsymbol{e}$$

$$D_3 = B_3C_3 - A_3^2$$
$$= \Big[B + \Big(2\sum_{j=1}^{n} R_j V_{ji} - \boldsymbol{R}^{\mathrm{T}}\boldsymbol{Q}_i\boldsymbol{R}\Big)\varepsilon + o(\varepsilon)\Big]\big[C - \varepsilon\boldsymbol{e}^{\mathrm{T}}\boldsymbol{Q}_i\boldsymbol{e}\big] -$$
$$\Big[A + \Big(\sum_{j=1}^{n} V_{ji} - \boldsymbol{e}^{\mathrm{T}}\boldsymbol{Q}_i\boldsymbol{R}\Big)\varepsilon + o(\varepsilon)\Big]^2$$
$$= D - B\varepsilon\boldsymbol{e}^{\mathrm{T}}\boldsymbol{Q}_i\boldsymbol{e} + \Big(2\sum_{j=1}^{n} R_j V_{ji} - \boldsymbol{R}^{\mathrm{T}}\boldsymbol{Q}_i\boldsymbol{R}\Big)C\varepsilon - 2A\Big(\sum_{j=1}^{n} V_{ji} - \boldsymbol{e}^{\mathrm{T}}\boldsymbol{Q}_i\boldsymbol{R}\Big)\varepsilon + o(\varepsilon)$$

参数 A,B,C 和 D 分别对 ε 求偏导，得到

$$\frac{\partial A}{\partial\varepsilon} = \lim_{\varepsilon\to 0}\frac{A_3 - A}{\varepsilon} = \sum_{j=1}^{n} V_{ji} - \boldsymbol{e}^{\mathrm{T}}\boldsymbol{Q}_i\boldsymbol{R}$$

$$\frac{\partial B}{\partial\varepsilon} = \lim_{\varepsilon\to 0}\frac{B_3 - B}{\varepsilon} = \sum_{j=1}^{n} R_j V_{ji} - \boldsymbol{R}^{\mathrm{T}}\boldsymbol{Q}_i\boldsymbol{R}$$

$$\frac{\partial C}{\partial\varepsilon} = \lim_{\varepsilon\to 0}\frac{C_3 - C}{\varepsilon} = -\boldsymbol{e}^{\mathrm{T}}\boldsymbol{Q}_i\boldsymbol{e}$$

$$\frac{\partial D}{\partial\varepsilon} = \lim_{\varepsilon\to 0}\frac{D_3 - D}{\varepsilon} = -B\boldsymbol{e}^{\mathrm{T}}\boldsymbol{Q}_i\boldsymbol{e} + \Big(2\sum_{j=1}^{n} R_j V_{ji} - \boldsymbol{R}^{\mathrm{T}}\boldsymbol{Q}_i\boldsymbol{R}\Big)C - 2A\Big(\sum_{j=1}^{n} V_{ji} - \boldsymbol{e}^{\mathrm{T}}\boldsymbol{Q}_i\boldsymbol{R}\Big)$$

我们有

$$\partial\Big(\frac{1}{C}\Big)\Big/\partial\varepsilon = -\frac{1}{C^2}\frac{\partial C}{\partial\varepsilon}$$

$$\partial\Big(\frac{A}{C}\Big)\Big/\partial\varepsilon = \frac{1}{C^2}\Big(C\frac{\partial A}{\partial\varepsilon} - A\frac{\partial C}{\partial\varepsilon}\Big)$$

$$\partial\Big(\frac{C}{D}\Big)\Big/\partial\varepsilon = \frac{1}{D^2}\Big(D\frac{\partial C}{\partial\varepsilon} - C\frac{\partial D}{\partial\varepsilon}\Big)$$

将前面得到的$\frac{\partial A}{\partial\varepsilon},\frac{\partial B}{\partial\varepsilon},\frac{\partial C}{\partial\varepsilon},\frac{\partial D}{\partial\varepsilon}$代入上面 3 个偏导数公式，经整理得到了 3 个反映 ε 变动对前沿曲线的影响的变化率公式，即$\frac{1}{C},\frac{A}{C}$ 和$\frac{C}{D}$分别对 ε 求偏导，有

$$\partial\left(\frac{1}{C}\right)\Big/\partial\varepsilon=\frac{1}{C^2}\boldsymbol{e}^{\mathrm{T}}\boldsymbol{Q}_i\boldsymbol{e} \tag{9.17}$$

$$\partial\left(\frac{A}{C}\right)\Big/\partial\varepsilon=\frac{C\left(\sum_{j=1}^{n}V_{ji}-\boldsymbol{e}^{\mathrm{T}}\boldsymbol{Q}_i\boldsymbol{R}\right)+A\boldsymbol{e}^{\mathrm{T}}\boldsymbol{Q}_i\boldsymbol{e}}{C^2} \tag{9.18}$$

$$\partial\left(\frac{C}{D}\right)\Big/\partial\varepsilon=\frac{(BC-D)\boldsymbol{e}^{\mathrm{T}}\boldsymbol{Q}_i\boldsymbol{e}-C^2\left(2\sum_{j=1}^{n}R_jV_{ji}-\boldsymbol{R}^{\mathrm{T}}\boldsymbol{Q}_i\boldsymbol{R}\right)+2AC\left(\sum_{j=1}^{n}V_{ji}-\boldsymbol{e}^{\mathrm{T}}\boldsymbol{Q}_i\boldsymbol{R}\right)}{D^2} \tag{9.19}$$

收益率的均值和方差都发生变动时，投资组合有效前沿曲线同均值不变方差变动时一样，顶点和弯曲程度均发生改变，但是$\partial\left(\frac{1}{C}\right)\Big/\partial\varepsilon$在两种情况下是一样的，即曲线与均值不变方差变动时相比，仅发生了上下移动及弯曲程度改变。在收益率的均值和方差均发生改变时，投资者应该注意投资组合的面临的风险和收益的变动，以降低投资风险。

9.3.3　包含无风险资产的有效前沿曲线

1.均值变动－方差不变的有效前沿曲线

将资产在风险资产和无风险资产中配置，在投资组合中加入无风险资产，这能够有效地保证在获取一定的稳定收益的基础上控制投资风险，根据投资者风险偏好的不同而确定权重比例，满足其多样化的投资需求。在包含无风险资产的投资组合中，分析风险资产收益的均值和方差变动对前沿曲线的影响，能够使投资者有效地把握二者的变动对其投资收益的影响，进而有效地控制投资风险。下面本文通过设定风险资产收益的均值变动－方差不变模式来分析均值变动对有效前沿的影响。

假设投资组合中包含无风险资产和风险资产，保持无风险资产的收益率不变，风险资产的收益变动$\Delta\boldsymbol{R}$，而协方差矩阵$\boldsymbol{V}$未发生变动，那么，存在无风险资产的马科维茨投资组合模型如下

$$\min\frac{1}{2}\boldsymbol{W}^{\mathrm{T}}\boldsymbol{V}\boldsymbol{W}$$

约束条件为

$$\boldsymbol{W}^{\mathrm{T}}(\boldsymbol{R}+\Delta\boldsymbol{R})+(1-\boldsymbol{W}^{\mathrm{T}}\boldsymbol{e})r_{\mathrm{f}}=E_P$$

其中，$\boldsymbol{e}=(1,1,\cdots,1)^{\mathrm{T}}$。

根据拉格朗日方法，求解可得

$$\sigma_P^2=\boldsymbol{W}_P^{\mathrm{T}}\boldsymbol{V}\boldsymbol{W}_{\mathrm{P}}=\frac{(E_P-r_{\mathrm{f}})^2}{H_1} \tag{9.20}$$

其中

$$H_1=(\boldsymbol{R}+\Delta\boldsymbol{R})^{\mathrm{T}}\boldsymbol{V}^{-1}(\boldsymbol{R}+\Delta\boldsymbol{R})-2r_{\mathrm{f}}(\boldsymbol{R}+\Delta\boldsymbol{R})^{\mathrm{T}}\boldsymbol{V}^{-1}\boldsymbol{e}+r_{\mathrm{f}}^2\boldsymbol{e}^{\mathrm{T}}\boldsymbol{V}^{-1}\boldsymbol{e}=B_1-2A_1r_{\mathrm{f}}+Cr_{\mathrm{f}}^2$$

$$A_1=\boldsymbol{e}^{\mathrm{T}}\boldsymbol{V}^{-1}(\boldsymbol{R}+\Delta\boldsymbol{R})=(\boldsymbol{R}+\Delta\boldsymbol{R})^{\mathrm{T}}\boldsymbol{V}^{-1}\boldsymbol{e}$$

$$B_1=(\boldsymbol{R}+\Delta\boldsymbol{R})^{\mathrm{T}}\boldsymbol{V}^{-1}(\boldsymbol{R}+\Delta\boldsymbol{R})$$

$$C=\boldsymbol{e}^{\mathrm{T}}\boldsymbol{V}^{-1}\boldsymbol{e}$$

由式(9.20) 可以看出，在(σ_P，E_P) 平面上，前沿曲线为两条直线，有效前沿曲线为一条向上倾斜的直线，其斜率为

$$k_1=\sqrt{H_1}=\sqrt{B_1-2A_1r_f+Cr_f^2}$$

我们仍然分析投资组合中某一项风险资产均值变动而方差不变时对前沿曲线的影响。假设某项资产 i 的收益率由 $\boldsymbol{R}_i$ 变为 $\boldsymbol{R}_i+\Delta\boldsymbol{R}_i$，因而，只需要研究其变动对曲线斜率的影响，即求 k_1 对 ΔR_i 的偏导数为

$$\frac{\partial k_1}{\partial R_i}=\frac{\dfrac{\partial B}{\partial R_i}-2r_f\dfrac{\partial A}{\partial R_i}+r_f^2\dfrac{\partial C}{\partial R_i}}{2\sqrt{H}}$$

由前面知

$$\frac{\partial A}{\partial R_i}=\sum_{j=1}^{n}V_{ji},\frac{\partial B}{\partial R_i}=(\sum_{j=1}^{n}R_jV_{ji}),\frac{\partial C}{\partial R_i}=0$$

所以，可得 k_1 对 ΔR_i 的偏导数为

$$\frac{\partial k_1}{\partial R_i}=\frac{1}{2\sqrt{H}}(\sum_{j=1}^{n}R_jV_{ji}-2r_f\sum_{j=1}^{n}V_{ji}) \tag{9.21}$$

当投资组合中包含无风险资产时，有效前沿曲线为一条直线，其斜率的变动对于某项资产的收益的变动较为敏感。通过上面导出的公式(9.21) 我们知道前沿曲线斜率对收益变动的偏导数。

2. 均值不变 − 方差变动的有效前沿曲线

当组合中包含无风险资产时，风险资产的收益率的方差变动直接影响着整个投资组合的风险。由于在投资组合中配置无风险资产的投资者大多对风险承受能力相对较低，因而风险资产方差的变动对其产生的影响更大，它将直接影响着投资者的投资选择以及投资组合的资产配置。下面本节将分析投资组合中包含无风险资产时方差变动对前沿曲线参数的影响。

设定投资组合的收益率均值的向量 $\boldsymbol{R}$ 未发生变动，无风险资产收益率不变，而协方差矩阵 $\mathbf{V}$ 由于资产 i 的收益率的方差的变化而发生 $\Delta\mathbf{V}$ 变化，那么相应的马科维茨投资组合模型为

$$\min\frac{1}{2}\boldsymbol{W}^{\mathrm{T}}(\mathbf{V}+\Delta\mathbf{V})\boldsymbol{W}$$

约束条件为

$$\boldsymbol{W}^{\mathrm{T}}\boldsymbol{R}+(1-\boldsymbol{W}^{\mathrm{T}}\boldsymbol{e})r_f=E_P$$

其中，$\boldsymbol{e}=(1,1,\cdots,1)^{\mathrm{T}}$。

对其进行求解，可得

$$\sigma_P^2=\boldsymbol{W}_P^{\mathrm{T}}(\mathbf{V}+\Delta\mathbf{V})\boldsymbol{W}_P=\frac{(E_P-r_f)^2}{H_2} \tag{9.22}$$

其中

$$H_2=\boldsymbol{R}^{\mathrm{T}}(\mathbf{V}+\Delta\mathbf{V})^{-1}\boldsymbol{R}-2r_f\boldsymbol{R}(\mathbf{V}+\Delta\mathbf{V})^{-1}\boldsymbol{e}+r_f^2\boldsymbol{e}(\mathbf{V}+\Delta\mathbf{V})^{-1}\boldsymbol{e}=B_2-2A_2r_f+C_2r_f^2$$

$$A_2=\boldsymbol{e}^{\mathrm{T}}(\mathbf{V}^{-1}-\mathbf{V}^{-1}\Delta\mathbf{V}\mathbf{V}^{-1})\boldsymbol{R}=\boldsymbol{R}^{\mathrm{T}}(\mathbf{V}^{-1}-\mathbf{V}^{-1}\Delta\mathbf{V}\mathbf{V}^{-1})\boldsymbol{e}$$

$$B_2 = \boldsymbol{R}^{\mathrm{T}}(\boldsymbol{V}^{-1} - \boldsymbol{V}^{-1}\Delta\boldsymbol{V}\boldsymbol{V}^{-1})\boldsymbol{R}$$

$$C_2 = \boldsymbol{e}^{\mathrm{T}}(\boldsymbol{V}^{-1} - \boldsymbol{V}^{-1}\Delta\boldsymbol{V}\boldsymbol{V}^{-1})\boldsymbol{e}$$

当投资组合中资产 i 的收益率的方差变动时,有效前沿曲线斜率为

$$k_2 = \sqrt{H_2} = \sqrt{B_2 - 2A_2 r_{\mathrm{f}} + C_2 r_{\mathrm{f}}^2}$$

如9.3.2小节,我们研究投资组合的情况,某一项风险资产 i 的收益率的均值不变,标准差由 σ_i 变为 $(1+\varepsilon)\sigma_i$,分析 ε 变动对斜率的影响,有

$$\frac{\partial k_2}{\partial \varepsilon} = \frac{\dfrac{\partial B}{\partial \varepsilon} - 2r_{\mathrm{f}}\dfrac{\partial A}{\partial \varepsilon} + r_{\mathrm{f}}^2\dfrac{\partial C}{\partial \varepsilon}}{2\sqrt{H}}$$

由上面可知

$$\frac{\partial A}{\partial \varepsilon} = -\boldsymbol{e}^{\mathrm{T}}\boldsymbol{Q}_i\boldsymbol{R},\ \frac{\partial B}{\partial \varepsilon} = -\boldsymbol{R}^{\mathrm{T}}\boldsymbol{Q}_i\boldsymbol{R},\ \frac{\partial C}{\partial \varepsilon} = -\boldsymbol{e}^{\mathrm{T}}\boldsymbol{Q}_i\boldsymbol{e}$$

$$(\boldsymbol{V}^{-1}\boldsymbol{U}_i\boldsymbol{V}^{-1}) = \boldsymbol{Q}_i$$

$$\boldsymbol{U}_i = \begin{pmatrix} 0 & 0 & \cdots & \sigma_{1i} & \cdots & 0 \\ 0 & 0 & \cdots & \sigma_{2i} & \cdots & 0 \\ \vdots & \vdots & & \vdots & & \vdots \\ \sigma_{i1} & \sigma_{i2} & \cdots & 2\sigma_i^2 & \cdots & \sigma_{in} \\ 0 & 0 & \cdots & \sigma_{ni} & \cdots & 0 \end{pmatrix}$$

所以,可得 k_2 对 ε 的偏导为

$$\frac{\partial k_2}{\partial \varepsilon} = \frac{1}{2\sqrt{H}}(-\boldsymbol{R}^{\mathrm{T}}\boldsymbol{Q}_i\boldsymbol{R} + 2r_{\mathrm{f}}\boldsymbol{e}^{\mathrm{T}}\boldsymbol{Q}_i\boldsymbol{R} - r_{\mathrm{f}}^2\boldsymbol{e}^{\mathrm{T}}\boldsymbol{Q}_i\boldsymbol{e}) \tag{9.23}$$

投资组合中某项资产的方差的变动将会使有效前沿曲线的斜率发生变动,通过推导我们得到了前沿曲线斜率对方差变动的偏导数模型。

3. 均值和方差同时变动的有效前沿曲线

在现实的金融市场中存在各种因素的影响,导致在更多的情况下金融资产的收益率的均值和方差均发生一定程度的变动,不能仅仅采用历史数据来进行计算。在投资组合中加入无风险资产时,分析投资组合中风险资产的收益率的均值和方差变动对前沿曲线的影响。我们假设由于资产 i 的变化导致风险资产收益的均值 $\boldsymbol{R}$ 变为 $\boldsymbol{R}+\Delta\boldsymbol{R}$,协方差矩阵由 $\boldsymbol{V}$ 变为 $\boldsymbol{V}+\Delta\boldsymbol{V}$,那么可以得到相应的马科维茨投资组合模型如下

$$\min \frac{1}{2}\boldsymbol{W}^{\mathrm{T}}(\boldsymbol{V}+\Delta\boldsymbol{V})\boldsymbol{W}$$

约束条件为

$$\boldsymbol{W}^{\mathrm{T}}(\boldsymbol{R}+\Delta\boldsymbol{R}) + (1-\boldsymbol{W}^{\mathrm{T}}\boldsymbol{e})r_{\mathrm{f}} = E_P$$

其中,$\boldsymbol{e} = (1,1,\cdots,1)^{\mathrm{T}}$

求解可得

$$\sigma_P^2 = \boldsymbol{W}_P^{\mathrm{T}}(\boldsymbol{V}+\Delta\boldsymbol{V})\boldsymbol{W}_P = \frac{(E_P - r_{\mathrm{f}})^2}{H_3} \tag{9.24}$$

其中

$$H_3=(\boldsymbol{R}+\Delta\boldsymbol{R})^{\mathrm{T}}(\boldsymbol{V}+\Delta\boldsymbol{V})^{-1}(\boldsymbol{R}+\Delta\boldsymbol{R})-2r_{\mathrm{f}}(\boldsymbol{R}+\Delta\boldsymbol{R})(\boldsymbol{V}+\Delta\boldsymbol{V})^{-1}\boldsymbol{e}+r_{\mathrm{f}}^2\boldsymbol{e}(\boldsymbol{V}+\Delta\boldsymbol{V})^{-1}\boldsymbol{e}$$
$$=B_3-2A_3r_{\mathrm{f}}+C_3r_{\mathrm{f}}^2$$
$$A_3=\boldsymbol{e}^{\mathrm{T}}(\boldsymbol{V}+\Delta\boldsymbol{V})^{-1}(\boldsymbol{R}+\Delta\boldsymbol{R})=(\boldsymbol{R}+\Delta\boldsymbol{R})(\boldsymbol{V}+\Delta\boldsymbol{V})^{-1}\boldsymbol{e}$$
$$B_3=(\boldsymbol{R}+\Delta\boldsymbol{R})^{\mathrm{T}}(\boldsymbol{V}+\Delta\boldsymbol{V})^{-1}(\boldsymbol{R}+\Delta\boldsymbol{R})$$
$$C_3=\boldsymbol{e}^{\mathrm{T}}(\boldsymbol{V}+\Delta\boldsymbol{V})^{-1}\boldsymbol{e}$$

风险资产的均值和方差均发生变动时，前沿曲线的斜率为

$$k_3=\sqrt{H_3}=\sqrt{B_3-2A_3r_{\mathrm{f}}+C_3r_{\mathrm{f}}^2}$$

如 9.3.2 小节，我们仍然研究投资组合中某一项风险资产的均值和方差发生变动，假设收益率的均值发生 ΔR_i 变动，其中 $\Delta R_i=\varepsilon$，标准差由 σ_i 变为 $(1+\varepsilon)\sigma_i$，它与其他资产的协方差 σ_{ji} 则变为 $(1+\varepsilon)\sigma_{ji}$，可知

$$\frac{\partial k_3}{\partial\varepsilon}=\frac{\dfrac{\partial B}{\partial\varepsilon}-2r_{\mathrm{f}}\dfrac{\partial A}{\partial\varepsilon}+r_{\mathrm{f}}^2\dfrac{\partial C}{\partial\varepsilon}}{2\sqrt{H}}$$

由上面知

$$\frac{\partial A}{\partial\varepsilon}=\sum_{j=1}^{n}V_{ji}-\boldsymbol{e}^{\mathrm{T}}\boldsymbol{Q}_i\boldsymbol{R},\ \frac{\partial B}{\partial\varepsilon}=2\sum_{j=1}^{n}R_jV_{ji}-\boldsymbol{R}^{\mathrm{T}}\boldsymbol{Q}_i\boldsymbol{R},\ \frac{\partial C}{\partial\varepsilon}=-\boldsymbol{e}^{\mathrm{T}}\boldsymbol{Q}_i\boldsymbol{e}$$
$$(\boldsymbol{V}^{-1}\boldsymbol{U}_i\boldsymbol{V}^{-1})=\boldsymbol{Q}_i$$
$$\boldsymbol{U}_i=\begin{pmatrix}0&0&\cdots&\sigma_{1i}&\cdots&0\\0&0&\cdots&\sigma_{2i}&\cdots&0\\\vdots&\vdots&&\vdots&&\vdots\\\sigma_{i1}&\sigma_{i2}&\cdots&2\sigma_i^2&\cdots&\sigma_{in}\\0&0&\cdots&\sigma_{ni}&\cdots&0\end{pmatrix}$$

所以，可得 k_3 对 ε 的偏导数公式如下：

$$\frac{\partial k_3}{\partial\varepsilon}=\frac{1}{2\sqrt{H}}\left[\left(2\sum_{j=1}^{n}R_jV_{ji}-\boldsymbol{R}^{\mathrm{T}}\boldsymbol{Q}_i\boldsymbol{R}\right)-2r_{\mathrm{f}}\left(\sum_{j=1}^{n}V_{ji}-\boldsymbol{e}^{\mathrm{T}}\boldsymbol{Q}_i\boldsymbol{R}\right)-r_{\mathrm{f}}^2\boldsymbol{e}^{\mathrm{T}}\boldsymbol{Q}_i\boldsymbol{e}\right]\quad(9.25)$$

当投资组合中某项资产的收益率的均值和方差均发生变动时，将直接影响着有效前沿曲线的斜率。通过模型可以看出，相对于仅仅均值变动和仅仅方差变动时，前沿曲线斜率的变动公式更复杂。

9.4　均值和方差变动的最优投资组合模型构建

9.4.1　最优投资组合模型

在传统的马科维茨投资组合理论中，通过严格的数学推导得到了不包含无风险资产和包含无风险资产的前沿曲线，两条曲线相切于一点，该切点处的资产组合即为最优投资组合(图 9.3)。最优投资组合 T 具有重要的经济意义，因为在适当的假设条件下 T 就是市场组合。在有效边界 FT 上，T 是有效投资组合中唯一一个仅由风险资产构成而不含无风险资产的投资组合；同时，在有效边界 FT 上，任意的证券组合均可以被视为无风险

资产 F 和 T 的再组合。组合 T 作为切点组合，与投资者偏好无关，完全是由市场确定的。所有的投资者拥有相同的有效边界，最优证券组合的位置仅与资产收益率的均值和方差有关。最优投资组合 T 的上述特征决定了其在投资组合理论中占有重要的地位。下面将重点分析均值和方差变动对最优投资组合 T 的影响。

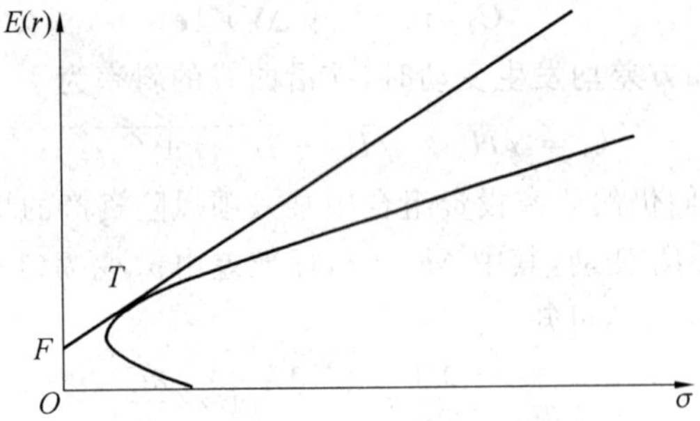

图 9.3 无风险资产和风险资产的组合线

根据前面的讨论我们知道，在马科维茨投资组合理论中，当投资组合中包含无风险资产时风险最小的投资组合为

$$\boldsymbol{W}_P=\frac{E_P-r_f}{(\boldsymbol{R}-\boldsymbol{e}r_f)^{\mathrm{T}}\boldsymbol{V}^{-1}(\boldsymbol{R}-\boldsymbol{e}r_f)}\boldsymbol{V}^{-1}(\boldsymbol{R}-\boldsymbol{e}\,r_f) \tag{9.26}$$

当 E_P-r_f 取不同的值时，就得到了存在无风险资产时的前沿资产组合。当 $E_P-r_f=0$ 时，即组合的预期收益率等于无风险资产的收益率，那么可知投资组合中的风险资产的比重为 0，此时，在组合中仅配置无风险资产。当 $E_P-r_f=[(\boldsymbol{R}-\boldsymbol{e}r_f)^{\mathrm{T}}\boldsymbol{V}^{-1}(\boldsymbol{R}-\boldsymbol{e}r_f)]/[\boldsymbol{e}^{\mathrm{T}}\boldsymbol{V}^{-1}(\boldsymbol{R}-\boldsymbol{e}r_f)]$ 时，无风险资产在整个组合中的比重为 0，投资组合中只包含风险资产。将上式带入模型(9.26)中，可以得到切点组合即最优投资组合的模型为

$$\boldsymbol{W}_e=\frac{1}{\boldsymbol{e}^{\mathrm{T}}\boldsymbol{V}^{-1}(\boldsymbol{R}-\boldsymbol{e}r_f)}\boldsymbol{V}^{-1}(\boldsymbol{R}-\boldsymbol{e}r_f) \tag{9.27}$$

收益率均值和方差发生变动时将会影响不包含无风险资产和包含无风险资产的投资组合前沿曲线的位置，使两条曲线的切点发生改变，进而会对最优投资组合中各资产的投资比例造成影响，最优投资组合的收益以及其面临的风险也会因此发生改变。由式(9.27)可以得到最优投资组合的收益和风险模型。

最优投资组合的收益模型为

$$R_e=\boldsymbol{W}_e^{\mathrm{T}}\boldsymbol{R}=\frac{1}{\boldsymbol{e}^{\mathrm{T}}\boldsymbol{V}^{-1}(\boldsymbol{R}-\boldsymbol{e}r_f)}(\boldsymbol{R}-\boldsymbol{e}r_f)^{\mathrm{T}}\boldsymbol{V}^{-1}\boldsymbol{R} \tag{9.28}$$

最优投资组合的风险模型为

$$\sigma_e^2=\boldsymbol{W}_e^{\mathrm{T}}\boldsymbol{V}\boldsymbol{W}_e=\frac{1}{[\boldsymbol{e}^{\mathrm{T}}\boldsymbol{V}^{-1}(\boldsymbol{R}-\boldsymbol{e}r_f)]^2}(\boldsymbol{R}-\boldsymbol{e}r_f)^{\mathrm{T}}\boldsymbol{V}^{-1}(\boldsymbol{R}-\boldsymbol{e}r_f) \tag{9.29}$$

9.4.2 均值和方差变动的最优投资组合收益模型

均值和方差的变动导致最优投资组合的收益变动，影响着投资者最终的收益水平。根据上文的研究，本节将继续分析投资组合中单个资产的均值变动、方差变动及均值和方差同时变动三种情况下对最优投资组合收益的影响。

1. 均值变动－方差不变的最优投资组合收益模型

我们研究均值变动方而方差不变的最优投资组合收益模型，由式(9.28)知最优投资组合的收益为

$$R_e - \frac{1}{\boldsymbol{e}^{\mathrm{T}}\boldsymbol{V}^{-1}(\boldsymbol{R}-\boldsymbol{e}r_{\mathrm{f}})}(\boldsymbol{R}-\boldsymbol{e}r_{\mathrm{f}})^{\mathrm{T}}\boldsymbol{V}^{-1}\boldsymbol{R} - \frac{B-r_{\mathrm{f}}A}{A-r_{\mathrm{f}}C}$$

当某项资产的收益率由 R_i 变为 $R_i+\Delta R_i$ 而方差不变，均值变动将会对最优投资组合收益产生影响，求 R_e 对 R_i 的偏导数，有

$$\frac{\partial R_e}{\partial R_i}=\frac{\left(\frac{\partial B}{\partial R_i}-r_{\mathrm{f}}\frac{\partial A}{\partial R_i}\right)(A-r_{\mathrm{f}}C)-(B-r_{\mathrm{f}}A)\left(\frac{\partial A}{\partial R_i}-r_{\mathrm{f}}\frac{\partial C}{\partial R_i}\right)}{(A-r_{\mathrm{f}}C)^2} \tag{9.30}$$

由 9.3.2 小节中导出的关系式知

$$\frac{\partial A}{\partial R_i}=\sum_{j=1}^{n}V_{ji},\frac{\partial B}{\partial R_i}=\left(\sum_{j=1}^{n}R_jV_{ji}\right),\frac{\partial C}{\partial R_i}=0$$

带入式(9.30)，可以得到投资组合中某项资产均值变动而方差不变时，最优投资组合收益的偏导数模型为

$$\frac{\partial R_e}{\partial R_i}=\frac{\left(\sum_{j=1}^{n}R_jV_{ji}-r_{\mathrm{f}}\sum_{j=1}^{n}V_{ji}\right)(A-r_{\mathrm{f}}C)-(B-r_{\mathrm{f}}A)\left(\sum_{j=1}^{n}V_{ji}\right)}{(A-r_{\mathrm{f}}C)^2} \tag{9.31}$$

2. 均值不变－方差变动的最优投资组合收益模型

在投资组合中，某一项风险资产收益率的均值不变，标准差由 σ_i 变为 $(1+\varepsilon)\sigma_i$ 时，下面分析其变动对最优投资组合收益的影响，有

$$\frac{\partial R_e}{\partial \varepsilon}=\frac{\left(\frac{\partial B}{\partial \varepsilon}-r_{\mathrm{f}}\frac{\partial A}{\partial \varepsilon}\right)(A-r_{\mathrm{f}}C)-(B-r_{\mathrm{f}}A)\left(\frac{\partial A}{\partial \varepsilon}-r_{\mathrm{f}}\frac{\partial C}{\partial \varepsilon}\right)}{(A-r_{\mathrm{f}}C)^2} \tag{9.32}$$

由 9.3.2 小节中导出的关系式可知

$$\frac{\partial A}{\partial \varepsilon}=-\boldsymbol{e}^{\mathrm{T}}\boldsymbol{Q}_i\boldsymbol{R},\frac{\partial B}{\partial \varepsilon}=-\boldsymbol{R}^{\mathrm{T}}\boldsymbol{Q}_i\boldsymbol{R},\frac{\partial C}{\partial \varepsilon}=-\boldsymbol{e}^{\mathrm{T}}\boldsymbol{Q}_i\boldsymbol{e}$$

$$(\boldsymbol{V}^{-1}\boldsymbol{U}_i\boldsymbol{V}^{-1})=\boldsymbol{Q}_i$$

$$\boldsymbol{U}_i=\begin{pmatrix}0 & 0 & \cdots & \sigma_{1i} & \cdots & 0\\ 0 & 0 & \cdots & \sigma_{2i} & \cdots & 0\\ \vdots & \vdots & & \vdots & & \vdots\\ \sigma_{i1} & \sigma_{i2} & \cdots & 2\sigma_i^2 & \cdots & \sigma_{in}\\ 0 & 0 & \cdots & \sigma_{ni} & \cdots & 0\end{pmatrix}$$

所以，可得最优投资组合收益 R_e 对 ε 的导数为

$$\frac{\partial R_e}{\partial \varepsilon}=\frac{[r_{\mathrm{f}}(\boldsymbol{e}^{\mathrm{T}}\boldsymbol{Q}_i\boldsymbol{R})-\boldsymbol{R}^{\mathrm{T}}\boldsymbol{Q}_i\boldsymbol{R}](A-r_{\mathrm{f}}C)-(B-r_{\mathrm{f}}A)[r_{\mathrm{f}}(\boldsymbol{e}^{\mathrm{T}}\boldsymbol{Q}_i\boldsymbol{e})-\boldsymbol{e}^{\mathrm{T}}\boldsymbol{Q}_i\boldsymbol{R}]}{(A-r_{\mathrm{f}}C)^2} \tag{9.33}$$

3. 均值和方差同时变动的最优投资组合收益模型

投资组合中某项资产的收益率的均值发生 ΔR_i 变动，其中 $\Delta R_i=\varepsilon$，标准差由 σ_i 变为 $(1+\varepsilon)\sigma_i$，其与其他资产的协方差 σ_{ji} 则变为 $(1+\varepsilon)\sigma_{ji}$ 时，分析均值和方差同时变动对最

优投资组合收益的影响,即对 ε 求偏导得

$$\frac{\partial R_e}{\partial \varepsilon}=\frac{\left(\frac{\partial B}{\partial \varepsilon}-r_f\frac{\partial A}{\partial \varepsilon}\right)(A-r_fC)-(B-r_fA)\left(\frac{\partial A}{\partial \varepsilon}-r_f\frac{\partial C}{\partial \varepsilon}\right)}{(A-r_fC)^2} \tag{9.34}$$

由 9.3.3 节中导出的关系式知

$$\frac{\partial A}{\partial \varepsilon}=\sum_{j=1}^{n}V_{ji}-\boldsymbol{e}^{\mathrm{T}}\boldsymbol{Q}_i\boldsymbol{R},\ \frac{\partial B}{\partial \varepsilon}=2\sum_{j=1}^{n}R_jV_{ji}-\boldsymbol{R}^{\mathrm{T}}\boldsymbol{Q}_i\boldsymbol{R},\ \frac{\partial C}{\partial \varepsilon}=-\boldsymbol{e}^{\mathrm{T}}\boldsymbol{Q}_i\boldsymbol{e}$$

$$(\boldsymbol{V}^{-1}\boldsymbol{U}_i\boldsymbol{V}^{-1})=\boldsymbol{Q}_i$$

$$\boldsymbol{U}_i=\begin{pmatrix}0 & 0 & \cdots & \sigma_{1i} & \cdots & 0\\ 0 & 0 & \cdots & \sigma_{2i} & \cdots & 0\\ \vdots & \vdots & & \vdots & & \vdots\\ \sigma_{i1} & \sigma_{i2} & \cdots & 2\sigma_i^2 & \cdots & \sigma_{in}\\ 0 & 0 & \cdots & \sigma_{ni} & \cdots & 0\end{pmatrix}$$

所以,可得均值和方差同时变动时最优投资组合的收益变动模型为

$$\frac{\partial R_e}{\partial \varepsilon}=\frac{\left[\left(2\sum_{j=1}^{n}R_jV_{ji}-\boldsymbol{R}^{\mathrm{T}}\boldsymbol{Q}_i\boldsymbol{R}\right)-r_f\left(\sum_{j=1}^{n}V_{ji}-\boldsymbol{e}^{\mathrm{T}}\boldsymbol{Q}_i\boldsymbol{R}\right)\right]}{(A-r_fC)}-\frac{(B-r_fA)\left[\left(\sum_{j=1}^{n}V_{ji}-\boldsymbol{e}^{\mathrm{T}}\boldsymbol{Q}_i\boldsymbol{R}\right)+r_f(\boldsymbol{e}^{\mathrm{T}}\boldsymbol{Q}_i\boldsymbol{e})\right]}{(A-r_fC)^2} \tag{9.35}$$

当投资组合中某项资产的均值变动、方差变动及均值和方差同时变动时,最优投资组合的收益将会发生改变,采用历史的收益率计算时,得到的最优投资组合的收益率并非是最优的,与实际的最优投资组合的收益存在着一定的差异,直接影响着投资者的收益水平。

9.4.3 均值和方差变动的最优投资组合风险模型

最优投资组合的方差受到投资组合中资产的均值和方差两个因素的影响,两者的变动通过影响投资组合中的资产权重配置,进而影响着投资决策的风险水平。分析其二者变动对最优投资组合方差的影响有利于投资者更好地控制风险。本节延续上文的研究,分析投资组合中某个资产的收益率的均值变动、方差变动及均值和方差同时变动 3 种情况下,对最优投资组合风险产生的影响。

1. 均值变动－方差不变的最优投资组合风险模型

分析投资组合中某项资产的均值变动对最优投资组合风险的影响,由式(9.29)可得

$$\sigma_e^2=\frac{1}{[\boldsymbol{e}^{\mathrm{T}}\boldsymbol{V}^{-1}(\boldsymbol{R}-\boldsymbol{e}r_f)]^2}(\boldsymbol{R}-\boldsymbol{e}r_f)^{\mathrm{T}}\boldsymbol{V}^{-1}(\boldsymbol{R}-\boldsymbol{e}r_f)=\frac{B-2r_fA+r_f^2C}{(A-r_fC)^2}$$

当投资组合中某项资产的收益率由 R_i 变为 $R_i+\Delta R_i$ 而方差未变时,求 σ_e^2 对 R_i 的偏导数,分析 R_i 变动对方差的影响,有

$$\frac{\partial \sigma_e^2}{\partial R_i}=\frac{\frac{\partial B}{\partial R_i}-2r_f\frac{\partial A}{\partial R_i}+r_f^2\frac{\partial C}{\partial R_i}}{(A-r_fC)^2}-\frac{2(B-2r_fA+r_f^2C)\left(\frac{\partial A}{\partial R_i}-r_f\frac{\partial C}{\partial R_i}\right)}{(A-r_fC)^3}$$

由 9.3.2 节可知

$$\frac{\partial A}{\partial R_i}=\sum_{j=1}^{n}V_{ji},\frac{\partial B}{\partial R_i}=\left(\sum_{j=1}^{n}R_jV_{ji}\right),\frac{\partial C}{\partial R_i}=0$$

所以，可得最优投资组合风险 σ_e^2 对于某项资产收益 R_i 的变动的偏导数模型为

$$\frac{\partial\sigma_e^2}{\partial R_i}=\frac{\sum_{j=1}^{n}R_jV_{ji}-2r_f\sum_{j=1}^{n}V_{ji}}{(A-r_fC)^2}-\frac{2(B-2r_fA+r_f^2C)\left(\sum_{j=1}^{n}V_{ji}\right)}{(A-r_fC)^3}\tag{9.36}$$

2. 均值不变－方差变动的最优投资组合风险模型

当投资组合中某一项风险资产的均值不变，标准差由 σ_i 变为 $(1+\varepsilon)\sigma_i$ 时，分析其变动对最优投资组合方差的影响为

$$\frac{\partial\sigma_e^2}{\partial\varepsilon}=\frac{\frac{\partial B}{\partial\varepsilon}-2r_f\frac{\partial A}{\partial\varepsilon}+r_f^2\frac{\partial C}{\partial\varepsilon}}{(A-r_fC)^2}-\frac{2(B-2r_fA+r_f^2C)\left(\frac{\partial A}{\partial\varepsilon}-r_f\frac{\partial C}{\partial\varepsilon}\right)}{(A-r_fC)^3}$$

由 9.3.2 小节可知

$$\frac{\partial A}{\partial\varepsilon}=-\boldsymbol{e}^{\mathrm{T}}\boldsymbol{Q}_i\boldsymbol{R},\frac{\partial B}{\partial\varepsilon}=-\boldsymbol{R}^{\mathrm{T}}\boldsymbol{Q}_i\boldsymbol{R},\frac{\partial C}{\partial\varepsilon}=-\boldsymbol{e}^{\mathrm{T}}\boldsymbol{Q}_i\boldsymbol{e}$$

$$(\boldsymbol{V}^{-1}\boldsymbol{U}_i\boldsymbol{V}^{-1})=\boldsymbol{Q}_i$$

$$\boldsymbol{U}_i=\begin{bmatrix}0&0&\cdots&\sigma_{1i}&\cdots&0\\0&0&\cdots&\sigma_{2i}&\cdots&0\\\vdots&\vdots&&\vdots&&\\\sigma_{i1}&\sigma_{i2}&\cdots&2\sigma_i^2&\cdots&\sigma_{in}\\0&0&\cdots&\sigma_{ni}&\cdots&0\end{bmatrix}$$

那么，可以得到投资组合中某项资产均值不变风险变动的最优投资组合风险模型为

$$\frac{\partial\sigma_e^2}{\partial\varepsilon}=\frac{2(B-2r_fA+r_f^2C)(\boldsymbol{e}^{\mathrm{T}}\boldsymbol{Q}_i\boldsymbol{R}-r_f\boldsymbol{e}^{\mathrm{T}}\boldsymbol{Q}_i\boldsymbol{e})}{(A-r_fC)^3}-\frac{\boldsymbol{R}^{\mathrm{T}}\boldsymbol{Q}_i\boldsymbol{R}-2r_f\boldsymbol{e}^{\mathrm{T}}\boldsymbol{Q}_i\boldsymbol{R}+r_f^2\boldsymbol{e}^{\mathrm{T}}\boldsymbol{Q}_i\boldsymbol{e}}{(A-r_fC)^2}\tag{9.37}$$

3. 均值和方差同时变动的最优投资组合风险模型

当投资组合中某项资产的收益率的均值发生 ΔR_i 变动，令 $\Delta R_i=\varepsilon$，标准差由 σ_i 变为 $(1+\varepsilon)\sigma_i$，与其他资产的协方差 σ_{ji} 则变为 $(1+\varepsilon)\sigma_{ji}$ 时，分析均值和方差同时变动对最优投资组合方差的影响，可得

$$\frac{\partial\sigma_e^2}{\partial\varepsilon}=\frac{\frac{\partial B}{\partial\varepsilon}-2r_f\frac{\partial A}{\partial\varepsilon}+r_f^2\frac{\partial C}{\partial\varepsilon}}{(A-r_fC)^2}-\frac{2(B-2r_fA+r_f^2C)\left(\frac{\partial A}{\partial\varepsilon}-r_f\frac{\partial C}{\partial\varepsilon}\right)}{(A-r_fC)^3}$$

由 9.3.3 小节可知

$$\frac{\partial A}{\partial\varepsilon}=\sum_{j=1}^{n}V_{ji}-\boldsymbol{e}^{\mathrm{T}}\boldsymbol{Q}_i\boldsymbol{R},\frac{\partial B}{\partial\varepsilon}=2\sum_{j=1}^{n}R_jV_{ji}-\boldsymbol{R}^{\mathrm{T}}\boldsymbol{Q}_i\boldsymbol{R},\frac{\partial C}{\partial\varepsilon}=-\boldsymbol{e}^{\mathrm{T}}\boldsymbol{Q}_i\boldsymbol{e}$$

$$(\boldsymbol{V}^{-1}\boldsymbol{U}_i\boldsymbol{V}^{-1})=\boldsymbol{Q}_i$$

$$U_i = \begin{pmatrix} 0 & 0 & \cdots & \sigma_{1i} & \cdots & 0 \\ 0 & 0 & \cdots & \sigma_{2i} & \cdots & 0 \\ \vdots & \vdots & & \vdots & & \vdots \\ \sigma_{i1} & \sigma_{i2} & \cdots & 2\sigma_i^2 & \cdots & \sigma_{in} \\ 0 & 0 & \cdots & \sigma_{ni} & \cdots & 0 \end{pmatrix}$$

所以,可得最优投资组合风险 σ_e^2 对于 ε 变动的偏导数模型为

$$\frac{\partial \sigma_e^2}{\partial \varepsilon} = \frac{\left(2\sum_{j=1}^{n} R_j V_{ji} - \boldsymbol{R}^{\mathrm{T}} \boldsymbol{Q}_i \boldsymbol{R}\right) - 2r_{\mathrm{f}}\left(\sum_{j=1}^{n} V_{ji} - \boldsymbol{e}^{\mathrm{T}} \boldsymbol{Q}_i \boldsymbol{R}\right) - r_{\mathrm{f}}^2 \boldsymbol{e}^{\mathrm{T}} \boldsymbol{Q}_i \boldsymbol{e}}{(A - r_{\mathrm{f}} C)^2} - \frac{2(B - 2r_{\mathrm{f}} A + r_{\mathrm{f}}^2 C)\left[\left(\sum_{j=1}^{n} V_{ji} - \boldsymbol{e}^{\mathrm{T}} \boldsymbol{Q}_i \boldsymbol{R}\right) + r_{\mathrm{f}} \boldsymbol{e}^{\mathrm{T}} \boldsymbol{Q}_i \boldsymbol{e}\right]}{(A - r_{\mathrm{f}} C)^3} \tag{9.38}$$

最优投资组合的风险受到投资组合中某项资产的均值变动、方差变动及均值和方差变动的影响较为敏感,均值和方差的变动影响着最优投资组合的风险,风险程度将发生上述改变,直接影响着风险承受能力较弱的投资者的投资组合选择以及投资决策。

9.5 均值和方差变动的马科维茨投资组合模型应用分析

9.5.1 样本选择及数据处理

上证 50 指数是选取上海证券市场中最具代表性的 50 只股票构建样本股计算的股价指数,这些股票具有行业代表性、地区代表性、交易活跃、流通市值大、经营业绩良好的特点。上证 50 指数综合反映上海证券市场中最具影响力的龙头企业的状况,可以作为衍生金融工具基础的投资指数。

我们在上证 50 指数的成分股中选取 10 只股票作为样本构建投资组合。首先,对 50 只 成分股按照股票的市值进行排序,选取市值较大的股票作为样本,同时剔除相同行业股票。见表 9.1,选取分别来自采矿业、银行业、保险业、证券业、汽车业、酿酒业、建筑业、铁路业、运输业、通信业的 10 只股票,以尽量降低股票之间的相关性,充分满足投资组合分散性要求。

表 9.2 应用分析所选择的样本股

证券代码	601857	601398	601628	600030	600104
证券简称	中国石油	工商银行	中国人寿	中信证券	上汽集团
总市值 / 亿元	19 015.07	16 863.66	8 898.69	3 606.71	2 367.19
总股本 / 亿元	1 830.21	3 534.94	282.65	110.17	110.26
上市时间	2007/11/5	2006/10/27	2007/1/9	2003/1/6	1997/11/25
所属行业	采矿业	银行业	保险业	证券业	汽车业

续表 9.2

证券代码	600519	601668	601766	600018	600050
证券简称	贵州茅台	中国建筑	中国南车	上港集团	中国联通
总市值 / 亿元	2 165.46	2 184.00	918.19	1 460.88	1 049.23
总股本 / 亿元	11.42	300.00	138.03	227.55	211.97
上市时间	2001/8/27	2009/7/29	2008/8/18	2006/10/26	2002/10/9
所属行业	酿酒业	建筑业	铁路业	运输业	通信业

选取样本股中各只股票从 2014 年 1 月 2 日至 2014 年 12 月 31 日的收盘价共 245 个数据，分别计算各只股票的收益率，进而对样本进行分析。本章所用数据均来自 Wind 数据库。

对各只股票的日收盘价数据进行处理，不考虑分红派息、节假日以及因重要原因停盘等因素的影响，将收盘价看成连续数据，那么可以通过计算得到各只股票的日收益率为

$$r_{i,t}=\frac{P_{i,t}-P_{i,t-1}}{P_{i,t-1}}$$

其中，$r_{i,t}$ 是 t 时期的第 i 只股票的收益率；$P_{i,t}$ 是 t 时期的第 i 只股票的收盘价；$P_{i,t-1}$ 是 $t-1$ 时期第 i 只股票的收益率，其中 $i=1,2,\cdots,10$，$t=1,2,\cdots,245$。

采用 EXCEL 软件对数据进行处理，分别计算各只股票 2014 年 1 月 2 日至 2014 年 12 月 31 日的日收益率，进而得到各只股票收益率的均值、方差、样本股之间的协方差，见表 9.3 和表 9.4。

表 9.3　2014 年 1 月 2 日至 2014 年 12 月 31 日各股收益的均值、方差及标准差

	中国石油	工商银行	中国人寿	中信证券	上汽集团
均值	0.001 69	0.001 67	0.003 76	0.004 47	0.002 27
方差	0.000 23	0.000 23	0.000 57	0.000 73	0.000 36
标准差	0.015 03	0.015 02	0.023 90	0.026 99	0.018 99
	贵州茅台	中国建筑	中国南车	上港集团	中国联通
均值	0.002 37	0.003 90	0.001 21	0.001 18	0.001 98
方差	0.000 39	0.000 49	0.000 29	0.000 49	0.000 33
标准差	0.019 63	0.022 17	0.016 98	0.022 17	0.018 20

表 9.4　2014 年 1 月 2 日至 2014 年 12 月 31 日各股收益的均方差矩阵

	中国石油	工商银行	中国人寿	中信证券	上汽集团
中国石油	0.000 23	0.000 16	0.000 20	0.000 19	0.000 10
工商银行	0.000 16	0.000 23	0.000 20	0.000 18	0.000 12
中国人寿	0.000 20	0.000 20	0.000 57	0.000 41	0.000 17

续表 9.4

	中国石油	工商银行	中国人寿	中信证券	上汽集团
中信证券	0.000 19	0.000 18	0.000 41	0.000 73	0.000 24
上汽集团	0.000 10	0.000 12	0.000 17	0.000 24	0.000 36
贵州茅台	0.000 03	0.000 04	0.000 10	0.000 16	0.000 12
中国建筑	0.000 10	0.000 10	0.000 23	0.000 25	0.000 18
中国南车	0.000 04	0.000 05	0.000 08	0.000 10	0.000 11
上港集团	0.000 09	0.000 09	0.000 07	0.000 10	0.000 17
中国联通	0.000 17	0.000 15	0.000 24	0.000 22	0.000 17
	贵州茅台	中国建筑	中国南车	上港集团	中国联通
中国石油	0.000 03	0.000 10	0.000 04	0.000 09	0.000 17
工商银行	0.000 04	0.000 10	0.000 05	0.000 09	0.000 15
中国人寿	0.000 10	0.000 23	0.000 08	0.000 07	0.000 24
中信证券	0.000 16	0.000 25	0.000 10	0.000 10	0.000 07
上汽集团	0.000 12	0.000 18	0.000 11	0.000 17	0.000 17
贵州茅台	0.000 39	0.000 12	0.000 08	0.000 05	0.000 09
中国建筑	0.000 12	0.000 49	0.000 07	0.000 19	0.000 23
中国南车	0.000 08	0.000 07	0.000 29	0.000 07	0.000 07
上港集团	0.000 05	0.000 19	0.000 07	0.000 49	0.000 18
中国联通	0.000 09	0.000 23	0.000 07	0.000 18	0.000 33

9.5.2 中国南车收益的均值和方差变动原因分析

随着我国高铁运营的不断成熟，我国的高铁技术在世界上逐渐处于领先地位，高铁技术成为我国技术输出的主要产品。世界各国的中长期高铁规划总和长度达 6 万千米，其中 2.3 万千米里程我国可以参与竞标，主要分布在东南亚、南美等经济欠发达地区，以及俄罗斯高寒地区。同时，“十三五”期间，我国国内铁路建设将继续保持较高投资，2015 年预计国内铁路投资规模将保持在 8 000 亿元以上，在历史上仍处于高位，城际铁路建设投资力度进一步加大。我国近年来加快高铁建设，不断增加高铁里程，2014－2016 年我国新增高铁里程预计分别为 5 328 千米，3 698 千米和 2 841 千米，高铁建设对动车组的需求将不断增加，在 2014 年我国的动车组保有量为 1 709 标准列，预计 2015 年我国动车组保留量将达到2 164 标准列。

中国南车作为我国重要的铁路设备制造商，利润将不断的增长。动车组业务给公司带来丰厚的收益，2014 年动车组业务收入同比增长 95.31%，达到 377.69 亿元，使公司业绩出现大幅增长。在国内外轨道交通市场快速发展的背景下，国家为了增强我国高铁制造企业在国际上的竞争力，通过中国南车吸收合并中国北车，对两公司进行重组而成立中国中车，整合我国的高铁制造业，在扩大业务规模的同时，增强高铁产业整体的盈利能力，打造跨国经营、全球领先的大型综合性轨道交通设备产业集团。2014 年 10 月 27 日至 2014 年 12 月 30 日由于重大事项未公告而停牌，复牌后，中国南车受上述利好信息的影响，自 2015 年起，股价出现了明显的上升(图 9.4)，从 5.8 元迅速上升，最高达到 39.47 元，日收益率出现了显著的增加，同时，收益率的均值和方差出现了明显的变动，下面本文将分析中国南车股票收益率的均值和方差的变动对投资组合前沿曲线及最优投资组合的影响。

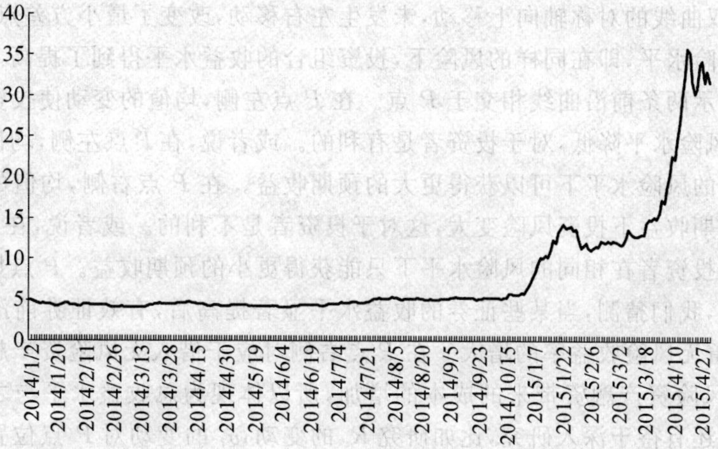

图 9.4　中国南车 2014 年 1 月 2 日至 2015 年 4 月 30 股价趋势图

9.5.3　不包含无风险资产时均值和方差变动对前沿曲线的影响

宏观经济形势引起的系统性因素以及中国南车个股非系统性因素的影响，导致中国南车的股票价格出现了较大程度的波动，资产收益率的均值和方差产生了较大的变动，上述由上证 50 指数成分股中 10 只股票构建的投资组合中，中国南车的收益的波动，将会对投资组合的前沿曲线产生重大的影响，使前沿曲线发生一定程度的改变，下面将进行分析。

当投资组合中中国南车的收益率未发生变动时，使用 Matlab7.11 软件，对采用原始数据的投资组合进行计算，得到投资组合的前沿曲线方程的各个参数，其中

$$A=14.718\,9;B=0.047\,8;C=9\,060.8;D=216.770\,5$$

那么，前沿曲线方程为

$$\sigma_P^2=\frac{9\,060.8}{216.770\,5}\left(E_P-\frac{14.718\,9}{9\,060.8}\right)^2+\frac{1}{9\,060.8}$$

当中国南车的收益率的均值发生变动，而方差未发生变动时，根据推导的公式(9.10)和(9.11)，计算结果如下：

$$\partial\left(\frac{1}{C}\right)\bigg/\partial R_i=0$$

$$\partial\left(\frac{A}{C}\right)\bigg/\partial R_i=0.242\,8$$

$$\partial\left(\frac{C}{D}\right)\Big/\partial R_i = 9\ 237.6$$

我们得到了当中国南车的收益率的均值变动1个单位时，前沿曲线的弯曲程度参数$\frac{C}{D}$变动9 237.6，前沿曲线的最小方差点变动(0,0.242 8)。而实际上，均值的变动幅度较小，当均值变动0.001时，前沿曲线的弯曲程度参数$\frac{C}{D}$变动9.237 6，最小方差点仅变动$(0, 2.428\times10^{-4})$。从图9.5可以看出，中国南车收益率均值的变动导致了前沿曲线的弯曲程度发生了较大程度的变动，双曲线的弯曲度变大。同时，收益的变动导致双曲线的端点向上移动，双曲线的对称轴向上移动，未发生左右移动，改变了最小方差点的收益水平，而未改变其风险水平，即在同样的风险下，投资组合的收益水平得到了提高。

图9.5显示两条前沿曲线相交于P点。在P点左侧，均值的变动使投资者在同样的期望收益下，风险水平降低，对于投资者是有利的。或者说，在P点左侧，均值的变动使得投资者在相同的风险水平下可以获得更大的预期收益。在P点右侧，均值的变动使投资者在同样的预期收益下投资风险变大，这对于投资者是不利的。或者说，在P点右侧，均值的变动使得投资者在相同的风险水平下只能获得更小的预期收益。P点显然具有重要的投资学意义，我们猜测，当某些证券的收益水平显著提高后，有效证券前沿曲线上移和变扁，这意味着无风险收益率的增大。在P点右侧对应于借入无风险资产超量购买风险资产，增加无风险资产融资带来的成本的增加，所以体现为总收益水平与之前相比的下降。这个问题还有待于深入研究，比如研究R_i的变动，σ_i的变动对P点位置变动的数学公式的推导等。

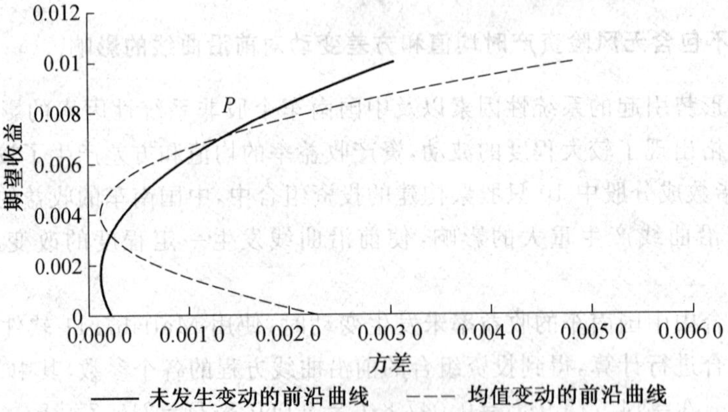

图9.5　均值变动对前沿曲线的影响示意图

当中国南车的收益率方差发生变动，而均值未发生变动时，根据推导的公式(9.13)，(9.14)和(9.15)，可以得到各参数对方差变动的敏感程度如下

$$\partial\left(\frac{1}{C}\right)\Big/\partial\varepsilon = 5.366\times10^{-5}$$

$$\partial\left(\frac{A}{C}\right)\Big/\partial\varepsilon = 3.844\ 6\times10^{-4}$$

$$\partial\left(\frac{C}{D}\right)\Big/\partial\varepsilon = 3.5652$$

通过计算可以看出，当投资组合中中国南车的收益率的方差矩阵中 ε 变动 1 个单位时，前沿曲线的弯曲程度变动 3.565 2，顶点发生(5.366×10^{-5}，3.8446×10^{-4})变动。当 ε 变动 0.001 时，前沿曲线弯曲程度变动 3.5652×10^{-3}，顶点变动(5.366×10^{-8}，3.8446×10^{-7})，变动幅度较小。某项资产的方差变动使前沿曲线的弯曲程度变大，曲线的对称轴向上移动，最小方差点向右移动，对于投资者来说，在同样的风险程度下，投资者的收益水平降低，在既定的收益目标下，需要承担更大的投资风险。但是方差变动对前沿曲线的位置的影响是较小的，对投资组合的收益和风险的影响相对较低。同样，方差变动使投资组合在预期的收益水平下，风险上升。投资者要关注投资组合中某项资产收益的方差变动，尽量降低其对预期投资收益和投资风险的影响。

当假设投资组合中中国南车收益率的均值和方差均发生变动时，根据推导的公式(9.17)(9.18)和(9.19)，通过计算可以得到

$$\partial\left(\frac{1}{C}\right)\Big/\partial\varepsilon = 5.366\times10^{-5}$$

$$\partial\left(\frac{A}{C}\right)\Big/\partial\varepsilon = 0.2432$$

$$\partial\left(\frac{C}{D}\right)\Big/\partial\varepsilon = 9241.1$$

根据上述结果可以看出，当投资组合中中国南车的收益率的均值和方差矩阵中 ε 均变动 1 个单位时，双曲线的弯曲程度发生 9 241.1 的变动，顶点的位置发生(5.366×10^{-5}，0.243 2)变动，如果 ε 均变动 0.001 时，弯曲程度改变 9.241 1，顶点位置变动(5.366×10^{-8}，2.432×10^{-4})。如图 9.6 所示，发生变动的前沿曲线与未发生变动的前沿曲线相比，弯曲程度变大，对称轴向上移动，最小方差点向右发生轻微移动。对于投资者来说，由于收益的均值和方差的变动，导致前沿曲线发生改变，使投资者在投资时面临的收益和风险更加具有不确定性。

可以看出两条前沿曲线相交于 P 点，在 P 点左侧，对于投资者是有利的。在 P 点右侧，对于投资者是不利的。对于投资者来说，在进行资产配置时，要关注资产的收益率的均值和方差变动对投资收益和风险的影响，降低投资的不确定性。

9.5.4　包含无风险资产时均值和方差变动对前沿曲线的影响

在上述股票构建的投资组合中加入无风险资产，通过引入一定比例的无风险资产来保证一定收益的情况下尽量的降低投资组合的风险，满足投资者的风险厌恶水平。无风险资产选择商业银行一年期定期存款，选取中国人民银行规定的一年期定期存款利率 2.5%，那么日收益率为 0.000 068 493。通过计算，可以得到，投资组合中中国南车股票收益的均值和方差变动对前沿曲线斜率的影响。

采用投资组合中各个证券的历史数据进行计算时，可以得到投资组合中包含无风险资产的前沿直线斜率为

$$k = \sqrt{H} = 0.2142$$

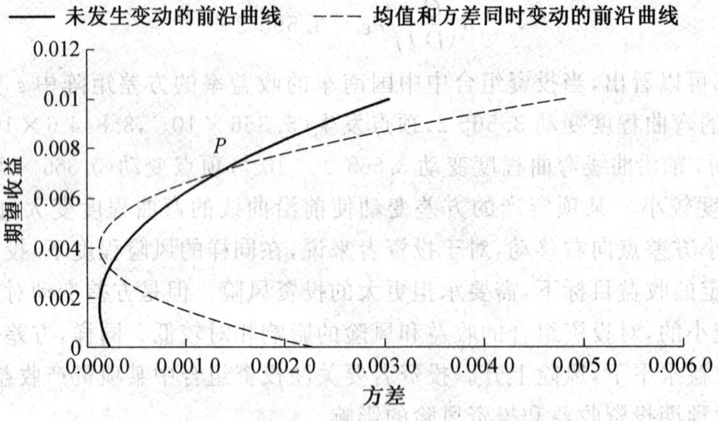

图 9.6　均值和方差同时变动对前沿曲线的影响示意图

由于投资者是理性的，所以取投资组合前沿曲线的上半支，可得包含无风险资产的投资组合前沿曲线方程为

$$\sigma_P=\frac{E_P-0.000\,068\,493}{0.214\,2}$$

当中国南车的收益率的均值发生变动，而方差不变时，根据导出的公式(9.21)，可以得到斜率对均值变动的敏感程度为

$$\frac{\partial k}{\partial R_i}=1.468\,6$$

当中国南车的收益率的均值不变，而方差发生变动时，根据导出的公式(9.23)可以得到

$$\frac{\partial k}{\partial \varepsilon}=-0.004\,4$$

当投资组合中中国南车的收益率的均值和方差同时发生变动时，根据导出的公式(9.25)，对投资组合前沿曲线的影响为

$$\frac{\partial k}{\partial \varepsilon}=3.636\,6$$

将上述的计算结果进行整理得到

表 9.5　包含无风险资产的前沿曲线参数变动

	均值变动	方差变动	均值和方差同时变动
前沿直线斜率变动	1.468 6	−0.004 4	3.636 6

从表中可以看出，投资组合中中国南车的收益率的均值变动 1 个单位，将会导致前沿曲线斜率变动1.468 6，而收益率的均值和方差矩阵中的 ε 均变动 1 个单位时，前沿曲线的斜率变动 3.636 6。由于各参数在实际中变动幅度较小，当发生 0.001 单位变动时，分别变动0.001 468 6，$3.636\,6\times10^{-3}$。这两种情况下，前沿曲线与未发生变动的曲线相比，斜率变大(图 9.7)，即在既定的收益下，投资组合的风险水平降低，在风险程度不变的情况下，收益水平上升，对投资者的投资是有利的。当投资组合中中国南车的收益率的方差矩

阵中 ε 变动 1 个单位时，前沿曲线的斜率变动 −0.004 4。若变动 0.001 单位时，斜率变动 4.4×10^{-6}，变动幅度较小。在这种情况下，在同样的风险水平下投资组合的收益下降，给投资者带来一定的损失，风险上升，对于投资者来说是不利的。

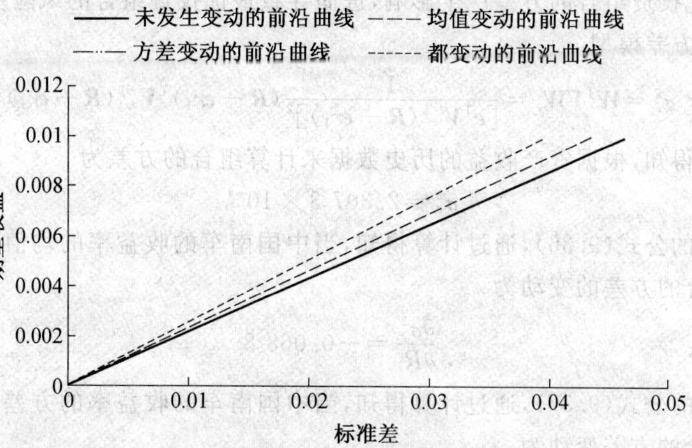

图 9.7　不包含无风险资产的前沿曲线变动图示意图

9.5.5　均值和方差变动对最优投资组合的影响

当投资组合中中国南车的股票的收益率的均值或方差变动时将导致不包含无风险资产和包含无风险资产的投资组合前沿曲线发生变动，进而导致了最优投资组合的收益和风险水平发生变动。下面本章将对中国南车股票收益率的均值和方差变动对最优投资组合的收益的影响进行分析。

当中国南车的均值和方差未发生变动时，最优的投资组合的收益率为

$$R_e=\boldsymbol{W}_e^{\mathrm{T}}\boldsymbol{R}=\frac{1}{\boldsymbol{e}^{\mathrm{T}}\boldsymbol{V}^{-1}(\boldsymbol{R}-\boldsymbol{e}r_{\mathrm{f}})}(\boldsymbol{R}-\boldsymbol{e}r_{\mathrm{f}})^{\mathrm{T}}\boldsymbol{V}^{-1}\boldsymbol{R}$$

经计算可知，采用中国南车历史的收益率计算得到的最优投资组合的收益为

$$R_e=0.003\,3$$

当中国南车的收益率的均值发生变动而方差未变时，根据导出的公式(9.31)，对最优投资组合的收益影响为

$$\frac{\partial R_e}{\partial R_i}=-0.463\,0$$

这样的结论有些令人迷惑不解，e 投资组合对应于将全部资金投入到风险资产，这时某项资产收益水平的上升反而引起整个最优风险资产组合的收益水平下降。这种情况应该对应于图 9.5 中 P 点右侧。

当中国南车的收益率的均值未变，方差变动时，根据导出的公式(9.33)，其影响为

$$\frac{\partial R_e}{\partial \varepsilon}=6.454\,9\times10^{-4}$$

当投资组合中中国南车的收益的均值和方差均变动时，根据导出的公式(9.35)，投资组合的收益将会发生如下变动：

$$\frac{\partial R_e}{\partial \varepsilon} = -0.3964$$

投资组合中中国南车的收益率的均值和方差的变动，将导致两条前沿曲线的切点发生变动，对最优投资组合的方差产生影响，进而导致最优投资组合的风险发生变动。由最优投资组合的方差模型

$$\sigma_e^2 = \boldsymbol{W}_e^{\mathrm{T}} \boldsymbol{V} \boldsymbol{W}_e = \frac{1}{[\boldsymbol{e}^{\mathrm{T}} \boldsymbol{V}^{-1}(\boldsymbol{R} - \boldsymbol{e} r_{\mathrm{f}})]^2} (\boldsymbol{R} - \boldsymbol{e} r_{\mathrm{f}})^{\mathrm{T}} \boldsymbol{V}^{-1} (\boldsymbol{R} - \boldsymbol{e} r_{\mathrm{f}})$$

通过计算得知，根据资产收益的历史数据来计算组合的方差为

$$\sigma_e^2 = 2.3073 \times 10^{-4}$$

根据导出的公式(9.36)，通过计算得知，当中国南车的收益率的均值变动，而方差不变时，投资组合的方差的变动为

$$\frac{\partial \sigma_e^2}{\partial R_i} = -0.0688$$

根据导出的公式(9.37)，通过计算得知，当中国南车的收益率的方差变动，而均值不变时，投资组合的方差变动为

$$\frac{\partial \sigma_e^2}{\partial \varepsilon} = 1.0096 \times 10^{-4}$$

根据导出的公式(9.38)，通过计算得知，当中国南车的收益率的均值和方差均发生变动时，投资组合的方差变动为

$$\frac{\partial \sigma_e^2}{\partial \varepsilon} = -0.0641$$

对上面的计算结果进行整理得到表 9.6。

表 9.6　参数变动 1 个单位对最优投资组合收益和风险的影响

	均值变动	方差变动	均值和方差同时变动
对收益的影响	−0.463 0	6.4549×10^{-4}	−0.396 4
对风险的影响	−0.068 8	1.0096×10^{-4}	−0.064 1

从表 9.6 可以看出，投资组合中中国南车的收益率的均值变动 1 个单位时，最优投资组合的收益将变动 −0.463 0，风险将变动 −0.068 8，当收益率的均值和方差矩阵中 ε 均变动 1 个单位时，最优投资组合的收益变动 −0.396 4，风险变动 −0.064 1，如图 9.8 所示，最优投资组合点将向左下方移动，投资者的投资收益和投资风险都将降低。当投资组合中中国南车方差矩阵中 ε 变动 1 个单位时，最优投资组合的收益变动 6.4549×10^{-4}，风险变动 1.0096×10^{-4}，最优投资组合点向右上方发生轻微移动，投资者的投资收益和风险都将增加。当均值和方差变动并非 1 单位而是更小时，最优投资组合的收益和风险变动将更小。中国南车收益率的均值和方差的变动直接影响着最优投资组合的收益和风险，影响着投资者最终的收益率和所承受的风险水平，对于风险承受能力较弱的投资者要关注其变动对投资组合风险的影响。

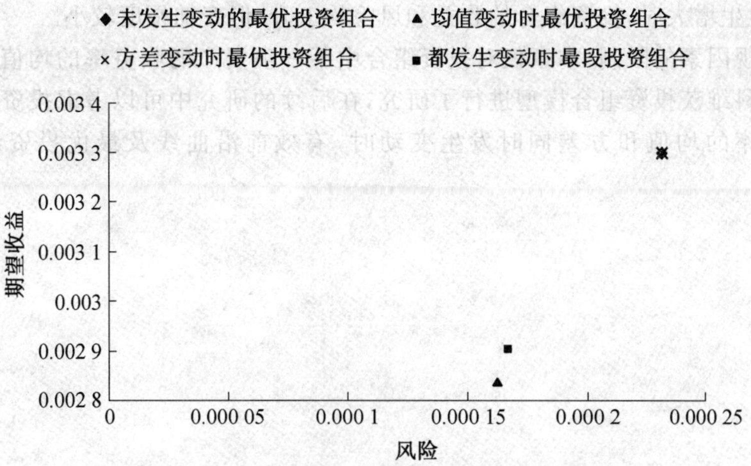

图 9.8　均值和方差变动对最优投资组合影响示意图

9.6　总结和讨论

传统的马科维茨投资组合模型对资产收益率的分布进行了严格的假设,根据历史收益率的均值和方差进行投资组合的资产权重配置。然而在实际的投资活动中,由于均值和方差在估计过程中的误差,均值和方差的时变性以及宏观经济形势的变动等都可能导致实际的资产收益率的均值和方差与历史数据存在较大的差异,影响投资组合的收益和风险。本文研究投资组合中资产的收益率的均值和方差变动时,马科维茨投资组合模型有效前沿曲线及最优投资组合的变动情况,得到具体研究结论如下:构建了不包含无风险资产和包含无风险资产的投资组合前沿曲线模型,进一步得到了投资组合中某一项资产的均值和方差变动时前沿曲线的顶点和弯曲程度变动参数的偏导数公式。根据实际投资活动,对均值和方差的变动情况设定为均值变动－方差不变,方差变动－均值不变以及均值和方差同时变动 3 种模式,通过数学推导得到了 3 种情况下均值和方差变动对前沿曲线的顶点和弯曲程度的影响。

构建了最优投资组合的收益模型和风险模型,得到了均值变动、方差变动以及均值和方差同时变动时投资组合收益和风险变动的偏导数模型。最优投资组合就是不包含无风险资产的前沿曲线和包含无风险资产的前沿曲线的切点,它直接影响着投资者的投资行为。通过推导,得到了最优投资组合的收益和风险在 3 种情况下的变动情况。

对均值和方差变动的马科维茨投资组合模型进行了应用分析。通过应用分析发现,与不考虑均值和方差变动因素相比,当投资组合中不包含无风险资产时,均值增大将会导致前沿曲线弯曲程度变大,端点向上移动;方差增大使前沿曲线的弯曲程度变大,端点向右上方移动,但变动幅度较小;当均值和方差均增大时,前沿曲线弯曲程度变动,端点向右上方移动,且变动幅度最大。当投资组合中包含无风险资产时,收益率的均值增大及均值和方差都增大将使前沿曲线斜率变大,而方差增大时,前沿曲线斜率变小。对于最优投资组合,当某项资产的均值增大及均值和方差都增大时,最优投资组合的收益和风险均降低，当方差发生增大时，投资组合的收益和风险均上升，但变动幅度较小。

由于客观因素的限制，本章仅对投资组合中某一项资产的收益率的均值和方差发生变动时的马科维茨投资组合模型进行了研究，在后续的研究中可以考虑投资组合中多项资产的收益率的均值和方差同时发生变动时，有效前沿曲线及最优投资组合的变动情况。

第 10 章　广义度量矩阵测度方法研究

距离的原始含义是度量空间中两个点的彼此远离程度的指标。如果每一个样本由若干个特征参数决定，两个样本间以特征参数为坐标计算出的距离也可以被用来度量两类样本间的差异程度。由样本的坐标值(特征参数取值)计算样本间的差异是经常使用的方式。实际上还存在相反的过程，即由样本间的差异信息推知距离计算的模式，考察不同特征指标在计算距离时的重要性以及特征指标之间的交互作用等。样本间的差异信息在许多应用问题中是可以事先给定的，如何有效地利用样本间的差异信息和样本的特征参数数值进行深入的数学分析是一个有意义的问题。

度量矩阵是研究样本间差异的重要的数学工具，有关度量矩阵的分析是本章的主要研究内容。基于单位度量矩阵的欧氏距离和基于协方差度量矩阵的马氏距离是应用范围最广的两种度量方式，然而这两种度量矩阵具有明显的主观臆断特性。因为样本的不同参数的重要性不同，参数之间有不同的联合作用效应，这两种度量矩阵一般并不是最合适的选择。基于样本间已知的差异信息找到一个更合理的度量矩阵是本章的分析和研究的重点。我们直接利用样本集合中各样本间的差异信息，借助于最小二乘原理来估计度量矩阵中的每一个元素；我们还利用极值理论，以样本集合中已知分类结果为评判标准，估计出最优的度量矩阵。

10.1　研究的背景及意义

距离的概念在科学研究领域中使用得非常广泛，它通常被用来度量个体间的差异以及衡量两类个体的相似程度。距离越小则差异越小和相似程度越高，反之，距离越大则差异越大和相似程度越低。比如，聚类分类中的相似性可以用某种距离来度量。利用欧氏距离作为测度标准在实际应用中存在很多问题，最主要的是它提前预设每个指标具有相同的重要性，以及不同指标之间没有联合作用效应，而实际问题中不同的指标往往具有不同的重要性，经常需要对不同的指标进行赋权，以及要充分考虑不同指标之间的联合作用效应。不同的指标往往具有不同的重要性。马氏距离对于一切非奇异线性变换都是不变的，也就是说它不受量纲的影响，也不损失数据集的均值和方差信息。在很多情况下协方差矩阵的逆矩阵是不存在的，这限制了马氏距离的应用范围。更重要的是我们希望度量矩阵能够很好地拟合已知的样本间的差异信息，对于这样的要求，单位矩阵和协方差矩阵都无能为力。因此，找到一个能够更合理地描述样本间差异的度量矩阵是一项很有意义的研究工作。

在许多实际问题中，样本间的差异信息是事先知道的，而且往往是根据专家的判断而得到的。比如，跳水比赛中对运动员每个跳水动作的评分，裁判(当然是专家)根据跳水运动员的表现给出分数。跳水运动员的整个跳水动作的质量是由一系列指标构成，这些指标可以通过不同的技术手段得到，包括起跳高度、旋转速度、身体的姿态、入水垂直程度、水花大小、身体偏转程度、抛物线形状等。不同运动员所得的分数之间的差值反映两个运动员的水平的差异，当然也反映专家的判断准则。如果我们想知道在专家看来反映动作质量的不同指标对总得分的贡献，需要使用大量的专家评分结果来进行推理，反求每个指标的重要性。或者说，我们希望找到一种由一系列动作质量指标的差别计算得分差别的数学方法，这实际上可归结为一种求取未知度量矩阵的数学方法。

又比如，地质学家对岩石的考察与判断。每一种岩石的特征都可以由一系列指标来反映，包括颜色、比重、硬度、结晶颗粒的尺寸、不同化学成分所占比例、解理等，这些特征指标中的一部分可以通过直接观察获得，更多的指标需要借助于科学仪器来测量。经验丰富的地质学家可以方便地给出反映每两种不同岩石样品的差异程度的数字值，而要求专家对每一种岩石样品给出一个综合评分是不可取的，这会让专家无所适从。所有不同样品之间的差别的数字信息全面反映了专家们对岩石之间差别的数量方面的判断。从理论上讲，我们应该可以找到合适的数学方法来准确地反映所得到的岩石的特征指标与岩石间的差异的数学模型。在可以根据岩石间的特征指标的差异信息计算岩石间的差异之后，可以依据这样的数学模型进行岩石的分类研究以及进行复杂的聚类分析。

每一个国家的特点可由一系列特征指标来表征，包括国土面积、自然资源、沙漠面积、主要矿产资源、人口、GDP水平、外汇储备、获诺贝尔奖人数、轿车拥有量、人均居住面积、犯罪率、环境污染程度、历史文化、教育水平、地理位置、降水量、平均气温等。专家们可以通过他们的经验给每个国家打一个综合的分数（可以根据不同的目标，比如适宜人类居住、经济实力、战略重要性、安全、发展潜力等），或者专家们直接给出不同国家之间的差异的数字信息。专家们在进行评估时可能对某些指标特别看重，而对某些指标几乎忽略。通过专家给出的评估信息再结合每个国家的特征指标，找到从特征指标的差异到国家间差异的计算模型，从而可以考察每个特征指标的重要程度，进而进行更为深入的分类研究和比较分析。

实际上，相类似的实际问题是很多的，比如招聘部门对参加面试的应聘人员的综合考察，高等学校对学生保研资格的考察和认定，对世界范围内不同金融市场的考察和差异分析等。这些问题的主要特征是每个被考察的单元（样本）都有一系列的特征指标，这些指标或者是通过仪器精确测定，或者是官方统计数据，或通过科学的调查而得到，或经过直接观察而得到，这些指标是客观的和准确的。同时，关于样本间的差异或关于每个样本的评估值往往是由若干专家根据他们的知识和判断而给出，这些差异信息反映了专家的判断。专家们对一些特征指标赋予大的权重，而对另一些指标赋予小的权重，但专家们并不直接给出权重并依据权重进行评估，专家们擅长直接给出样本间的差异信息。这些判断往往带有明显的主观性，因为综合评估问题本身就是体现人的价值判断的问题，带有主观性是问题的本质特征。

我们的目的是根据带有主观性的样本间的差异信息和不带主观性的特征指标信息来求取合适的度量矩阵，进而确定从特征指标信息得到样本差异信息的合适的数学模型。样本间的差异信息是一种知识，或称为教师信号，确定度量矩阵是一种广义的学习算法，经过学习算法得到的合适的度量矩阵可以较完美地反映由特征指标的差异到样本间的差异的数学关系，反映专家们的主观判断标准。

考察一个极端的例子。如果搜集到大量的裁判为跳水运动员评分的数据，假如通过对得到的度量矩阵的分析我们发现，决定跳水运动员分数的最主要的指标是起跳高度、身体姿态和入水的垂直度，而与身体的翻腾或旋转速度几乎无关。使用度量矩阵测算运动员得分的差异时，身体的翻腾或旋转速度的变化几乎不引起评分的改变，而起跳高度、身体姿态和入水的垂直度指标的微小的变化可引起运动员得分的明显的改变。如果用传统的综合评分方法很难找到这样的准则。度量矩阵是一个分析不同指标重要性程度的有力工具。

用数学模型的语言来描述上面的问题。假设有 n 个样本 $X_1, X_2, \cdots, X_n$，每个样本由具有 m 个分量的向量构成，或者说每个样本有 m 个特征指标。对于 $1 \leqslant i \leqslant n$，$X_i = (x_{i1}, x_{i2}, \cdots, x_{im})$。我们知道每两个样本之间的差异（或距离），用 d_{ij} 表示样本 i 和样本 j 之间的差异值，要求 $d_{ij} \geqslant 0$。我们希望找到一个最好的度量矩阵 A，A 是一个实对称矩阵，而且是正定矩阵，使得超定方程组 $d_{ij} = (X_i - X_j)A(X_i - X_j)^{\mathrm{T}}$ 在统计的意义上拟合得最佳。我们当然期望从对度量矩阵 A 的各种数学分析中得到关于样本的每项特征指标的重要性的信息。获得 d_{ij} 可以有两种方式，一种方式是直接由专家给出，第二种方式是为每一个样本确定一个得分值 S_i，然后令 $d_{ij} = |S_i - S_j|$，得分值一般也要由专家给出。

10.2　样本间差异信息的种类和对度量矩阵的要求

我们从应用研究的角度出发来考察样本信息的类型。实际上，传统的计量经济学，包括一般的回归分析，是从观测到的结果信息反求各项属于原因或属性的特征指标信息的作用机制的数学模型方法。我们在本章要着重研究的问题是把结果的差异理解为“距离”，不同样本的特征指标的差别到样本间距离的映射过程由一个度量矩阵来完成，而根据大量的不同样本间的差异信息来反求最佳的度量矩阵是这个问题的最主要部分。在此基础上可以深入分析度量矩阵，借以考察不同特征指标的重要性以及特征指标间的关联。从广义上说，我们是在考察特征指标的改变量与结果指标的改变量之间的数量关系，是一个对所有指标进行一阶差分后所建立的一类特殊的数学模型。我们要求样本间的差异不分正负，只关心差异大小。

典型的一种差异信息类型是由专家直接给出任意两个样本之间的差异值。比如让专家为两个不同的动物给出差异值。人和鸟的差异是巨大的，鸟和蛇的差异也是巨大的；人和猴的差异要小些，而黑种人与白种人之间的差异以及白种人与黄种人之间的差异就很小；蒙古族人与朝鲜族人之间的差异就更小。我们可以期待，使用专家细心给定的动物间的差异信息，再结合反映动物本质特征的一组特征指标，可以寻找到一个完美的度量矩阵来表达特征指标的不同与动物间差异的数量关系，并在此基础上用特征指标完美地表达不同种类动物间的远近关系。

如果样本的数量为 n，需要给出的完整差异信息的数量是 C_n^2，即 $\frac{n(n-1)}{2}$。当 n 比较大时差异信息的数量更大，这也是这类问题的一个特点。比如一个班级有 50 人，要给出每两个人之间的差异信息需要 $C_{50}^2=1\ 225$ 个数据。用数学的语言来描述这样的信息，每个样本有 n 个特征指标，构成一个 n 维实向量，第 i 个样本的特征指标记为 $X_i=(x_{i1},x_{i2},\cdots,x_{in})$，$i=1,2,\cdots,I$。第 i 个样本与第 j 个样本之间的差异值用 d_{ij} 表示，对于 $i\neq j$ 当然要求 $d_{ij}\geqslant 0$，而要求 $d_{ii}=0$。所有不同样本之间的差异值的数量为 $C_I^2=\dfrac{I(I-1)}{2}$。

第二类差异信息是由样本的评分值或实际测量值计算得到。对于每一个样本 i，有一个评分值或测量值 y_i，则取 $d_{ij}=|y_i-y_j|$。比如有一个班级的学生，每个学生有一个期末考试总分，若将两个学生的考试总分之差的绝对值作为两个学生之间的差异，则可以方便地得到每两个同学学习成绩的差异值信息。

我们考察随时间变动的汇率。与汇率相关的每一个经济变量是一个特征指标，汇率是结果变量。我们考察两个不同时刻的汇率变化的幅度，用这两个时刻的汇率差的绝对值表示汇率变化的幅度。而每一时刻都有一组特征指标，我们希望寻找特征指标变动和汇率变动之间的数量关系。若我们希望寻找数学模型来模拟特征指标变动和汇率变动之间的函数关系，可以通过寻找最佳的度量矩阵的方式来实现。

我们再来看企业信用评估问题。假设一批企业都已经获得了标准普尔的信用评级结果。先设计一种算法把评估结果映射到 0～100，比如 $AAA=90$，$AA=80$，$A=70$，$BBB=60$，$BB=50$，$B=40$，$CCC=30$，$CC=20$，$D=10$。并且规定“+”增加 3 分，而“−”减少 3 分。比如 $AA^+=83$，$AAA^-=87$，$AAA^+=93$。然后就可以计算每两个企业的信用水平的差异值，即两个企业信用等级对应的分数值之差的绝对值。利用这些差异值信息，再辅之以企业的各项财务指标，我们就可以寻找最佳的度量矩阵，进而深入分析企业的各项经济指标在反应企业信用等级方面的重要性。

学生的成绩、两种货币的汇率、GDP 增长率等是属于实际测量值，是客观因素决定的，反映客观的因素。从理论上讲，度量矩阵可以反映特征指标的变化引起经济变量变化的数学关系。企业信用等级、跳水运动员的得分、党员干部的政治素质得分等则包括主观因素，我们相信度量矩阵也可以很好地反映专家的主观判断准则。

还有一类信息也可用于寻找合适的度量矩阵问题。如果不知道每个样本的评分值，也不知道样本间的差异值，只是知道每个样本所属的类别的信息。在多元统计分析中有著名的费歇尔准则，即根据已知分类结果构造分类函数(判别函数)来隔离两类样本。在经济研究领域有许多这样的问题，如银行客户信用风险识别问题，企业财务困境识别问题，医学诊断中的疾病判定问题等。我们希望能根据类内距离最小化以及类间距离最大化的准则来寻找合适的度量矩阵。

10.3 利用样本间的差异信息估计广义度量矩阵的设想

10.3.1 距离作为差异性度量标准在 P 维空间内的推广

距离通常被用作衡量两类个体或样本间的差异程度的标准，距离越大意味着样本间的差异越大，反之，距离越小意味着样本间的差异越小。作为一种度量尺度，距离可以很清楚地描述两个样本间的差异。在很多问题的研究中，特征指标变量通常会有很多。假设每个样本用 P 个特征指标来表示，则构成的指标数据空间是 P 维空间，样本空间中点 $\boldsymbol{P}=(x_1,x_2,\cdots,x_P)$ 到点 $\boldsymbol{Q}=(y_1,y_2,\cdots,y_P)$ 的直线距离 $d(\boldsymbol{P},\boldsymbol{Q})$ 的公式为

$$d(\boldsymbol{P},\boldsymbol{Q})=\sqrt{(x_1-y_1)^2+(x_2-y_2)^2+(x_3-y_3)^2+\cdots+(x_P-y_P)^2}$$

或者写成

$$d^2(\boldsymbol{P},\boldsymbol{Q})=(x_1-y_1)^2+(x_2-y_2)^2+(x_3-y_3)^2+\cdots+(x_P-y_P)^2$$

这是 P 维空间两点之间的欧氏距离。还可以用另一种数学公式来表达两个点之间的距离，即

$$d^2(\boldsymbol{P},\boldsymbol{Q})=(\boldsymbol{P}-\boldsymbol{Q})\boldsymbol{I}(\boldsymbol{P}-\boldsymbol{Q})^{\mathrm{T}}=$$

$$(x_1-y_1,x_2-y_2,\cdots,x_P-y_P)\begin{pmatrix}1&0&0&\cdots&0\\0&1&0&\cdots&0\\\vdots&\vdots&\vdots&&\vdots\\0&0&0&\cdots&1\end{pmatrix}\begin{pmatrix}x_1-y_1\\x_2-y_2\\\vdots\\x_P-y_P\end{pmatrix}$$

上式中的单位矩阵 I 实际上就是一种特殊的度量矩阵。从数学的角度，度量矩阵取不同的形式可以定义不同意义的距离。

利用欧氏距离作为测度样本间差异的标准在实际应用中存在很多问题，最主要的一点是它提前预设每个指标具有相同的重要性，这在真正的三维物理空间或一般数学中的欧氏空间中无疑是正确的，而在实际问题中不同指标的重要性有差异，所以经常需要对不同的指标进行赋权。考虑到这一点，常用的距离测度中权重的选择一般要考虑样本方差与协方差，采用的方法是用每个坐标除以样本标准差。令 $s_{11},s_{22},\cdots,s_{PP}$ 分别是由 $x_1,x_2,\cdots,x_P$ 的若干个测量值计算出的样本方差，则两点之间的距离可以表述为

$$d(\boldsymbol{P},\boldsymbol{Q})=\sqrt{(x_1-y_1)^2/s_{11}+(x_2-y_2)^2/s_{22}+(x_3-y_3)^2/s_{33}+\cdots+(x_P-y_P)^2/s_{PP}}$$

借助于度量矩阵表示法，有

$$d^2(\boldsymbol{P},\boldsymbol{Q})=(x_1-y_1,x_2-y_2,\cdots,x_P-y_P)\begin{pmatrix}\frac{1}{s_{11}}&0&0&\cdots&0\\0&\frac{1}{s_{22}}&0&\cdots&0\\\vdots&\vdots&\vdots&&\vdots\\0&0&0&\cdots&1/s_{PP}\end{pmatrix}\begin{pmatrix}x_1-y_1\\x_2-y_2\\\vdots\\x_P-y_P\end{pmatrix}$$

一般地，若第 i 个指标的相对重要性用正实数 ρ_i 表示，则相应的合适的距离公式如下：

$$d^2(\boldsymbol{P},\boldsymbol{Q})=(x_1-y_1,x_2-y_2,\cdots,x_P-y_P)\begin{pmatrix}\rho_1&0&0&\cdots&0\\0&\rho_2&0&\cdots&0\\\vdots&\vdots&\vdots&&\vdots\\0&0&0&\cdots&\rho_P\end{pmatrix}\begin{pmatrix}x_1-y_1\\x_2-y_2\\\vdots\\x_P-y_P\end{pmatrix}$$

度量矩阵为

$$A=\begin{pmatrix}\rho_1 & 0 & 0 & \cdots & 0\\ 0 & \rho_2 & 0 & \cdots & 0\\ \vdots & \vdots & \vdots & & \vdots\\ 0 & 0 & 0 & \cdots & \rho_P\end{pmatrix}$$

当度量矩阵选择为对角阵时,度量矩阵可以反映不同指标的权重。但这样的度量矩阵还不能很好地反映指标间的相互影响效应,度量矩阵为对角阵时隐含地假设不同指标对最终差异值的影响是相互独立的。

将距离公式推广到 P 维空间的一般情况,点 $\boldsymbol{P}(x_1,x_2,\cdots,x_P)$ 到点 $\boldsymbol{Q}=(y_1,y_2,\cdots,y_P)$ 的距离可表示为

$$d^2(\boldsymbol{P},\boldsymbol{Q})=(x_1-y_1,x_2-y_2,\cdots,x_P-y_P)\begin{pmatrix}a_{11} & a_{12} & a_{13} & \cdots & a_{1p}\\ a_{21} & a_{22} & a_{23} & \cdots & a_{2p}\\ \vdots & \vdots & \vdots & & \vdots\\ a_{p1} & a_{p2} & a_{p3} & \cdots & a_{pp}\end{pmatrix}\begin{pmatrix}x_1-y_1\\ x_2-y_2\\ \vdots\\ x_P-y_P\end{pmatrix} \tag{10.1}$$

由 a_{ij} 构成的矩阵为一般的实的对称正定矩阵,称由 a_{ij} 构成的矩阵为广义度量矩阵。有些实际问题可以先验地确定度量矩阵,比如使用单位矩阵,或使用对角矩阵,或使用协方差矩阵来构造。我们希望通过不同样本间已知的差异信息来寻找最佳的广义度量矩阵,进而根据找到的广义度量矩阵定量分析各个指标的重要程度。样本间的差异信息作为教师信号,通过特殊设计的估计算法(也可以称为学习算法)来确定广义度量矩阵 $\boldsymbol{A}$,则矩阵 $\boldsymbol{A}$ 就可以很好地反映专家的主观判断信息,这是一种有教师的学习算法。

10.3.2 利用样本间的距离估计广义度量矩阵的基本思想

用矩阵形式可以将一般形式的距离公式表述为

$$D(\boldsymbol{x},\boldsymbol{y})=[(\boldsymbol{x}-\boldsymbol{y})\boldsymbol{A}(\boldsymbol{x}-\boldsymbol{y})^{\mathrm{T}}]^{1/2}$$

其中

$$\boldsymbol{x}=(x_1,x_2,\cdots,x_P),\boldsymbol{y}=(y_1,y_2,\cdots,y_P)$$

$$\boldsymbol{A}=\begin{pmatrix}a_{11} & a_{12} & \cdots & a_{1p}\\ a_{21} & a_{22} & \cdots & a_{2p}\\ \vdots & \vdots & & \vdots\\ a_{p1} & a_{p2} & \cdots & a_{pp}\end{pmatrix}$$

由此可见,矩阵 $\boldsymbol{A}$ 中的所有元素 a_{ij} 是决定距离的因素,这些参数可看作是广义的权重指标。

广义度量矩阵记为 $\boldsymbol{A}=[a_{ij}]$,要求广义度量矩阵 $\boldsymbol{A}$ 为正定实对称阵,即要求 $\boldsymbol{A}^{\mathrm{T}}=\boldsymbol{A}$,对于 $\boldsymbol{x}\neq 0$,有 $\boldsymbol{x}^{\mathrm{T}}\boldsymbol{A}\boldsymbol{x}>0$。当 $\boldsymbol{A}=\boldsymbol{I}$(单位矩阵)时,$D(\boldsymbol{x},\boldsymbol{y})=[(\boldsymbol{x}-\boldsymbol{y})\boldsymbol{I}(\boldsymbol{x}-\boldsymbol{y})^{\mathrm{T}}]^{1/2}$ 即为一般的欧氏距离。我们用 $\boldsymbol{\Omega}$ 表示协方差矩阵,当 $\boldsymbol{A}=\boldsymbol{\Omega}^{-1}$ 时,则 $D(\boldsymbol{x},\boldsymbol{y})=[(\boldsymbol{x}-\boldsymbol{y})\boldsymbol{\Omega}^{-1}(\boldsymbol{x}-\boldsymbol{y})^{\mathrm{T}}]^{1/2}$ 就是马氏距离。马氏距离是一种基于样本分布的距离,在物理意义的角度上,它也可以被看作是在主成分空间中的欧氏距离。对马氏距离进行任意非奇异线性变换所得到的任何结果都是不变的,从某种意义上来说,马氏距离不受量纲的影响,而且不损失数

据集的均值和方差信息。

以下将广义度量矩阵简称为度量矩阵。为了估计出度量矩阵 $\boldsymbol{A}$ 中的每一个元素，将 $D^2(\boldsymbol{x},\boldsymbol{y})=(\boldsymbol{x}-\boldsymbol{y})\boldsymbol{A}(\boldsymbol{x}-\boldsymbol{y})^{\mathrm{T}}$ 的右端展开可得到

$$D^2(\boldsymbol{x},\boldsymbol{y})=\sum_{i}^{n}\sum_{j}^{n}a_{ij}(x_i-y_i)(x_j-y_j)$$

通过合适的方法估算度量矩阵 $\boldsymbol{A}$，再对度量矩阵进行分析可以确定各指标的权重等有用的信息。

已知各样本间的差异，直接利用样本集中各样本间的差异来估计度量矩阵的方法的适用范围为样本集合中样本的个数不太多的情况。因为 n 个样本就有$\frac{n(n-1)}{2}$个差异信息，当 n 较大时$\frac{n(n-1)}{2}$迅速变大。还有一种情况也可以估计度量矩阵，那就是已知样本归属于不同类的知识，根据距离和分类的合理性的相互关系确定求解度量矩阵的准则。应该参照判别分析方法中的Fisher判别准则，利用距离之和最小化原理，求解每一类样本的重心坐标(该类别全部样本的指标矢量数值均值)。要求度量矩阵具有这样的性质，即类内样本间的距离之和最小化，同时类间样本的距离之和最大化。

基于以上分析，在接下来的关于广义度量矩阵估计方法的研究中，分为以下 3 个研究方向：一是已知各样本间的差异信息，直接利用样本间的差异信息用最小二乘原理来估计度量矩阵；二是利用极值理论，以样本集中已知分类结果的各样本与各类别指标变量均值的距离最小化为评判标准，估计度量矩阵；三是仿照 Fisher 判别准则的推导方法，以类内距离之和最小化和类间距离最大化为原则得到估计度量矩阵的数学模型。

本节所研究的问题与通常情况有区别，即已知判定结果反向推算判定原则。具体的，利用样本差异信息估算度量矩阵，再利用度量矩阵分析各指标的权重。如果得到的广义度量矩阵可以很好地表达专家的判断评估信息，则可以用这个度量矩阵正确地表述各指标的重要性，理论上可以有效避免赋权方法自身带有的主观性，这也是本书的创新之处。在自然科学中的分类问题、经济管理问题中的综合评估问题、复杂的变量间定量的因果关系等问题的研究中，专家根据主观判断和经验进行综合评估或者专家打分，可以充分利用这些评分值估计度量矩阵，由此分析不同指标的重要性，还可以很好地模拟专家评估的准则。

10.4　样本间差异信息的确定方式

专家赋值法是直接由专家给出每两个不同样本之间的差异值的方法。比如被评估的对象有 n 个人，由专家根据观察和若干测量结果给出每两个人之间的差异。每个人有一个外表形象，包括高矮、胖瘦、皮肤颜色、长相、气质等，还包括若干测量指标，如身高、体重、臂长、三围尺寸、五官的尺寸等。用 d_{ij} 表示第 i 个人与第 j 个人之间的差异值，共有 n^2 项数据，但要求 $d_{ii}=0$，$d_{ij}=d_{jt}$，所以需要专家给出的只需要$\frac{n(n-1)}{2}$个值。我们当然要求 $d_{ij}\geqslant 0$。由不同样本间的差异值和每个样本的特征指标合在一起构成了样本集合。

如果对任意的 i,j,k,成立 $d_{ik}+d_{kj}\geqslant d_{ij}$,则符合三角不等式关系。如果有 i,j,k,成立 $d_{ik}+d_{kj}<d_{ij}$,则不符合三角不等式关系。三角不等式关系是应该满足的。如果专家给出的 d_{ij} 在一些样本之间不符合三角不等式,则需要进行适当的调整。

因为 d_{ij} 是由专家给出的,而且一定是认真思考过的,所以每一个差异值的可信程度是相同的。如果不征求专家的意见而对 d_{ij} 做任何的修改都有可能出现偏差,但是如果没有条件重新让专家参与对 d_{ij} 的修改过程,则应选择尽可能合理的修改方法。下面来说明调整不满足三角不等式情况的几种可选择的方法。

方法一,专家修改法。将所有不满足三角不等式关系的表达式呈现给专家,要求专家对部分差异值进行调整,调整后重新检查所有的样本点之间是否满足三角不等式关系。若还存在不满足者则继续让专家做修改,直至全部满足为止。

方法二,向下修改法。每当出现不满足三角不等式关系的情况就选择将不等式右边的差异值减小以符合三角不等式。即若有

$$d_{ik}+d_{kj}<d_{ij}$$

则令 d_{ij} 的新值 d_{ij}^{new} 为 $d_{ij}^{new}=d_{ik}+d_{kj}$

方法三,向上修改法。每当出现不满足三角不等式关系的情况就选择将不等式左边的差异值增大以符合三角不等式。即若有

$$d_{ik}+d_{kj}<d_{ij}$$

则令 $d_{ij}=(d_{ik}+d_{kj})(1+\lambda)$。容易解得 $\lambda=\dfrac{d_{ij}}{d_{ik}+d_{kj}}-1$,让 d_{ik} 的新值为 $(1+\lambda)d_{ik}$,让 d_{kj} 的新值 d_{kj}^{new} 为 $(1+\lambda)d_{kj}$。即令

$$\begin{cases} d_{ik}^{new}=\dfrac{d_{ij}}{d_{ik}+d_{kj}}d_{ik} \\ d_{kj}^{new}=\dfrac{d_{ij}}{d_{ik}+d_{kj}}d_{kj} \end{cases}$$

方法四,向心修改法。每当出现不满足三角不等式关系的情况就选择将不等式左边的差异值适当增大,同时选择将不等式右边的差异值适当减小以符合三角不等式。即若有

$$d_{ik}+d_{kj}<d_{ij}$$

则总调整量为 $d_{ij}-(d_{ik}+d_{kj})$,记 $\Delta=d_{ij}-(d_{ik}+d_{kj})$。让 d_{ij} 的新值为 $d_{ij}-\dfrac{1}{2}\Delta$,让 d_{ik} 的新值为 $d_{ik}+\dfrac{1}{4}\Delta$,让 d_{kj} 的新值为 $d_{ik}+\dfrac{1}{4}\Delta$。具体用下面的修改公式:

$$\begin{cases} d_{ij}^{new}=d_{ij}-\dfrac{d_{ij}-(d_{ik}+d_{kj})}{2} \\ d_{ik}^{new}=d_{ik}+\dfrac{d_{ij}-(d_{ik}+d_{kj})}{4} \\ d_{kj}^{new}=d_{kj}+\dfrac{d_{ij}-(d_{ik}+d_{kj})}{4} \end{cases}$$

利用综合评分确定样本间差异,专家给每一个样本一个综合评分值 C_i,则就取两个样本的评分值的差的绝对值为两个样本间的差异值,即 $d_{ij}=|C_i-C_j|$,这样的差异值一

定是满足三角不等式关系的。

10.5　利用样本间差异信息估计度量矩阵的公式推导

10.5.1　超定方程组的建立

根据前面给出的函数表达式

$$D^2(\boldsymbol{x}_i,\boldsymbol{x}_j)=(\boldsymbol{x}_i-\boldsymbol{x}_j)^{\mathrm{T}}\boldsymbol{A}(\boldsymbol{x}_i-\boldsymbol{x}_j)$$

其中

$$\boldsymbol{A}=\begin{bmatrix} a_{11} & a_{12} & \cdots & a_{1n} \\ a_{21} & a_{22} & \cdots & a_{2n} \\ \vdots & \vdots & & \vdots \\ a_{n1} & a_{n2} & \cdots & a_{nn} \end{bmatrix}$$

$$\boldsymbol{x}_i=\begin{bmatrix} x_{i1} \\ x_{i2} \\ \vdots \\ x_{in} \end{bmatrix},\quad \boldsymbol{x}_j=\begin{bmatrix} x_{j1} \\ x_{j2} \\ \vdots \\ x_{jn} \end{bmatrix}_{n\times 1}$$

即有

$$(\boldsymbol{x}_i-\boldsymbol{x}_j)=\begin{bmatrix} x_{i1}-x_{j1} \\ x_{i2}-x_{j2} \\ \vdots \\ x_{in}-x_{jn} \end{bmatrix}_{n\times 1}$$

所以两样本 $\boldsymbol{x}_i$ 与 $\boldsymbol{x}_j$ 之间的广义距离的平方可以表示为

$$D^2(\boldsymbol{x}_i,\boldsymbol{x}_j)=\begin{bmatrix} x_{i1}-x_{j1} \\ x_{i2}-x_{j2} \\ \vdots \\ x_{in}-x_{jn} \end{bmatrix}^{\mathrm{T}}\begin{bmatrix} a_{11} & a_{12} & \cdots & a_{1n} \\ a_{21} & a_{22} & \cdots & a_{2n} \\ \vdots & \vdots & & \vdots \\ a_{n1} & a_{n2} & \cdots & a_{nn} \end{bmatrix}\begin{bmatrix} x_{i1}-x_{j1} \\ x_{i2}-x_{j2} \\ \vdots \\ x_{in}-x_{jn} \end{bmatrix}^{\mathrm{T}}$$

$D^2(\boldsymbol{x}_i,\boldsymbol{x}_j)$ 表示 $\boldsymbol{x}_i$ 与 $\boldsymbol{x}_j$ 之间的广义距离的平方，要求 $\boldsymbol{x}_i$ 与 $\boldsymbol{x}_j$ 之间的广义距离取为样本中给出的 $\boldsymbol{x}_i$ 与 $\boldsymbol{x}_j$ 之间的差异值 d_{ij}，即要求 $D^2(\boldsymbol{x}_i,\boldsymbol{x}_j)=d_{ij}^2$ 对所有的 i,j 尽可能满足。将 $D^2(x_i,x_j)$ 的表达式按矩阵向量乘法展开，有

$$D^2(\boldsymbol{x}_i,\boldsymbol{x}_j)=\sum_{t=1,h=1}^{n}(x_{it}-x_{jt})(x_{ih}-x_{jh})a_{th},1\leqslant i<j\leqslant N \tag{10.2}$$

共有 $\dfrac{N(N-1)}{2}$ 个方程，N 是样本的个数，矩阵 $\boldsymbol{A}$ 是未知的，由于 $\boldsymbol{A}$ 是对称的，所以未知元素的个数为 $\dfrac{n(n-1)}{2}+n=\dfrac{n(n+1)}{2}$，$n$ 是特征参数的个数。一般 $N\gg n$，所以上面的方程组中方程的个数远超过未知数的个数，是一个超定方程组。确定未知矩阵 A 的最合适的方法是求取该方程组的最小二乘解。

10.5.2 利用最小二乘原理估计度量矩阵中的参数

有下面的超定方程组

$$d_{ij}^2=\sum_{t=1,h=1}^{n}(x_{it}-x_{jt})(x_{ih}-x_{jh})a_{th}=\sum_{k=1}^{n}(x_{ik}-x_{jk})^2a_{kk}+2\sum_{\substack{k,l=1\\k<l}}^{n}(x_{ik}-x_{jk})(x_{il}-x_{jl})a_{kl} \tag{10.3}$$

用最小二乘原理来求取未知参数。用 Q 表示偏差的平方和，有

$$Q=\sum_{\substack{i,j=1\\i<j}}^{n}(d_{ij}^2-\sum_{k=1}^{n}(x_{ik}-x_{jk})^2a_{kk}-2\sum_{\substack{k,l=1\\k<l}}^{n}(x_{ik}-x_{jk})(x_{il}-x_{jl})a_{kl})^2$$

未知参数 a_{kl} 是下面的最优化问题的解：

$$\min Q=\min\sum_{\substack{i,j=1\\i<j}}^{N}(d_{ij}^2-\sum_{k=1}^{n}(x_{ik}-x_{jk})^2a_{kk}-2\sum_{\substack{k,l=1\\k<l}}^{n}(x_{ik}-x_{jk})(x_{il}-x_{jl})a_{kl})^2$$

解满足下面的一阶条件：

$$\begin{cases}\dfrac{\partial Q}{\partial a_{kk}}=0,1\leqslant k\leqslant n\\[2ex]\dfrac{\partial Q}{\partial a_{kl}}=0,1\leqslant k<l\leqslant n\end{cases} \tag{10.4}$$

根据 Q 的表达式，求出上面的偏导数的公式，对于矩阵 $\mathbf{A}$ 的对角元素 a_{mm} 有

$$\begin{aligned}\frac{\partial Q}{\partial a_{mm}}&=\sum_{\substack{i,j=1\\i<j}}^{N}2\Big[d_{ij}^2-\sum_{k=1}^{n}(x_{ik}-x_{jk})^2a_{kk}-2\sum_{\substack{k,l=1\\k<l}}^{n}(x_{ik}-x_{jk})(x_{il}-x_{jl})a_{kl}\Big](x_{im}-x_{jm})^2\\&=\sum_{\substack{i,j=1\\i<j}}^{n}2(x_{im}-x_{jm})^2d_{ij}^2-\sum_{\substack{i,j=1\\i<j}}^{N}2((x_{im}-x_{jm})^2\sum_{k=1}^{n}(x_{ik}-x_{jk})^2a_{kk})-\\&\quad\sum_{\substack{i,j=1\\i<j}}^{N}4((x_{im}-x_{jm})^2\sum_{\substack{k,l=1\\k<l}}^{n}(x_{ik}-x_{jk})(x_{il}-x_{jl})a_{kl})\end{aligned}$$

记

$$\begin{cases}b_m=2\sum\limits_{\substack{i,j=1\\i<j}}^{N}(x_{im}-x_{jm})^2d_{ij}^2\\[2ex]b_{ml}=-2\sum\limits_{\substack{i,j=1\\i<j}}^{N}(x_{im}-x_{jm})^2(x_{il}-x_{jl})^2\\[2ex]b_{mkl}=-4\sum\limits_{\substack{i,j=1\\i<j}}^{N}(x_{im}-x_{jm})^2(x_{ik}-x_{jk})(x_{il}-x_{jl})\end{cases} \tag{10.5}$$

则有

$$\frac{\partial Q}{\partial a_{mm}}=b_m+\sum_{l=1}^{n}b_{ml}a_{ll}+\sum_{\substack{k,l=1\\k<l}}^{n}b_{mkl}a_{kl},1\leqslant m\leqslant n \tag{10.6}$$

对于矩阵 $\mathbf{A}$ 的非对角元素 $a_{m\delta}$ 有

$$\frac{\partial Q}{\partial a_{m\delta}}=\sum_{\substack{i,j=1\\i<j}}^{N}2\Big[d_{ij}^2-\sum_{k=1}^{n}(x_{ik}-x_{jk})^2a_{kk}-2\sum_{\substack{k,l=1\\k<l}}^{n}(x_{ik}-x_{jk})(x_{il}-x_{jl})a_{kl}\Big](x_{i\delta}-x_{j\delta})(x_{im}-x_{jm})$$

$$=\sum_{\substack{i,j=1\\i<j}}^{N}2(x_{i\delta}-x_{j\delta})(x_{im}-x_{jm})d_{ij}^2-\sum_{\substack{i,j=1\\i<j}}^{N}2((x_{i\delta}-x_{j\delta})(x_{im}-x_{jm})\sum_{k=1}^{n}(x_{ik}-x_{jk})^2a_{kk})-$$

$$\sum_{\substack{i,j=1\\i<j}}^{N}4((x_{i\delta}-x_{j\delta})(x_{im}-x_{jm})\sum_{\substack{k,l=1\\k<l}}^{n}(x_{ik}-x_{jk})(x_{il}-x_{jl})a_{kl})$$

记

$$\begin{cases}c_{m\delta}=2\sum\limits_{\substack{i,j=1\\i<j}}^{N}(x_{im}-x_{jm})(x_{i\delta}-x_{j\delta})d_{ij}^2\\c_{m\delta l}=-2\sum\limits_{\substack{i,j=1\\i<j}}^{N}(x_{im}-x_{jm})(x_{i\delta}-x_{j\delta})(x_{il}-x_{jl})^2\\c_{m\delta kl}=-4\sum\limits_{\substack{i,j=1\\i<j}}^{N}(x_{im}-x_{jm})(x_{i\delta}-x_{j\delta})(x_{ik}-x_{jk})(x_{il}-x_{jl})\end{cases}\tag{10.7}$$

则有

$$\frac{\partial Q}{\partial a_{m\delta}}=c_{m\delta}+\sum_{l=1}^{n}c_{m\delta l}a_{ll}+\sum_{\substack{k,l=1\\k<l}}^{n}c_{m\delta kl}a_{kl},1\leqslant m<\delta\leqslant n\tag{10.8}$$

令$\frac{\partial Q}{\partial a_{mm}}=0,1\leqslant m\leqslant n,\frac{\partial Q}{\partial a_{m\delta}}=0,1\leqslant m<\delta\leqslant n$,可以得到下面的方程组：

$$\begin{cases}b_m+\sum\limits_{l=1}^{n}b_{ml}a_{ll}+\sum\limits_{\substack{k,l=1\\k<l}}^{n}b_{mkl}a_{kl}=0,1\leqslant m\leqslant n\\c_{m\delta}+\sum\limits_{l=1}^{n}c_{m\delta l}a_{ll}+\sum\limits_{\substack{k,l=1\\k<l}}^{n}c_{m\delta kl}a_{kl},1\leqslant m<\delta\leqslant n\end{cases}\tag{10.9}$$

上面方程组的系数由前面的式(10.5)和式(10.7)决定，共计有$\frac{n(n+1)}{2}$个方程，有$\frac{n(n+1)}{2}$个未知参数。求解这个方程组就可以得到度量矩阵**A**的所有元素的最小二乘估计值。

10.5.3　用拟合优度指标评估度量矩阵的质量

仿照回归分析中的拟合优度指标R^2的计算公式，希望导出可以反映度量矩阵的拟合优度的指标，把这个指标记为R_m^2。在回归分析中以及在经典的计量经济学模型中，R^2的计算公式为

$$R^2=1-\frac{RSS}{TSS}=1-\frac{\sum\limits_{i=1}^{n}(y_i-\hat{y}_i)^2}{\sum\limits_{i=1}^{n}(y_i-\bar{y})^2}$$

其中，$\bar{y}$是样本均值；$\hat{y}_i$是模型给出的值；$y_i-\hat{y}_i$是误差。

在本章提出的广义度量矩阵模型中，与 y_i 对应的是 D_{ij}，与 $\hat{y}_i$ 对应的是用度量矩阵计算出的距离。引入下面的关于 R_m^2 的计算公式：

$$R_m^2 = 1 - \frac{RSS}{TSS} = 1 - \frac{\sum\limits_{\substack{i,j=1 \\ i\neq j}}^{n}(D_{ij}-\hat{D}_{ij})^2}{\sum\limits_{\substack{i,j=1 \\ i\neq j}}^{n}(D_{ij}-\overline{D})^2} \tag{10.10}$$

其中

$$\overline{D} = \frac{1}{n(n-1)}\sum_{\substack{i,j=1 \\ i\neq j}}^{n} D_{ij}$$

$$\hat{D}_{ij} = [(\boldsymbol{X}_i - \boldsymbol{X}_j)\boldsymbol{A}(\boldsymbol{X}_i - \boldsymbol{X}_j)^{\mathrm{T}}]^{\frac{1}{2}}$$

同拟合优度指标 R^2 的意义一样，当 R_m^2 接近于1时反映拟合优度较高，得到的度量矩阵可以很好地拟合所要求的差异值，而当 R_m^2 接近于零时反映拟合优度较差，得到的度量矩阵不能很好地拟合所要求的差异值。

10.6 利用样本的类别信息估计度量矩阵的一种数学模型

10.6.1 最优化模型的建立

利用不同样本分属于给定类别的信息也可以用来估计广义度量矩阵。这一想法跟聚类分析、判别分析的组间差异最大化和组内差异最小化原则类似。已知所有样本被分为 T 个类$(X_1,\cdots,X_{\mathrm{T}})$，设各个类 X_i 的形心位置是 u_i，即有：$\boldsymbol{u}_i = \frac{1}{M}\sum\limits_{x\in X_i} x\ (i=1,2,3,\cdots,T)$，$M_i$ 是 i 类中的样本数。$\boldsymbol{J}_i = \sum\limits_{\boldsymbol{x}_j\in X_i} d_A(\boldsymbol{x}_j,\boldsymbol{u}_i)^2$ 是 i 类样本与形心的距离的平方和，这个值当然与度量矩阵的选取有密切的关系。如果度量矩阵是合理的，则 J_i 应取较小的值。我们要求 $\mathbf{A}$ 的选取使所有类的样本与相应的形心距离的平方和最小化。让 $J = \sum\limits_{i=1}^{T} J_i$ 最小化，以此作为确定度量矩阵 $\mathbf{A}$ 的准则。

$$\min J = \min_A \sum_{i=1}^{T}\sum_{\boldsymbol{x}_j\in X_i} d_A(\boldsymbol{x}_j,\boldsymbol{u}_i)^2$$

有

$$\sum_{i=1}^{T}\sum_{\boldsymbol{x}_j\in X_i} d_A(\boldsymbol{x}_j,\boldsymbol{u}_i)^2 = \sum_{i=1}^{T}\sum_{\boldsymbol{x}_j\in X_i}(\boldsymbol{x}_j-\boldsymbol{u}_i)^{\mathrm{T}}\mathbf{A}(\boldsymbol{x}_j,\boldsymbol{u}_i)$$

问题可写成

$$\min_A \sum_{i=1}^{T}\sum_{\boldsymbol{x}_j\in X_i}(\boldsymbol{x}_j,\boldsymbol{u}_i)^{\mathrm{T}}\mathbf{A}(\boldsymbol{x}_j-\boldsymbol{u}_i)$$

显然 J 的值与 $\mathbf{A}$ 有线性关系，即对于 $\lambda>0$，$J(\lambda\mathbf{A})=\lambda J(\mathbf{A})$。需要引入约束条件：det $\mathbf{A}=C$(C为常数)，det($\mathbf{A}$)表示矩阵$\mathbf{A}$的行列式的值。由于度量矩阵$\mathbf{A}$是权重矩阵，各个权

重总和应该是接近于 1 的，所以给定的约束条件为：$\det(\boldsymbol{A})=1$。构建的求解度量矩阵 $\boldsymbol{A}$ 的优化模型为

$$\min_{A}\sum_{i=1}^{T}\sum_{x_j\in X_i}(\boldsymbol{x}_j-\boldsymbol{u}_i)^{\mathrm{T}}\boldsymbol{A}(\boldsymbol{x}_j-\boldsymbol{u}_i)$$
$$\text{s. t.}\ \det(\boldsymbol{A})-1 \tag{10.11}$$

这是一个带有等式约束的非线性最优化模型。

10.6.2　利用拉格朗日乘子法求解度量矩阵

根据前面给出的模型，有

$$\sum_{i=1}^{T}\sum_{x_j\in X_i}d_A(\boldsymbol{x}_j-\boldsymbol{u}_i)^2=\sum_{i=1}^{T}\sum_{x_j\in X_i}(\boldsymbol{x}_j-\boldsymbol{u}_i)^{\mathrm{T}}\boldsymbol{A}(\boldsymbol{x}_j-\boldsymbol{u}_i)$$

将上式展开，有

$$\sum_{i=1}^{T}\sum_{x_j\in X_i}(\boldsymbol{x}_j-\boldsymbol{u}_i)^{\mathrm{T}}\boldsymbol{A}(\boldsymbol{x}_j-\boldsymbol{u}_i)=\sum_{i=1}^{T}\sum_{x_j\in X_i}\left[\sum_{t=1}^{n}\sum_{h=1}^{n}(\boldsymbol{x}_{jt}-\boldsymbol{u}_{it})\boldsymbol{a}_{th}(\boldsymbol{x}_{jh}-\boldsymbol{u}_{ih})\right]$$

其中 $\boldsymbol{x}_j=[x_{j1},x_{j2},\cdots,x_{jn}]$，$\boldsymbol{u}_i=[u_{i1},u_{i2},\cdots,u_{in}]=\dfrac{1}{M_i}\sum_{x\in X_i}x$。由 $\det(\boldsymbol{A})=1$，按行列式第 t 行展开，并用 $\boldsymbol{B}_{th}$ 表示去掉第 t 行和第 h 列的剩余元素构成的矩阵，$\det(\boldsymbol{B}_{th})$ 则是元素 a_{th} 的余子式。根据行列式的性质有

$$\sum_{h=1}^{n}(-1)^{t+h}a_{th}\det(\boldsymbol{B}_{th})=1$$

因而 $\sum_{t=1}^{n}\sum_{h=1}^{n}(-1)^{t+h}a_{th}\det(\boldsymbol{A}_{th})=n$ 可以作为构造拉格朗日函数的约束条件。构造拉格朗日函数为

$$L=\sum_{i=1}^{T}\sum_{x_j\in X_i}\left[\sum_{t=1}^{n}\sum_{h=1}^{n}(x_{jt}-u_{it})(x_{jh}-u_{ih})\right]-\lambda\left[\sum_{t=1}^{n}\sum_{h=1}^{n}(-1)^{t+h}a_{th}\det(\boldsymbol{B}_{th})-n\right]$$

对其求偏导：

$$\frac{\partial L}{\partial a_{th}}=\sum_{i=1}^{T}\sum_{x_j\in X_i}(x_{jt}-u_{it})(x_{jh}-u_{ih})-\lambda(-1)^{t+h}\det(B_{th})$$

令 $\dfrac{\partial L}{\partial a_{th}}=0$，则有

$$\sum_{i=1}^{T}\sum_{x_j\in X_i}(x_{jt}-u_{it})(x_{jh}-u_{ih})=\lambda(-1)^{t+h}\det(\boldsymbol{B}_{th})$$

因此有

$$\det(\boldsymbol{B}_{th})=\frac{\sum_{i=1}^{T}\sum_{x_j\in X_i}(x_{jt}-u_{it})(x_{jh}-u_{ih})}{\lambda(-1)^{t+h}} \tag{10.12}$$

定义度量矩阵的逆矩阵 $\boldsymbol{A}^{-1}=[\tilde{a}_{th}]$，其中，$\tilde{a}_{th}$ 代表度量矩阵 $\boldsymbol{A}$ 的逆矩阵 $\boldsymbol{A}^{-1}$ 中的元素。在矩阵代数理论中，逆矩阵可以利用伴随矩阵与原矩阵的行列式的比值来表示，即：$\boldsymbol{A}$ 矩阵中所有元素 $\boldsymbol{a}_{th}$ 分别由它们的代数余子式 A_{th} 来替代，然后进行转置，所得到的矩阵

$\boldsymbol{A}^*$ 就是 $\boldsymbol{A}$ 矩阵的伴随矩阵：

$$\boldsymbol{A}^* = \begin{pmatrix} A_{11} & A_{21} & \cdots & A_{n1} \\ A_{12} & A_{22} & \cdots & A_{n2} \\ \vdots & \vdots & \ddots & \vdots \\ A_{1n} & A_{2n} & \cdots & A_{nn} \end{pmatrix}$$

$\boldsymbol{A}^{-1}$ 可以表示为$\dfrac{\boldsymbol{A}^*}{\det(\boldsymbol{A})}$，有

$$\boldsymbol{A}^* = \begin{pmatrix} \dfrac{A_{11}}{\det(\boldsymbol{A})} & \dfrac{A_{21}}{\det(\boldsymbol{A})} & \cdots & \dfrac{A_{n1}}{\det(\boldsymbol{A})} \\ \dfrac{A_{12}}{\det(\boldsymbol{A})} & \dfrac{A_{22}}{\det(\boldsymbol{A})} & \cdots & \dfrac{A_{n2}}{\det(\boldsymbol{A})} \\ \vdots & \vdots & \ddots & \vdots \\ \dfrac{A_{1n}}{\det(\boldsymbol{A})} & \dfrac{A_{2n}}{\det(\boldsymbol{A})} & \cdots & \dfrac{A_{nn}}{\det(\boldsymbol{A})} \end{pmatrix}$$

由于前提假设 $\det(\boldsymbol{A})=1$，即 $\boldsymbol{A}^{-1}=\dfrac{\boldsymbol{A}^*}{\det(\boldsymbol{A})}=\boldsymbol{A}^*$，由 $\boldsymbol{A}^{-1}=[\tilde{a}_{th}]$，即

$$\boldsymbol{A}^{-1} = \begin{pmatrix} \tilde{a}_{11} & \tilde{a}_{21} & \cdots & \tilde{a}_{n1} \\ \tilde{a}_{12} & \tilde{a}_{22} & \cdots & \tilde{a}_{n2} \\ \vdots & \vdots & \ddots & \vdots \\ \tilde{a}_{1n} & \tilde{a}_{2n} & \cdots & \tilde{a}_{nn} \end{pmatrix} = \begin{pmatrix} A_{11} & A_{21} & \cdots & A_{n1} \\ A_{12} & A_{22} & \cdots & A_{n2} \\ \vdots & \vdots & \ddots & \vdots \\ A_{1n} & A_{2n} & \cdots & A_{nn} \end{pmatrix}$$

根据矩阵的知识，$\boldsymbol{A}$ 矩阵中元素 a_{th} 的代数余子式 $A_{th}=(-1)^{t+h}\det(\boldsymbol{B}_{th})$，其中 $\boldsymbol{B}_{th}$ 代表矩阵 $\boldsymbol{A}$ 删去第 t 行和第 h 列之后得到的 $(n-1)\times(n-1)$ 子矩阵。因此

$$\tilde{a}_{th}=\frac{(-1)^{t+h}\det(\boldsymbol{B}_{th})}{\det(\boldsymbol{A})}=(-1)^{t+h}\det(\boldsymbol{B}_{th})$$

根据前面得到的讨论有

$$\det(\boldsymbol{B}_{th})=\frac{\sum_{i=1}^{T}\sum_{x_j\in X_i}(x_{jt}-u_{it})(x_{jh}-u_{ih})}{\lambda(-1)^{t+h}} \tag{10.13}$$

将式(10.13) 代入表达式 $\tilde{a}_{th}=(-1)^{t+h}\det(\boldsymbol{A}_{th})$ 得

$$\tilde{a}_{th}=(-1)^{t+h}\frac{\sum_{i=1}^{T}\sum_{x_j\in X_i}(x_{jt}-u_{it})(x_{jh}-u_{ih})}{\lambda(-1)^{t+h}}=\frac{\sum_{i=1}^{T}\sum_{x_j\in X_i}(x_{jt}-u_{it})(x_{jh}-u_{ih})}{\lambda} \tag{10.14}$$

我们定义 $\boldsymbol{R}$ 矩阵 $\boldsymbol{R}=[r_{th}]$，其中的元素定义为

$$r_{th}=\sum_{i=1}^{T}\sum_{x_j\in X_i}(x_{jt}-u_{it})(x_{jh}-u_{ih}) \tag{10.15}$$

将其代入得到

$$\boldsymbol{R}=\lambda\boldsymbol{A}^{-1}$$

同时 $\det(\boldsymbol{R})=\lambda^n\det(\boldsymbol{A}^{-1})=\lambda^n$，则有 $\lambda=[\det(\boldsymbol{R})]^{\frac{1}{n}}$，因此有

$$A = \lambda R^{-1} = [\det(R)]^{\frac{1}{n}} R^{-1}$$

这样就得到了广义度量矩阵 A 的表达式为

$$A = [\det(R)]^{\frac{1}{n}} R^{-1} \tag{10.16}$$

其中，$R = [r_{th}]$，$r_{th} = \sum_{i=1}^{T} \sum_{x_j \in X_i} (x_{jt} - u_{it})(x_{jh} - u_{ih})$。

10.7　利用费歇尔准则求解度量矩阵

本节主要研究的问题就是找到一个能够更合理地描述差异性的广义距离定义中的度量矩阵，得到了广义度量矩阵后就可以直接用度量矩阵去测度某一类问题或样本间的距离，同时对度量矩阵进行特征值分解，得出的结论可以比较客观地表述各指标的重要性，这就避免了很多研究方法中赋权方法自身带有的主观性。本节在关于广义度量矩阵测度方法的研究中沿着以下两个途径进行：① 已知各样本间的差异，直接利用样本集中各样本间的差异信息来估计度量矩阵；② 利用最优化理论，以样本集中已知分类结果的各样本与各类别指标变量均值点的最小距离（即为最优距离）为评判标准，估计度量矩阵。

实际上，在只给出样本归属的类别信息的条件下可以根据多元统计分析理论中著名的费歇尔准则来求取度量矩阵。费歇尔准则根据已知的分类信息构建判别函数，而我们要仿照费歇尔准则的原理来估计广义度量矩阵。

费歇尔准则的原理是：未知参数的选取使得类内距离之和最小化，类间距离最大化。

每个样本有 n 项特征指标，第 i 个样本记为 $X_i = (x_i^1, x_i^2, \cdots, x_i^n)$。假设共计有 m 类样本，记为 $J_1, J_2, \cdots, J_m$，每个类中样本的个数为分别为 $L_1, L_2, \cdots, L_m$。

l 类内距离之和为

$$\sum_{i \in J_1} (X_i - \overline{X}_i) A (X_i - \overline{X}_l)^{\mathrm{T}}$$

$\overline{X}_l$ 是 l 类样本的形心坐标，即

$$\overline{X}_l = \frac{1}{L_1} \sum_{i \in J_1} X_i$$

l 类和 h 类间的距离为

$$(\overline{X}_l - \overline{X}_h) A (\overline{X}_l - \overline{X}_h)^{\mathrm{T}}$$

目标函数为

$$Q = \frac{\sum_{l=1}^{m} \sum_{i \in J_1} (X_i - \overline{X}_l) A (X_i - \overline{X}_l)^{\mathrm{T}}}{\sum_{\substack{l,h=1 \\ j<h}}^{m} (\overline{X}_l - \overline{X}_h) A (\overline{X}_l - \overline{X}_h)^{\mathrm{T}}} \tag{10.17}$$

分母表示类间距离之和，分子为各类内样本与样本形心距离之和，有

$$(X_i - \overline{X}_l) A (X_i - \overline{X}_l)^{\mathrm{T}} = \sum_{k=1}^{n} (x_i^k - \overline{x}_l^k)^2 a_{kk} + 2 \sum_{\substack{k<p \\ k,p=1}}^{n} (x_i^k - \overline{x}_l^k)(x_i^p - \overline{x}_l^p) a_{kp}$$

$$Q=\frac{\sum_{k=1}^{n}\sum_{l=1}^{m}\sum_{i\in J_1}(x_i^k-\overline{x}_l^k)^2 a_{kk}+2\sum_{\substack{k<p\\k,p=1}}^{n}\sum_{l=1}^{m}\sum_{i\in J_1}(x_i^k-\overline{x}_l^k)(x_i^p-\overline{x}_l^p)a_{kp}}{\sum_{k=1}^{n}\sum_{\substack{l,h=1\\l<h}}^{n}(\overline{x}_l^k-\overline{x}_h^k)^2 a_{kk}+2\sum_{\substack{k<p\\k,p=1}}^{n}\sum_{\substack{l,h=1\\l<h}}^{m}(\overline{x}_l^k-\overline{x}_h^k)(x_l^p-\overline{x}_h^p)a_{kp}} \tag{10.18}$$

记

$$\begin{cases}c_k=\sum_{l=1}^{m}\sum_{i\in J_1}(x_i^k-\overline{x}_l^k)^2,1\leqslant k\leqslant n\\ c_{kp}=2\sum_{l=1}^{m}\sum_{i\in J_1}(x_i^k-\overline{x}_l^k)(x_i^p-\overline{x}_l^p),1\leqslant k<p\leqslant n\\ b_k=\sum_{\substack{l,h=1\\l<h}}^{m}(\overline{x}_l^k-\overline{x}_h^k),1\leqslant k\leqslant n\\ b_{kp}=2\sum_{\substack{l,h=1\\l<h}}^{m}(\overline{x}_l^k-\overline{x}_h^k)(x_l^p-\overline{x}_h^p),1\leqslant k<p\leqslant n\end{cases} \tag{10.19}$$

$$Q=\frac{\sum_{k=1}^{n}c_k a_{kk}+\sum_{\substack{k,l=1\\k<l}}^{n}c_{kl}a_{kl}}{\sum_{k=1}^{n}b_k a_{kk}+\sum_{\substack{k,l=1\\k<l}}^{n}b_{kl}a_{kl}} \tag{10.20}$$

记

$$Z=\sum_{k=1}^{n}c_k a_{kk}+\sum_{\substack{k,l=1\\k<l}}^{n}c_{kl}a_{kl},M=\sum_{k=1}^{n}b_k a_{kk}+\sum_{\substack{k,l=1\\k<l}}^{n}b_{kl}a_{kl}$$

则有

$$\begin{cases}\frac{\partial Q}{\partial a_{kk}}=\frac{c_k M-Zb_k}{M^2},1\leqslant k\leqslant n\\ \frac{\partial Q}{\partial a_{kl}}=\frac{c_{kl}M-Zb_{kl}}{M^2},1\leqslant k<l\leqslant n\end{cases}$$

令$\frac{\partial Q}{\partial a_{kk}}=0,\frac{\partial Q}{\partial a_{kl}}=0$,有

$$\begin{cases}\frac{c_k M-Zb_k}{M^2}=0,1\leqslant k\leqslant n\\ \frac{c_{kl}M-Zb_{kl}}{M^2}=0,1\leqslant k<l\leqslant n\end{cases}$$

展开有

$$\begin{cases}c_i\left(\sum_{k=1}^{n}b_k a_{kk}+\sum_{\substack{k,l=1\\k<l}}^{n}b_{kl}a_{kl}\right)-\left(\sum_{k=1}^{n}c_k a_{kk}+\sum_{\substack{k,l=1\\k<l}}^{n}c_{kl}a_{kl}\right)b_i=0,1\leqslant i\leqslant n\\ c_{ij}\left(\sum_{k=1}^{n}b_k a_{kk}+\sum_{\substack{k,l=1\\k<l}}^{n}b_{kl}a_{kl}\right)-\left(\sum_{k=1}^{n}c_k a_{kk}+\sum_{\substack{k,l=1\\k<l}}^{n}c_{kl}a_{kl}\right)b_{ij}=0,1\leqslant i<j\leqslant n\end{cases}$$

整理,得到

$$\begin{cases}\sum_{k=1}^{n}(c_ib_k-b_ic_k)a_{kk}+\sum_{\substack{k,l=1\\k<l}}^{n}(c_ib_{kl}-b_ic_{kl})a_{kl}=0,1\leqslant i\leqslant n\\ \sum_{k=1}^{n}(c_{ij}b_k-b_{ij}c_k)a_{kk}+\sum_{\substack{k,l=1\\k<l}}^{n}(c_{ij}b_{kl}-b_{ij}c_{kl})a_{kl}=0,1\leqslant i<j\leqslant n\end{cases} \tag{10.21}$$

上面方程组是齐次方程组,解不唯一。令 $a_{11}=1$,并去掉第一个方程,有

$$\begin{cases}(c_ib_1-b_ic_1)+\sum_{k=2}^{n}(c_ib_k-b_ic_k)a_{kk}+\sum_{\substack{k,l=1\\k<l}}^{n}(c_ib_{kl}-b_ic_{kl})a_{kl}=0,2\leqslant i\leqslant n\\ (c_{ij}b_1-b_{ij}c_1)+\sum_{k=2}^{n}(c_{ij}b_k-b_{ij}c_k)a_{kk}+\sum_{\substack{k,l=1\\k<l}}^{n}(c_{ij}b_{kl}-b_{ij}c_{kl})a_{kl}=0,1\leqslant i<j\leqslant n\end{cases} \tag{10.22}$$

其中,c_k,b_k,c_{kl},b_{kl} 由式(10.19)给出。

10.8　度量矩阵的不同类型

度量矩阵中元素的不同取值可以反映不同的指标重要性信息和指标间交互关系的强弱信息。如果度量矩阵中的非对角元素的取值的绝对值普遍很小,对角线元素相对较大,则说明特征指标间的交互关系很弱,不同的特征指标有强的独立性,说明这些特征指标的选取是合理的。如果度量矩阵中的非对角元素的取值的绝对值普遍很小,对角线元素相对较大,同时对角线元素有较大的离散度,即有的对角线元素很大,有的对角线元素很小,说明与大的对角线元素相对应的特征指标更重要些,因为在差异性计算方面该特征指标更敏感。与小的对角线元素相对应的特征指标更不重要,因为在差异性计算方面该特征指标相对不敏感。

如果度量矩阵中的非对角元素取值的绝对值普遍较大,则说明特征指标间的交互关系很强,不同特征指标间有密切的相关关系,特征指标缺乏独立性。若某个非对角元素取较大的正值(比如 a_{ij}),表明对应的两个指标(第 i 个指标和第 j 个指标)有较强的正相关关系。若某个非对角元素取较大的负值,表明对应的两个指标有较强的负相关关系。

如果度量矩阵中的元素取值的大小分布均匀,没有太大的元素,则说明特征指标的量纲选择合适,并且每个指标的重要程度相当。如果度量矩阵中的元素取值的大小分布不均匀,个别元素取值异常大,说明要么个别指标的重要性特别高,要么指标的量纲的选择不合理。如果度量矩阵中某一行的元素的绝对值特别大,由于对称性,相应列的元素的绝对值也特别大,说明相应的特征指标的重要性特别高,体现在指标本身的重要性高,还体现在该指标与其他指标的交互作用强;反之,如果度量矩阵中某一行的元素的绝对值特别小,由于对称性,相应列的元素的绝对值也特别小,说明相应的特征指标的重要性特别低,体现在指标本身的重要性低,还体现在该指标与其他指标的交互作用弱。

10.9　利用度量矩阵进行权重分析

本节中根据得到的度量矩阵来定量分析指标的重要性以及指标间的交互关系。距离公式为

$$D(\boldsymbol{x},\boldsymbol{y})=[(\boldsymbol{x}-\boldsymbol{y})\boldsymbol{A}(\boldsymbol{x}-\boldsymbol{y})^{\mathrm{T}}]^{1/2}$$

固定向量 $\boldsymbol{y}$，$\boldsymbol{y}=(y_1,y_2,\cdots,y_n)$，单独让 $\boldsymbol{x}$ 变化，$\boldsymbol{x}=(x_1,x_2,\cdots,x_n)$。为考察 x 的某一个分量 x_i 的变化对距离变化的贡献，需要求出偏导数 $\dfrac{\partial D(\boldsymbol{x},\boldsymbol{y})}{\partial x_i}$，有

$$\frac{\partial D(\boldsymbol{x},\boldsymbol{y})}{\partial x_i}=\frac{\sum_{k=1}^{n}a_{ik}(x_k-y_k)}{[(\boldsymbol{x}-\boldsymbol{y})\boldsymbol{A}(\boldsymbol{x}-\boldsymbol{y})^{\mathrm{T}}]^{1/2}} \tag{10.23}$$

根据上式，若恰好有 $\dfrac{\partial D(\boldsymbol{x},\boldsymbol{y})}{\partial x_i}=0$，则说明在 x 附近 x_i 的变化不能引起 $\boldsymbol{x}$ 和 $\boldsymbol{y}$ 之间距离的变化。相应的条件如下：

$$\sum_{k=1}^{n}a_{ik}(x_k-y_k)=0 \tag{10.24}$$

如果度量矩阵近似是对角矩阵，即 $a_{ii}>0$，对于 $i\neq j$，$a_{ij}\approx 0$，则有

$$\frac{\partial D(\boldsymbol{x},\boldsymbol{y})}{\partial x_i}\approx\frac{a_{ii}(x_i-y_i)}{[(\boldsymbol{x}-\boldsymbol{y})\boldsymbol{A}(\boldsymbol{x}-\boldsymbol{y})^{\mathrm{T}}]^{1/2}} \tag{10.25}$$

这时 x_i 的变化引起 $\boldsymbol{x}$ 和 $\boldsymbol{y}$ 之间距离的变化主要由元素 a_{ii} 的大小决定。$\dfrac{\partial D(\boldsymbol{x},\boldsymbol{y})}{\partial x_i}$ 的符号与 x_i-y_i 的符号相同，当 $x_i<y_i$ 时，x_i 增加会导致 x_i-y_i 减小，当然 $|x_i-y_i|$ 减小，而 $x_i-y_i<0$ 也保证了 $\dfrac{\partial D(\boldsymbol{x},\boldsymbol{y})}{\partial x_i}<0$。当 $x_i>y_i$ 时，x_i 增加会导致 x_i-y_i 增加，当然 $|x_i-y_i|$ 增加，而 $x_i-y_i>0$ 也保证了 $\dfrac{\partial D(\boldsymbol{x},\boldsymbol{y})}{\partial x_i}>0$。上面的结果符合 x_i 的改变与 $D(\boldsymbol{x},\boldsymbol{y})$ 改变的意义。

从某种意义上讲，偏导数 $\dfrac{\partial D(\boldsymbol{x},\boldsymbol{y})}{\partial x_i}$ 就可以反映第 i 个特征指标 x_i 的重要性，所以用式(10.23)给出的值作为特征指标 x_i 的权重指标应该是合理的。但显然偏导数 $\dfrac{\partial D(\boldsymbol{x},\boldsymbol{y})}{\partial x_i}$ 不是常数，该偏导数值与 $\boldsymbol{x}$ 和 $\boldsymbol{y}$ 有关。理想的权重指标选择应该是一个普遍适用的常数，与指标的大小无关。

让 $\boldsymbol{x}$ 取为 $\lambda\boldsymbol{x}$，$\boldsymbol{y}$ 取为 $\lambda\boldsymbol{y}$，$\lambda>0$，则有 $\lambda\boldsymbol{x}$ 与 $\lambda\boldsymbol{y}$ 之间的距离为

$$D(\lambda\boldsymbol{x},\lambda\boldsymbol{y})=[(\lambda\boldsymbol{x}-\lambda\boldsymbol{y})\boldsymbol{A}(\lambda\boldsymbol{x}-\lambda\boldsymbol{y})^{\mathrm{T}}]^{1/2}=\lambda D(\boldsymbol{x},\boldsymbol{y})$$

由此可以得到

$$\frac{\partial D(\lambda\boldsymbol{x},\lambda\boldsymbol{y})}{\partial x_i}=\lambda\frac{\partial D(\boldsymbol{x},\boldsymbol{y})}{\partial x_i}$$

从式(10.23)可以看出，在限制了向量 $\boldsymbol{x}-\boldsymbol{y}$ 的长度后，当向量 $\boldsymbol{x}-\boldsymbol{y}$ 与 $(a_{i1},a_{i2},\cdots,$

a_{in}）平行时分子取最大值。特别可以取 $\boldsymbol{x}-\boldsymbol{y}=(a_{i1},a_{i2},\cdots,a_{in})$，引入下面的定义。

定义 10.1　假设广义度量矩阵为 $\boldsymbol{A}$，两个样本 $\boldsymbol{x}=(x_1,x_2,\cdots,x_n)$ 与 $\boldsymbol{y}=(y_1,y_2,\cdots,y_n)$ 之间的差距（广义距离）$D(\boldsymbol{x},\boldsymbol{y})$ 的计算公式为

$$D(\boldsymbol{x},\boldsymbol{y})=[(\boldsymbol{x}-\boldsymbol{y})\boldsymbol{A}(\boldsymbol{x}-\boldsymbol{y})^{\mathrm{T}}]^{1/2}$$

则反映第 i 个指标重要性的权重指标由下式给出：

$$W_i=\frac{\sum_{k=1}^{n}(a_{ik})^2}{(\boldsymbol{a}_i\boldsymbol{A}\boldsymbol{a}_i^{\mathrm{T}})^{1/2}},i=1,2,\cdots,n \tag{10.26}$$

其中，$\boldsymbol{a}_i=(a_{i1},a_{i2},\cdots,a_{in})$，$\boldsymbol{a}_i$ 是度量矩阵 $\boldsymbol{A}$ 的第 i 行构成的向量。我们称 w_i 为广义度量意义的权重。

从定义 10.1 可以看出，我们是取能让 $\dfrac{\partial D(\boldsymbol{x},\boldsymbol{y})}{\partial x_i}$ 取最大值时相应的值作为特征指标 x_i 的权重。容易证明 w_i 与向量 $\boldsymbol{a}_i=(a_{i1},a_{i2},\cdots,a_{in})$ 的长度无关，w_i 由 $\boldsymbol{A}$ 的第 i 行元素构成的向量的长度决定。若 $\boldsymbol{A}$ 是单位矩阵，根据式(10.26) 容易推得 $w_i=1$，说明每个指标都具有相同的权重。若 $\boldsymbol{A}$ 是对角矩阵，即

$$\boldsymbol{A}=\begin{pmatrix}\lambda_1 & 0 & 0 & \cdots & 0\\ 0 & \lambda_2 & 0 & \cdots & 0\\ \vdots & \vdots & \vdots & & \vdots\\ 0 & 0 & 0 & \cdots & \lambda_P\end{pmatrix}$$

根据式(10.26) 容易推得 $w_i=\sqrt{\lambda_i}$，说明第 i 个指标的权重由 λ_i 决定，这样的结果与度量矩阵的特殊形式所体现的意义是一致的，这也说明定义 10.1 是合理的。

10.10　利用度量矩阵构造特征指标间交互影响指标

考察下面的数学公式为

$$y=\alpha_0+\alpha_1x_1+\alpha_2x_2+\cdots+\alpha_kx_k+\alpha_{23}x_2x_3$$

其中，α_{23} 反映变量 x_2 和 x_3 的交互作用，而 $\alpha_1,\alpha_2,\cdots,\alpha_k$ 则分别只反映相应单一变量对 y 的独立的作用。项 α_2x_2 说明 x_2 的一个单位的增量可以给 y 带来 α_2 单位的增量，而项 $\alpha_{23}x_2x_3$ 表明 x_2 和 x_3 对 y 交互影响作用，若 x_2 增加 Δ，x_3 增加 Δ，则给 y 带来的增量为

$$\Delta y=\alpha_2\Delta+\alpha_3\Delta+\alpha_{23}\Delta^2$$

α_{23} 的大小反映了这种交互影响作用的强度。我们有

$$\alpha_{23}=\frac{\partial^2 y}{\partial x_2\partial x_3}$$

所以上面的混合二阶偏导数可以作为特征指标间交互影响程度的度量指标。我们已经知道

$$\frac{\partial D(\boldsymbol{x},\boldsymbol{y})}{\partial x_i}=\frac{\sum_{k=1}^{n}\alpha_{ik}(x_k-y_k)}{[(\boldsymbol{x}-\boldsymbol{y})\boldsymbol{A}(\boldsymbol{x}-\boldsymbol{y})^{\mathrm{T}}]^{1/2}}$$

再来求混合二阶偏导数，对于 $i \neq j$ 有

$$\frac{\partial^2 D(\boldsymbol{x},\boldsymbol{y})}{\partial x_i \partial x_j}=\frac{\alpha_{ij}}{[(\boldsymbol{x}-\boldsymbol{y})\boldsymbol{A}(\boldsymbol{x}-\boldsymbol{y})^{\mathrm{T}}]^{1/2}}+\frac{\left(\sum_{k=1}^{n}\alpha_{ik}(x_k-y_k)\right)\left(\sum_{k=1}^{n}\alpha_{jk}(x_k-y_k)\right)}{[(\boldsymbol{x}-\boldsymbol{y})\boldsymbol{A}(\boldsymbol{x}-\boldsymbol{y})^{\mathrm{T}}]^{3/2}}$$

对上式整理有

$$\frac{\partial^2 D(\boldsymbol{x},\boldsymbol{y})}{\partial x_i \partial x_j}=\frac{1}{[(\boldsymbol{x}-\boldsymbol{y})\boldsymbol{A}(\boldsymbol{x}-\boldsymbol{y})^{\mathrm{T}}]^{1/2}}(\alpha_{ij})+\frac{\left(\sum_{k=1}^{n}\alpha_{ik}(x_k-y_k)\right)\left(\sum_{k=1}^{n}\alpha_{jk}(x_k-y_k)\right)}{(\boldsymbol{x}-\boldsymbol{y})\boldsymbol{A}(\boldsymbol{x}-\boldsymbol{y})^{\mathrm{T}}} \tag{10.27}$$

当 $\boldsymbol{x}-\boldsymbol{y}$ 与 $\alpha_i=(a_{i1},a_{i2},\cdots,a_{in})$ 平行时，上式第二项分子中的与 i 相应的项取最大值；当 $\boldsymbol{x}-\boldsymbol{y}$ 与 $a_j=(a_{j1},a_{j2},\cdots,a_{jn})$ 平行时，上式第二项分子中的与 j 相应的项取最大值。我们要考察第 i 个指标对第 j 个指标的影响，让 $\boldsymbol{x}-\boldsymbol{y}$ 取为 α_i，引进下面的定义。

定义 10.2 假设广义度量矩阵为 $\boldsymbol{A}$，两个样本 $\boldsymbol{x}=(x_1,x_2,\cdots,x_n)$ 与 $\boldsymbol{y}=(y_1,y_2,\cdots,y_n)$ 之间的差距（广义距离）$D(\boldsymbol{x},\boldsymbol{y})$ 的计算公式为

$$D(\boldsymbol{x},\boldsymbol{y})=[(\boldsymbol{x}-\boldsymbol{y})\boldsymbol{A}(\boldsymbol{x}-\boldsymbol{y})^{\mathrm{T}}]^{1/2}$$

则反映第 i 个指标对第 j 个指标之间影响程度的指标由下式给出：

$$w_{ij}=\frac{1}{(\boldsymbol{z}\boldsymbol{A}\boldsymbol{z}^{\mathrm{T}})^{1/2}}\left|a_{ij}+\frac{\sum_{k=1}^{n}a_{ik}z_k\sum_{k=1}^{n}a_{jk}z_k}{\boldsymbol{z}\boldsymbol{A}\boldsymbol{z}^{\mathrm{T}}}\right| \tag{10.28}$$

其中，$\boldsymbol{z}=(z_1,z_2,\cdots,z_n)=\boldsymbol{a}_i$，$\boldsymbol{a}_i$ 是度量矩阵 $\boldsymbol{A}$ 的第 i 行构成的向量。我们称 w_{ij} 为广义度量意义下第 i 个指标对第 j 个指标之间影响程度指标。

可以对 w_{ij} 进行更进一步的分析。记 $\rho_i=\sum_{j=1}^{n}w_{ij}$，则 ρ_i 的大小是反映第 i 个指标对其他指标的影响程度的合适的指标，而使 ρ_i 取最大值的 i 则是所有特征指标中对其他指标的影响程度最强的指标。根据式(10.28)，若 $\boldsymbol{A}$ 是一个正交矩阵，则式(10.28)中的第二项必然为零，所以有

$$w_{ij}=\frac{a_{ij}}{(\boldsymbol{z}\boldsymbol{A}\boldsymbol{z}^{\mathrm{T}})^{1/2}}$$

这时 w_{ij} 由 a_{ij} 决定，这也说明定义 10.2 是合理的。

由定义 10.2 可以看出，w_{ij} 一般不等于 w_{ji}，表明指标 i 对第 j 个指标的影响程度不一定等于指标 j 对第 i 个指标的影响程度，这与我们的基于常规知识的要求不一致。为了保证 w_{ij} 的对称性，引进下面的定义。

定义 10.3 假设广义度量矩阵为 $\boldsymbol{A}$，两个样本 $\boldsymbol{x}=(x_1,x_2,\cdots,x_n)$ 与 $\boldsymbol{y}=(y_1,y_2,\cdots,y_n)$ 之间的差距（广义距离）$D(x,y)$ 的计算公式为

$$D(\boldsymbol{x},\boldsymbol{y})=[(\boldsymbol{x}-\boldsymbol{y})\boldsymbol{A}(\boldsymbol{x}-\boldsymbol{y})^{\mathrm{T}}]^{1/2}$$

则反映第 i 个指标与第 j 个指标之间影响程度的指标由下式给出：

$$w_{ij}=\frac{1}{(\boldsymbol{z}\boldsymbol{A}\boldsymbol{z}^{\mathrm{T}})^{1/2}}\left|a_{ij}+\frac{\sum_{k=1}^{n}a_{ik}z_k\sum_{k=1}^{n}a_{jk}z_k}{\boldsymbol{z}\boldsymbol{A}\boldsymbol{z}^{\mathrm{T}}}\right| \tag{10.29}$$

其中，$\boldsymbol{z}=(z_1,z_2,\cdots,z_n)=\boldsymbol{a}_i+\boldsymbol{a}_j$，$\boldsymbol{a}_i$ 是度量矩阵 $\boldsymbol{A}$ 的第 i 行构成的向量。我们称 w_{ij} 为广

义度量意义下第 i 个指标与第 j 个指标之间交互影响程度指标。

10.11　利用度量矩阵的相似变换求取新的指标体系

根据实对称矩阵的相关理论，对于任意 $n \times n$ 的正定的实对称矩阵，都有 n 个相互正交的特征向量 $\boldsymbol{v}_1, \boldsymbol{v}_2, \cdots, \boldsymbol{v}_n$，相应的特征值是 $\lambda_1, \lambda_2, \cdots, \lambda_n, \lambda_i \geqslant 0$，有

$$\boldsymbol{A}\boldsymbol{v}_i = \lambda_i \boldsymbol{v}_i$$

并且对于 $i \neq j, \boldsymbol{v}_i \cdot \boldsymbol{v}_j = 0$。由矩阵 $\boldsymbol{A}$ 的特征向量构成的正交矩阵记为 $\boldsymbol{Q}$，有

$$\boldsymbol{Q}^{\mathrm{T}}\boldsymbol{A}\boldsymbol{Q} = \operatorname{diag}(\lambda_1, \lambda_2, \cdots, \lambda_n)$$

引进变换

$$\boldsymbol{X} = \boldsymbol{Q}^{\mathrm{T}}\boldsymbol{Y}$$

由于 $\boldsymbol{Q}$ 是正交矩阵，所以有

$$\boldsymbol{Y} = \boldsymbol{Q}\boldsymbol{X}$$

计算 $\boldsymbol{X}_1, \boldsymbol{X}_2$ 之间的距离为

$$\begin{aligned} D(\boldsymbol{X}_1, \boldsymbol{X}_2) &= (\boldsymbol{X}_1 - \boldsymbol{X}_2)^{\mathrm{T}}\boldsymbol{A}(\boldsymbol{X}_1 - \boldsymbol{X}_2) \\ &= (\boldsymbol{Y}_1 - \boldsymbol{Y}_2)^{\mathrm{T}}\boldsymbol{Q}\boldsymbol{A}\boldsymbol{Q}^{\mathrm{T}}(\boldsymbol{Y}_1 - \boldsymbol{Y}_2) \\ &= (\boldsymbol{Y}_1 - \boldsymbol{Y}_2)^{\mathrm{T}}\operatorname{diag}(\lambda_1, \lambda_2, \cdots, \lambda_n)(\boldsymbol{Y}_1 - \boldsymbol{Y}_2) \end{aligned}$$

可以看出，新的指标体系 $\boldsymbol{Y} = (y_1, y_2, \cdots, y_n)$ 中不同指标之间没有交互影响，指标 y_i 的重要性可用 λ_i 表示。如果 λ_j 充分小，则可以认为 y_j 可忽略。可根据各个特征指标 x_k 的意义以及在 y_i 表达式中每个特征指标的系数来考察综合指标 y_i 的总体含义。

10.12　总结和一些新的设想

本章的内容主要是提出一些设想和导出一些理论公式，还缺少用算例考察模型的实用性的相关内容。可以预期，在用广义度量矩阵工具研究一些真实的问题的过程中可以提出一些新问题。从理论方面来说，广义度量矩阵可以较好地处理专家的判断准则与测量的指标体系之间的定量关系，这是这类模型的主要特征。模型估计出的参数构成一个实的对称矩阵，而对度量矩阵的深入分析需要更多的关于矩阵的知识。本章中只是提出了少数几种分析方法，即得到权重指标和交互作用指标的计算公式，一定还有许多理论问题需要研究。

在经济问题研究中有许多问题应该可以尝试用本章提出的度量矩阵模型方法。比如，研究某项经济指标 y，影响 y 的各项指标为 $X_1, X_1, \cdots, X_k$。通常的方法是用多元回归方法来研究 $X_1, X_1, \cdots, X_k$ 对 y 的影响，而通过变量的差分后再作回归分析可研究指标 $X_1, X_1, \cdots, X_k$ 的改变对 y 的改变的影响。当多元回归方法的拟合优度太低时就会遇到困难。而本章提出的度量矩阵方法可以用来定量分析 $X_1, X_1, \cdots, X_k$ 的改变对 y 的改变的影响，由度量矩阵描述的关系是一种非线性关系，度量矩阵模型可能对许多实际问题都是合适的。另外，通过对度量矩阵的分析可以筛选出对 y 影响很小的因素，从而大大减少解释变量的个数。

参考文献

[1] GLOSTEN L R, JAGANNATHA N, RUNKLE D. On the relation between the expected value and the volatility of the normal excess return on stocks[J]. Journal of Finance, 1993 (48):1779-1801.

[2] WILLIAM S G. Why stock market volatility change over time? [J]. Journal of Finance, 1989(44): 1115.

[3] FAMA E F. Stock return, expected returns, and real activity [J]. Jounal of Finance, 1990,45(4):1089-1108.

[4] HAMILTON J D, GANG L. Stock market volatility and the business cycle [J]. Journal of Applied Econometrics, 1996, 11(5):573-593.

[5] MARKOWITZ H. Portfolio selection [J]. The Journal of Finance, 1952(7): 77-91.

[6] WILLIAM F. A simplified model for portfolio analysis [J]. Management Science, 1963, 9(2): 277-293.

[7] LINTNER J. The valuation of risk assets and the selection of risky investments in stock portfolios and capital budgets [J]. Review of Economics and Statistics, 1965, 47(1): 13-37.

[8] MOSSIN J. Equilibrium in a capital asset market [J]. Econometrica, 1966, 34(4): 768-783.

[9] ROSS S. The arbitrage theory of capital asset pricing [J]. Journal of Economic Theory, 1976, 13(3): 341-360.

[10] BARRY C. Portfolio analysis under uncertain means, variances, and covariances [J]. Journal of Finance, 1974, 29(2): 515-522.

[11] KLEIN R, BAWA V. The effect of estimation risk on optimal portfolio choice [J]. Journal of Financial Economics, 1976, 3 (3): 215-231.

[12] HOEVENAARS R P P M, MOLENAAR R D J, SCHOTMAN P C, et al. Long-term investors: parameter uncertainty and prior information [J]. Journal of Applied Econometrics, 2014, 29(3): 353-376.

[13] MORCK R, YEUNG B, YU W. The information content of stock markets: why do emerging markets have synchronous stock price movements[J]. Journal of Financial Economics, 2000(1):215-260.

[14] JOSEPH D, PIOTROSKI D T, ROULSTONE N. The influence of analysts

institutional investors, and insiders on the incorporation of market, industry, and firm-specific information into stock prices[J]. The Accounting Review, 2004 (79):4.

[15] RUL A, ALBUQUERQU E. Economic news and international stock market co-movement[J]. Review of Finance, 2008(13).401-465.

[16] BACHELIER L. Theory de la speculation [J]. Annals Scientifiques de Leola Normal Superior, 1900(17): 21-86.

[17] FISHER B, MYRON S. The pricing of options and corporate liabilities [J]. The Journal of Political Economy, 1973, 81(3):637-654.

[18] MERTON R C. Theory of rational option pricing[J]. Bell Journal of Economics and Management Science,1973(4):141-183.

[19] RUBINSTEIN M. The valuation of uncertain income streams and the pricing of options[J]. Bell Journal of Economics, 1976,7(2):407-425.

[20] COX J, ROSS S. A theory of the term structure of interest rates [J]. Econometriea, 1985(53):385-467.

本书作者发表的部分论文和出版的专著

1. Xuefeng Wang, Lin Wang. Study on Black－Scholes option pricing model based on dynamic investment strategy. International Journal of Innovative Computing, Information and Control, 2007,6(B).

2. Xuefeng Wang, Lin Wang. Study on Black－Scholes option pricing model based on general linear investment strategy(Part Ⅰ: put option). International Journal of Innovative Computing, Information and Control, 2009,6.

3. Xuefeng Wang, Lin Wang. Study on Black－Scholes option pricing model based on general linear investment strategy(Part Ⅱ: call option). International Journal of Innovative Computing, Information and Control, 2009,8.

4. Xuefeng Wang, Yingjun Feng, Xin Zhao. A single parameter dynamic searching algorithm for multi－layer Neural Networks(Part Ⅰ). International Journal of Innovative Computing, Information and Control, 2008,9.

5. Xuefeng Wang, Xin Zhao, Yingjun Feng. A single parameter dynamic searching algorithm for multi－layer Neural Networks(Part Ⅱ). International Journal of Innovative Computing, Information and Control, 2008,11.

6. Xuefeng Wang, Lei Xu. Study on the long－term rate of return when holding risk asset. International Journal of Innovative Computing, Information and Control, 2010,7.

7. Xuefeng Wang, Lei Xu. The critical curve of the long－term rate of return when holding risk assets. International Journal of Innovative Computing, Information and Control, 2010,10.

8. Xuefeng Wang, Qianqing Fang. Multi－sector currency flows based on the input-output model, Part 1: theory and techniques. International Journal of Innovative Computing, Information and Control, 2011,11.

9. Xuefeng Wang, Qianqing Fang. Multi－sector currency flows based on the input－output model, Part 2: model analysis and application. International Journal of Innovative Computing, Information and Control, 2011,11.

10. Xuefeng Wang, Zheng Chen. Intrinsic value function of assets determined by the yield equation and its properties. International Journal of Innovative Computing, Information and Control, 2012,5.

11. Xuefeng Wang. Properties of the intrinsic value function and the duration

function determined by continuous cash flow. International Journal of Innovative Computing, Information and Control, 2013,10.

12. Xuefeng Wang, Baiqing Sun. New results on the rate of return for the risk assets held indefinitely. International Journal of Innovative Computing, Information and Control, 2014,2.

13. Xuefeng Wang. Research on the investment properties of the intrinsic value function determined by general continuous cash flow. International Journal of Innovative Computing, Information and Control, 2015,2.

14. Xuefeng Wang. A new study on the energy of microscopic particles concerning its matter waves. International Journal of Innovative Computing, Information and Control, 2015,3.

15. Xuefeng Wang, Heng Sun. Some theoretical considerations relevant to long-term rate of returns on risk assets. International Journal of Innovative Computing, Information and Control, 2015,6.

16. Xuefeng Wang. Some indirect proof about the relation between universal gravitation and temperature. International Journal of Innovative Computing, Information and Control, 2015,6.

17. 王雪峰著. 股票价格塑性弹性理论及应用. 哈尔滨工业大学出版社, 2009.

18. 王雪峰著. 理论物理若干问题新探索. 东北林业大学出版社, 2009.

19. 王雪峰著. 金融经济学与金融数学若干问题研究. 哈尔滨工业大学出版社, 2011.

20. 王雪峰著. 经济学新视角——用仿生学知识进行社会经济分析. 哈尔滨工业大学出版社, 2012.

21. 王雪峰著. 金融投资学与数量经济学若干问题研究. 哈尔滨工业大学出版社, 2013.

22. 王雪峰著. 地震形成机理及预测方法探索. 哈尔滨工业大学出版社, 2014.

23. 王雪峰著. 新梦溪笔谈——关于科学、技术、人文的诸多奇思异想. 哈尔滨工业大学出版社, 2016.

本书作者的部分学生的学位论文

1. 许磊. 长期持有风险资产的收益率和风险的蒙特卡洛分析. 哈尔滨工业大学管理学硕士学位论文,2009.

2. 张晶,关于长期持有风险资产收益率与风险的问题研究. 哈尔滨工业大学管理学硕士学位论文,2013.

3. 丁文凤. 基于列昂惕夫投入产出模型的国家间货币流动规律研究. 哈尔滨工业大学管理学硕士学位论文,2013.

4. 刘晓东. 股票市场个股股价日变动幅度经验分布特征的若干研究. 哈尔滨工业大学管理学硕士学位论文,2014.

5. 康飘飘. 收益率服从奇异分布的金融资产的相关问题研究. 哈尔滨工业大学管理学硕士学位论文,2014.

6. 袁杰. 关于股票市场中股票相关性测量方法的研究. 哈尔滨工业大学管理学硕士学位论文,2015.

7. 张贺清. 均值和方差变动的马科维茨投资组合模型研究. 哈尔滨工业大学管理学硕士学位论文,2015.

8. 姜天潇. 广义度量矩阵测度方法研究及在信用评级中的应用. 哈尔滨工业大学管理学硕士学位论文,2015.

9. 刘埕伊. 金融期权的有限差分法和多叉树模型研究. 哈尔滨工业大学管理学硕士学位论文,2016.